合伙人
制度
（一）

股权顶层设计的艺术

李善星　武维社　耿贵珍 ◎ 著

中国财经出版传媒集团

经济科学出版社
Economic Science Press

·北京·

图书在版编目（CIP）数据

合伙人制度．一，股权顶层设计的艺术 / 李善星，
武维社，耿贵珍著．-- 北京：经济科学出版社，2024.
10. -- ISBN 978-7-5218-6191-4

Ⅰ. F276. 2；F272

中国国家版本馆 CIP 数据核字第 2024KK4961 号

责任编辑：何　宁
责任校对：郑淑艳
责任印制：张佳裕

合伙人制度（一）：股权顶层设计的艺术
HEHUOREN ZHIDU（YI）：GUQUAN DINGCENG SHEJI DE YISHU

李善星　武维社　耿贵珍　著

经济科学出版社出版、发行　新华书店经销

社址：北京市海淀区阜成路甲 28 号　邮编：100142

总编部电话：010-88191217　发行部电话：010-88191522

网址：www.esp.com.cn

电子邮箱：esp@esp.com.cn

天猫网店：经济科学出版社旗舰店

网址：http://jjkxcbs.tmall.com

北京联兴盛业印刷股份有限公司印装

787×1092　16 开　27.75 印张　540000 字

2024 年 10 月第 1 版　2024 年 10 月第 1 次印刷

ISBN 978-7-5218-6191-4　定价：126.00 元

（图书出现印装问题，本社负责调换。电话：010-88191545）

（版权所有　侵权必究　打击盗版　举报热线：010-88191661

QQ：2242791300　营销中心电话：010-88191537

电子邮箱：dbts@esp.com.cn）

自　序

探寻合伙人制度与股权顶层设计的艺术之旅

在今天这个日新月异的商业环境中，企业的成长与发展不再仅仅依赖于个体的单打独斗，而是需要集体的智慧和力量。合伙人制度，作为一种富有前瞻性的组织形式，正逐渐受到越来越多企业的青睐。抱团取暖、合作共赢成为时代发展的必然趋势，而合伙人制度正是这种趋势下的产物，它为我们提供了新的发展思路，激发我们的无限潜能。

合伙人制度在众多企业中已经得到了成功的实践。例如，华为、阿里巴巴等知名企业都采用了这种制度。通过实施合伙人制度，这些企业不仅吸引了大量优秀的人才，还激发了团队的活力和创新精神。在这些企业中，合伙人不再是被动的执行者，而是成为企业决策的重要参与者。他们的意见和建议得到了充分的尊重和重视，这大大提高了企业的决策效率和市场竞争力。

合伙人制度不仅仅是一种制度创新，更是一种理念的革新，它倡导的是共创、共享、共赢的价值观。合伙人制度作为一种新兴的组织形式，正在改变着企业的生态和竞争格局。它强调的是合作与共赢的理念，倡导的是集体的智慧和力量。在未来的商业竞争中，谁能够率先掌握这种先进的组织形式和管理理念，谁就能够赢得先机、掌握主动。因此，我们有理由相信，在未来的商业舞台上，合伙人制度将发挥越来越重要的作用。

一、写作缘起

随着经济全球化和市场竞争的加剧，企业的成功越来越依赖于团队的智慧和力量。俗话说："一个好汉三个帮。"一个人的成功，往往离不开他身边那些人的支持，就像一艘帆船，需要借助风的力量才能远航；就像一座高楼，需要借助众人的力量才能高耸入云。正所谓："众人拾柴火焰高。"我们每个人都有自己独特的才华和力量，但要想走得更远、更高、更坚定，就需要学会借助周围人的力量，把每个人的长处结合在一起，从而创造出属于我们自己的辉煌。合伙人制度作为一种有效的组织形式，能够激发团队潜能，实现共创共赢，合伙人制度也是近几年的热点话题，这是写作缘起之一。

2018 年，本人出版过《股权顶层设计》一书，该书在市场上曾引起不小的反响，但是随着经验的积累、案例增多以及读者的反馈，一直也想借此机会对《股权顶层设计》一书进行全面的升级和重塑。此外，我在 18 年的投资银行相关业务经历中，带领团队先后服务过的企业不下 1 000 家，从中汲取了很多经验、提炼了很多精华、研究了很多企业的成败，这些经验、学识和案例的积累，都迫不及待地想与大家见面，这是写作缘起之二。

合伙人制度实际上有不同的层级，最高层级就是股权顶层设计，也是最高层级的合伙，股权顶层设计是确保企业长治久安、持续发展的基石。我对这两者的深入研究，源于对企业成功密码的不懈探索和对中国商业实践的深刻洞察。因此，本书以合伙人制度——股权顶层设计的艺术为主，探讨最高层级的合伙如何进行合计，是合伙人制度系列的第一本书，后续的书中我们会继续论述合伙人制度的其他维度，这是写作缘起三。

二、深度探索

合伙人制度，是一种人与人之间的深度链接。它不仅是一种商业合作模式，更是一种信任和责任的交融。优秀的合伙人，能共同扛起企业的重担，携手共渡难关。而良好的合伙人制度，如同磁石，吸引着志同道合的人共同前行。

股权顶层设计，则是一种权力的分配和制衡。它关乎企业的未来走向，决定了企业的命运。精妙的股权顶层设计，能激发每一位股东的潜能，让企业在竞争中脱颖而出。而糟糕的股权设计，则可能导致企业内部矛盾重重，最终走向衰败。

在探寻合伙人制度与股权顶层设计的艺术之旅中，我深感其博大精深。这不仅仅是一门科学，更是一门艺术。它需要我们有敏锐的洞察力，去洞察人性的复杂；需要我们有高超的智慧，去设计精巧的制度；需要我们有坚定的信念，去践行自己的理念。

合伙人制度并非新鲜事物，但其在中国商业环境中的具体应用与创新，却有着独特的魅力和挑战。这种制度强调的是共同的目标、共享的利益和共担的责任。在实践中，它要求企业家们拥有开放的心态和远大的格局，愿意与志同道合的伙伴携手前行。然而，如何建立有效的合伙人选拔机制、如何平衡各方利益、如何进行股权顶层设计，都是摆在每一位企业家面前的课题，都需要企业家朋友们去深度探索。

合伙人制度与股权顶层设计并非孤立存在，而是相互依存、相互促进的，股权顶层设计是最高层级的合伙。只有将这两者巧妙结合，才能发挥出最大的效能。本书通过丰富的案例分析和深入的理论探讨，为读者展示了如何将合伙人制度的灵活性与股权顶层设计的稳健性相融合，共同服务于企业的长远发展。

三、全书脉络

本书一共六章，各章的主要内容如下：

第一章为合伙组织形式，本章主要从合伙人制度的起源开始，从广义的角度讲解了现代合伙的企业组织形式，包括个体工商户、个人独资企业、合伙企业以及公司等，并抽丝剥茧、详细介绍了各个组织形式的概念、特点、设立、使用以及对比分析，以期使读者能够对合伙的组织形态了然于心，学会选择和使用。

第二章为合伙股权控制，本章重点将对股权进行重新再认识，帮助中小企业认清到底什么是股权、区分什么是股东权利、知悉股权有哪八大核心作用、熟知获得股权的八大途径；等等，进而，围绕如何控制股权，重点讲解股权控制的九条生命线以及股权控制的常用八大工具。以期帮助中小企业"知其然，更要知其所以然"，认识股权，同时学会如何进行股权控制，以未雨绸缪、防患未然。

第三章为合伙初创设计，本章主要包含五个方面的内容：一是与谁合伙、选择黄金搭档的艺术；二是如何选择公司形式，有限公司还是股份公司；三是注册资本金额如何设定；四是股权结构有哪些主要的类型和禁忌；五是公司初创时如何分配股权。通读本章，我相信企业家朋友们在开始创业时能够据此作出一个正确的选择和判断。

第四章为合伙动态调整，本章将深入探讨股权动态调整的各个方面，本章包含五个方面的内容：一是动态调整的概念及相关理论；二是股权动态有哪些方式；三是股权激励如何设计调整；四是外部增资如何设计和防范风险；五是股权退出如何设计和建立退出机制。通读本章，中小企业能够熟知股权动态调整的各个方面，并能学会如何应对股权变动带来的风险。

第五章为合伙顶层设计，本章共包含五个方面的内容：一是股权设计的理论体系；二是顶层设计的原则，主要包含六个内容；三是顶层设计的五个层级及各个层级如何设计；四是顶层设计的四维模型；五是探讨理想的股权结构类型。通过本章，中小企业能够学会做自己的顶层设计，能够找到最适合自己的股权架构。

第六章为合伙资本规划，本章主要包含四个方面内容：一是资本市场的体系、了解资本市场；二是上市前股权如何规范和设计；三是资本规划的基本步骤，轻松实现从初创到上市；四是公司上市不是梦，"看见未来、才有未来"，只要中小企业坚定上市的信念，做好上市前的规划和设计，就一定能够成功跨越障碍，实现上市的梦想。

四、展望未来

在商业世界的浪潮中，企业如同一艘航船，要想乘风破浪，就必须有稳固的基石作为支撑。而合伙人制度与股权顶层设计，正是这样一块不可或缺的基石。它们共同构成了企业稳固发展的核心，为企业铺设了一条通向美好未来的道路。

合伙人制度：构建稳固的企业基石

合伙人制度在现代企业中越来越受到青睐，它不仅是一种管理制度的变革，更是一种企业文化的升华。这种制度强调团队合作、共享共担，让每位合伙人都能够参与企业的决策与管理，从而实现企业与员工的共同发展。合伙人制度所带来的凝聚力和向心力，将成为企业面对市场风浪时最坚实的屏障。

股权顶层设计：企业上市的稳固根基

股权顶层设计关乎企业的根本利益和发展方向。一个科学合理的股权结构能够确保各方利益的平衡，提高企业的决策效率和市场竞争力。通过精心的股权顶层设计，企业可以稳固控制权、经营权，为上市铺平道路，并在资本市场中展现更加稳健的发展态势。

展望未来：公司上市不再是梦

有了合伙人制度与股权顶层设计的双重保障，企业对未来的发展充满了信心与期待。上市不再是一个遥不可及的梦想，而是变成了触手可及的现实目标。上市不仅将为企业带来更多的资金支持和发展机遇，更是对企业实力的一种认可。通过上市，企业将进一步提升品牌价值、扩大市场影响力，吸引更多优秀人才加入，为企业的持续发展注入源源不断的活力。

在商业的世界里，永远充满了未知与可能，而我们，正是那些勇敢探索、不断前行的人。展望未来，我们将继续携手共进，充分发挥合伙人制度与股权顶层设计的优势，共同推动企业实现上市梦想。在这个过程中，我们将不断克服挑战、突破自我，书写属于企业的辉煌篇章，共创更加美好的未来！

五、殷切期盼

我曾听过无数商业传奇，也见过无数企业兴衰。这些经历让我深刻认识到，一个企业的成功，离不开优秀的合伙人制度和精妙的股权顶层设计。这两者如同商业世界的罗盘和锚，指引着企业稳健前行，抵御风浪。

在商业世界的浩瀚海洋中，合伙人制度与股权顶层设计犹如指引航船的明灯，它们不仅关乎企业的稳固航行，更决定了未来能否乘风破浪、达到成功的彼岸。本书《合伙人制度（一）：股权顶层设计的艺术》正是这样一本旨在帮助企业家们掌握这门艺术的指南。在书中，我将与读者们共同开启一段探寻合伙人制度与股权顶层设计奥秘的旅程。

在撰写本书的过程中，我深感合伙人制度与股权顶层设计的重要性与复杂性。我希望通过本书，能够帮助更多的企业家和管理者掌握这门艺术，为企业的繁荣与社会的进步贡献绵薄之力。同时，我也期待与广大读者一起，在实践中不断探索和创新，共同书写合伙人制度与股权顶层设计的崭新篇章。

这本书，是我多年商业实践的结晶。我试图通过深入浅出的方式，向各位展示合伙人制度与股权顶层设计的魅力。希望它能成为各位在商业海洋中的一盏明灯，照亮前行的道路。同时，我也期待与各位共同探讨、学习，一起进步。

李善星

2024 年 6 月 1 日于北京

目 录
C O N T E N T S

第五章　合伙顶层设计
——运筹帷幄、决胜千里 / 274

第一章

合伙组织形式
——抽丝剥茧、了然于心

合伙人制度由来已久，而且越来越受到企业的关注和重视。在现代的公司发展和实践过程中，合伙人的概念逐步广义化，不再仅仅局限于合伙企业中的合伙人，各种不同的组织形态中凡是参与共同出资、共同经营、共负盈亏、共担风险的人均被引申为合伙人，此处的合伙人已经不是一个纯粹法律意义上的概念，更像是一个管理意义上的概念。

本章主要从合伙人制度的起源开始，从广义的角度讲解了现代合伙的企业组织形式，包括个体工商户、个人独资企业、合伙企业以及公司等，并抽丝剥茧、详细介绍了各个组织形式的概念、特点、设立、使用以及对比分析，以期能够使读者对合伙的组织形态了然于心，学会选择和使用。

第一节　合伙人制度的理解

每当我们提起"合伙人"，首先想到的是苹果、谷歌、阿里巴巴、华为等世界顶级企业。这些企业在发展的过程中，正是因为聚集了一群志同道合、有着共同梦想和目标的合伙人，从而不断突破自我、创新发展，成为行业引领者。

试想一下，如果您是一家企业的合伙人，一定会为了企业的成功而努力工作，为了实现共同的目标，您将不辞辛苦、无怨无悔；当企业取得成就时，您也会拥有无限的荣耀和满足感。但是，如果您仅仅是一家企业的普通雇员呢？

合伙人制度不仅激发了员工的积极性，还为企业带来了无限的创造力和活力。同时，合伙人制度也是一种守业与创业的完美结合。对于那些拥有丰富经验和技能，但缺乏资金和资源的创业者来说，成为企业的合伙人，既可以享受企业的成功果实，又可以通过创业实现自己的梦想。在合伙人制度下，员工与企业之间的利益关系将变得更加紧密，企业的凝聚力和向心力也将得到极大的提升。

此刻，让我们共同开启合伙人制度的新篇章。

一、管鲍之交与合伙人制度

（一）管鲍之交的故事

管鲍之交的故事主要讲述了春秋时期管仲与鲍叔牙之间的深厚友谊。管仲，春秋时期著名的经济学家、政治家、军事家等，与鲍叔牙为至交。两人相互扶持，共同度过了人生许多的风风雨雨。

管仲和鲍叔牙年轻时一起做生意，由于管仲家境贫寒，本钱几乎都是鲍叔牙出的，但赚了钱后，管仲却拿得比鲍叔牙还多。鲍叔牙的仆人对此感到不满，但鲍叔牙却理解管仲，因为他知道管仲需要钱来奉养母亲。

有一次，两人一起去打仗，每次进攻时，管仲都躲在最后面。人们因此嘲笑管仲是个贪生怕死的人。但鲍叔牙却为管仲辩护，解释说管仲这样做是为了能活着照顾他的老母亲。管仲听到后说："生我的是父母，了解我的人可是鲍叔牙呀！"

后来，齐国发生内乱，公子诸被杀，管仲想杀掉公子小白（后来的齐王），让公子纠能顺利当上国王，但管仲在暗算小白时，箭射偏了，小白得以生存。最终，小白成为齐国的国王，并想封鲍叔牙为宰相。但鲍叔牙推荐管仲，他认为管仲各方面都比自己强，更适合做宰相。尽管管仲曾是小白的敌人，但小白采纳了鲍叔牙的建议，任命管仲为宰相。管仲果然整顿内政、开发资源、发展农业，很快就使齐国强盛起来。

这个故事强调了友谊、信任和忠诚的重要性，并展现了鲍叔牙的大度和智慧，以及管仲的才华和为国为民的决心。

（二）管鲍之交的精神内涵

在古老的中华历史长河中，管鲍之交被誉为忠诚友谊的典范。这种深厚的友情和信任，在现代企业管理的合伙人制度中，同样展现出了其独特的价值。管鲍之交的精神内涵，可以概括为以下几点。

1. 信任与尊重

管仲与鲍叔牙之间建立了深厚的信任，彼此尊重对方的才华和人格。这种信任与尊重是合伙人制度中不可或缺的基础。

2. 共同的目标与追求

两人都怀有共同的目标和追求，即为了实现国家的繁荣富强而共同努力。这种共同的目标和追求，在合伙人制度中同样重要，它促使合伙人团结一心，共同为企业的发展贡献力量。

3. 忠诚与担当

管鲍之交中，双方都表现出了极高的忠诚度和担当精神。在合伙人制度中，忠诚与担当同样重要。

（三）管鲍之交对合伙人制度的启示

管鲍之交的精神内涵，对现代企业的合伙人制度具有重要的启示意义。

1. 建立信任与尊重的文化

在合伙人制度中，应该注重建立和维护信任与尊重的文化氛围。合伙人之间应该相互信任、相互尊重，共同为企业的发展贡献力量。

2. 明确共同的目标与追求

合伙人制度需要明确共同的目标和追求，使所有合伙人能够团结一心，共同为实现企业的愿景而努力。

3. 培养忠诚与担当的品质

在合伙人制度中，应该注重培养合伙人的忠诚度和担当精神。合伙人需要对企业忠诚、对团队忠诚、对共同的目标忠诚，并在面对困难时勇于担当责任。

管鲍之交作为一种古老而深厚的友谊典范，为我们提供了宝贵的精神财富。这种精神内涵对现代企业的合伙人制度具有重要的启示意义。通过建立信任与尊重的文化、明确共同的目标与追求以及培养忠诚与担当的品质，合伙人制度可以更加完善和发展，为企业的长远发展奠定坚实的基础。

总之，管鲍之交与合伙人制度之间存在一定的联系。它们都强调了人与人之间的信任、尊重和合作的重要性，为商业合作提供了一种理想模式。我们应借鉴管鲍之交的智慧，共同推动合伙人制度的繁荣与进步。

二、合伙人制度起源与发展

（一）合伙人制度的起源

关于合伙人制度的起源实际上并没有明确的、统一的说法或者记载，合伙人制度的起源实际最早可以追溯到古代的商业实践，当时人们为了共同经营商业活动，形成了合伙关系的雏形。实际上随着人类的诞生，人与人之间有了商业活动，合伙的雏形也就逐步形成了，只是当时并没有概念上的界定。

然而，真正的合伙人制度是在中世纪欧洲的商业城市中逐渐发展起来的。在中世纪的欧洲，商业活动逐渐从家庭手工业向城市商业转移，商业城市成为商业活动的中心。在这样的背景下，一些商人开始组成合伙企业，共同经营商业活动，以分散风险和增加资本。这些合伙企业的成员被称为"合伙人"，他们共同承担企业的债务和责任，并分享企业的利润。

当时，这种制度主要在地中海沿岸的城市中产生，并随着海上贸易的发展而逐渐流行。在这种制度下，资本家为了避免直接参与海上贸易的风险，而选择与航海者合作。资本家提供资金，航海者则负责运输和销售货物。根据出资比例，双方分配盈利，但如果出现亏损，资本家仅按出资比例承担责任，而航海者则需承担无限责任。这种合作形式被视为合伙制的雏形，即"康孟达"。

随着时间的推移，合伙形式逐渐拓展到陆上贸易，并出现了隐名合伙和两合公司等组织形式。合伙人制度在中世纪欧洲产生后，随着商业和贸易的发展，逐渐演变并扩散至世界各地。

（二）合伙人制度的发展

随着时间的推移，合伙人制度逐渐得到了完善和发展。在 17 世纪和 18 世纪，随着欧洲的商业和贸易活动的不断扩大，合伙人制度也逐渐成为商业活动中不可或缺的一部分。在这一时期，合伙人制度开始形成了更加明确的法律框架和规则，例如，合伙企业的成立条件、合伙人的权利和义务、企业的管理和决策机制等。

到了现代，合伙人制度已经成为商业领域中的一种常见的组织形式。不仅在传统的商业领域，如制造业、零售业等，合伙人制度也被广泛应用于新兴的领域，如科技、金融等。合伙人制度不仅能够为企业带来资金、人才、经验等资源，还能够促进企业的稳定发展和长期合作。

总之，合伙人制度的起源可以追溯到古代的商业实践，但在中世纪欧洲的商业城市中得到了真正的发展和完善。随着商业和贸易活动的不断扩大，合伙人制度逐渐成为商业领域中的一种常见组织形式，并在现代社会中发挥着重要的作用。

（三）合伙人制度在中国

在中国，合伙人制度上升至法律制度层面的时间相对较晚。《中华人民共和国合伙企业法》于 1997 年 2 月 23 日由第八届全国人民代表大会常务委员会第二十四次会议通过，自 1997 年 8 月 1 日起施行；并于 2006 年 8 月 27 日由第十届全国人民代表大会常务委员会第二十三次会议修订，自 2007 年 6 月 1 日起施行。

《中华人民共和国合伙企业法》是为了规范合伙企业的行为，保护合伙企业及其合伙人、债权人的合法权益，维护社会经济秩序，促进社会主义市场经济的发展而制定的法律。根据该法，合伙企业是指自然人、法人和其他组织依照本法在中国境内设立的普通合伙企业和有限合伙企业。普通合伙企业由普通合伙人组成，合伙人对合伙企业债务承担无限连带责任；有限合伙企业由普通合伙人和有限合伙人组成，普通合伙人对合伙企业债务承担无限连带责任，有限合伙人以其认缴的出资额为限对合伙企业债务承担责任。此外，该法还规定了合伙企业的设立、财产、事务执行、与第三人关系、入伙与退伙、解散与清算等方面的内容。

合伙企业作为一种重要的企业组织形式，具有灵活性高、决策迅速、激励性强等优势，在创新型企业和科技公司等领域得到广泛应用。然而，由于合伙企业中合伙人的责任较大，因此需要建立完善的法律制度和监管机制来保障其健康发展。总之，《中华人民共和国合伙企业法》的出台和实施，为合伙企业的发展提供了法律保障和规范，促进了中国市场经济的健康发展。

合伙人在法学中是一个比较普通的概念，通常是指以其资产进行合伙投资，参与合伙经营，依协议享受权利，承担义务，并对企业债务承担无限（或有限）责任的自然人或法人。合伙人应具有民事权利能力和民事行为能力。但以上仅仅是狭义的合伙人，特指合伙企业中的合伙人，包括有限合伙人和普通合伙人两种；狭义的合伙人是指投资组成合伙企业，参与合伙经营的组织和个人，是合伙企业的主体。

在现代的公司发展和实践过程中，合伙人的概念被逐步广义化，已经不是一个纯粹的法律意义上的概念，而更像是一个管理意义上的概念。

三、合伙人制度理解与认识

（一）合伙人制度的分解

合伙人制度拆解来看，是由三部分组成，合伙、人和制度，三个体系缺一不可，合伙人制度的构成如图 1-1 所示。

1. 合伙

在创业的道路上，有一种特殊的合作方式被广大创业者所青睐，那就是"合伙"。合伙，不仅是一种商业合作模式，更是一种信任与责任的体现。它汇聚了不同的人才、资源和智慧，为了共同实现一个目标而努力。

合伙，意味着共同承担风险，共同分享成果。在创业的道路上，困难和挑战是不可避免的。有了合伙人的陪伴，创业者不再孤单，他们可以共同面对困境，共同寻找解决之道。同时，合伙人之间的资源共享和经验交流，也为企业的快速发展提供了强大的动力。

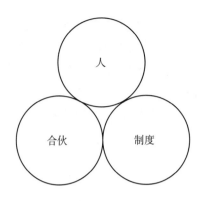

图1-1 合伙人制度构成

"合伙"是指两个或两个以上的民事主体（自然人、法人、其他组织）根据协议，共同出资、共同经营、共负盈亏，对外承担无限连带（或有限）责任的企业组织形式。其特点包括共同出资、共同经营、共负盈亏和共同承担企业债务等。

随着社会的发展和科技的进步，合伙制也在不断创新和发展。未来的合伙，将更加注重团队协作、资源共享和跨界合作。通过整合各方优势，合伙制将为企业创造更多的价值，推动经济的持续繁荣。

2. 人

"人"是一个广义的概念，通常指的是具有智慧、情感、意识和自主行动能力的生物，是人类社会的主体和核心。

在法律上，"人"具有多种身份和属性，例如，自然人、法人、其他组织等。自然人是指具有生命的个人，是法律上的权利主体和义务主体。法人则是指依法成立并具有独立法律人格的组织，可以享有权利、承担义务并独立承担民事责任。其他组织则包括合伙企业、个体工商户等非法人组织。

在合伙企业中，"人"通常指的是合伙人，即参与合伙经营的自然人、法人和其他组织。合伙人是合伙企业的主体和核心，他们的出资、管理和经营决策直接影响着企业的发展和运营。因此，在选择合作伙伴时，需要充分考虑对方的能力、信誉和经验，以确保企业的长期稳定发展。

此外，"人"也是社会经济活动中的重要参与者，他们通过劳动、创业、投资等方式为社会作出贡献，推动经济的发展和社会的进步。

总之，"人"是法律、经济和社会等多个领域中的重要概念，具有多重身份和属性。在合伙企业中，"人"通常指的是合伙人，他们的合作和共同努力是实现企业发展和成功的重要因素。合伙人制度的"人"一般是指具有民事行为能力和民事责任能力的自然人。

3. 制度

"制度"是指要求大家共同遵守的办事规程或行动准则，通常是由社会、团体、组织或国家等制定并实施的。制度是为了实现某种目标或目的而制定的规则、流程和标准，旨在规范人们的行为、促进组织的高效运转和社会的协调发展。

在企业中，"制度"通常指的是管理制度，包括组织架构、职责权限、工作流程、决策程序、考核评价等方面的规定。这些制度旨在规范员工的行为，确保企业的正常运转和高效发展。例如，合伙人管理制度就是规范合伙人行为、保障合伙人权益、促进合伙企业健康发展的重要制度之一。

此外，在社会和政治领域，"制度"也扮演着重要的角色。例如，政治制度、经济制度、文化制度等都是为了实现特定的社会目标和价值而制定的规则和标准。这些制度可以规范人们的行为、促进社会公平和发展，也可以保障人们的权益和利益。

总之，"制度"是一个广泛的概念，涉及各个领域和社会层面。它是规范人们行为、促进组织和社会发展的重要工具和手段。在制定和实施制度时，需要充分考虑其合理性、公正性和有效性，以确保其能够发挥最大的作用并带来积极的影响。

（二）合伙人制度的概念

我们来了解一下什么是合伙人制度。合伙人制度，简单来说就是几个人共同投资、共同经营、共同承担风险和收益的合作模式。在这个过程中，合伙人之间可以是你来我往、互相制衡，也可以是你中有我、我中有你，实现优势互补、共谋发展。

合伙人制度是一种商业组织形式，其中两个或多个合伙人共享企业的所有权、责任和利润。这种制度要求合伙人之间建立高度的信任和尊重，共同为企业的发展努力。管鲍之交的故事所体现的正是这种信任和尊重的精神，因此可以说，管鲍之交为合伙人制度提供了一种历史和文化背景。

在现代商业环境中，合伙人制度仍然是一种重要的组织形式。它鼓励合伙人之间的合作和共同承担责任，有助于促进企业的长期稳定发展。同时，这种制度也要求合伙人具备高度的道德品质和职业素养，以确保企业的稳健运营。

合伙人制度通常包括以下特点：

（1）合伙人共同出资、共同经营、共享收益、共担风险。

（2）合伙人对企业债务承担责任，这意味着如果企业破产，合伙人需要根据不同的组织形式和约定来承担企业债务。

（3）合伙人之间可以通过协议约定各自的权利和义务，如出资比例、利润分配、管理职责等。

（4）合伙人制度有利于集合多方资源、技能和经验，共同推动企业的发展。

（三）合伙人制度的优势

那么，为什么合伙人制度会成为现代企业发展的新趋势呢？其实，这源于现代商业的竞争越来越激烈，企业要想在市场上立足，必须具备核心竞争力。而这种竞争力，往往不是某一个人或者某个团队能够独立形成的，它需要各种人才的整合、各种资源的融合。合伙人制度正是一个解决这种问题的好方法，它能够让各路英才围绕一个核心目标团结在一起，形成强大的合力。

总结起来，合伙人制度主要有以下几点优势，如图1-2所示。

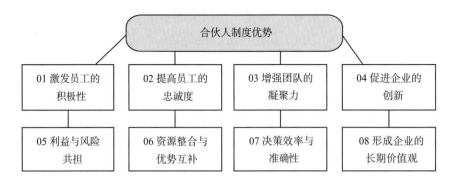

图1-2　合伙人制度的优势

1. 激发员工的积极性

传统的企业制度往往只重视员工的工作成果，而忽略了员工的投入和情感。而合伙人制度下，员工与企业形成平等的合伙关系，员工既能享受公司的成功，也能分担公司的失败风险。这种制度可以有效地激发员工的积极性，提高员工的工作效率。

2. 提高员工的忠诚度

合伙人制度可以有效地增强员工的自豪感和使命感，让他们更加愿意为企业付出，同时也能够享受到企业发展的成果。在这样的环境下，员工的忠诚度也会得到显著的提高。合伙人制度可以作为一种有效的激励机制，吸引和留住优秀人才，员工也能够获得更多的发展机会和收益分配权，从而增强他们的职业满足感和忠诚度。

3. 增强团队的凝聚力

合伙人制度让员工之间建立了紧密的联系，他们之间的关系变得更加紧密，同时也更加了解彼此的优势和不足。这样，团队就会变得更加团结，拧成一股绳，共同为企业的发展而奋斗。

4. 促进企业的创新

在合伙人制度下，每个合伙人都有机会分享公司的创新成果，从而充分发挥每个人的创新能力。同时，由于每个合伙人都代表着一定的客户群体和市场资源，他们可以有效地推动企业进行产品创新和市场创新，提高企业的市场竞争力。

5.利益与风险共担

合伙人制度允许合伙人共同分享公司的收益，同时也需要共同承担公司的风险。这种机制有助于增强合伙人的责任感和归属感，激发他们的工作积极性和创造力，同时有利于分散风险。

6.资源整合与优势互补

合伙人通常来自不同的领域和行业，他们各自拥有独特的资源和优势。通过合作，可以实现资源的有效整合和优势互补，从而提升公司的整体竞争力。

7.决策效率与准确性

合伙人制度通常采用扁平化的管理方式，决策权相对分散，这使得决策过程更加迅速和灵活，能够迅速适应市场变化；此外合伙人共同决策，也能够降低决策失误的风险。

8.形成企业的长期价值观

在合伙人制度下，每个合伙人都应该为企业的发展和成就作出贡献，并树立共同的价值观。这种价值观可以成为企业的长期信仰，引领企业在激烈的市场竞争中立于不败之地。合伙人制度通常注重公司的长期发展而非短期利益。合伙人通常会考虑公司的长远规划和战略布局，从而推动公司实现可持续发展。

当然，合伙人制度也不是完全完美的，它也存在问题和风险。需要注意的是，合伙人制度也存在一些潜在的风险和挑战，如合伙人之间的利益冲突、决策权分配不均等。因此，在实施合伙人制度时，需要充分考虑公司的实际情况和需求，制定合适的规则和机制来平衡各方利益，确保公司的稳健发展。

此外，采用合伙人制度还需要注意一些问题。首先，企业需要明确每个合伙人的权利和义务，确保合伙人之间的利益平衡。其次，企业需要建立完善的合伙人激励机制，对优秀的合伙人给予适当的奖励和激励。最后，企业需要注意处理好合伙人之间的关系，确保合伙人之间相互信任、相互支持，共同推动企业的发展。

所以我们在实施合伙人制度时，一定要做好充分的准备，把风险降到最低，让企业在发展的路上越走越好。

总之，合伙人制度是一种富有激情和创造力的企业组织形式，可以有效地激发员工的积极性，促进企业的创新，形成企业的长期价值观。对于那些有志于创新和发展的企业来说，采用合伙人制度，无疑是走向成功的捷径。

四、合伙人制度的三个层级

（一）合伙人制度的层级

合伙人制度的具体层级会根据不同企业和组织的形式、具体需求和实际情况而有所不同。一般而言，合伙人制度可以划分为三个层级。

1. 核心合伙人层级

这一层级通常包括联合创始人、集团战略合伙人等，他们共同组成核心合伙人团队，负责企业的战略规划、资源整合以及重大决策，共同主导企业的整体战略规划和未来发展方向。

对于公司制企业而言，这一层级的合伙人往往都会实际持有一定数量的股权，在公司管理中拥有较高的决策权和话语权。这一层级的合伙人，涉及公司最高权力的分配，也就是股权的顶层设计问题，因此也是合伙人制度的最高层级，也就是最高层级的合伙；言外之意，最高层级的合伙实际上是就是股权的合伙。

2. 合伙人委员会层级

作为合伙人制度的第二层级，它通常在企业中扮演着关键的角色。合伙人委员会通常是一个决策或咨询机构，其成员由企业的高级合伙人或核心合伙人组成。该层级的主要职责包括但不限于战略制定与决策、资源协调与整合、人才选拔与培养、监督与评估等。

在合伙人制度中，合伙人委员会层级通常拥有较高的权力和地位。例如，一些企业的合伙人委员会可能拥有提名权、审核权和薪酬制定权等重要权利。这意味着他们可以提名董事会成员、审核关键决策以及制定合伙人的薪酬和福利政策。此外，他们还可能对企业的重大投资、并购等事项进行审批和监督。

对于公司制企业而言，合伙人委员会层级的合伙人可能有实际的股权，也可能是虚拟的股权，或是没有股权，但在公司管理中都拥有一定的经营管理权限和决策权。这一层级的合伙人，主要涉及公司治理机制的建设，主要是"三会一层"的规则及制度。

3. 一般合伙人层级

这是合伙人团队中的基础层级，包括那些在日常工作中积极参与并支持企业运营和发展的合伙人，不仅仅是公司内部的合伙人，也包括公司外部的合伙人。他们虽然在决策权上可能不如核心合伙人和合伙人委员会成员，但他们的专业知识和实践经验对企业的稳定发展至关重要。

对于公司制企业而言，一般合伙人层级的合伙人往往没有实际的股权，也可能有些虚拟的股权或没有股权，但对公司的发展也会起到较为重要的作用。这一层级的合伙人，主要涉及公司内部管理制度的建设以及各类利益相关者合伙人的落地机制等问题。

合伙人层级与公司制企业的对应关系如图 1-3 所示。

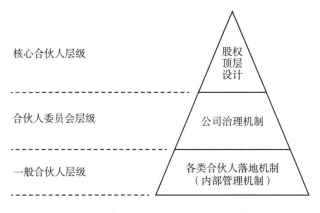

图 1-3　合伙人层级与公司的对应关系

请注意，这只是一个一般性的划分，具体的合伙人制度设计还需考虑企业的规模、业务模式、文化等多个因素。此外，合伙人制度在不同领域的应用也可能有所差异，例如，在律师事务所中，合伙人层级可能包括高级合伙人、合伙人、资深合伙人和合伙人助理等。

总的来说，合伙人制度层级的设计旨在通过明确的角色划分和权力分配，确保企业能够高效、稳定地运营，同时激发合伙人的积极性和创造力。

（二）合伙从选择一个组织形式开始

启用或者选择合伙人制度从选择一个组织形式开始，根据我国现有的法律体系和制度，广义的合伙组织形式有个体工商户、个人独资企业、合伙企业和公司，如图 1-4 所示。

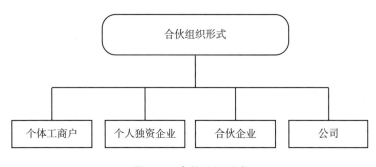

图 1-4　合伙组织形式

需要告诉大家的是，企业发展需要的是合伙人制度，而不是单纯的雇佣关系。只有让员工成为企业的合伙人，让他们在企业中拥有更大的权益和发言权，企业才能够真正地走向成功。各位朋友，在你们的事业道路上，不妨从选择一个组织形式开始，试试合伙人制度，也许它会成为你们事业发展的一个重要转折点！

第二节　个体工商户

　　个体工商户是最简单、最初级的组织形式，只需要一个自然人、简单的流程便可以设立；个体工商户看似只是一个自然人（或家庭）自我经营即可，不存在合伙的问题，但是任何一个人都不可能孤立地存在于这个世界上，但凡涉及有员工、有雇员、对外合作等就必然会存在合伙关系，只是对个体工商户这种最简单的组织形式，合伙关系的存在不是那么明显和必要。

一、个体工商户的概念

（一）个体工商户概念

　　根据《中华人民共和国民法典》，自然人从事工商业经营，经依法登记，为个体工商户，个体工商户可以起字号。个体工商户的债务，个人经营的，以个人财产承担；家庭经营的，以家庭财产承担；无法区分的，以家庭财产承担。

　　2022年10月1日，国务院公布《促进个体工商户发展条例》，该条例自2022年11月1日起施行。原有的《个体工商户条例》同时废止。

　　个体工商户是指在法律允许的范围内，依法经核准登记，从事工商经营活动的自然人或者家庭。单个自然人申请个体经营，应当是16周岁以上有劳动能力的自然人。家庭申请个体经营，作为户主的个人应该有经营能力，其他家庭成员不一定都有经营能力。

（二）个体工商户特点

　　个体工商户具有以下特征，如图1-5所示。

　　1. 从事工商业经营的自然人或家庭

　　根据《促进个体工商户发展条例》第六条的规定，个体工商户可以个人经营，也可以家庭经营。

　　2. 必须依法核准登记

　　登记机关是县级以上市场监督管理机关，个体工商户转业、合并、变更登记事项或歇业，也应办理登记手续。

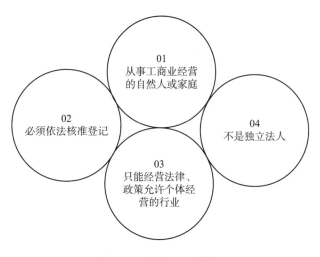

图1-5　个体工商户特征

3. 只能经营法律、政策允许个体经营的行业

在依法核准登记的范围内，个体工商户享有从事个体工商业经营的民事权利能力和民事行为能力。

4. 不是独立法人

个体工商户并不具有独立的法人资格。个体工商户是由一个自然人或者家庭经营的，其经营资本直接来自个人或者家庭财产，而不是像公司那样由股东出资形成。因此，个体工商户在法律上并不被视为一个独立的法人实体。

个体工商户的经营者对其经营行为承担无限责任，也就是说，如果个体工商户在经营过程中产生债务，经营者需要以个人或者家庭财产来承担这些债务。这也是个体工商户不具有法人资格的一个重要体现。

（三）个体工商户的债权债务

个体工商户的财产权利和责任方面，享有合法财产权，包括对自己所有的合法财产享有占有、使用、收益和处分的权利，以及依据法律和合同享有各种债权。个体工商户的财产权、经营自主权等合法权益受法律保护，任何单位和个人不得侵害或者非法干预。

个体工商户在债务方面，如果是个人经营的，以个人财产承担；家庭经营的，以家庭财产承担；无法区分的，以家庭财产承担。

个体工商户变更经营者或者转型为企业的，应当结清依法应缴纳的税款等，对原有债权债务作出妥善处理，不得损害他人的合法权益。

二、个体工商户的设立

（一）个体工商户的设立

个体工商户的设立、变更、注销都需要依法登记。县、自治县、不设区的市、市辖区市场监督管理部门为个体工商户的登记机关（以下简称"登记机关"）。登记机关按照国务院市场监督管理部门的规定，可以委托其下属市场监督管理所办理个体工商户登记。

个体工商户的设立过程主要包括以下步骤，具体流程如图1-6所示。

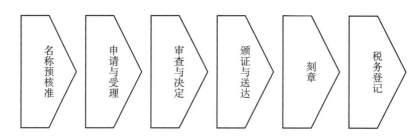

图1-6　个体工商户设立流程

（二）个体工商户执照及特点

个体工商户营业执照样式如图1-7所示。

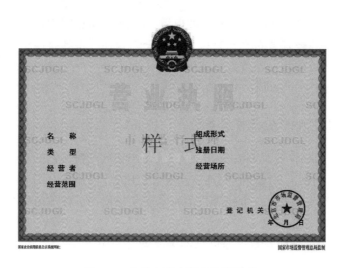

图1-7　个体工商户营业执照样式

个体工商户营业执照信息与其他类型营业执照相比有明显的特点和不同，具体如下。

1. 名称

个体工商户有自己的字号，而且个体工商户的字号都有其特殊性，一般是××中心、××经营部、××食品站等类似的名字，而不能是××公司。

个体工商户的名称可以由行政区划、字号、行业、组织形式依次组成，例如，"北京市朝阳区某某餐馆"。需要注意的是，个体工商户的名称中不得含有"有限""股份""公司"等字样。

2. 类型

类型实际就是标明了组织形式为个体工商户。

3. 经营者

个体工商户为非法人组织，没有法定代表人一说，只登记一个经营者；因为个体工商户不是公司，因此也没有股东的概念。

个体工商户的经营者是指实际经营该个体工商户的自然人，也称为业主、负责人或店主等。个体工商户的经营者需要承担无限责任，即以其全部财产对个人经营的债务承担责任。在实际操作中，个体工商户的经营者需要在行政管理机关进行登记，领取营业执照，成为合法经营者。经营者的姓名会出现在营业执照上，这也是确定个体工商户责任承担者的依据。

4. 经营范围

这个一般没有特殊之处，所有营业执照的概念都是一致的，根据登记的经营范围可以依法从事经营活动。

个体工商户的经营范围是由其经营者自行确定的，并受到相关法律法规的限制和约束。个体工商户可以在国家法律和政策允许的范围内，经营工业、手工业、建筑业、交通运输业、商业、饮食业、服务业修理业及其他行业。具体的经营范围可以根据经营者的技能、经验和市场需求等因素来确定。在实际操作中，个体工商户的经营范围需要在行政管理机关进行登记，成为合法经营的依据。

5. 组成形式

组成形式会标明个人经营或者家庭经营。这是个体工商户的不同之处。

个体工商户的组成形式主要分为个人经营和家庭经营两种形式。个人经营是由个人承担经营风险和享有经营收益，是个体工商户最常见的组成形式。而家庭经营则是由家庭成员共同承担经营风险和享有经营收益，这种形式通常适用于家庭成员共同参与经营的情况。

6. 注册日期

个体工商户的注册日期是指其在行政管理机关进行登记注册的日期。这个日期非常重要，因为它是个体工商户成立并开始经营活动的标志。在个体工商户的营业执照上，通常会明确标注注册日期，这也是证明个体工商户合法经营的重要凭证。

7.经营场所

个体工商户的经营场所是指个体工商户在行政管理机关登记的，用于开展经营活动的固定场所。它是确定个体工商户登记管理的重要依据，也是个体工商户经营活动中确定合同成立地或者债务履行地、法律文书送达地，以及诉讼管辖地的重要依据，对保护交易安全起着重要作用。

8.没有注册资本或者出资额

此外，个体工商户没有注册资本或者出资额之类的约定，与公司不同，个体工商户并不是法人，因此没有注册资本或出资额的要求。不过，虽然个体工商户没有注册资本或出资额的要求，但在经营过程中，个体工商户仍然需要承担一定的经济责任。例如，如果个体工商户在经营过程中产生了债务，那么经营者需要以个人财产或家庭财产来承担这些债务。

三、为何选择个体工商户

（一）选择个体工商户的理由

截至2023年我国市场主体总量达1.7亿户，其中个体工商户达1.14亿户，约占市场主体总量的2/3，[①] 在创业的道路上，个体工商户这一形式备受青睐。为何个体工商户如此受欢迎，成为众多创业者的首选之路呢？本书将为您揭秘个体工商户的魅力所在。个体工商户成立流程简单，也不要求办理对公账户，有诸多优势，选择成立个体工商户的原因主要有以下几点，如图1-8所示。

1.创业门槛低，灵活多变

个体工商户相较于其他企业组织形式，创业门槛较低，无须太多的资金和人力资源。此外，个体工商户的经营方式灵活多变，可根据市场需求随时调整经营策略，具有较强的适应能力。

2.约束很小，自由度高

个人独资企业在经营管理、决策、进入与退出等方面受到的约束相对很小，这意味着个人可以更加自由地发挥自己的创意和才能，不受外部规定的束缚。

3.权力集中，效率至上

在个体工商户中，各种权力基本都是高度统一的，由个人自己说了算。这种权力的高度集中使得企业主能够迅速作出决策，减少沟通成本，提高运营效率。

---

① 我国市场主体达1.7亿户 其中个体工商户1.14亿户约占总量三分之二 [EB/OL] . https://www.gov.cn/xinwen/2023-02/14/content_5741497.htm.

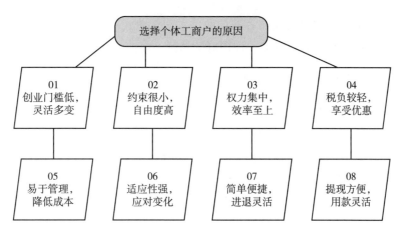

图 1-8　选择成立个体工商户的原因

4. 税负较轻，享受优惠

个体工商户在税收方面享有一定的优惠政策。相较于其他企业形式，个体工商户的税负较轻，这在一定程度上减轻了创业者的经济压力。同时，政府还为个体工商户提供了一系列扶持政策，如创业补贴、税收优惠等，进一步激发了创业者的热情。

5. 易于管理，降低成本

个体工商户的组织结构简单，管理起来相对容易。创业者可以更加专注于业务的发展和创新，无须花费过多精力在企业管理上。此外，个体工商户的运营成本较低，可以有效降低创业者的经济负担，提高盈利能力。

6. 适应性强，应对变化

个体工商户具有较强的市场适应性。在面对市场变化时，个体工商户可以迅速调整经营策略，抓住市场机遇。这种灵活的经营方式使得个体工商户在竞争激烈的市场环境中具有较强的竞争力。

7. 简单便捷，进退灵活

注册个体工商户的程序和要求通常较为简洁明了，相比其他类型的企业，其注册流程更加简单快捷。另外个体工商户注销手续也比较简便，进退都比较灵活。

8. 提现方便，用款灵活

个体工商户无企业所得税，只需要缴纳个人所得税、增值税及附加税等，综合税率较低，完税后即可提现，无须再缴纳其他分红个税；此外个体工商户不强制开通对公账户，因此提现比较方便。

综上所述，个体工商户因其创业门槛低、税负较轻、易于管理以及适应性强等优点，成为众多创业者的首选之路。成立个体工商户可以使经营者在经营中拥有更多的权利和利益，同时也使经营者的商业活动更加规范、有序。对于从事商业活动的个人而言，成立个体工商户是一种很好的选择。

（二）个体工商户的适用情形

虽然个体工商户有诸多优势，但也不是适用于任何情形。个体工商户通常只适用于小作坊式的经营发展，适用于个人或家庭创业初期或起步阶段，经营者为了节省成本，可以采用个体工商户的模式，但当经营规模发展到一定程度时，个体工商户的经营模式和管理制度显然已经难以与之匹配。

此外，个体工商户也难以吸引合伙人，很多小的个体工商户只有一个人甚至是夫妻两个人，无法吸引更多的合伙人加入，所以采用个体工商户的模式比较难以做大；换句话说，做大之后必须变更组织形式。创业者在选择个体工商户时也应充分了解其特点和限制，根据自身实际情况作出明智的决策。

当然个体工商户也可以变更为企业。根据《促进个体工商户发展条例》，个体工商户可以自愿变更经营者或者转型为企业。变更经营者的，可以直接向市场主体登记机关申请办理变更登记。涉及有关行政许可的，行政许可部门应当简化手续，依法为个体工商户提供便利。个体工商户变更经营者或者转型为企业的，应当结清依法应缴纳的税款等，对原有债权债务作出妥善处理，不得损害他人的合法权益。

总的来说，个体工商户是自然人或家庭在法律允许的范围内，依法经核准登记，从事工商业经营的一种法定形式。它们是市场经济的重要组成部分，为经济发展和社会就业作出了重要贡献。

个体工商户是市场经济中重要的微观经济基础，其数量众多，分布广泛，涵盖了各个行业和领域。它们是推动经济发展、增加就业、提高人民生活水平的重要力量。同时，个体工商户也是创新创业的重要源泉，许多优秀的企业家和创业者都是从个体工商户起步，逐渐发展成为大型企业。

第三节　个人独资企业

与个体工商户相比，个人独资企业进一步升级，由于个人独资企业可以设立分支机构，也可以委派他人作为个人独资企业分支机构负责人等组织上的变化，因此，个人独资企业虽然也是一个自然人出资，但是合伙关系已经非常明显，已经具备了建立合伙人制度的基础和必要条件。

一、个人独资企业的概念

（一）个人独资企业的概念

《中华人民共和国个人独资企业法》（以下简称《个人独资企业法》）是为规范个人独资企业的行为，保护个人独资企业投资人和债权人的合法权益，维护社会经济秩序，促进社会主义市场经济的发展而制定的法律。该法由第九届全国人民代表大会常务委员会第十一次会议于 1999 年 8 月 30 日修订通过，自 2000 年 1 月 1 日起施行。

根据《个人独资企业法》，个人独资企业是指依照本法在中国境内设立，由一个自然人投资，财产为投资人个人所有，投资人以其个人财产对企业债务承担无限责任的经营实体。

（二）个人独资企业的特点

个人独资企业是由一个自然人投资，财产为投资人个人所有，投资人以其个人财产对企业债务承担无限责任的经营实体。个人独资企业具有以下特点，如图 1-9 所示。

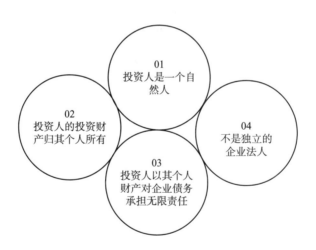

图 1-9　个人独资企业的特点

1. 投资人是一个自然人

个人独资企业的投资人只能是一个自然人，一个具备完全民事行为能力的自然人，能够独立承担民事责任，并具备相应的经营能力和管理经验；不能是"法律、行政法规禁止从事营利性活动的人"，同时，法人也不能作为个人独资企业的投资人。

2.投资人的投资财产归其个人所有

个人独资企业的一个核心特性是其财产归属关系，投资人在设立个人独资企业时投入的资金、设备等财产，在法律上仍然是属于投资人个人的财产。个人独资企业的这种财产归属特性，使得它与其他类型的企业（如合伙企业、有限公司、股份公司等）在财产权益上有很大区别。

3.投资人以其个人财产对企业债务承担无限责任

这也是个人独资企业的核心特征之一，当投资人申报登记的出资不足以清偿个人独资企业经营所负的债务时，投资人就必须以其个人财产甚至是家庭财产来清偿债务。

4.不是独立的企业法人

个人独资企业不是独立法人，而是一个经营实体。它不能独立地对外承担有限责任，而是由投资人对外承担无限责任。

（三）个人独资企业的债务

个人独资企业是投资人以其个人财产对企业债务承担无限责任的经营实体。

个人独资企业投资人在申请企业设立登记时明确以其家庭共有财产作为个人出资的，应当依法以家庭共有财产对企业债务承担无限责任。

个人独资企业解散后，原投资人对个人独资企业存续期间的债务仍应承担偿还责任，但债权人在五年内未向债务人提出偿债请求的，该责任消灭。

个人独资企业及其投资人在清算前或清算期间隐匿或转移财产，逃避债务的，依法追回其财产，并按照有关规定予以处罚；构成犯罪的，依法追究刑事责任。

二、个人独资企业的设立

（一）个人独资企业的设立

1.设立条件

设立个人独资企业应当具备下列条件：（1）投资人为一个自然人；（2）有合法的企业名称；（3）有投资人申报的出资；（4）有固定的生产经营场所和必要的生产经营条件；（5）有必要的从业人员。

个人独资企业的设立、变更、注销，应当依照《个人独资企业法》等相关规定，依法办理企业登记。个人独资企业经登记机关依法核准登记，领取营业执照后，方可从事经营活动。

个人独资企业应当在登记机关核准的登记事项内依法从事经营活动。市场监督管理部门是个人独资企业的登记机关。国家市场监督管理总局主管全国个人独资企业的登记工作。省、自治区、直辖市市场监督管理部门负责本地区个人独资企业的登记工作。市、县（区）市场监督管理部门负责本辖区内的个人独资企业登记。

2. 设立流程

个人独资企业设立流程与个体工商户设立流程基本一致，具体如图1-10所示。

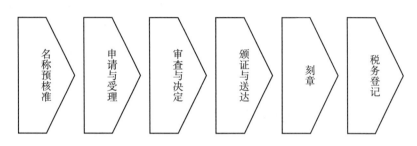

图1-10　个人独资企业设立流程

（二）个人独资企业执照及特点

个人独资企业营业执照样式如图1-11所示。

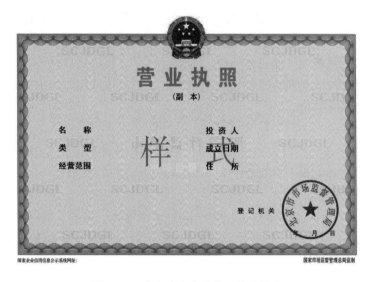

图1-11　个人独资企业营业执照样式

个人独资企业营业执照信息与其他类型营业执照也有其明显的特点和不同，具体如下。

1. 名称

个人独资企业也要有自己的字号，与个体工商户的字号有些类似，一般也是××中心、××经营部、××商行等名字，而不能是××公司。

个人独资企业的名称应该符合国家有关企业名称管理的规定，并依次由行政区划、字号、行业或者经营特点、组织形式等部分组成。根据《个人独资企业法》的规定，个人独资企业的名称中不得使用"有限""有限责任""公司"等字样。此外，个人独资企业的名称也应该与其责任形式及从事的营业相符合，不能误导公众或者造成混淆。例如，如果企业主要从事餐饮业务，那么其名称应该与餐饮相关，如"某某餐厅""某某饭店"等。同时，个人独资企业可以在其名称中使用自然人投资人的姓名作字号，以突出个人特色和品牌形象。

2. 类型

类型实际就是标明了组织形式为个人独资企业。

3. 经营范围

这个一般没有特殊之处，所有营业执照的概念都是一致的。

个人独资企业的经营范围是指企业可以从事的生产经营与服务项目，具体的经营范围可能受到多种因素的影响，包括但不限于企业的投资人的专业知识和技能、市场需求、法律法规等。因此，在选择经营范围时，个人独资企业应充分考虑其实际情况和能力，以确保经营活动的合法性和有效性。

值得注意的是，个人独资企业在经营过程中必须遵守法律、行政法规，遵循诚实信用原则，不得损害社会公共利益。同时，如果其业务范围涉及审批项目，还需要办理相应的资质证书才能正常经营。

总的来说，个人独资企业的经营范围广泛，但具体范围应根据企业实际情况和法律法规的要求来确定。

4. 投资人

个人独资企业的投资人是指以其个人财产对企业债务承担无限责任的自然人。根据《个人独资企业法》的规定，个人独资企业的投资人只能是一个自然人，不能是法人或其他组织。

作为个人独资企业的投资人，需要满足以下条件。首先，投资人必须是一个具有完全民事行为能力的自然人，能够独立进行民事活动并承担相应的民事责任。其次，投资人需要申报其出资额和出资方式，并对企业的债务承担无限责任。这意味着当企业的财产不足以清偿债务时，投资人需要以其个人财产来承担剩余的债务。

此外，根据法律、行政法规的规定，有些自然人是不得作为个人独资企业的投资人的。例如，国家公务员、法官、检察官、人民警察等人员，由于其职务的特殊性质和要求，不得从事营利性活动，因此不能作为个人独资企业的投资人。

5.成立日期

个人独资企业的成立日期是指个人独资企业营业执照的签发日期。根据《个人独资企业法》的规定，个人独资企业营业执照的签发日期为个人独资企业成立日期。

6.住所

个人独资企业的住所是指其主要办事机构所在地，这是重要的登记事项之一。根据《个人独资企业法》的规定，个人独资企业必须在其主要办事机构所在地进行登记，以便政府部门对其进行监管和管理。

个人独资企业的住所也是企业法律文书的送达地和企业经营活动的中心地。因此，企业在选择住所时应当考虑到便于经营、管理和监督的因素，确保住所的合法性和有效性。

7.没有注册资本，但有出资额

个人独资企业没有注册资本的概念，而是采用出资额的概念。个人独资企业的出资额是指个人独资企业在行政管理机关登记的资本总额，即投资人投入企业的全部财产。这与公司的注册资本不同，后者是公司制企业全体股东认缴的出资额的总和，而个人独资企业的出资额只是投资人个人的出资，不需要验资，也没有最低限额的要求。

8.没有法定代表人和股东概念

个人独资企业是一种不具有法人资格的经营实体，没有法定代表人，但投资人需要对其企业的债务承担无限责任，并遵守相关的法律法规进行经营和变更。个人独资企业因为不是公司，同样也没有股东的概念。

三、个体工商户与个人独资企业

（一）相同点

个体工商户和个人独资企业在多个方面存在相似之处，具体表现在以下几个方面。

1.投资主体基本相同

两者的投资主体都只能是有经营能力的自然人，而不能是法人或其他组织。也就是说，它们都不能以公司法人为单位进行投资，而只能由自然人进行投资。

2.资产申报制度

无论是个体工商户还是个人独资企业，对投入的资产都实行申报制，无须经过法定的验资机构验资。这意味着，这两种企业形式在资产方面都具有较高的灵活性。

3. 责任承担方式相同

个体工商户和个人独资企业都需要以个人或家庭财产承担无限责任。这意味着，如果企业出现债务问题，投资者需要用自己的个人或家庭财产来承担这些债务，直到债务得到完全清偿。

4. 税收政策相似

在税收政策方面，个体工商户和个人独资企业都只需缴纳个人所得税，而不需要缴纳企业所得税，这使得两者在税务方面的处理相对简单。此外，它们都可以被认定为一般纳税人或小规模纳税人，并可以选择适用查账征收或核定征收的方式，也有较多的税收优惠。

5. 法律地位相近

虽然个体工商户和个人独资企业在法律地位上略有不同，但它们都不具有法人资格。

总的来说，个体工商户和个人独资企业在投资主体、资产申报制度、责任承担方式、税收政策和法律地位等方面存在相似之处。这些相似之处使得这两种组织形式在创业初期和规模较小的经营活动中具有一定的优势，如设立简便、经营灵活、成本低廉等。然而，随着企业规模的扩大和经营活动的复杂化，这些企业形式可能需要更加规范和严格的管理和运营方式。

（二）主要区别

需要注意的是，虽然个体工商户和个人独资企业在很多方面都有相似之处，但它们在很多方面仍存在一些细微的差异。因此，在选择企业类型时，投资者应根据自身情况和需求进行综合考虑，个人独资企业和个体工商户的具体差异如表1-1所示。

表1-1　　　　　　　　　个人独资企业和个体工商户的主要区别

对比项目	个人独资企业	个体工商户
出资人	个人独资企业的出资人只能是一个自然人	个体工商户则可以由一个自然人出资设立，也可以由家庭共同出资设立
承担责任的财产范围	个人独资企业的出资人在一般情况下仅以其个人财产对企业债务承担无限责任，但如果企业设立登记时明确以家庭共有财产作为个人出资，那么将依法以家庭共有财产对企业债务承担无限责任	个体工商户的债务，如果是个人经营的，则以个人财产承担；如果是家庭经营的，则以家庭财产承担
适用法律	个人独资企业依照《个人独资企业法》设立	个体工商户则依照《中华人民共和国民法典》和《促进个体工商户发展条例》的相关规定设立

对比项目	个人独资企业	个体工商户
法律地位	个人独资企业不具有法人资格，而是非法人企业，具有团体人格的组织体属性。这意味着个人独资企业在某些情况下可以以自己的名义进行法律活动	个体工商户不具有法人资格，也不具有团体人格的组织体属性。这意味着个体工商户没有独立的法律人格，不能独立承担民事责任
总体规模	个人独资企业的总体规模一般大于个体工商户	个体工商户一般规模都小
设立分支机构	个人独资企业可以设立分支机构，也可以委派他人作为个人独资企业分支机构负责人	个体工商户不能设立分支机构
对外投资持股	个人独资企业可以对外投资，成为公司的股东	个体工商户不可以对外，不能成为公司股东
财务管理	个人独资企业需要建立较为完善的财务管理制度，确保企业的财务状况符合相关法规要求	个体工商户在财务管理上相对简单宽松
能否转让	个人独资企业投资人对本企业的财产依法享有所有权，其有关权利可以依法进行转让或继承	个体户投资人不得转让，实务中需要注销后，重新注册登记为其他投资人经营
经营管理	个人独资企业投资人可以委托或者聘用他人管理个人独资企业事务，个人独资企业的所有权与经营权是可以分离的，个人独资企业更符合现代企业制度的特征	个体工商户的投资者和经营者都必须是投资设立个体工商户的自然人
经营范围	个人独资企业的经营范围要比个体工商户宽泛得多	在经营范围上，个体工商户受到的行业限制较多

综上所述，个体工商户和个人独资企业虽然都是自然人出资设立的经营实体，但在法律地位、出资人、责任承担以及财务管理等诸多方面存在一些区别。这些区别使得个体工商户和个人独资企业在实际经营中需要遵守不同的法律、法规要求，并享受不同的待遇。因此个人在投资设立时，需要根据自己的实际情况进行选择是设立个体工商户还是个人独资企业。

（三）个体工商户与个人独资企业，你更适合哪一种

从组织形式、经营管理、规模和业态等方面，个人独资企业都比个体工商户提升了一步，个人独资企业具有了一定的组织架构和经营管理制度，而不再像个体工商户那样仅局限于家庭作坊式经营。个体工商户和个人独资企业有很多相同的优点，同时也有很多共同的缺陷，个体工商户与个人独资企业的优缺点，如表1-2所示。

表 1-2	个体工商户与个人独资企业的优缺点
项目	个人独资企业、个体工商户
优点	1. 设立便捷 2. 运营成本较低 3. 较低的税负、无须缴纳企业所得税 4. 分红不用再重复征收个人所得税，可以直接提现
缺点	1. 业主对企业债务承担无限责任 2. 企业的存续年限受限于业主寿命 3. 难以从外部获取大量资金用于经营 4. 难以做大做强

在创业的道路上，选择合适的企业形式至关重要。个体工商户和个人独资企业，作为两种常见的企业形式，它们之间究竟该如何选择？今天，我们就来为您揭开这层神秘面纱，带您一探究竟！

1. 个体工商户：简单、灵活，适合小规模经营

个体工商户，是指自然人以个人财产或者家庭财产作为经营资本，依法经工商行政管理部门核准登记，并在法定的范围内从事非农业性经营活动的个人或家庭。个体工商户具有设立简便、经营灵活、成本低廉等特点，非常适合小规模经营者。

2. 个人独资企业：规模较大，管理规范，更具竞争力

个人独资企业，是指由一个自然人投资，财产为投资人个人所有，投资人以其个人财产对企业债务承担无限责任的经营实体。个人独资企业规模相对较大，管理更加规范，具有较强的竞争力。与个体工商户相比，个人独资企业在资金、技术、人才等方面更具优势。

3. 如何选择适合自己的企业形式

在选择个体工商户或个人独资企业时，您需要根据自己的实际情况进行权衡。如果您只是小规模经营，对资金需求不高，且希望保持经营灵活性，那么个体工商户可能更适合您。而如果您计划进行较大规模的经营，追求更高的管理水平和竞争力，那么个人独资企业可能更适合您。

总之，个体工商户和个人独资企业各有优缺点，经营者在设立时，需要根据自身情况、经营范围、发展规划等各种情况，选择适合自己的组织形式。选择适合自己的企业形式对于创业成功至关重要，希望本书能为您在创业的道路上提供一些有益的参考。

四、为何选择个人独资企业

很多网红、明星为何热衷于设立个人独资企业？当我们谈论企业形式时，个

人独资企业可能不是第一个跳入你脑海的选项。但是,你可能会惊讶地发现,这种看似简单的企业结构实际上隐藏着许多不为人知的优势。今天,就让我们一起揭开个人独资企业的神秘面纱,看看它到底有何过人之处。个人独资企业的主要优势如图 1-12 所示。

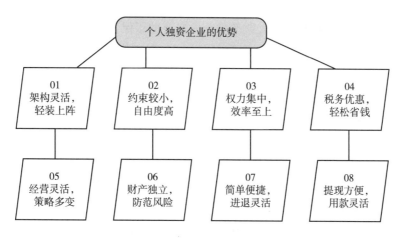

图 1-12　个人独资企业的优势

1. 架构灵活,轻装上阵

与个人独资企业相比,其他形式的企业往往有着更为复杂的组织结构和人员要求。而个人独资企业则显得轻盈许多,只需一人即可撑起整个企业。这种灵活性使得个人独资企业在面对市场变化时能够迅速作出反应,不会因为烦琐的决策流程而错失良机。

2. 约束较小,自由度高

个人独资企业在经营管理、决策、进入与退出等方面受到的约束相对较小。这意味着企业主可以更加自由地发挥自己的创意和才能,不受外部规定的束缚。这种自由度使得个人独资企业能够迅速适应市场变化,不断创新。

3. 权力集中,效率至上

在个人独资企业中,资产所有权、控制权、经营权以及收益权都是高度统一的。这种权力的高度集中使得企业主能够迅速作出决策,减少沟通成本,提高运营效率。同时,这也有助于保守企业经营和发展的基本秘密,确保企业的核心竞争力。

4. 税务优惠,轻松省钱

与个人独资企业相比,其他形式的企业往往需要缴纳企业所得税。而个人独资企业则只需缴纳个人所得税,这无疑为企业主节省了一大笔开支。在利润不高的情况下,个人独资企业还能享受更低的所得税税率,进一步减轻了企业的税务负担。

5.经营灵活，策略多变

个人独资企业的经营策略非常灵活，可以根据市场变化和客户需求迅速调整。这种灵活性使得个人独资企业能够在激烈的市场竞争中脱颖而出，抢占先机。同时，个人独资企业还可以根据自身情况筹划税务策略，享受到更多的税收优惠政策。

6.财产独立，防范风险

个人独资企业的财产与个人财产分开，这有助于保护个人财产免受企业债务的影响。

7.简单便捷，进退灵活

注册个人独资企业的程序和要求通常较为简洁明了，相比其他类型的企业，其注册流程更加简单快捷。

8.提现方便，用款灵活

企业的盈利全部归个人所有，企业所有者可以直接享受企业经营所带来的收益。个人独资企业无分红个税，只需缴纳个人所得税、增值税、附加税，综合税率较低，完税后即可提现，无须再缴纳其他分红个税。

综上所述，个人独资企业在架构、约束、权力分配、税务优惠以及经营策略等方面都具有显著优势。这些优势使得个人独资企业能够在激烈的市场竞争中独领风骚，成为许多创业者和企业家的首选。当然，每种企业形式都有其适用的场景和限制，选择何种企业形式还需根据自身的实际情况和市场环境来综合考虑。但无论如何，个人独资企业都是一个值得关注和考虑的优秀选项。

案例 1-1 ▶▶▶▶▶▶▶▶▶▶▶▶▶▶▶▶▶▶▶▶▶▶▶▶▶

网红被追缴税款、加收滞纳金并处罚款，共计13.41亿元

2021年12月，浙江省杭州市税务部门经税收大数据分析发现网络主播黄某涉嫌偷逃税款，在相关税务机关协作配合下，依法对其开展了全面深入的税务检查。

1.黄某被处罚的金额构成

经查，黄某在2019~2020年期间，通过隐匿个人收入、虚构业务转换收入性质虚假申报等方式偷逃税款6.43亿元，其他少缴税款0.6亿元。在税务调查过程中，黄某能够配合并主动补缴税款5亿元，同时主动报告税务机关尚未掌握的涉税违法行为。综合考虑上述情况，国家税务总局杭州市税务局稽查局依据《中华人民共和国个人所得税法》《中华人民共和国税收征收管理法》《中华人民共和国行政处罚法》等相关法律法规规定，按照《浙江省税务行政处罚裁量基准》，对黄某追缴税款、加收滞纳金并处罚款，共计13.41亿元。其中，对隐匿收入偷税但主动补缴的5亿元和主动报告的少缴税款0.31亿元，处0.6倍罚款计3.19亿元；对隐匿收入偷

税但未主动补缴的 0.27 亿元，处 4 倍罚款计 1.09 亿元；对虚构业务转换收入性质偷税少缴的 1.16 亿元，处 1 倍罚款计 1.16 亿元。2021 年 12 月杭州市税务局稽查局已依法向黄某送达税务行政处理处罚决定书。

2. 为什么杭州市税务部门要对黄某进行检查

近年来，税务部门一直重视并持续规范网络直播行业税收秩序。税务部门分析发现部分网络主播存在一定涉税风险，及时开展了风险核查，提示辅导相关网络主播依法纳税。经税收大数据分析评估发现，黄某存在涉嫌重大偷逃税问题，且经税务机关多次提醒督促仍整改不彻底，遂依法依规对其进行立案并开展了全面深入的税务检查。

3. 黄某的违法事实有哪些

2019~2020 年期间，黄某通过隐匿其从直播平台取得的佣金收入虚假申报偷逃税款；通过设立上海蔚贺企业管理咨询中心、上海独苏企业管理咨询合伙企业等多家个人独资企业、合伙企业虚构业务，将其个人从事直播带货取得的佣金、坑位费等劳务报酬所得转换为企业经营所得进行虚假申报偷逃税款；从事其他生产经营活动取得收入，未依法申报纳税。

资料来源：杭州市税务局稽查局有关负责人就黄薇偷逃税案件答记者问［EB/OL］. https：//zhejiang.chinatax.gov.cn/art/2021/12/20/art_17746_529545.html.

近年来，个人独资企业等组织形式成了一些网红、明星偷逃税收的惯用工具。这主要是因为个人独资企业在税收方面具有一定的灵活性和优势，使得一些人试图通过设立这样的企业来规避税收。

具体来说，一些网红、明星通过在税收优惠地区成立个人独资企业或合伙企业，利用账目不健全等名义，实现个人所得税的核定征收，从而可能降低实际税负。他们还可能通过虚构业务，将个人收入转化为企业经营所得，进行虚假申报以偷逃税款。这种操作方式利用了我国个人劳务所得与经营所得在计税方式和税率上的差异，通过一定的税收筹划达到少缴税或不缴税的目的。

然而，需要强调的是，这种利用个人独资企业等组织形式偷逃税收的行为是违法的。税务部门一直在加大对此类行为的监管和打击力度，通过公开曝光典型案例、加大税收征管等措施，维护税收秩序和公平。因此，无论是网红、明星还是其他纳税人，都应该依法纳税，诚信经营，避免利用任何非法手段偷逃税收。

第四节　合伙企业

合伙企业与个体工商户和个人独资企业相比，由于出资人不再是单一的自然人具备了建立合伙人制度的天然条件，此外，从组织形式、治理结构等各方面，合伙企业也更加复杂一些，因此与个体工商户和个人独资企业相比，合伙企业更有条件、更有必要、更有价值建立和完善合伙人制度。

一、合伙企业的概念

（一）合伙企业的概念

根据《中华人民共和国合伙企业法》（2007 年 6 月 1 日实施，以下简称《合伙企业法》），本法所称合伙企业，是指自然人、法人和其他组织依照本法在中国境内设立的普通合伙企业和有限合伙企业。

（二）合伙企业的类型

1. 普通合伙企业

普通合伙企业由普通合伙人（General Partner，GP）组成，合伙人对合伙企业债务承担无限连带责任。本法对普通合伙人承担责任的形式有特别规定的，从其规定。

2. 有限合伙企业

有限合伙企业由普通合伙人和有限合伙人（Limited Partner，LP）组成，普通合伙人对合伙企业债务承担无限连带责任，有限合伙人以其认缴的出资额为限对合伙企业债务承担责任。

3. 特殊的普通合伙企业

特殊普通合伙企业是以专业知识和专门技能为客户提供有偿服务的专业服务机构，这些服务机构可以设立为特殊的普通合伙企业。例如，律师事务所、会计师事务所、医师事务所、设计师事务所等都属于特殊的普通合伙企业。

特殊普通合伙企业的特点包括以下几点。

（1）一个合伙人或数个合伙人在执业活动中因故意或重大过失造成合伙企业债务的，应当承担无限责任或者无限连带责任，其他合伙人以其在合伙企业中的财产份额为限承担责任。这意味着，如果某个合伙人因个人原因造成企业损失，他或她需要承担个人责任，而其他合伙人则只需承担其出资额的责任。这种责任分配方式有助于保护无辜的合伙人免受其他合伙人过失行为的影响。

（2）合伙人在执业活动中非因故意或者重大过失造成的合伙企业债务以及合伙企业的其他债务，由全体合伙人承担无限连带责任。

（3）合伙人执业活动中因故意或者重大过失造成的合伙企业债务，以合伙企业财产对外承担责任后，该合伙人应当按照合伙协议的约定对给合伙企业造成的损失承担赔偿责任。

（4）特殊普通合伙企业还需要建立执业风险基金、办理职业保险等，以便应对可能出现的风险。执业风险基金用于偿付合伙人执业活动造成的债务。执业风险基金应当单独立户管理。这些措施旨在保护企业的稳健运营和客户的利益。

总之，特殊普通合伙企业是一种适用于提供专业服务的企业形式，其责任分配方式有助于平衡合伙人之间的风险和责任。在选择这种企业形式时，需要充分考虑企业的特点和需求，并遵守相关法律法规的规定。

（三）有限合伙企业和普通合伙企业的差异

有限合伙企业和普通合伙企业在许多方面存在异同，具体如表 1-3 所示。

表 1-3　　　　　　　　　　　有限合伙企业和普通合伙企业的差异

对比项目	有限合伙企业	普通合伙企业
责任承担	有限合伙企业中，合伙人分为普通合伙人和有限合伙人两种。普通合伙人对合伙企业的债务承担无限连带责任，而有限合伙人则以其认缴的出资额为限对合伙企业债务承担责任，即有限合伙人只承担其出资额范围内的责任，不会承担企业的全部债务	普通合伙企业的所有合伙人都必须对合伙企业的债务承担无限连带责任，这意味着任何一个合伙人都有责任承担企业的全部债务
人数限制	有限合伙企业的投资人数为二人以上五十人以下，并且至少有一个普通合伙人。这意味着有限合伙企业的合伙人人数有一定的上限，并且必须包含至少一名普通合伙人	普通合伙企业的合伙人人数为二人以上，没有上限规定，这意味着可以有无数的合伙人
执行合伙事务	有限合伙企业中只有普通合伙人可以执行合伙事务，有限合伙人不得执行合伙事务	普通合伙企业的合伙人对执行合伙事务享有同等的权利
利润分配	有限合伙企业不得将全部利润分配给部分合伙人。但是，合伙协议另有约定的除外	普通合伙企业的出资人不得在合伙协议中约定将全部利润分配给部分合伙人
竞业禁止	有限合伙人可以自营或者同他人合作经营与本有限合伙企业相竞争的业务。但是，合伙协议另有约定的除外	普通合伙人不得自营或者同他人合作经营与本合伙企业相竞争的业务
自我交易	有限合伙人可以同本有限合伙企业进行交易。但是，合伙协议另有约定的除外	除合伙协议另有约定或者经全体合伙人一致同意外，合伙人不得同本合伙企业进行交易
出资形式	有限合伙人不得以劳务出资	普通合伙人可以用货币、实物、知识产权、土地使用权或者其他财产权利出资，也可以用劳务出资

对比项目	有限合伙企业	普通合伙企业
份额出质	有限合伙人可以将其在有限合伙企业中的财产份额出质。但是，合伙协议另有约定的除外	合伙人以其在合伙企业中的财产份额出质的，须经其他合伙人一致同意；未经其他合伙人一致同意，其行为无效，由此给善意第三人造成损失的，由行为人依法承担赔偿责任
份额转让	有限合伙人可以按照合伙协议的约定向合伙人以外的人转让其在有限合伙企业中的财产份额，但应当提前三十日通知其他合伙人	除合伙协议另有约定外，合伙人向合伙人以外的人转让其在合伙企业中的全部或者部分财产份额时，须经其他合伙人一致同意。 合伙人之间转让在合伙企业中的全部或者部分财产份额时，应当通知其他合伙人

总的来说，有限合伙企业和普通合伙企业在责任承担、人数限制、执行合伙事务、利润分配、竞业禁止和出资形式等诸多方面都存在明显的差异。这些差异使得这两种合伙企业在不同的场景下各有优势，可以根据具体的需求和情况选择适合的合伙企业形式。

（四）合伙企业的不同之处

与个体工商户和个人独资企业相比，合伙企业在法律地位、出资人、责任承担、税收待遇和财务管理等方面有所不同，具体如图 1-13 所示。

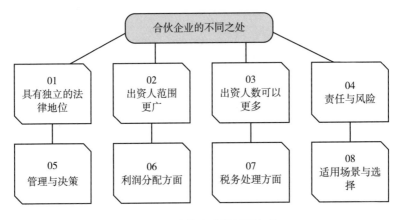

图 1-13　合伙企业的不同之处

1. 具有独立的法律地位

虽然不是独立的法人，但是合伙企业具有独立的法律地位，可以以自己的名义进行法律活动。

2. 出资人范围更广

出资人方面，合伙企业可以由多个自然人、法人或其他组织共同出资设立。

但是，国有独资公司、国有企业、上市公司以及公益性的事业单位、社会团体不得成为普通合伙人。

3. 出资人数可以更多

个体工商户和个人独资企业均是一个自然人出资，合伙企业的出资人数更多，需要两个以上。

设立普通合伙企业，应当有两个以上合伙人，合伙人为自然人的，应当具有完全民事行为能力。根据《合伙企业法》的规定，普通合伙企业中合伙人的人数应当不少于两人；然而，对于合伙人人数的上限并没有明确的规定，这意味着只要符合其他法定条件，合伙人人数可以根据实际情况进行协商和确定。

有限合伙企业由两个以上五十个以下合伙人设立；但是，法律另有规定的除外。有限合伙企业至少应当有一个普通合伙人。

4. 责任与风险

在合伙企业的责任承担上，普通合伙人对合伙企业债务承担无限连带责任，有限合伙人则以其认缴的出资额为限承担责任。

5. 管理与决策

合伙企业通常需要设立合伙协议，明确合伙人之间的权利和义务。合伙企业在管理和决策上通常采用协商一致的原则，合伙人共同参与企业决策。

个体工商户和个人独资企业则完全由业主一人决策和管理，业主享有充分的自主权和决策权。这使得个体工商户和个人独资企业在决策速度和执行效率上可能更具优势。

6. 利润分配方面

合伙企业通常需要按照合伙协议约定的比例分配利润，并按照各自所得缴纳个人所得税。而个体工商户和个人独资企业的经营利润扣税后，归属出资人自己。

7. 税务处理方面

合伙企业不是所得税的纳税义务人，而是采取"先分后税"的原则，由合伙人分别缴纳个人所得税。这意味着，合伙企业的盈利在分配给合伙人之前，并不需要缴纳企业所得税。而个体工商户或者个人独资企业则需要以投资者为纳税义务人，缴纳个人所得税。

8. 适用场景与选择

合伙企业适用于需要多方共同出资、共同经营、共担风险的项目，如大型工程项目、科技研发等。同时，合伙企业也有助于拓展业务资源、降低经营风险。

个人独资企业或者个体工商户则适用于规模较小、业主对企业有完全控制需求的项目，如小型店铺、咨询服务等；出资人在决策、执行和管理方面可能更加高效便捷。

选择合伙企业作为经营实体的原因可能包括：可以通过多个出资人的共同出资来扩大企业规模；可以利用各合伙人的专业能力和资源优势提高企业经营效率；同时，在税务方面也可以通过合理规划降低税负。然而，需要注意的是，合伙企业中的普通合伙人需要承担无限连带责任，这在一定程度上增加了个人风险。因此，在选择合伙企业作为经营实体时，需要综合考虑各种因素并权衡利弊。

二、合伙企业的设立

（一）合伙企业的设立

申请设立合伙企业，应当向企业登记机关提交登记申请书、合伙协议书、合伙人身份证明等文件。合伙企业的经营范围中有属于法律、行政法规规定在登记前须经批准的项目的，该项经营业务应当依法经过批准，并在登记时提交批准文件。普通合伙企业名称中应当标明"普通合伙"字样，有限合伙企业名称中应当标明"有限合伙"字样。特殊的普通合伙企业名称中应当标明"特殊普通合伙"字样。

1. 设立条件

设立合伙企业，还应当具备下列条件：

（1）普通合伙企业有两个以上合伙人。合伙人为自然人的，应当具有完全民事行为能力。

有限合伙企业由两个以上五十个以下合伙人设立；但是，法律另有规定的除外。有限合伙企业至少应当有一个普通合伙人。

（2）有书面合伙协议。

（3）有合伙人认缴或者实际缴付的出资。

（4）有合伙企业的名称和生产经营场所。

（5）法律、行政法规规定的其他条件。

2. 设立流程

合伙企业设立流程与个人独资企业、个体工商户设立流程基本一致，具体如图 1-14 所示。

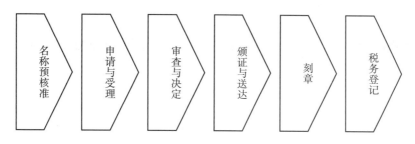

图 1-14　合伙企业设立流程

（二）合伙企业执照及特点

合伙企业营业执照样式如图 1-15 所示。

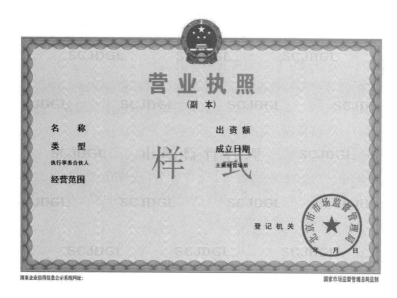

图 1-15　合伙企业营业执照样式

合伙企业营业执照信息与其他类型营业执照相比也有其特点和不同之处，具体如下。

1. 名称

合伙企业名称通常应包括以下几个部分：字号（或者商号）、行业或者经营特点、组织形式。字号是企业名称中的核心部分，应当具有独特性和识别性。行业或经营特点则反映了企业的主营业务或经营范围。有限合伙企业名称中应当标明"有限合伙"字样，普通合伙企业名称中应当标明"普通合伙"字样。

2. 类型

合伙企业营业执照的类型为有限合伙企业或者普通合伙企业，标明了具体的合伙企业类型。

3. 执行事务合伙人

合伙企业营业执照上的执行事务合伙人是指负责执行合伙企业事务的合伙人。在合伙企业中，执行事务合伙人扮演着重要的角色，他们对外代表合伙企业，负责处理合伙企业的日常事务，包括但不限于经营决策、签署合同、管理财务等。

4. 经营范围

经营范围是指合伙企业从事经营活动的业务范围。这是合伙企业合法经营的基础，也是企业登记机关对合伙企业进行管理和监督的重要依据。

在合伙企业营业执照上，经营范围通常会详细列出企业可以从事的具体业务种类和服务项目。这些范围是根据合伙企业的实际情况和合伙协议的约定进行填写的，并且需要经过企业登记机关的核准和登记。

合伙企业的经营范围一般可以分为一般经营项目和许可经营项目。一般经营项目是指不需要特别批准，企业可以自主申请的项目，如技术服务、技术开发、技术咨询等。而许可经营项目则是指需要依据法律、行政法规、国务院决定等规定，经过有关部门批准后才能从事的项目，如食品生产、医疗器械销售等。

需要注意的是，合伙企业在经营过程中应当严格遵守营业执照上标注的经营范围，不得从事超出范围的经营活动。同时，如果合伙企业需要变更经营范围，也需要经过企业登记机关的批准和变更登记。

5. 出资额

合伙企业营业执照上的出资额是指合伙人按照合伙协议约定的方式、期限和数额向合伙企业缴纳的资金数额。出资额是合伙企业成立和运营的基础，也是合伙人承担合伙企业债务的依据之一。

在合伙企业营业执照上，出资额通常会以货币形式进行标注，如人民币多少万元等。出资额的具体数额应当根据合伙企业的实际情况和合伙协议的约定进行填写。需要注意的是，出资额并不一定是合伙人实际缴纳的全部资金，而只是根据合伙协议约定的应当缴纳的资金数额。

6. 成立日期

合伙企业营业执照上的成立日期是指合伙企业自营业执照签发之日。根据《合伙企业法》规定，合伙企业的营业执照签发日期，为合伙企业成立日期。合伙企业领取营业执照前，合伙人不得以合伙企业名义从事合伙业务。因此，营业执照上的成立日期是合伙企业开始合法经营的起点，也是企业登记机关确认企业合法身份的依据之一。

7. 主要经营场所

主要经营场所是指合伙企业主要业务活动的地点，也就是合伙企业日常运营和管理的中心地点。这个地址通常是合伙企业注册时的主要办公地点，也是合伙企业与其他企业、客户、政府机构等进行日常业务往来的主要场所。

在合伙企业营业执照上，主要经营场所通常会详细标注具体的街道地址、门牌号、楼层等信息，以便相关机构和人员能够准确地找到该企业的位置。这个信息对于企业的日常运营和管理至关重要，也是企业登记机关进行监管和执法的重要依据之一。

需要注意的是，合伙企业在经营过程中应当确保主要经营场所与实际运营情况相符，如果企业需要变更主要经营场所，也需要及时办理变更登记手续，并更新营业执照上的相关信息。同时，合伙企业还应当遵守相关法律法规的规定，确保主要经营场所符合卫生、安全、环保等方面的要求。

8. 没有法定代表人和股东概念

合伙企业也没有法定代表人和传统意义上的股东概念，这是因为合伙企业与一般的公司有所不同。

合伙企业没有法定代表人，相反，合伙企业的事务执行是由一个或多个合伙人共同承担的。这些合伙人被称为"执行事务合伙人"，他们负责代表合伙企业执行日常经营和管理事务。

在合伙企业中，合伙人并不持有"股份"，而是根据合伙协议共同出资、共同经营、共享收益、共担风险。合伙人的权益和决策权是基于合伙协议中的约定，而不是基于股份的持有。在合伙企业中，一般称之为"份额"。

三、合伙企业的使用

在当下这个快速变化的时代，企业组织形式多种多样，其中，合伙企业以其独特的魅力和灵活性，在众多企业中脱颖而出，受到越来越多创业者和投资者的青睐。从初创小企到行业巨头，合伙企业都在发挥着不可或缺的作用。

（一）合伙企业：从初创小企到行业巨头的秘密武器

在波澜壮阔的商业舞台上，无数企业以不同的姿态崭露头角，而合伙企业作为一种特殊的企业组织形式，正以其独特的魅力，成为许多创业者从初创小企走向行业巨头的秘密武器。

初创小企，资源有限，风险承受能力较弱。而合伙企业，以其低门槛、高灵活性的特点，为初创企业提供了发展的温床。在这里，合伙人可以共同出资、共同经营、共享收益，形成了一种强大的合力，让初创企业能够在激烈的市场竞争中站稳脚跟。

随着企业规模的扩大和市场需求的不断变化，合伙企业也逐渐展现出其强大的生命力和适应性。合伙人之间的资源共享、风险共担，使得企业能够更好地应对市场的波动和挑战。同时，合伙企业独特的税收优势，也为企业节省了大量成本，提高了盈利能力。

当企业从初创小企逐渐成长为行业巨头时，合伙企业依然发挥着不可或缺的作用。在这个过程中，合伙企业不仅可以吸引更多的资本和人才，还可以借助其灵活的组织形式，快速响应市场变化，实现业务的快速扩张。

（二）合伙企业：实务应用中的灵活利器

在现实的商业世界中，合伙企业以其独特的魅力和实用性，成为实务中的灵活利器、创造价值的无限可能，也成了许多创业者、投资者和企业家手中的得力工具。它不仅为商业活动注入了活力，更在实务操作中展现了其无可替代的价值。

合伙企业，作为一种特殊的商业组织形式，它汇聚了各方的智慧和资源，共同为企业的成长和发展贡献力量。它的灵活性和适应性使得它在面对市场的变化和挑战时，能够迅速作出调整，找到最佳的解决方案。

总的来说，合伙企业作为实务中的灵活利器，它的使用价值和潜力是无法估量的。只要我们能够善于运用它，不断探索和创新，相信它一定能够为我们带来更多的惊喜和收获。

在实务中，合伙企业，尤其是有限合伙企业被运用得特别广泛，发挥了各种各样的用途，其使用价值如图1-16所示。

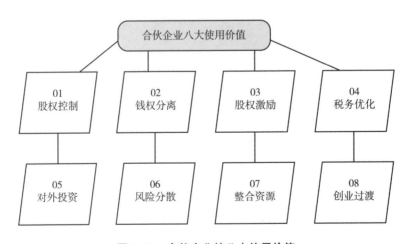

图1-16　合伙企业的八大使用价值

1.股权控制

在进行股权控制中，常用的是有限合伙企业，有限合伙在企业股权控制方面是一种非常有效的工具。在有限合伙企业中，普通合伙人（GP）通常拥有对企业的控制权，即使他们只持有少量的份额。这种控制权使得GP能够引导企业的战略方向和日常运营，从而实现股权控制。

有限合伙企业中，有限合伙人（LP）的责任仅限于其投资额，而GP则承担无限责任。这种责任结构的设置使得LP能够在承担有限风险的同时，通过GP的专业能力来实现对企业的有效控制。

有限合伙作为一种股权控制工具，具有控制权集中、有限责任与无限责任结合、灵活的出资和管理结构、税收优势以及风险隔离等特点。这些特点使得有限合伙成为许多企业和投资者在实现股权控制时的首选工具之一，以下采用一个有限合伙企业在股权控制中的案例来讲解有限合伙企业在实现股权控制过程中的具体应用。

案例 1-2 ▷▷▷▷▷▷▷▷▷▷▷▷▷▷▷▷▷▷▷▷▷▷▷▷▷

商业教父柳传志如何用100万元控制联想上百亿市值

商业教父柳传志只用100万元就控制了联想上百亿元的股权，联想背后的布局究竟是怎么样的？让我们通过详细的案例了解。

第一步：成立持股公司

成立注册资本500万元的北京联持志同管理咨询有限公司（以下简称"联持志同"），柳传志占股20%，为第一大股东。

第二步：成立十六家有限合伙企业

成立北京联持会一管理咨询中心（有限合伙企业）至北京联持会十五管理咨询中心（有限合伙企业），一共15家有限合伙企业，由联持志同担任普通合伙人（GP），大部分出资1万元，但拥有100%的决策权；其他合伙人只担任有限合伙人（LP），只有分红权，没有决策权。利用此种方式，成功地融到了大量资金。

接着，成立一家大型有限合伙企业，即北京联持志远管理咨询中心（有限合伙企业），还是由联持志同担任GP，出资1万元，持股0.006%，而上述的15家有限合伙企业则担任LP，持股99.994%，这样就成功将融到的所有资金都整合到北京联持志远管理咨询中心（有限合伙企业）中了。

第三步：入股联想控股股份公司

利用北京联持志远管理咨询中心（有限合伙企业）成为联想控股股份有限公司（以下简称"联想控股公司"）的第二大股东，持股20.37%，而第一大股东则为中国科学院控股有限公司，而国有企业通常不参与公司管理，所以联想控股公司则基本由第二大股东北京联持志远管理咨询中心（有限合伙企业）说了算。

第四步：联想控股公司成为联想集团的第一大股东

通过联想控股公司成为联想集团的第一大股东，持股 23.12%，这样一来，柳传志仅仅利用 100 万元资金就成功撬动了联想集团上百亿元的股权，而且不管是联想控股公司还是联想集团的控制权都被其掌握在手中，更厉害的是，即使公司经营失败了，最终也只需要承担 100 万元的有限责任而已。

联想集团的股权结构如下图所示。

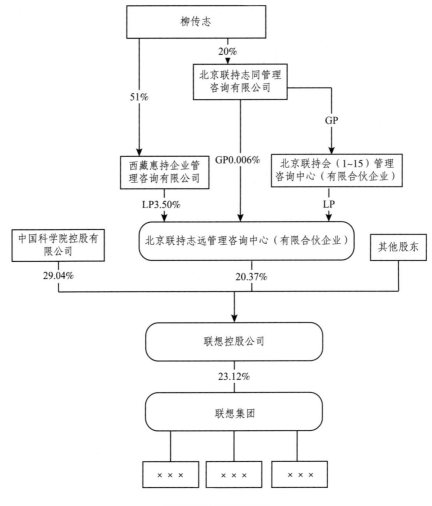

联想集团的股权结构

资料来源：作者根据用 100 万元撬动联想 200 亿股权，柳传志凭什么？［EB/OL］. https://www.zhihu.com/pin/1755626269213839360 整理而得。

合伙人制度（一）：股权顶层设计的艺术

这就是典型的"小股控大权"，通过股权架构设计，只需要在承担有限责任的基础上，就可以牢牢保证对于公司的控制权。

虽然柳传志通过股权架构设计最终达到了控制联想的目的，但他对于联想的控制权是相对的，因为不是公司的控股大股东，所以一旦有其他大股东反对，柳传志的决策也会受到很大的阻碍。

2. 钱权分离

在合伙企业中，GP 主要掌握控制权，而 LP 则主要关注分红权。这有助于实现管理权与出资额之间的分离，使得出资较少的合伙人也能获得企业的控制权。

资金筹集：合伙企业可以通过多个合伙人共同出资来筹集资金，从而扩大经营规模并实现更多的商业机会。这种资金筹集方式相比个人独资企业更加灵活和多样化。

3. 股权激励

合伙企业可以作为内部高管股权激励的平台。高管可以作为合伙人加入合伙企业，这样在后期出现合伙人引入和退出的情况时，只需在合伙企业层面进行变更，不会影响到实体经营企业。

合伙企业可以作为企业员工持股的平台，让员工成为企业的合伙人，共同分享企业的发展成果，这有助于增强员工的归属感和凝聚力。

4. 税务优化

合伙企业的"先分后税"原则指的是合伙企业在进行应纳税所得额分配后，再按照合伙人类型分别计算缴纳所得税。具体来说，合伙企业的应纳税所得额先按照合伙协议约定、合伙人协商决定、合伙人实缴比例、平均分配等顺序进行分配，确认各合伙人的应纳税所得额。然后，根据合伙人类型不同，分别计算缴纳个人所得税或企业所得税。

合伙企业不是企业所得税的纳税人，这意味着它们可以享受税收优惠或财政扶持奖励政策。通过选择合适的注册地，合伙企业可以优化税务结构，降低税负。

在某些国家和地区，合伙企业可能享有税收方面的优势。例如，合伙企业可能不需要缴纳企业所得税，而只需要对合伙人个人的收入进行征税。这有助于降低企业的税负，提高盈利能力。

5. 对外投资

合伙企业可以作为投资工具，通过投资于不同的项目或企业来获取收益。由于合伙企业的灵活性，它们可以迅速调整投资策略，抓住市场机会。

很多私募机构也是通过合伙企业的形式来运营和对外投资的，源于合伙企业的诸多优势，合伙企业成为重要的对外投资平台和持股平台。

6. 风险分散

合伙企业由多个合伙人共同承担风险，相比个人独资企业，风险得到了分散。这有助于减轻单一合伙人承担的经济压力，提高了整个企业的稳定性和抗风险能力。

合伙企业还能实现风险隔离。例如，私募机构在投资过程中面临着较高的风险，通过合伙企业的形式，可以将风险限制在特定范围内，避免对机构的其他部分造成过大影响。

7. 整合资源

合伙企业可以整合资源、汇集多个合伙人的专业知识和经验，从而提高企业的运营效率和竞争力。每个合伙人都可以在自己的专业领域发挥作用，共同推动企业的发展。

8. 创业过渡

合伙企业也可以作为做生意的过渡形式，特别是在创业初期或项目初期，合伙企业可以作为一个灵活的组织形式，随着业务的发展逐渐转型为其他组织形式。

综上所述，合伙企业作为一种组织形式，在初创小企到行业巨头的整个发展过程中都具有重要的价值和作用。然而，也需要注意合伙企业面临的挑战和风险，如合伙人之间的利益冲突、决策权分配等问题。因此，在选择合伙企业作为组织形式时，需要综合考虑其优劣势，并根据具体情况作出决策。同时，也需要建立有效的合伙机制和治理结构，以确保合伙企业的顺利运营和持续发展。

合伙企业并非适用于所有行业和企业。在选择企业组织形式时，还需根据自身的行业特点、企业规模和市场需求等因素进行综合考虑。但无论如何，合伙企业作为一种灵活、高效的企业组织形式，其在助力企业从初创小企走向行业巨头的过程中所发挥的作用，已经得到了广泛的认可和赞誉。

因此，如果你正打算创业或者想要将企业做大做强，不妨考虑一下合伙企业这种组织形式。它或许会成为你走向成功的秘密武器！

第五节　公　司

从古代的合作形式演变到现代的公司制度，公司的起源与发展见证了人类商业文明的辉煌历程。在这个过程中，公司不仅改变了商业活动的面貌，更深刻地影响了人类社会的经济、政治和文化等多个领域。未来，随着科技的不断进步和全球化的深入发展，公司将继续扮演着重要角色，引领着商业文明的进步与繁荣。随着公司，尤其是股份公司的出现，合伙人制度也逐步被进一步地完善、普及和重视，目前大部分公司都在不同程度地建立、实施和完善合伙人制度。

一、公司的概念

（一）公司的概念

在人类历史的长河中，公司的出现可以说是一个划时代的里程碑。公司制度起源于西方，随着市场经济的发展而逐渐成熟和完善。在现代经济中，公司是最重要的企业组织形式之一，广泛应用于各个行业和领域。

真正意义上的公司诞生于17世纪的英国。当时，随着海上贸易的兴起和殖民扩张的加速，英国的商人们开始寻求一种更加高效和稳定的商业组织形式。于是，世界上第一家具有现代公司特征的股份有限公司——东印度公司成立了。这家公司采用了有限责任制度，使得股东只需承担其出资额度的风险，从而极大地激发了投资者的热情。

随着工业革命的到来，公司制度得到了进一步的完善和发展。股份有限公司、有限责任公司等现代公司形式相继出现，为企业的快速发展和资本的积累提供了强有力的支持。如今，公司已经成为全球经济活动中不可或缺的重要力量，为人类社会的进步和发展作出了巨大的贡献。

公司是一种企业组织形式，是以营利为目的，依据法律规定的条件和程序设立的，具有法人资格的经济组织。公司是一种重要的组织形式，但由于各国立法习惯及法律体系的不同，公司的概念也不相同。即使在同一个国家，在不同的经济时期，随着公司的不断发展和变化，公司的外延和内涵也会发生变化。因此，公司法理论并没有形成一个统一的公司的概念。

（二）公司的特点

《中华人民共和国公司法》（以下简称《公司法》）所称公司是指依照本法在中华人民共和国境内设立的有限责任公司和股份有限公司。公司是企业法人，有独立的法人财产，享有法人财产权。公司以其全部财产对公司的债务承担责任。其含义有以下三点。

1. 公司是法人

公司具有民事权利能力和行为能力，法律地位独立于股东和管理人员。除法律法规必须经政府许可才能经营的项目外，公司可以以自己的名义从事章程设定经营范围内的各种法律行为，行使民事权利。公司可以拥有自己的财产，与他人签订合同，包括为他人提供担保、对外投资、起诉和应诉。公司以其全部财产对自己的债务承担责任。

2. 公司是企业

一般来说，追求利润、实现营利，是企业的典型特征，因此也是公司的典型特征。但我国《公司法》并未将"营利目的"设定为公司的必备条件，公司也可以通过章程自行设定为"非营利为目的"公司。

3. 公司必须依法组建

公司必须按照法律规定的条件和程序组建，并在登记机关登记注册，方能成立。我国《公司法》规定了两种公司类型，即有限责任公司和股份有限公司。公司须依法组建自然包括依照法定类型组建之意。

综上所述，我国《公司法》所规范的公司专指企业法人类的公司，不包括非企业类法人，也不包括非法人企业，如合伙企业、独资企业。

二、公司的设立

（一）依法登记

设立公司，应当依法向公司登记机关申请设立登记。法律、行政法规规定设立公司必须报经批准的，应当在公司登记前依法办理批准手续。

申请设立公司，应当提交设立登记申请书、公司章程等文件，提交的相关材料应当真实、合法和有效。申请材料不齐全或者不符合法定形式的，公司登记机关应当一次性告知需要补正的材料。

申请设立公司，应当符合《公司法》规定的设立条件，由公司登记机关分别登记为有限责任公司或者股份有限公司；不符合《公司法》规定的设立条件的，不得登记为有限责任公司或者股份有限公司。

公司登记事项包括：（1）名称；（2）住所；（3）注册资本；（4）经营范围；（5）法定代表人的姓名；（6）有限责任公司股东、股份有限公司发起人的姓名或者名称。公司登记机关应当将前款规定的公司登记事项通过国家企业信用信息公示系统向社会公示。

公司应当按照规定通过国家企业信用信息公示系统公示下列事项：（1）有限责任公司股东认缴和实缴的出资额、出资方式和出资日期，股份有限公司发起人认购的股份数；（2）有限责任公司股东、股份有限公司发起人的股权、股份变更信息；（3）行政许可取得、变更、注销等信息；（4）法律、行政法规规定的其他信息。公司应当确保前款公示信息真实、准确、完整。

（二）设立要求

1. 有限责任公司的设立

有限责任公司由一个以上五十个以下股东出资设立。有限责任公司设立时的股东可以签订设立协议，明确各自在公司设立过程中的权利和义务。

设立有限责任公司，应当由股东共同制定公司章程。有限责任公司章程应当载明下列事项：（1）公司名称和住所；（2）公司经营范围；（3）公司注册资本；（4）股东的姓名或者名称；（5）股东的出资额、出资方式和出资日期；（6）公司的机构及其产生办法、职权、议事规则；（7）公司法定代表人的产生、变更办法；（8）股东会认为需要规定的其他事项。股东应当在公司章程上签名或者盖章。

2. 股份有限公司的设立

设立股份有限公司，可以采取发起设立或者募集设立的方式。发起设立，是指由发起人认购设立公司时应发行的全部股份而设立公司。募集设立，是指由发起人认购设立公司时应发行股份的一部分，其余股份向特定对象募集或者向社会公开募集而设立公司。

设立股份有限公司，应当有一人以上二百人以下为发起人，其中应当有半数以上的发起人在中华人民共和国境内有住所。股份有限公司发起人承担公司筹办事务。发起人应当签订发起人协议，明确各自在公司设立过程中的权利和义务。

设立股份有限公司，应当由发起人共同制定公司章程。股份有限公司章程应当载明下列事项：（1）公司名称和住所；（2）公司经营范围；（3）公司设立方式；（4）公司注册资本、已发行的股份数和设立时发行的股份数，面额股的每股金额；（5）发行类别股的，每一类别股的股份数及其权利和义务；（6）发起人的姓名或者名称、认购的股份数、出资方式；（7）董事会的组成、职权和议事规则；（8）公司法定代表人的产生、变更办法；（9）监事会的组成、职权和议事规则；（10）公司利润分配办法；（11）公司的解散事由与清算办法；（12）公司的通知和公告办法；（13）股东会认为需要规定的其他事项。

（三）设立程序

1. 设立程序

除了上述要求和条件外，公司登记设立的流程和个人独资企业设立流程基本一致，具体如图1-17所示。

2. 违法设立可予以注销

根据《公司法》第三十九条规定，虚报注册资本、提交虚假材料或者采取其他欺诈手段隐瞒重要事实取得公司设立登记的，公司登记机关应当依法予以撤销。

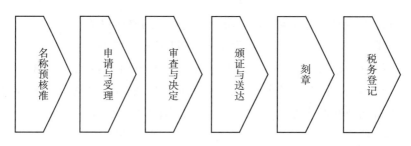

图 1-17　公司的设立流程

（四）营业执照

公司营业执照应当载明公司的名称、住所、注册资本、经营范围、法定代表人姓名等事项。公司登记机关可以发给电子营业执照。电子营业执照与纸质营业执照具有同等法律效力。公司营业执照与以上几个组织形式的营业执照相比有其特点和不同之处，公司营业执照的样本如图 1-18 所示。

图 1-18　公司营业执照样本

公司营业执照上的主要信息及解读如下。

1. 名称

公司应当有自己的名称，公司营业执照上的名称通常由"行政区划＋字号＋行业特点＋组织形式"这几个部分构成。例如，"北京×××贸易有限公司"或"广西××科技有限公司"。这里，"北京"和"广西"是行政区划，"×××贸易"和"××科技"是字号与行业特点的结合，"有限公司"则是组织形式。

公司名称应当符合国家有关规定。公司的名称权受法律保护。依法设立的有限责任公司，应当在公司名称中标明有限责任公司或者有限公司字样。依法设立的股份有限公司，应当在公司名称中标明股份有限公司或者股份公司字样。

2. 类型

公司营业执照上的类型是指公司在注册登记时，根据其出资方式、责任形式等特征所划分的不同类型，常见的公司类型包括有限责任公司、股份有限公司等。独资的公司会在类型后面标注独资形式，例如，某自然人独资的有限责任公司，类型登记为"有限责任公司（自然人独资）"。

3. 法定代表人

公司营业执照上的法定代表人是指依法代表公司行使民事权利，履行民事义务的主要负责人。他们对外代表公司，有权签署合同、参与诉讼、处理公司日常事务等。在营业执照上，法定代表人的姓名是必须填写的信息，这体现了法定代表人在公司的重要地位。

根据《公司法》的规定，公司的法定代表人按照公司章程的规定，由代表公司执行公司事务的董事或者经理担任。这意味着，这些职位的人都有可能成为公司的法定代表人。同时，法律规定法定代表人必须是在市场监督管理部门登记的人员。

4. 经营范围

公司营业执照上的经营范围是指公司被允许开展的业务活动范围，它反映了公司的业务特征、生产方向和生产规模等。在注册公司时，经营范围是必须填写的重要信息之一，也是公司合法经营的基础。

经营范围的填写需要遵循一定的规范和标准，具体内容包括许可经营项目和一般经营项目。许可经营项目是指需要取得相关部门的批准或许可后才能开展的业务，如烟草专卖、食品生产等；一般经营项目则是指不需要特别批准即可开展的业务，如销售百货、提供咨询服务等。

根据《公司法》，公司的经营范围由公司章程规定。公司可以修改公司章程，变更经营范围。公司的经营范围中属于法律、行政法规规定须经批准的项目，应当依法经过批准。

5. 注册资本

公司营业执照上的注册资本，也称为法定资本，指的是公司在公司登记机关依法登记的全体股东认缴的出资额或认购的股本总额。这是公司成立时的一个重要指标，代表了公司股东对公司的初始投资承诺。注册资本的数额通常会在公司的章程中明确规定，并显示在营业执照上，以供公众查阅。

6. 成立日期

公司营业执照上的成立日期指的是公司正式成立并开始运营的起始日期。这个日期是根据市场监督管理部门颁发的《营业执照》上的日期为准的，通常也是公司完成所有注册登记手续，获得合法经营资格的日子。根据《公司法》，依法设立的公司，由公司登记机关发给公司营业执照。公司营业执照签发日期为公司成立日期。

在营业执照签发后，这个日期就不能再更改了，即使公司之后经历了变更登记或者换发了新的营业执照，成立日期依然保持不变。同时，成立日期也是公司重要的历史记录之一，对于公司的法律地位、权利义务、经营管理等方面都具有重要的意义。在公司的经营过程中，很多法律文件和合同都需要注明公司的成立日期，以便确认公司的合法性和经营资格。

7. 住所

公司营业执照上的住所是指公司的主要办事机构所在地。根据《公司法》第八条，公司以其主要办事机构所在地为住所。公司必须有一个明确的住所，以便进行日常的经营管理和业务活动。这个住所通常会在公司的营业执照上明确标注。

在实际操作中，公司的住所可以是实际办公场所、挂靠地址（虚拟地址），或者孵化器和共享办公空间的地址等。具体选择哪种类型的住所，需要根据公司的实际情况和经营需求来决定。

需要注意的是，公司的住所和公司的经营场所并不一定是同一个地方。经营场所是公司实际开展业务的地方，可以是一个或多个，但公司的住所只能是一个。而且，如果公司的经营场所发生了变化，需要及时办理变更登记手续，以确保公司的合法性和正常运营。

此外，营业执照上的住所也是公司法律文书的送达地址和诉讼管辖地的重要依据。因此，在填写营业执照上的住所时，需要认真核对并确保填写准确无误。如果公司需要变更住所，也需要按照相关法律法规的规定及时办理变更登记手续。

（五）登记信息公示

《公司法》规定，公司登记机关应当将以下几类信息通过国家企业信用信息公示系统向社会公示：（1）名称；（2）住所；（3）注册资本；（4）经营范围；（5）法定代表人的姓名；（6）有限责任公司股东、股份有限公司发起人的姓名或者名称。

由此，公示登记信息成果明确为公司登记机关的法定义务与责任，需要予以遵守。此外，公司应当对登记信息内容加强重视，尤其是代表公司对外活动的法定代表人，因为公司登记事项明确具有公信效力与对抗效力，稍未注意，可能引发前法定代表人因未进行变更登记而仍以公司名义活动，损害公司利益的情况。

三、公司多维度透视

（一）公司与个人独资企业的差异

公司和个人独资企业作为两种不同的公司组织形式，具有很大的差异。主要差异如表1-4所示。

表1-4 公司和个人独资企业的主要区别

对比项目	公司	个人独资企业
投资主体	公司的投资主体可以是自然人，也可以是法人，具有多样性	个人独资企业的投资主体只能是自然人，具有单一性
法律地位与责任	公司是具有法人资格的经济组织，能够独立承担民事责任；股东对公司债务的责任以其出资额为限，即承担有限责任	个人独资企业则不具有法人资格，其民事责任由投资者个人承担，是无限责任。当个人独资企业的资产不足以清偿债务时，投资人应以个人全部财产予以清偿
注册资本要求	注册公司时，需要注明注册资本，且在不同类型的公司中，有关于注册资本的要求不同	个人独资企业没有注册资本的概念，而是采用出资额的概念。投资人在设立的时候申报即可，不需要验资，也没有最低限额的要求
税收政策	公司需要缴纳企业所得税，股东从公司获得的股息和红利还需要缴纳个人所得税，存在双重征税的问题	个人独资企业则需缴纳个人所得税，没有企业所得税
组织形式与决策	公司制企业属于法人企业，其组织形式一般为有限责任公司或股份有限公司，决策机构一般为股东会、董事会和监事会，组织机构较为健全复杂	个人独资企业是由个人投资经营，其组织形式为个人独资，投资者对企业具有完全的控制权和决策权
生命周期与经营持续性	公司的生命周期一般较长，经营具有持续性和稳定性。即使股东发生变更，公司的存续通常不会受到影响	个人独资企业的生命周期相对较短，经营的持续性和稳定性较差。当个人独资企业的投资者发生变更时，企业的存续通常会受到影响
融资能力	由于其法人地位和有限责任的特性，公司通常具有更强的融资能力，可以通过发行股票、债券等方式筹集资金	个人独资企业在融资方面可能面临更多的限制和挑战
设立依据	《中华人民共和国公司法》	《中华人民共和国个人独资企业法》

综上所述，公司和个人独资企业在投资主体、法律地位与责任、注册资本要

求、税收政策、组织形式与决策、生命周期与经营持续性以及融资能力等方面存在显著差异。在选择企业形式时，应根据实际情况和需求进行综合考虑。

（二）公司与合伙企业的差异

公司和合伙企业作为两种不同的公司组织形式，也具有很大的差异。主要差异如表1-5所示。

表 1-5　　　　　　　　　　　　　公司和合伙企业的主要区别

对比项目	公司	合伙企业
法律地位与责任	公司是具有法人资格的经济组织，能够独立承担民事责任；股东对公司债务的责任以其出资额为限，即承担有限责任	合伙企业则不具有法人资格，普通合伙人对合伙企业债务承担无限连带责任，有限合伙人以其认缴的出资额为限对合伙企业债务承担责任
所有权结构	在公司中，所有权与经营权通常是分离的，股东拥有公司的所有权，而公司的日常经营则由董事会和经理层负责	在合伙企业中，所有权与经营权往往是合一的，合伙人共同拥有并管理企业
税收政策	公司需要缴纳企业所得税，股东从公司获得的股息和红利还需要缴纳个人所得税，存在双重征税的问题	合伙企业则不需要缴纳企业所得税，只需要合伙人就个人所得缴纳个人所得税
组织形式与决策	公司制企业属于法人企业，其组织形式一般为有限责任公司或股份有限公司，决策机构一般为股东会、董事会和监事会，组织机构较为健全复杂	合伙企业相对比较简单，有限合伙企业一般由执行事务合伙人负责管理。普通合伙企业合伙人对执行合伙事务享有同等的权利。按照合伙协议的约定或者经全体合伙人决定，可以委托一个或者数个合伙人对外代表合伙企业，执行合伙事务
生命周期与经营持续性	公司的生命周期一般较长，经营具有持续性和稳定性。即使股东发生变更，公司的存续通常不会受到影响	合伙企业的生命周期可能相对较短，经营的持续性和稳定性较差。当合伙人发生变更时，合伙企业的存续可能会受到影响
融资能力	由于其法人地位和有限责任的特性，公司通常具有更强的融资能力，可以通过发行股票、债券等方式筹集资金	合伙企业在融资方面可能面临更多的限制和挑战，通常只能依靠合伙人的出资和借款来筹集资金
设立依据	《中华人民共和国公司法》	《中华人民共和国合伙企业法》

综上所述，公司和合伙企业在法律地位与责任、所有权结构、税收待遇、融资能力、生命周期与经营持续性以及管理与决策等方面存在显著差异。在选择企业形式时，应根据实际情况和需求进行综合考虑。

　合伙人制度（一）：股权顶层设计的艺术

四、为何选择公司制

（一）公司：现代商业世界的核心与基石

在商业的广袤海洋中，各种组织形式层出不穷，但当我们深入探索时，会发现一个普遍而强大的存在——公司。公司这一组织形式，不仅在数量上占据绝对优势，更在质量和影响上成为现代商业世界的核心和基石。

1. 经济巨轮的领航者

公司，作为商业世界的重要载体，引领着全球经济的发展方向。从初创的小微企业到全球性的跨国公司，公司以其独特的魅力和优势，不断推动着经济的繁荣和进步。

2. 创新与技术的摇篮

在科技飞速发展的今天，许多颠覆性的创新和技术成果都出自公司之手。公司不仅为创新提供了舞台，更通过资金、人才等资源的支持，为创新和技术的发展提供了源源不断的动力。

3. 就业与社会的稳定器

公司的发展不仅创造了巨大的经济价值，更为社会提供了大量的就业机会。通过招聘、培训等方式，公司为社会注入了源源不断的活力，成为社会稳定和发展的重要支撑。

4. 责任与担当的典范

在追求经济效益的同时，许多公司也积极履行社会责任，关注环境保护、公益事业等方面。公司通过自身的行动和影响力，推动着社会的进步和发展。

5. 连接世界的桥梁

随着全球化的深入发展，公司成为连接世界的重要桥梁。通过跨国经营、国际贸易等方式，公司不仅促进了资源的全球配置，更推动了文化的交流和融合。

总之，公司以其独特的魅力和优势，成为现代商业世界中最重要、最广泛的组织形式。在未来的发展中，我们有理由相信，公司将继续发挥其核心与基石的作用，引领着商业世界不断前行。

（二）选择公司制公司的原因

公司这一组织形式作为现代商业世界最为重要的组织形式，能够成为现代商业世界的核心与基石，有其背后深层次的原因，具体如图1-19所示，让我们一起探索其背后的奥秘。

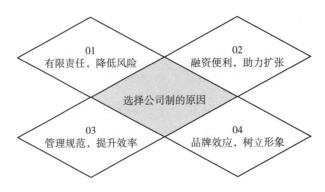

图 1-19 选择公司制的原因

1. 有限责任，降低风险

选择公司制，意味着股东仅需承担其投资额的有限责任。这一制度为股东提供了风险隔离，使得他们在企业经营不善时，不必以个人全部财产来承担债务。这种风险分散的机制，无疑为投资者提供了更大的安全感，吸引了更多资金的流入。

2. 融资便利，助力扩张

公司制企业在融资方面具有得天独厚的优势。由于有限责任的保障，投资者更愿意将资金投入到公司制企业中。此外，公司制企业还可以通过发行股票、债券等方式，在资本市场筹集资金，实现企业的快速扩张。

3. 管理规范，提升效率

公司制企业通常具有较为完善的管理制度和治理结构，能够确保企业决策的科学性和高效性。通过董事会、监事会等机构的设置，实现了权力制衡和内部监督，有效防止了企业内部腐败和权力滥用。这种规范的管理模式，有助于提升企业的整体竞争力。

4. 品牌效应，树立形象

公司制企业在市场上具有较强的品牌效应。作为法人实体，公司制企业可以独立承担民事责任，树立了良好的企业形象。同时，公司制企业还可以通过商标注册、专利申请等方式，保护企业的知识产权，进一步提升品牌价值。

综上所述，选择公司制作为企业组织形式，具有诸多优势。从有限责任降低风险，到融资便利助力扩张，再到管理规范提升效率，以及品牌效应树立形象，公司制无疑成了企业成功的秘密武器。在未来的商业竞争中，公司将继续发挥其核心与基石的作用，引领着商业世界的不断前行。在创业的道路上，选择公司制，将为您的企业带来无限可能。

在现代经济社会的发展中，公司是最重要的组织形式。它们作为市场主体，在提供商品和服务、满足社会需求以及推动经济发展和繁荣方面发挥着至关重要的作用。首先，公司通过提供多样化的商品和服务，满足了人们的各种需求，它们不断创新，提升产品和服务的质量，以满足消费者日益增长的需求，进而推动市场的繁荣和发展。其次，公司作为经济组织，通过有效的资源配置和运营，不仅创造了更多的就业机会，也促进了技术创新和产业结构的升级，带动了经济的增长。此外，公司还通过参与市场竞争，推动了经济的繁荣。它们之间的竞争有助于降低价格、提高产品质量和服务水平，从而为消费者带来更好的选择。这种竞争机制有助于优化资源配置，提高经济效率，推动整个社会的福利提升。

因此，本书以公司制企业为主体，详细讲解合伙人制度的最高层级——股权层面的合伙，即股权顶层设计，这也是影响公司发展的根基。

第二章

合伙股权控制

——未雨绸缪、防患未然

公司制是最常用的合伙组织形式，也是经济发展最重要的组织形式，更是引领经济增长和社会进度的核心。股权的载体也是公司制法人，股权的概念也是与公司相对应的，正是因为公司的出现才产生了股权的概念，没有公司的存在，股权将无所依附。本书也是以公司制为重点，讲解如何进行顶层设计，如何进行最高层级的合伙人制度的安排。

本章的重点引领读者们对股权进行重新再认识，帮助中小企业认清到底什么是股权、区分什么是股东权利，知悉股权有哪八大核心作用，熟知获得股权的八大途径，等等，进而围绕如何控制股权，重点讲解股权控制的九条生命线以及股权控制的常用八大工具。以期帮助中小企业"知其然，更要知其所以然"，认识股权，同时学会如何进行股权控制，以未雨绸缪、防患未然。

第一节　对股权的重新再认识

在实务中，很多人并没有理解股权、股份与股东权利的真正概念，在实际应用中混同，这显然是不准确的。要做好股权控制和股权设计，首先要厘清股权、股份和股东权利的概念与内涵。

一、股权、股份与股票

（一）股票、股份与股权的真正含义

1. 股票的概念

股票（stock）是股份公司发行的所有权凭证，是股份公司为筹集资金而发行给各个股东作为持股凭证并借以取得股息和红利的一种有价证券，每股股票都代表股东对公司拥有一个基本单位的所有权，每只股票的背后都会对应一家股份公司（上市或者非上市）。股票是股份公司资本的构成部分，可以转让、买卖或作价抵押，是资本市场最重要的长期信用工具，除有特殊约定外，不能要求公司返还其出资。

《公司法》第一百四十二条：公司的资本划分为股份。

《公司法》第一百四十七条：公司的股份采取股票的形式。股票是公司签发的证明股东所持股份的凭证。公司发行的股票，应当为记名股票。

《公司法》第一百四十九条：股票采用纸面形式或者国务院证券监督管理机构规定的其他形式。股票采用纸面形式的，应当载明下列主要事项：（1）公司名称；（2）公司成立日期或者股票发行的时间；（3）股票种类、票面金额及代表的股份数，发行无面额股的，股票代表的股份数。股票采用纸面形式的，还应当载明股票的编号，由法定代表人签名，公司盖章。发起人股票采用纸面形式的，应当标明发起人股票字样。

2. 股票的分类

股票的分类情况如图 2-1 所示。

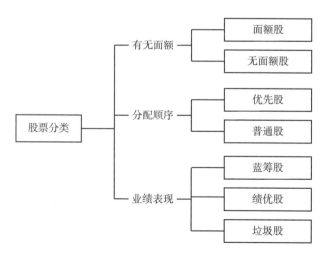

图 2-1 股票的分类

（1）按有无面额划分。

股票按有无面额可以划分为面额股和无面额股。

根据《公司法》第一百四十二条：公司的资本划分为股份。公司的全部股份，根据公司章程的规定择一采用面额股或者无面额股。

采用面额股的，每一股的金额相等。采用无面额股的，应当将发行股份所得股款的 1/2 以上计入注册资本。

公司可以根据公司章程的规定将已发行的面额股全部转换为无面额股或者将无面额股全部转换为面额股。

（2）按分配顺序划分。

按分配顺序可以将股票划分为普通股和优先股。

普通股是代表一般权利的股份，每一股通常有一个投票权，股东按持股比例分享收益。普通股构成公司资本的基础，是股票的一种基本形式。

优先股是相对于普通股而言的，具有一定的优先权，优先股股东的权利主要是优先分配利润和剩余财产。优先股具有以下优先权：①优先分配权，在公司分配利润时，拥有优先股股票的股东比持有普通股股票的股东，优先分配，但是分配固定金额的股利，即优先股的股利是相对固定的；②优先求偿权，若公司清算，分配剩余财产时，优先股在普通股之前分配。2013 年 11 月 30 日，国务院发布《国务院关于开展优先股试点的指导意见》，对开展优先股试点作出了规定，在试点阶段，只有上市公司和非上市公众公司可以发行优先股。目前新三板和主板市场均有关于优先股的相关规定，并有发行案例。

优先股和普通股的主要区别如表 2-1 所示。

表 2-1　　　　　　　　　　　　优先股和普通股的区别

角度	比较项目	优先股	普通股
从投资者角度	清偿优先权	次于债券和债权	次于优先股
	是否参与分红	一般不参与	参与分红
	收益率	一般固定，高于债券	不固定
	是否到期赎回	一般含有赎回条款	无到期日、一般不可赎回
	价格波动性	波动小	波动大
	是否上市交易	否	是
	股票流通性	流通性差	流通性好
	风险性	风险较低	风险较高
	是否有表决权	一般没有	有表决权

角度	比较项目	优先股	普通股
从投资者角度	适合投资者	更适合保险公司等机构	个人、机构均可
	适合投资类型	中长期投资、获取稳定回报	以短期投资为主，也可以长期价值投资
从公司（发行人）角度	融资成本	实际低于普通股	成本较高
	是否稀释控制权	不稀释	稀释
	资金压力	每年固定股利，构成公司资金支出的现金流压力	分红取决于公司现金流和盈利情况，一般无压力

（3）按业绩表现划分。

按业绩表现可以将股票划分为蓝筹股、绩优股和垃圾股。

蓝筹股是指那些在行业中占据领先地位、市值大、业绩稳定、具有行业代表性的大型上市公司的股票。这些公司通常是行业的佼佼者，具有较高的市场占有率和品牌影响力。

绩优股是指那些业绩优良、盈利能力稳定、市场表现良好的上市公司的股票。这些公司通常具有强大的盈利能力、稳健的财务状况和良好的市场前景。

垃圾股通常指的是那些业绩较差、盈利能力弱、市场表现不佳或存在其他严重问题的上市公司的股票。这些股票可能由于公司业绩下滑、财务状况恶劣、管理问题或行业不景气等因素而被视为高风险投资。

蓝筹股、绩优股和垃圾股的特征对比如表 2-2 所示。

表 2-2　　　　　　　　　　蓝筹股、绩优股和垃圾股的特征对比

股票类型	主要特征
蓝筹股	行业领导地位：蓝筹股公司通常是所在行业的领军企业，具有强大的品牌影响力和市场竞争力
	市值大：蓝筹股公司的市值通常很大，是股票市场的重要组成部分
	业绩稳定：蓝筹股公司的盈利能力稳定，且通常具有较高的股息回报率
	适合价值投资：蓝筹股的价值通常被市场广泛认可，是价值投资者的首选
绩优股	稳定增长：绩优股的公司通常具有稳定的盈利增长和良好的业务前景
	低风险：由于公司基本面稳健，绩优股的价格波动相对较小，投资风险相对较低
	适合长期投资：绩优股适合长期持有，通过公司的持续盈利和股价的稳定增长获得投资回报
垃圾股	高风险：由于公司基本面不佳，垃圾股的价格波动可能很大，投资者面临较高的投资风险

股票类型	主要特征
垃圾股	高潜在收益：尽管风险较高，但如果公司能够成功扭转颓势或市场情况发生变化，垃圾股可能带来较高的投资收益
	投机性强：垃圾股通常受到短线投机者的关注，他们试图通过短期内的价格波动赚取差价

3. 股票的特点

股票作为一种金融工具和投资产品，具有一系列显著的特点。以下是一些股票的主要特点。

（1）收益性。

股票可能为投资者提供收益，包括股息和红利，以及在二级市场上由于股价上涨而获得的资本增值。

（2）风险性。

股票投资伴随一定的风险，包括市场风险、行业风险和公司特定的风险等。股票价格可能因市场情况的变化而大幅波动。

（3）流动性。

股票通常具有较高的流动性，便于买卖。在交易所上市的公司股票，投资者可以在交易日内根据市场价格自由买卖。

（4）永久性。

股票投资是一种无限期的投资，与债券等固定收益证券的有限期限不同。一旦购买股票，投资者即成为公司股东；股票一经发售，除特殊情况外，不得返还，只能通过证券市场或有关场所交易卖出。

（5）参与性。

股东有权出席股东会，并根据其持有的股份比例行使表决权，参与公司的经营决策。

（6）波动性。

股票价格受多种因素影响，包括公司业绩、行业动态、政治经济环境、投资者情绪等，因此股价呈现出较大的波动性。

（7）价格与价值的偏离性。

股票价格不一定总是反映公司的真实价值，有时会出现价格与价值偏离的情况，这为投资者提供了寻找低估值股票并获取超额收益的机会。

（8）同股同价、同股同权。

同类别的每一股份应当具有同等权利。

同次发行的同类别股份，每股的发行条件和价格应当相同；认购人所认购的股份，每股应当支付相同价额。

4.股票是股份公司的专用概念

根据《公司法》及股票的相关概念，股票是股份公司专属概念。有限公司不存在股票一说，有限公司用的概念是出资证明书。

有限责任公司成立后，应当向股东签发出资证明书，记载下列事项：（1）公司名称；（2）公司成立日期；（3）公司注册资本；（4）股东的姓名或者名称、认缴和实缴的出资额、出资方式和出资日期；（5）出资证明书的编号和核发日期。出资证明书由法定代表人签名，并由公司盖章。

有限责任公司应当置备股东名册，记载下列事项：（1）股东的姓名或者名称及住所；（2）股东认缴和实缴的出资额、出资方式和出资日期；（3）出资证明书编号；（4）取得和丧失股东资格的日期。记载于股东名册的股东，可以依股东名册主张行使股东权利。公司登记事项发生变更的，应当依法办理变更登记；公司登记事项未经登记或者未经变更登记，不得对抗善意相对人。

（二）股份

1.股份的概念

股份是股份公司资本的最基本单位，代表股东对公司的部分拥有权，股份一般有以下几层含义：（1）股份是股份有限公司资本的构成成分；（2）股份代表了股份有限公司股东的权利与义务；（3）股份可以通过股票价格的形式表现其价值；（4）股份可以转让。

2.股份的特点

股份具有以下几个特点，如图2-2所示。

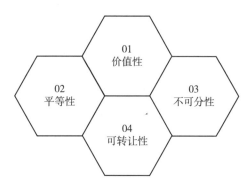

图2-2　股份的特点

（1）价值性。

股份有限公司的资本划分为股份，股份是公司资本的体现，是一定价值的反映，可以用货币加以衡量。

（2）平等性。

股份的发行，实行公平、公正的原则，同类别的每一股份应当具有同等权利。

（3）不可分性。

股份是公司资本最基本的构成单位，每个股份不可以再分。

（4）可转让性。

股东持有的股份可以依法转让。股份有限公司的股东持有的股份可以向其他股东转让，也可以向股东以外的人转让；公司章程对股份转让有限制的，其转让按照公司章程的规定进行。股东转让其股份，应当在依法设立的证券交易场所进行或者按照国务院规定的其他方式进行。

3. 股份的解读

关于股份的概念具有一定的争议性，很多书籍的定义不尽相同，也不是非常准确，甚至跟股权、股票混同。

股票是股份的表现形式，股票是股份公司签发的证明股东所持股份的凭证，因此股份也是股份公司的专有概念。

（三）股权

1. 股权的辨析

关于股权的概念，并没有一个准确的解释去定义它，很多人将股权等同于股东权利，有时候股东权利也简称股权，这明显不对。通过仔细研究《公司法》，我们会发现有限责任公司部分并没有出现股份的概念，一直用的是股权的概念；股份有限公司部分，一直用的是股份的概念，并没有出现股权的概念；因此，股份是与股份有限公司相对应的概念，而股权是与有限责任公司相对应的概念。

2. 对股权的定义

可以借鉴股份有限公司股份的概念，将股权定义如下。

股权是有限责任公司资本的最基本单位，代表股东对公司的部分拥有权，股权一般有以下几层含义：（1）股权是有限责任公司资本的构成成分；（2）股权代表了有限责任公司股东的权利与义务；（3）股权的表现形式为出资证明书；（4）股权可依法转让，股东转让股权后，公司应当注销原股东的出资证明书，向新股东签发出资证明书。

3. 股票、股份、股权与公司的对应关系

通过上面关于股票、股份和股权的分析，股份是股份有限公司专属概念，股权是有限责任公司专属概念，有限责任公司的"股权"与股份有限公司的"股份"是相对应的两个概念。在实务当中，很多企业家、中介机构专业人员，也没有厘清股票、股份与股权的概念。

关于股票、股份、股权与有限责任公司、股份有限公司的对应关系如表2-3所示。

表 2-3　　　　股票、股份、股权与有限责任公司、股份有限公司的对应关系

项目	有限责任公司	股份有限公司
资本的基本单位	股权	股份
外在表现形式	出资证明书	股票
出资获得的身份	股东	股东
基于股东身份获得的权利	股东权利	股东权利

（四）我们经常提到的"股权"未必是股权

基于以上分析，我们经常用到或者听到的"股权"概念，实际上既包含了有限责任公司的"股权"概念，也包括了股份有限公司的"股份"概念。例如，我们经常听到的"股权"激励，如果用在有限责任公司身上，是恰当的；但如果用在股份有限公司身上，实际并不恰当，更准确的概念应为"股份"激励。

此处仅仅从学术角度对相关概念进行了辨析，为了不至于使读者产生混淆，后文提到的"股权"，仍然是普通大众所理解或认为的"股权"概念。

二、股权等于股东权利吗

（一）股东权利的概念

在研究股东权利之前，首先研究股东资格，股东向公司认缴出资、认购股份或者通过其他方式取得公司的股权或者股份之后，就成为公司的股东，获得股东资格，因而具有相应的权利。股东权利是股东基于股东资格而对公司及其组织机构享有的权利。

从上述概念可以看出，股东权利至少包含两个层次的概念：（1）基于公司的成立，股东认缴出资、认购股份或以其他方式，从而取得对应比例的公司股份（或出资额），成为公司的股东，获得股东身份；（2）成为公司股东后，按照《公司法》或者公司章程约定享有了一定的权利，即股东权利。前者是因，后者是果，因成为公司股东，才拥有了股东权利；股东身份丧失，股东权利也随之失去。

股东权利具有以下三个特点。[1]

1.综合性

股东权利包括股息或红利分配请求权、新股优先认购权、剩余财产分配请求

---

① 杨晓刚.股权激励一本通［M］.北京：人民邮电出版社，2017.

权、股份转让权等财产权，也包括一系列公司事务参与权，如表决权、公司文件查阅权、召开临时股东会请求权、对董事及高级管理人员的监督权等，股东权利是一种综合性的权利。

2. 社员权

股东权利是股东因出资成为法人社员而取得的一种社员权利，包括财产权和管理参与权，是一种独立类型的权利。它既不同于传统立法中纯粹的物权或者债权，又不同于传统立法中纯粹的人格权或身份权，更像一种资格或者权限，其实质是团体中的成员依其在团体中的地位而产生的具有利益内容的权限。换言之，社员权既有法律资格之外观，又有法律权利之实质，其本质属性是新型的私法权利，而这种权利是与法律主体的财产权、人身权、知识产权相并列的权利类型。

3. 通过出资形成

股东权利是出资者向公司出资，以丧失其出资财产所有权为代价而取得的一种权利。

（二）股东权利的内容

各国或地区法律法规对股东权利的内容一般不做列举式规定，我国《公司法》也是如此。《公司法》规定，公司股东对公司依法享有资产收益、参与重大决策和选择管理者等权利，这是一种概括式的规定。实际上，有关股东权利的内容散见于《公司法》的相关条文中，归纳起来主要有以下几个方面。

1. 表决权

股东通过亲自出席或委托代理人出席股东会，对会议决议事项有表示同意或者表示不同意的权利，除优先股股东外，这是股东固有的权利。股东行使表决权时，一般按照一股一票或者按照出资比例行使表决权。对于决议事项，一般按照代表多数股份或者多数出资额股东出席，并经过出席股份或出资额多数通过为原则，《公司法》未对股东出席股东会的具体人数作出规定。除章程另有规定外，一般事项的决议按照简单多数通过为原则，特别事项的决议按照绝对多数通过为原则，但具体的规定在股份公司和有限公司略有不同。

法律有时候也会对股东的表决权施加以下限制。

（1）类别股票的限制。

《公司法》第一百一十六条：股东出席股东会会议，所持每一股份有一表决权，类别股股东除外。公司持有的本公司股份没有表决权。

（2）如关联关系回避表决的限制。

《公司法》第十五条：公司向其他企业投资或者为他人提供担保，按照公司章程的规定，由董事会或者股东会决议；公司章程对投资或者担保的总额及单项投资或者担保的数额有限额规定的，不得超过规定的限额。

公司为公司股东或者实际控制人提供担保的，应当经股东会决议。

前款规定的股东或者受前款规定的实际控制人支配的股东，不得参加前款规定事项的表决。该项表决由出席会议的其他股东所持表决权的过半数通过。

（3）同股不同权的限制。

《公司法》第六十五条：股东会会议由股东按照出资比例行使表决权。但是，公司章程另有规定的除外。这是针对有限责任公司的规定，言外之意，有限公司可以通过公司章程作出同股不同权的限制。

总的来说，表决权是股东参与公司管理和决策的核心权利之一，它对于维护股东利益、促进公司治理结构的完善和确保公司决策的公正性具有重要意义。

2. 选举权和被选举权

股东有权通过股东会选举公司的董事或者监事，也有权在符合法定任职资格的条件下，被选举为公司的董事或者监事。

为了保护中小股东的利益，《公司法》规定股份有限公司实行累积投票制。累积投票制是指股东会选举董事或者监事时，每一股份拥有与应选董事或监事人数相同的表决权。股东既可用所有的投票权集中投票选举一人，也可分散投票选举数人，最后按得票多少依次决定董事人选。

《公司法》第一百一十七条：股东会选举董事、监事，可以按照公司章程的规定或者股东会的决议，实行累积投票制。本法所称累积投票制，是指股东会选举董事或者监事时，每一股份拥有与应选董事或者监事人数相同的表决权，股东拥有的表决权可以集中使用。

3. 依法转让股权或股份的权利

法律禁止股东出资获得公司股权后从公司抽逃投入的资产，但允许股东为了转移投资风险或者收回投资并获得相应的利益而转让其股权或者股份。

（1）有限公司的股权转让。

有限责任公司的股东之间可以相互转让其全部或者部分股权。

股东向股东以外的人转让股权的，应当将股权转让的数量、价格、支付方式和期限等事项书面通知其他股东，其他股东在同等条件下有优先购买权。股东自接到书面通知之日起三十日内未答复的，视为放弃优先购买权。两个以上股东行使优先购买权的，协商确定各自的购买比例；协商不成的，按照转让时各自的出资比例行使优先购买权。

公司章程对股权转让另有规定的，从其规定。

（2）股份公司的股权转让。

股份有限公司的股东持有的股份可以向其他股东转让，也可以向股东以外的人转让；公司章程对股份转让有限制的，其转让按照公司章程的规定进行。

股东转让其股份，应当在依法设立的证券交易场所进行或者按照国务院规定的其他方式进行。

4.知情权

股东有获取公司信息的权利,《公司法》修订后,强化了股东知情权,扩大股东查阅材料的范围,允许有限责任公司股东查阅会计凭证,股份有限公司符合条件的股东可以要求查阅会计账簿和会计凭证,允许股东查阅、复制全资子公司相关材料。

(1)有限责任公司知情权。

《公司法》第五十七条:股东有权查阅、复制公司章程、股东名册、股东会会议记录、董事会会议决议、监事会会议决议和财务会计报告。

股东可以要求查阅公司会计账簿、会计凭证。股东要求查阅公司会计账簿、会计凭证的,应当向公司提出书面请求,说明目的。公司有合理根据认为股东查阅会计账簿、会计凭证有不正当目的,可能损害公司合法利益的,可以拒绝提供查阅,并应当自股东提出书面请求之日起十五日内书面答复股东并说明理由。公司拒绝提供查阅的,股东可以向人民法院提起诉讼。

股东查阅前款规定的材料,可以委托会计师事务所、律师事务所等中介机构进行。

股东及其委托的会计师事务所、律师事务所等中介机构查阅、复制有关材料,应当遵守有关保护国家秘密、商业秘密、个人隐私、个人信息等法律、行政法规的规定。

股东要求查阅、复制公司全资子公司相关材料的,适用前四款的规定。

(2)股份有限公司知情权。

《公司法》第一百一十条:股东有权查阅、复制公司章程、股东名册、股东会会议记录、董事会会议决议、监事会会议决议、财务会计报告,对公司的经营提出建议或者质询。

连续一百八十日以上单独或者合计持有公司百分之三以上股份的股东要求查阅公司的会计账簿、会计凭证的,适用《公司法》第五十七条第二款、第三款、第四款的规定。公司章程对持股比例有较低规定的,从其规定。

股东要求查阅、复制公司全资子公司相关材料的,适用前两款的规定。

上市公司股东查阅、复制相关材料的,应当遵守《中华人民共和国证券法》等法律、行政法规的规定。

5.建议和质询权

根据《公司法》股份有限公司的有关规定,股东有建议和质询权。

《公司法》第一百八十七条:股东会要求董事、监事、高级管理人员列席会议的,董事、监事、高级管理人员应当列席并接受股东的质询。

《公司法》第一百一十条:股东有权查阅、复制公司章程、股东名册、股东会会议决议、监事会会议决议、财务会计报告，对公司的经营提出建议或者质询。

6. 增资优先认缴权

增资优先认缴权，是指公司新增资本或发行新股时，能优先于他人认缴出资或者认购新股。

《公司法》第二百二十七条：有限责任公司增加注册资本时，股东在同等条件下有权优先按照实缴的出资比例认缴出资。但是，全体股东约定不按照出资比例优先认缴出资的除外。

股份有限公司为增加注册资本发行新股时，股东不享有优先认购权，公司章程另有规定或者股东会决议决定股东享有优先认购权的除外。

7. 股利分配请求权

股利分配请求权，是股东基于其公司股东的资格和地位所依法享有的请求公司向自己分配股利的权利。股利分配请求权是股东自益权的一种，是股东获取投资回报的重要手段，但是公司是否分配利润、以何种形式分配、分配多少等事项的最终决定权由股东会决定。

公司弥补亏损和提取公积金后所余税后利润，有限责任公司按照股东实缴的出资比例分配利润，全体股东约定不按照出资比例分配利润的除外；股份有限公司按照股东所持有的股份比例分配利润，公司章程另有规定的除外。

公司持有的本公司股份不得分配利润。

8. 提议召开临时股东会和自行召集的权利

股东认为有必要时，有权提议召开临时会议，在特定情况下少数股东也可以自行召集股东会。

（1）临时股东会。

《公司法》第六十二条：股东会会议分为定期会议和临时会议。定期会议应当按照公司章程的规定按时召开。代表十分之一以上表决权的股东、三分之一以上的董事或者监事会提议召开临时会议的，应当召开临时会议。

《公司法》第一百一十三条：股东会应当每年召开一次年会。有下列情形之一的，应当在两个月内召开临时股东会会议：①董事人数不足本法规定人数或者公司章程所定人数的三分之二时；②公司未弥补的亏损达股本总额三分之一时；③单独或者合计持有公司百分之十以上股份的股东请求时；④董事会认为必要时；⑤监事会提议召开时；⑥公司章程规定的其他情形。

（2）自行召集的权利。

《公司法》第六十三条第二款有限责任公司的相关规定：董事会不能履行或者不履行召集股东会会议职责的，由监事会召集和主持；监事会不召集和主持的，代表十分之一以上表决权的股东可以自行召集和主持。

《公司法》第一百一十四条第二款针对股份有限公司：董事会不能履行或者不

履行召集股东会会议职责的，监事会应当及时召集和主持；监事会不召集和主持的，连续九十日以上单独或者合计持有公司百分之十以上股份的股东可以自行召集和主持。单独或者合计持有公司百分之十以上股份的股东请求召开临时股东会会议的，董事会、监事会应当在收到请求之日起十日内作出是否召开临时股东会会议的决定，并书面答复股东。

9. 临时提案权

临时提案权是指股东在股东会上临时提出供大会审议或表决的议题或议案的权利。这一权利能够保证少数股东将其关心的问题提交给股东会讨论，从而提高他们在股东会中的主动地位，并实现对公司经营的决策参与、监督与纠正作用。

《公司法》第一百一十五条第二款针对股份有限公司：单独或者合计持有公司百分之一以上股份的股东，可以在股东会会议召开十日前提出临时提案并书面提交董事会。临时提案应当有明确议题和具体决议事项。董事会应当在收到提案后两日内通知其他股东，并将该临时提案提交股东会审议；但临时提案违反法律、行政法规或者公司章程的规定，或者不属于股东会职权范围的除外。公司不得提高提出临时提案股东的持股比例。

10. 异议股东回购请求权

这是指股东会作出对股东权益产生重大和实质性影响的决议时，对该决议有异议的股东，有权要求公司以公平价格回购其所持有的出资额或者股份，从而退出公司。

异议股东回购请求权的详细介绍，参见本书第四章第二节中"股份回购"部分。

11. 申请法院解散公司的权利

申请法院解散公司的权利仅在特定情况下可以行使，公司经营管理发生严重困难，继续存续会使股东利益受到重大损失，通过其他途径不能解决的，持有公司一定表决权的股东，可以请求人民法院解散公司。

根据《公司法》第二百三十一条：公司经营管理发生严重困难，继续存续会使股东利益受到重大损失，通过其他途径不能解决的，持有公司百分之十以上表决权的股东，可以请求人民法院解散公司。

12. 公司剩余财产的分配请求权

剩余财产的分配请求权是指，在公司解散或清算过程中，股东有权要求按照其持股比例或其他约定方式分配公司的剩余财产。这项权利是股东在公司终止时保护其投资利益的重要手段。

《公司法》第二百三十六条：清算组在清理公司财产、编制资产负债表和财产清单后，应当制订清算方案，并报股东会或者人民法院确认。

公司财产在分别支付清算费用、职工的工资、社会保险费用和法定补偿金，缴纳所欠税款，清偿公司债务后的剩余财产，有限责任公司按照股东的出资比例分配，股份有限公司按照股东持有的股份比例分配。

（三）股东权利不等于股权

通过对上述股权和股东权利内容与概念的辨析，我们可以认识到股权不等同于股东权利。

股权与股票、股份、股东权利都不是等同的，对应关系如图2-3所示。在实务中，很多企业都不理解股权的真正概念，想当然地去理解和认识，难免会导致很多错误的发生，影响对于股权控制、股权设计和股权激励的进行。

图 2-3　股权、股票、股份、股东权利的关系

第二节　股权的八大核心作用

股权具有重要的核心作用，主要体现在公司治理、股权控制、股权激励、股权融资、对外投资、兼并收购、价值发现以及公司传承方面，股权的八大核心作用如图2-4所示。

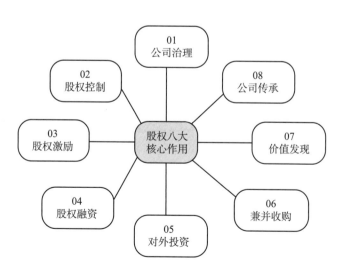

图 2-4　股权的八大核心作用

一、公司治理

股权的首要核心用途是公司治理，公司治理与股权结构息息相关，股权结构是公司治理结构的基础，公司治理结构则是股权结构的具体运行形式。不同的股权结构决定了不同的公司组织结构，从而决定了不同的公司治理结构，最终决定了公司的行为和绩效。股权结构对公司治理模式的形成、运作及绩效有较大影响，换句话说股权结构与公司治理中的内部监督机制直接发生作用；同时，股权结构一方面在很大程度上受公司外部治理机制的影响，另一方面股权结构也对外部治理机制产生间接作用。

（一）股权结构对公司治理内部机制的影响

1. 股权结构和股东会

在控制权可竞争的股权结构模式中，剩余控制权和剩余索取权相互匹配，大股东就有动力去向经理层施加压力，促使其为实现公司价值最大化而努力；而在控制权不可竞争的股权结构模式中，剩余控制权和剩余索取权不相匹配，控股股东手中掌握的是廉价投票权，它既无压力也无动力去实施监控，而只会利用手中的权力去实现自己的私利。所以对一个股份制公司而言，不同的股权结构决定着股东是否能够积极主动地实施其权利和承担其义务。

2. 股权结构与董事会和监事会

股权结构在很大程度上决定了董事会的人选，在控制权可竞争的股权结构模式中，股东会决定的董事会能够代表全体股东的利益；而在控制权不可竞争的股权结构模式中，由于占绝对控股地位的股东可以通过垄断董事会人选的决定权来获取对董事会的决定权，因而在此股权结构模式下，中小股东的利益将不能得到保障。股权结构对监事会的影响也如此。

3. 股权结构与经理层

股权结构对经理层的影响在于是否在经理层存在代理权的竞争。一般认为，股权结构过于分散易造成"内部人控制"，从而代理权竞争机制无法发挥监督作用；而在股权高度集中的情况下，经理层的任命被大股东所控制，从而也削弱了代理权的竞争性；相对而言，相对控股股东的存在比较有利于经理层在完全竞争的条件下进行更换。

总之在控制权可竞争的股权结构下，股东、董事（或监事）和经理层能各司其职，各尽其责，形成健康的制衡关系，使公司治理的内部监控机制发挥出来；而在控制权不可竞争的股权结构下，则相反。

（二）股权结构对公司外部治理机制的影响

公司外部治理机制为内部治理机制得以有效运行增加了"防火墙"，但即使外部治理机制制定得再完善，如果股权结构畸形，公司外部治理机制也会形同虚设。但有时，很难说明公司内外部的治理机制谁是因、谁为果。例如，在立法形式上建立了一套外部市场治理机制，随着新股的不断增发或并购，股权结构可能出现过度分散或集中，就易造成公司管理层的"内部人控制"现象，使得公司控制权市场和职业经理人市场的外部市场治理机制无法发挥作用。又如，由于"内部人控制"现象，公司的经营者常常为了掩盖个人的私利而需要"花钱买意见"，这就会造成注册会计师在收益和风险的夹缝中进退维谷，使得外部社会治理机制也会被扭曲。

二、股权控制

对一个公司最好的控制，是通过股权进行控制，只要控制了股权和对应的表决权，便可以掌控公司，因此股权是控制一个公司的最重要手段。本章第四节和第五节主要讲述的便是股权控制的问题。

三、股权激励

股权激励是激发员工积极性和创造力的有效手段。通过给予员工股权或股票期权，使他们成为公司的"主人"，与公司共享成长的红利，这有助于增强员工的归属感和责任感，提高工作积极性和效率。

随着国内资本市场的快速发展，以及经济全球化进程的不断推进，股权激励一词已经不再陌生，虽然股权激励在国内的起步较晚，但是发展非常迅速。按照通俗的概念来理解，股权激励是为了公司的长远发展、激励和留住核心人才，而推行的一种以股权为标的、对公司员工进行的长期激励机制。《上市公司股权激励管理办法》中也对股权激励进行了定义，股权激励是指上市公司以本公司股票为标的，对其董事、高级管理人员及其他员工进行的长期性激励。

在国内外，股权激励已经成为上市公司和非上市公司非常普遍的做法，股权激励计划可以把员工的个人利益、股东的长远利益和公司的长期发展结合在一起，可以在一定程度上防止企业经营者的短期经营行为，以及防范"内部人控制"等侵害股东利益的行为。国内外的实践证明，股权激励在完善公司法人治理结构、增强公司凝聚力和市场竞争力、提高公司经营水平与业绩、保护公司利益和股东利益等方面具有重要的作用和意义。

四、股权融资

公司可以通过释放一定股权比例的形式获得融资，用股权方式获得资金，将公司做大做强，虽然释放了一定的股权比例，但是在公司做大做强的同时，自身持有的股权也会相应增值，带来增值收益。

股权融资是指公司的原股东愿意让出公司部分股权，通过公司增资的方式引进新的股东，同时使公司股本增加的融资方式。公司股权融资所获得的资金，属于长期资金，公司无须还本付息，原则上没有到期日，无须归还。但是，新股东与老股东共同分享公司的盈利与增长，分享公司的利润分红，分享公司成长带来的股权溢价收益。

股权融资按照其融资渠道和发行场所可以划分为公开发行、定向发行和私募融资三种主要方式。

（一）公开发行

公开发行是指通过股票市场向公众投资者发行公司的股票来募集资金，公司上市、上市后的增发和配股都是公开发行的具体形式。

根据《中华人民共和国证券法》（以下简称《证券法》）第九条：公开发行证券，必须符合法律、行政法规规定的条件，并依法报经国务院证券监督管理机构或者国务院授权的部门注册。未经依法注册，任何单位和个人不得公开发行证券。证券发行注册制的具体范围、实施步骤，由国务院规定。

有下列情形之一的，为公开发行：

（1）向不特定对象发行证券；

（2）向特定对象发行证券累计超过二百人，但依法实施员工持股计划的员工人数不计算在内；

（3）法律、行政法规规定的其他发行行为。

（二）定向发行

定向发行主要是针对非上市公众公司即新三板挂牌公司的概念。

根据《非上市公众公司监督管理办法》第四十三条：本办法所称定向发行包括股份有限公司向特定对象发行股票导致股东累计超过二百人，以及公众公司向特定对象发行股票两种情形。本办法所称特定对象的范围包括下列机构或者自然人：

（1）公司股东；

（2）公司的董事、监事、高级管理人员、核心员工；

（3）符合投资者适当性管理规定的自然人投资者、法人投资者及其他非法人组织。

股票未公开转让的公司确定发行对象时，符合上述第（3）项规定的投资者合计不得超过三十五名。

核心员工的认定，应当由公司董事会提名，并向全体员工公示和征求意见，由监事会发表明确意见后，经股东大会审议批准。

（三）私募融资

私募融资是指公司自行寻找特定的投资人，吸引其通过增资入股形式进行的股权融资，非公开发行证券，不得采用广告、公开劝诱和变相公开等方式进行宣传。因为绝大多数公司都是非上市公司或新三板挂牌公司，因此采用的基本都是私募融资的形式。

关于私募融资的更多内容，详见本书第四章第四节。

五、对外投资

（一）对外投资的路径

1. 对外投资的概念

对外投资是指公司在其自身经营的主要业务之外，以现金、实物、无形资产等方式，或者以购买股票、债券等有价证券的方式向境内外的其他公司进行投资，以期在未来获得投资收益的经济行为。对外投资按其形成的公司拥有权益的不同，可以分为股权投资和债权投资，本部分主要探讨的是股权投资，公司对外投资之后，与被投资企业形成股权关系。

2. 对外投资的意义

在公司的发展过程中，必然面临对外投资等问题，对外投资往往形成的是股权关系，这也是公司内生发展的必要路径。公司对外投资的主要意义包括以下几点。

（1）充分利用闲置资金，提高资金使用效率，为公司创造价值。

（2）通过对外投资，整合资源。通过投资于上游产业，可以保障原料供应，降低公司生产成本，解决公司生产经营中可能遇到的原料供应不足的问题；通过投资下游产业，可以延伸公司的产业链；通过在外地投资本公司主业，可以增加产能，合理进行地域布局，增大运输半径，提升公司产品的供应能力和盈利水平。

（3）通过对外投资，可以开发新产品、生产附加值更高的产品品种，开辟新的市场，扩大销售规模，提高公司的盈利水平。

（4）通过对外投资可以跟其他公司或者境外公司进行合资、联营，有利于从国内引进先进的生产技术，提高公司的技术实力和竞争力。

（5）利用控股方式进行对外投资，可以使公司以较少的资金实现对外扩张的目的，通过不断地对外投资，进行对外扩张，占领市场。

3. 对外投资的路径

对外投资是公司发展到一定程度的必然过程，通过对外投资，进行扩张，提升公司的规模和盈利能力，将公司做大做强，逐步走向资本市场、实现上市。对外投资的扩张路径如图 2-5 所示。

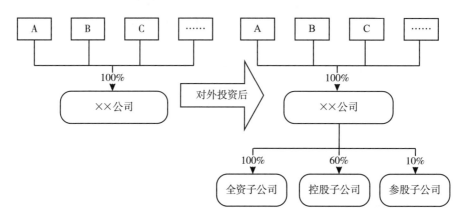

图 2-5　公司对外投资的扩张路径

（二）对外投资后的股权结构

对外投资后，根据母公司的持股比例情况，可以形成三类子公司。

1. 全资子公司

全资子公司，即母公司持有子公司 100% 的股权。

2. 控股子公司

我国《公司法》第二百六十五条第二款对控股股东的定义是："控股股东，是指其出资额占有限责任公司资本总额超过百分之五十或者其持有的股份占股份有限公司股本总额超过百分之五十的股东；出资额或者持有股份的比例虽然低于百分之五十，但依其出资额或者持有的股份所享有的表决权已足以对股东会的决议产生重大影响的股东。"

根据上述规定，可以延伸出两类控股子公司。

（1）绝对控股子公司，即母公司持有子公司超过 50%，但不足 100% 的股权或股份，对子公司具有绝对控制权。

（2）相对控股子公司，即母公司持有子公司的股权或股份虽然低于 50%，但仅仅依赖该股权或者股份的表决权足以控制该子公司。持股比例通常不能低于20%，否则难以认定能够控制该子公司。

3. 参股子公司

如果持有其他公司的股份或股权，但仅凭股权或股份控制机制又不足以控制该公司的，理论上称该公司为"参股公司"。

《公司法》第十三条："公司可以设立子公司。子公司具有法人资格，依法独立承担民事责任。"然而，母公司与子公司之间具有重要的关联关系，这种关联关系可能会影响少数股东权益或债权人的利益。为了防止母公司滥用子公司法人人格与控制地位，从事损害子公司少数股东及债权人利益的经营决策与交易，法律一般对这种相互关系加以控制和调整，由此也就形成了调整关联交易的相关法律制度。

六、兼并收购

对外投资靠的是自身积累，属于内生增长，速度相对较慢；兼并收购则属于外生增长，给公司带来的是几何式增长，增长速度会更快。

（一）并购的概念

并购指的是两个或两个以上的公司，合并成一家公司或者母子公司等关系的过程。并购的内涵非常广泛，一般是指兼并和收购，兼并又称吸收合并，是指两家不同的公司合并成一个公司，在吸收合并过程中，被兼并方消失；收购是指一家公司用现金或股权等有价证券收购另一家公司，以获得对该公司的全部资产或部分资产的所有权，或者该公司的控股权，收购过程中两家公司都存在。

（二）股权并购的核心作用

公司发展到一定程度，可以通过股权的形式对外兼并收购，股权兼并收购的主要核心作用有：（1）不用支付大量现金，减少公司资金压力；（2）横向并购，可以消除竞争对手，迅速扩张规模；（3）纵向并购，可以完善产业链，降低公司经营成本，提升盈利能力。

假定 A、B、C 是 X 公司的股东，D、E 为 Y 公司的股东，X 公司发展到一定阶段后拟对外扩张，经过与 Y 公司协商，拟通过发行股份的方式全资收购 Y 公司；收购过程中的股权比例先不予考虑，则收购完成后，D、E 成为 X 公司股东，Y 公司变成 X 公司的全资子公司，X 公司兼并 Y 公司的过程如图 2-6 所示。

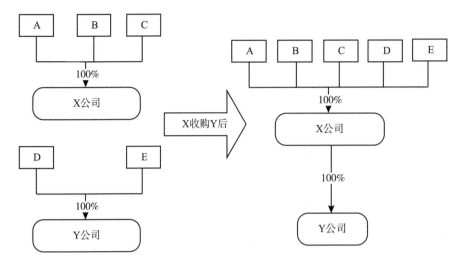

图 2-6　X 公司收购 Y 公司的过程

七、价值发现

股权市场是价值发现的重要场所。通过市场交易，投资者可以对公司的价值进行评估和定价，从而实现公司价值的最大化。同时，股权的流动性也为投资者提供了退出机制，有助于实现投资价值。

公司发展到一定程度，可能会面临上市融资的需求，或者说中小企业都有上市的梦想，上市带来的不仅是资金，还有对公司品牌、实力、业务和知名度的认可，更是对公司价值的肯定。

上市之后，公司的股权价值能够实时体现，股票市值也是财富和身份的象征，福布斯富豪榜的排名，一个最重要的统计数据就来源于公开市场股票的市值。上市之后，没有限售或其他限制的股票是自由流通的，受宏观经济、政策、市场及公司自身等各种因素的影响，股票价格会随时变动，因此公司价值也会时刻波动，但是只要公司业绩向好、持续增长，从长期趋势上看，股票价值能够公允地反映公司的内在价值，公司价值体现的最好方式就是上市。

八、公司传承

民营企业在我国经济发展中的占比越来越大，民营经济贡献了中国约 60% 的国内生产总值和 80% 的城镇就业。[①] 而在民营企业中，大部分都是家族企业。因为年

---

① 促进民营经济发展壮大，中国再出实招［N］.人民日报（海外版），2023-07-31.

龄等原因，考虑接班换代的第一代企业家越来越多，民营企业进入了传承接班的高峰期，而且大多数民营企业老板都希望让子女接班，可现实情况却往往相反，大多数子女正好是"80后"或者是"90后"，往往有自己的思想和主张，不愿意涉足家族企业，或者另谋其他职业而不参与企业经营。

在这种局面下，如何保证创始人的公司传承给下一代？如何保证公司领导人顺利接班？如何保证家族财富保值增值？只有股权传承能解决这一问题，尤其是上市之后，股权传承相对更容易。企业家可以将股权传承给下一代，通过完善公司治理机制，聘请职业经理人管理公司，下一代接班人只需要管理好股权，行使好股东的权利，掌控好公司的重大决策和未来规划即可，无须过多地参与公司的经营管理，既解决了公司传承问题，又解决了公司管理问题。

第三节　获得股权的八大途径

根据上文的论述，获取股权的前提是取得股东资格，即股东基于公司的存在，通过出资、认购股份或其他方式，成为公司的股东，进而获得公司的股权。因此股权的前提是获得股东身份，获得公司股权的形式有很多种，包括原始出资、资本公积转增、股权转让、强制执行、继承、赠与、股权激励以及离婚时财产分割等方式。获得股权的八大途径如图2-7所示。

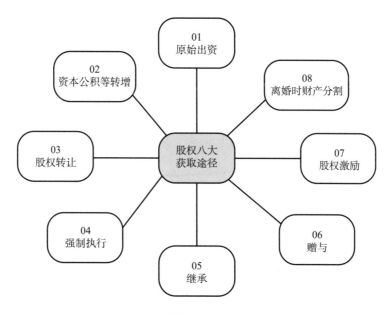

图 2-7　获得股权的八大途径

一、原始出资

（一）出资的含义

出资是一个经济行为，是指公司设立、增资或进行其他经济活动时，股东或投资者按照约定向公司投入资金或其他形式财产的行为。

根据《公司法》，"出资"至少有两层含义：一是认缴出资或认购股份，即出资人之间或者出资人与公司之间就认缴出资或认购股份达成了意思一致，出资人愿意向公司投入一定金额财产从而获得股东资格，其他出资人或者公司表示同意；二是指实缴出资或实缴资本，即出资人按照出资协议的约定或公司章程记载的认缴出资额或认购股份数，并依约定时间将出资财产的权属转移给公司。公司上市后的发行股份再融资、新三板挂牌后的定向发行股票都属于出资行为。

（二）出资的方式

根据《公司法》规定，股东可以用货币出资，也可以用实物、知识产权、土地使用权、股权、债权等可以用货币估价并可以依法转让的非货币财产作价出资；但是，法律、行政法规规定不得作为出资的财产除外。对作为出资的非货币财产应当评估作价，核实财产，不得高估或者低估作价。法律、行政法规对评估作价有规定的，从其规定。根据《中华人民共和国公司登记管理条例》，股东不得以劳务、信用、自然人姓名、商誉、特许经营权或者设定担保的财产等作价出资。

1. 股权可以用于出资

股东或发起人可以以其持有的在中国境内设立的公司（以下称"股权所在公司"）股权出资。以股权出资的，该股权应当权属清晰、权能完整、依法可以转让。

具有下列情形的股权不得作为出资：

（1）已被设立质权；

（2）股权所在公司章程约定不得转让；

（3）法律、行政法规或国务院决定规定，股权所在公司股东转让股权应当报经批准而未批准；

（4）法律、行政法规或国务院决定规定不得转让的其他情形。

2. 债权可以用于出资

债权人可以将其依法享受的对在中国境内设立的公司的债权转为公司股权。转为公司股权的债权应当符合下列情之一：

（1）债权人已经履行债权所对应的合同义务，且不违反法律、行政法规、国务院或公司章程的禁止性规定；

（2）经人民法院生效判决或者仲裁机构裁决确认；

（3）公司破产重整或者和解期间，列入经人民法院批准的重整计划或者裁定认可的和解协议。用以转为公司股权的债权有两个以上债权人的，债权人应当已经作出分割。债权转为公司股权的，公司应当增加注册资本。

3. 出资要求

股东应当按期足额缴纳公司章程规定的各自所认缴的出资额。股东以货币出资的，应当将货币出资足额存入有限责任公司在银行开设的账户；以非货币财产出资的，应当依法办理其财产权的转移手续。

（1）有限责任公司出资要求。

有限责任公司的注册资本为在公司登记机关登记的全体股东认缴的出资额。全体股东认缴的出资额由股东按照公司章程的规定自公司成立之日起五年内缴足。法律、行政法规以及国务院决定对有限责任公司注册资本实缴、注册资本最低限额、股东出资期限另有规定的，从其规定。

（2）股份有限公司出资要求。

股份有限公司的注册资本为在公司登记机关登记的已发行股份的股本总额。在发起人认购的股份缴足前，不得向他人募集股份。法律、行政法规以及国务院决定对股份有限公司注册资本最低限额另有规定的，从其规定。

以发起设立方式设立股份有限公司的，发起人应当认足公司章程规定的公司设立时应发行的股份。以募集设立方式设立股份有限公司的，发起人认购的股份不得少于公司章程规定的公司设立时应发行股份总数的35%；但是，法律、行政法规另有规定的，从其规定。

股份有限公司发起人应当在公司成立前按照其认购的股份全额缴纳股款。

二、资本公积等转增

公司净资产按照会计科目由四个部分组成，分别是实收资本（股本）、资本公积、盈余公积和未分配利润，其中盈余公积和未分配利润又称为留存收益。公司可以根据实际情况，将资本公积、盈余公积和未分配利润转增为实收资本（股本），转增过程中涉及个人所得税的，按照国家相关法律法规执行。

资本公积、盈余公积或未分配利润转增注册资本的过程中，不改变原有股东的持股比例，对应的资本公积、盈余公积或未分配利润减少，实收资本（股本）增加，对应的每股净资产和每股收益降低。转增的方式实际本质上也是一种出资方式。

养元饮品 2006 年资本公积转增股本

根据河北养元智汇饮品股份有限公司（以下简称"河北养元"）《首次公开发行股票招股说明书》，2006 年 3 月，公司增资 249.05 万元，注册资本变更为 349.05 万元。

2006 年 3 月 1 日，公司召开股东会，会议审议通过增资 249.05 万元，将公司注册资本增加至 349.05 万元。此次增资为全体股东同比例增资，增资价格为每 1 元实收资本 1 元，增资方式为资本公积转增资本与货币出资相结合的方式，其中以资本公积 209.49 万元转增资本 209.49 万元，以货币资金 39.56 万元增资 39.56 万元。

用以转增资本的 209.49 万元资本公积的来源为 2005 年 12 月 29 日国有产权转让时，与转让价格 309.49 万元对应的公司净资产 309.49 万元超过实收资本 100 万元的部分，由河北养元占用的 23 599.9 平方米划拨国有土地使用权在此次国有产权转让时经评估作价以出让方式处置形成；用以增资的 39.56 万元货币资金的来源为公司 58 名股东认购国有产权时，准备的全部资金中支付完转让价款 309.49 万元后剩余的、暂存于公司账户的部分，其均为该等股东个人财产。

2006 年 3 月 14 日，河北天成会计师事务所有限责任公司出具《验资报告》，验证此次增资到位。

2006 年 3 月 17 日，衡水市工商行政管理局为公司颁发新的《企业法人营业执照》，公司注册资本变更为 349.05 万元。

资料来源：东方财富网。

三、股权转让

股权转让是指公司股东按照相关法律规定把手中的股份转让给他人，使他人成为公司股东的民事法律行为。股权转让是一种物权变动行为，股权转让后，股东基于股东地位而对公司所发生的权利义务关系全部同时移转于受让人，受让人因此成为公司的股东，取得股东权利。

（一）有限责任公司股权转让的一般规定

1. 转让规定

有限责任公司的股东之间可以相互转让其全部或者部分股权。

股东向股东以外的人转让股权的，应当将股权转让的数量、价格、支付方式和期限等事项书面通知其他股东，其他股东在同等条件下有优先购买权。股东自接到书面通知之日起 30 日内未答复的，视为放弃优先购买权。两个以上股东行使优先购买权的，协商确定各自的购买比例；协商不成的，按照转让时各自的出资比例行使优先购买权。

公司章程对股权转让另有规定的，从其规定。

2. 变更股东名册等

股东转让股权的，应当书面通知公司，请求变更股东名册；需要办理变更登记的，并请求公司向公司登记机关办理变更登记。公司拒绝或者在合理期限内不予答复的，转让人、受让人可以依法向人民法院提起诉讼。

股权转让的，受让人自记载于股东名册时起可以向公司主张行使股东权利。

（二）股份公司股权转让的一般规定

股份有限公司的股东持有的股份可以向其他股东转让，也可以向股东以外的人转让；公司章程对股份转让有限制的，其转让按照公司章程的规定进行。

股东转让其股份，应当在依法设立的证券交易场所进行或者按照国务院规定的其他方式进行。

股票的转让，由股东以背书方式或者法律、行政法规规定的其他方式进行；转让后由公司将受让人的姓名或者名称及住所记载于股东名册。

股东会会议召开前 20 日内或者公司决定分配股利的基准日前 5 日内，不得变更股东名册。法律、行政法规或者国务院证券监督管理机构对上市公司股东名册变更另有规定的，从其规定。

股份在法律、行政法规规定的限制转让期限内出质的，质权人不得在限制转让期限内行使质权。

（三）上市公司股权转让的一般规定

公司公开发行股份前已发行的股份，自公司股票在证券交易所上市交易之日起一年内不得转让。法律、行政法规或者国务院证券监督管理机构对上市公司的股东、实际控制人转让其所持有的本公司股份另有规定的，从其规定。

公司董事、监事、高级管理人员应当向公司申报所持有的本公司的股份及其变动情况，在就任时确定的任职期间每年转让的股份不得超过其所持有本公司股份总数的 25%；所持本公司股份自公司股票上市交易之日起一年内不得转让。上述人员离职后半年内，不得转让其所持有的本公司股份。公司章程可以对公司董事、监事、高级管理人员转让其所持有的本公司股份作出其他限制性规定。

法律、行政法规或者国务院证券监督管理机构对上市公司股东减持另有规定的，从其规定。

股权转让是一个严谨的问题，需要中小企业的股东引起注意，股权转让处理不好，有可能影响公司未来的资本运作之路。

欧维姆因股权转让存疑等问题上市被否

根据中国证监会网站披露的信息，证监会创业板发行审核委员会 2017 年第 8 次发审委会议于 2017 年 1 月 20 日召开，现将会议审核情况公告如下：柳州欧维姆机械股份有限公司（首发）未通过。

发审委会议提出询问的主要问题第 3 个，便涉及股权问题：根据申请文件，2002 年 12 月柳州市工业控股公司（国有）将发行人前身股权转让景丰投资。2003 年 3 月经景丰投资控股股东华强集团（本次转让时企业性质为国有）同意，景丰投资将所持欧维姆有限 540 万元出资以 84 万元的价格转让给时任欧维姆有限董事长，将所持欧维姆有限 180 万元出资以 28 万元的价格转让给时任副董事长，将所持欧维姆有限 180 万元出资以 28 万元的价格转让给时任总经理。上述转让未经相关国有资产管理部门确认。2014 年上述总经理配偶将上述受让的欧维姆合计 180 万股以 810 万元价格转让给柳工集团。请保荐代表人对上述转让的合规性、合理性发表明确结论性意见。

在上会之前，于 2017 年 1 月 11 日，证监会网站公布的《柳州欧维姆机械股份有限公司创业板首次公开发行股票申请文件反馈意见》也多次提及了股权转让、股权变动问题。关于规范性问题的第一问中，有几处涉及股权转让、股权变动问题，具体如下：

（1）历史沿革中历次国有股权（产权）变动所履行的具体程序，是否符合当时有效的法律、法规及规范性文件的规定，相关程序瑕疵是否构成重大违法行为及本次发行的法律障碍。请提供历次国有股权（产权）变动涉及的批复文件。请说明相关程序瑕疵是否已取得有效的有权部门确认文件。

（2）历史上各法人股东的实际控制人及变动情况；股东凤糖集团与景丰投资、华强集团之间的具体关联关系；结合 2002~2010 年期间华强集团的股权结构、实际控制人、企业性质及变动情况，说明上述期间与华强集团控制的股东相关的历次股权变动所履行的具体程序，是否符合当时有效的法律、法规及规范性文件的规定；如需有权部门出具确认文件，请一并提供。

（3）2003 年受让出资的 3 名自然人（翁某、王某、陈某）在发行人的任职情况及起止时间，景丰投资将部分出资以低于出资额的价格转让给 3 名欧维姆有限管理人员的情形，是否违反有关国有企业领导人员持股的规定，是否存在利益输送；其后，王某、陈某分别将所持股权转让给各自配偶的原因，该等股权转让是否违反了国有企业管理人员所持股权不得向其近亲属转让的规定，是否构成重大违法行为及本次发行的法律障碍。

（4）公司历次股权变动的原因、定价依据及各股东资金来源；发行人历史上及目前是否存在未披露的委托持股、信托持股及利益输送情形；担任发行人本次发行申请的相关中介机构及相关人员是否存在直接或间接持有发行人股份的情形。

（5）在历次股权转让、利润分配及整体变更为股份公司的过程中，各股东纳税义务的履行情况。

请保荐机构、发行人律师核查上述问题并发表明确意见。

资料来源：柳州欧维姆机械股份有限公司创业板首次公开发行股票申请文件反馈意见［EB/OL］. http://www.csrc.gov.cn/csrc/c105891/c1507224/content.shtml.

案例2-2便是因为历史上股权变动问题被否的案例之一，虽然该公司被否的原因可能不止股权一个方面，但是从证监会关于股权问题的问询来看，股权转让是监管关注的一个重要问题，需要引起企业的足够重视。

四、强制执行

《公司法》第八十五条：人民法院依照法律规定的强制执行程序转让股东的股权时，应当通知公司及全体股东，其他股东在同等条件下有优先购买权。其他股东自人民法院通知之日起满二十日不行使优先购买权的，视为放弃优先购买权。

本规定是针对有限责任公司设置的，由于股份有限公司以自由转让为原则，并没有设置相关限制条件，这也是基于有限公司具有一定的人合性特点，所以设置了事先通知其他股东、在同等条件下其他股东有优先购买的权利。

案例 2-3 ›››

ST长信因强制执行变更第一大股东

2009年10月15日ST长信公告《详式权益变动报告书》，《详式权益变动报告书》的主要内容如下：

一、信息披露义务人持有、控制上市公司股份的情况本次权益变动前，华汉集团未持有ST长信股票。

本次权益变动完成后，华汉集团持有677.17万股ST长信A股股票，占总股本的7.75%，华汉集团成为ST长信的第一大股东。

二、本次股权法院裁定及受让的相关情况。

1.本次权益变动方式

本次权益变动的方式为：法院司法裁决，强制执行股权过户。

2. 裁决的法院

本次司法裁决的法院为：陕西省西安市中级人民法院。

3. 最终裁决日期

本次司法裁决日期为：2009年9月27日。

4. 案由

陕西省西安市中级人民法院执行的中国工商银行股份有限公司西安经济技术开发区支行申请执行西安万杰长信医疗发展有限公司、西安万鼎实业（集团）有限公司、万杰集团有限责任公司偿还借款一案，执行中，陕西省西安市中级人民法院依法冻结了执行人西安万鼎实业（集团）有限公司持有的ST长信677.1743万股限售流通股。

5. 法院裁定书主要内容

申请执行人中国工商银行股份有限公司西安经济技术开发区支行与被执行人西安万杰长信医疗发展有限公司、西安万鼎实业（集团）有限公司及第三人陕西华汉实业集团有限公司达成《和解协议书》，协议约定，西安万鼎实业（集团）有限公司同意将其持有的上述ST长信股权过户至陕西华汉实业集团有限公司名下，用以抵偿陕西华汉集团有限公司6050万元债务，陕西华汉实业集团有限公司代西安万鼎实业（集团）有限公司偿还所欠中国工商银行股份有限公司西安经济技术开发区支行债务中的1050万元。陕西华汉实业集团有限公司已按《和解协议书》约定完成履行还款义务，现陕西华汉实业集团有限公司、西安万鼎实业集团有限公司向陕西省西安市中级人民法院申请将上述股权由西安万鼎实业集团有限公司名下过户至陕西华汉实业集团有限公司名下，中国工商银行股份有限公司西安经济技术开发区支行向本院提交申请，请求对上述股权解除冻结。经核查，该和解协议符合相关法律规定，依照《中华人民共和国民事诉讼法》第一百四十条第一款第（十一）项及最高人民法院《关于适用〈中华人民共和国民事诉讼法〉若干问题的意见》第三百零一条之规定，裁定如下：

一、解除对西安万鼎实业（集团）有限公司（证券账户号：B880314940）持有的ST长信（证券代码600706）677.1743万股限售流通股的冻结。

二、将西安万鼎实业（集团）有限公司（证券账户号B880314940）持有的ST长信（证券代码600706）677.1743万股限售流通股过户至陕西华汉实业集团有限公司名下。

资料来源：东方财富网。

五、继承

根据《公司法》第九十条：自然人股东死亡后，其合法继承人可以继承股东资格；但是，公司章程另有规定的除外。本条款是有限责任公司的规定，包含两层含义：（1）自然人死亡之后，其合法继承人可以继承股东资格，而不仅仅是财产继承；（2）公司章程可以作出特殊限制，排除对股东资格的继承。

因为有限责任公司具有人合性和资合性，人合性是基于股东之间的相互信任而存在的，如法律不加限制，允许合法继承人继承股东资格，很可能会导致：（1）新旧股东之间由于不和而产生矛盾或纠纷；（2）合法继承人数较多突破《公司法》对公司股东人数的限制；（3）其他一些不利影响。

根据《公司法》第一百六十七条：自然人股东死亡后，其合法继承人可以继承股东资格；但是，股份转让受限的股份有限公司的章程另有规定的除外。

六、赠与

（一）赠与的含义

赠与是赠与人将自己的财产无偿给予受赠人、受赠人表示接受的一种行为。股权赠与是指赠与人将自己的股权无偿赠与受赠人，通过这种行为实现了财产所有权的转移。赠与是基于赠与双方的自愿行为而进行的，只要赠与人具有完全民事行为能力，并根据自己的真实意思表示，赠与行为一般是有效的。赠与行为通常会通过法律的程序来完成，如签订相应的书面赠与合同，也有口头合同或者其他形式。

根据《合同法》相关规定，赠与合同是赠与人将自己的财产无偿给予受赠人，受赠人表示接受赠与的合同。赠与人在赠与财产的权利转移之前可以撤销赠与，具有救灾、扶贫等社会公益、道德义务性质的赠与合同或者经过公证的赠与合同，不适用前款规定。

（二）与继承、零对价转让的异同

通过继承和赠与的方式获得股权都有一个共同点，即无须付出成本或者对价，股权的获取是没有成本的，当然涉及税收的，要按照相应的税收法律法规缴纳相应的税费。如果涉及有限公司，依然会受制于公司章程的特殊约定。

此外，在有些情况下出于特殊目的的需要，股权转让的时候可能会出现0元对价的情形，虽然股权的获得也没有付出成本，但是该种方式获得的股权与赠与也不属于同一类型，股权转让属于双务合同，赠与属于单务合同。

七、股权激励

股权激励获取股权的方式一般有两种：一种是老股转让；另一种是增资。另外也存在虚拟股权激励等特殊形式，从本质上，该种激励方式获取的不是严格意义的股权，而是以股权为标的的分红权或者未来收益权，无法直接体现股东身份，难以获得全部的股东权利。

股权激励获取股权的对价方式通常也有两种：一是需要付出对价，可能会略低于市场价值；二是无须付出对价。可能有人会质疑，股权激励有时候获取的股权也是没有对价的，与赠与具有共性，但是股权激励的性质与赠与截然不同，股权激励会附带很多条件，股权激励对象需要为此付出劳动、贡献相应的价值，实际上是有未来对价的。

八、离婚时财产分割

（一）基本原则

1. 夫妻共同财产的界定

根据《中华人民共和国民法典》（以下简称《民法典》）第一千零六十二条：夫妻在婚姻关系存续期间所得的下列财产，为夫妻的共同财产，归夫妻共同所有：（一）工资、奖金、劳务报酬；（二）生产、经营、投资的收益；（三）知识产权的收益；（四）继承或者受赠的财产，但是本法第一千零六十三条第三项规定的除外；（五）其他应当归共同所有的财产。夫妻对共同财产，有平等的处理权。

《民法典》第一千零六十三条：下列财产为夫妻一方的个人财产：（一）一方的婚前财产；（二）一方因受到人身损害获得的赔偿或者补偿；（三）遗嘱或者赠与合同中确定只归一方的财产；（四）一方专用的生活用品；（五）其他应当归一方的财产。

2. 夫妻共同财产的分割

《民法典》第一千零六十五条：男女双方可以约定婚姻关系存续期间所得的财产以及婚前财产归各自所有、共同所有或者部分各自所有、部分共同所有。约定应当采用书面形式。没有约定或者约定不明确的，适用本法第一千零六十二条、第一千零六十三条的规定。夫妻对婚姻关系存续期间所得的财产以及婚前财产的约定，对双方具有法律约束力。夫妻对婚姻关系存续期间所得的财产约定归各自所有，夫或者妻一方对外所负的债务，相对人知道该约定的，以夫或者妻一方的个人财产清偿。

《民法典》第一千零六十六条：婚姻关系存续期间，有下列情形之一的，夫妻一方可以向人民法院请求分割共同财产：（一）一方有隐藏、转移、变卖、毁损、挥霍夫妻共同财产或者伪造夫妻共同债务等严重损害夫妻共同财产利益的行为；（二）一方负有法定扶养义务的人患重大疾病需要医治，另一方不同意支付相关医疗费用。

3. 离婚时共同财产的分割

《民法典》第一千零八十七条：离婚时，夫妻的共同财产由双方协议处理；协议不成的，由人民法院根据财产的具体情况，按照照顾子女、女方和无过错方权益的原则判决。

《民法典》第一千零九十二条：夫妻一方隐藏、转移、变卖、毁损、挥霍夫妻共同财产，或者伪造夫妻共同债务企图侵占另一方财产的，在离婚分割夫妻共同财产时，对该方可以少分或者不分。离婚后，另一方发现有上述行为的，可以向人民法院提起诉讼，请求再次分割夫妻共同财产。

（二）现实难点

随着经济的发展和社会的进步，夫妻共同财产的范畴也不断扩大，在婚姻关系存续期间以夫妻一方的名义对外投资的情况也非常普遍。投资财产由于具有特殊性，涉及的法律法规体系比较多，而且离婚情形和原因也千差万别，因此离婚时投资财产处理起来较为棘手。

现实离婚案件中，离婚前公司运作往往以一人为主，另一方离婚后得到了股份，但对公司运作不了解，甚至因一方设置人为障碍而无法了解公司情况，因而难以保障实质性的股东权益。尤其是对于有限公司，具有人合性特点，人合的因素往往起到了更为关键性的作用，夫妻离婚后这种人合因素对双方都不利，对于其他股东也有不利影响，在仅有夫妻二人为股东的公司及以家属成员为股东组成的公司中，这一矛盾尤为突出。因此夫妻离婚时，如何处理投资性的共有财产，已成为审理离婚案件的重点、难点。

案例 2-4 ▷▷▷▷▷▷▷▷▷▷▷▷▷▷▷▷▷▷▷▷▷▷▷▷▷▷▷▷▷▷▷▷

360 创始人宣布离婚　前妻胡某分得 90 亿

2023 年 4 月 4 日晚间，360 发布公告称，公司于近日收到公司实际控制人周某的通知，4 月 4 日，周某与胡某经友好协商，已办理解除婚姻关系手续，周某拟将其直接持有的公司 6.25% 的股份分割至胡某名下。截至 4 月 4 日 A 股收盘，360 股价报收 20.08 元 / 股。按此计算，周某因离婚分割至胡某名下的 360 股票市值近 90 亿元。

消息发布之后，投资圈都炸锅了，这也引起股民的担忧：离婚是不是为了减持套现？

公告显示，根据周某与胡某签订的《离婚协议书》，周某拟将其直接持有的公司 4.47 亿股股份（约占公司总股份的 6.25%）分割至胡某名下。此次权益变动后，周某直接持有公司 3.75 亿股股份，约占公司总股本的 5.24%，通过奇信志成间接持有公司股份未发生变动；胡某拟直接持有公司 4.47 亿股股份，约占公司总股本的 6.25%，成为公司持股 5% 以上股东。

此次权益变动前，周某直接持有公司 8.21 亿股股份，占公司总股本的 11.49%；并通过奇信志成间接持有公司股份。

公司表示，上述事项将导致公司股东权益发生变动，但不会导致公司实际控制人发生变化，不涉及公司控制权变更。

公告显示，胡某未在公司及其子公司任职，也未参与公司的生产经营管理。此次权益变动对公司的经营管理没有实质影响，不存在损害上市公司及其他股东利益的情形。截至该公告披露日，周某及其一致行动人在未来 12 个月内没有增减持上市公司股份的计划；胡某在未来 12 个月内没有增持上市公司股份的计划，在未来 6 个月内没有减持上市公司股份的计划。

资料来源：360 创始人周鸿祎宣布离婚　前妻胡欢分得 90 亿［EB/OL］. https：//www.sd.chinanews.com.cn/2/2023/0406/86916.html

第四节　股权控制九条生命线

股东权利包含很多项内容，如表决权、分红权、处分权和所有权等，真正能够对公司决策起到控制作用的是表决权，掌握表决权比例，才能掌控股东会，进而对公司重大决策产生影响，起到控制公司的作用。

在股权控制中，并不是持股比例高，表决权比例就高，持股比例未必等于表决权比例。股权控制最重要的是控制表决权，仅有持股比例，没有表决权，一样不能对公司形成有效的控制，因此对于控制公司而言，表决权比例比持股比例更重要。只有得到表决权，才能得到控制权；股权控制，控制的是表决权比例，这是很多中小企业在认识上容易犯的错误。

中小企业一定要认识到表决权比例的重要性，在稀释股权的同时，要设计好股权结构，保障自身的表决权比例，保持对公司的有效控制，否则难免出现控制权的争夺战。

下面介绍的股权控制九条生命线和股权控制的七大工具都是基于控制表决权的角度，为中小企业保持公司控制权提供更多的参考意见，助力中小企业稳定发展。在股权设计实务中，或者企业管理层在参加一些股权激励培训课程的时候，经常会听到"股权九条生命线"的说法，"股权控制九条生命线"所指的主要是表决权比例，实际是《公司法》及相关法律法规中约定的特殊表决权比例。但是在实务中，有些培训机构为了招揽客户、烘托气氛，经常故弄玄虚，让很多企业家也是云里雾里。此外还有很多培训机构，自身对于股权生命线的理解也不到位，对于有限责任公司与股份有限公司，上市公司与新三板挂牌公司、普通公司不做区别，不能区别相关法律法规对于不同公司的不同规定，以至于曲解、误导学员，进而影响企业家对于股权设计和股权激励的理解。

本部分将重新梳理相关法律法规所涉及的表决权比例线，并对其进行详细总结，解读不同的适用主体和应用场景，以帮助读者更好地理解股权控制的九条生命线，同时帮助中小企业能够更有效地进行股权管理、股权控制和股权设计。

一、绝对控制线——67%

（一）基本含义

绝对控制线通常指的是股东所持有的股份比例达到或超过公司总股份的 2/3（即 67% 或更多），从而拥有对公司重大事项的绝对决策权。

持股 2/3 以上，公司的任何重大事项的特殊决议都可以决定，而无须看其他小股东的脸色，因此具有绝对控制权。67% 是 2/3 折算成百分数后四舍五入得来的，《公司法》并没有 67% 的规定。2/3 以上可以是 67%、68% 等，具体比例可能因公司具体情况而略有不同。

拥有 67% 的表决权比例，公司的特殊决议事项都可以决定，这些权利通常包括但不限于以下情况。

（1）修改公司章程；

（2）增加或者减少注册资本的决议；

（3）公司合并、分立、解散；

（4）变更公司形式的决议，如公司筹划上市时，将有限责任公司整体改制为股份有限公司。

（二）法律依据

1.针对有限责任公司

《公司法》第六十六条针对有限责任公司股东会的规定：股东会作出修改公司章程、增加或者减少注册资本的决议，以及公司合并、分立、解散或者变更公司形式的决议，应当经代表三分之二以上表决权的股东通过。

2.针对股份有限公司

《公司法》第一百一十六条针对股份有限公司股东会的规定：公司持有的本公司股份没有表决权。股东会作出修改公司章程、增加或者减少注册资本的决议，以及公司合并、分立、解散或者变更公司形式的决议，应当经出席会议的股东所持表决权的三分之二以上通过。

3. 针对上市公司

《公司法》第一百三十五条：上市公司在一年内购买、出售重大资产或者向他人提供担保的金额超过公司资产总额百分之三十的，应当由股东会作出决议，并经出席会议的股东所持表决权的三分之二以上通过。

（三）使用限制

1. 同股不同权的限制

根据《公司法》第六十五条：股东会会议由股东按照出资比例行使表决权；但是，公司章程另有规定的除外。言外之意，有限责任公司公司章程可以约定同股不同权，如果公司章程另有约定，67%的持股比例也不一定具有绝对的控制权。

2. 类别股的限制

《公司法》第一百一十六条针对股份有限公司股东会的规定：股东出席股东会会议，所持每一股份有一表决权，类别股股东除外。根据《公司法》，股份有限公司可以发行类别股，特定的事项需要类别股单独决议，67%的持股比例也不一定具有绝对的控制权。

《公司法》第一百四十六条：发行类别股的公司，第一百一十六条规定的重大事项等可能影响类别股股东权利的，除应当依照第一百一十六条的规定经股东会决议外，还应当经出席类别股股东会议的股东所持表决权的三分之二以上通过。

3. 公司持有自己的股份没有表决权

《公司法》第一百一十六条：公司持有的本公司股份没有表决权。

公司持有自己的股份没有表决权，因此该部分股份不计入出席股东大会有表决权的股份总数。

4. 上市公司关联关系回避表决的限制

根据《上市公司股东会规则》，股东与股东大会拟审议事项有关联关系时，应当回避表决，其所持有表决权的股份不计入出席股东大会有表决权的股份总数。

股东大会审议影响中小投资者利益的重大事项时，对中小投资者的表决应当单独计票。单独计票结果应当及时公开披露。

（四）其他说明

绝对控制线既适用于有限责任公司的股东会，也适用于股份有限公司的股东会，股东会要求的是出席会议的2/3以上表决权通过，而有限责任公司必须经代表2/3以上表决权的股东通过。尤其对于上市公司而言，由于中小股东众多，很多中小股东会缺席股东会，因此即使持股比例低于67%，在很多中小股东缺席股东会的情形下，也有可能占出席股东会的表决权比例的 2/3 以上，进而起到绝对控制的效果。

对于股份公司，由于按照"出席会议"的表决权来统计，因此在股东不是全部出席会议的前提下，表决权比例低于 67% 也有可能构成绝对控制权。举例如下，假定在某特别决议的股东会过程中，出席会议的股东所持表决权占比累计为 60%，某股东表决权占比为 41%，41% 除以 60% 大于 2/3，在没有特殊限制的情况下，只要这个股东投票通过，该决议便可以通过。

综上所述，绝对控制线是股东对公司实现全面控制的重要界限，但具体控制权的行使还受到公司章程、法律法规等多种因素的制约。在实际操作中，股东应充分了解并遵循相关法律法规和公司章程的规定。

二、相对控制线——51%

（一）基本含义

相对控制线通常指的是股东所持有的股份比例达到或超过公司总股份的 1/2（通常表现为 51% 或更多），从而拥有对公司日常事务的相对决策权。

对于公司日常事项的普通决议，如选举董事、聘请审计机构等，仅需过半数表决权通过即可，51% 并不是《公司法》术语，过半数在日常企业注册中大家一般用 51% 表示，所以 51% 一般被称为"相对控制线"。

拥有 51% 的表决权比例，公司的一般经营事务，便可以决定，这些权利通常包括但不限于以下情况。

（1）选举和更换非由职工代表担任的董事、监事，决定有关董事、监事的报酬事项；

（2）审议批准董事会的报告；

（3）审议批准监事会的报告；

（4）审议批准公司的利润分配方案和弥补亏损方案；

（5）对发行公司债券作出决议；

（6）其他需要普通决议的相关事项。

（二）法律依据

1. 相对控制线

《公司法》第六十六条：股东会的议事方式和表决程序，除本法有规定的外，由公司章程规定。股东会作出决议，应当经代表过半数表决权的股东通过。

《公司法》第一百一十六条：股东出席股东会会议，所持每一股份有一表决权，类别股股东除外。公司持有的本公司股份没有表决权。股东会作出决议，应当经出席会议的股东所持表决权过半数通过。

2. 对内担保权

《公司法》第十五条：公司为公司股东或者实际控制人提供担保的，应当经股东会决议。前款规定的股东或者受前款规定的实际控制人支配的股东，不得参加前款规定事项的表决。该项表决由出席会议的其他股东所持表决权的过半数通过。

3. 成立大会决议权

《公司法》第一百零三条：募集设立股份有限公司的发起人应当自公司设立时应发行股份的股款缴足之日起三十日内召开公司成立大会。发起人应当在成立大会召开十五日前将会议日期通知各认股人或者予以公告。成立大会应当有持有表决权过半数的认股人出席，方可举行。以发起设立方式设立股份有限公司成立大会的召开和表决程序由公司章程或者发起人协议规定。

《公司法》第一百零四条规定，公司成立大会行使下列职权：

（1）审议发起人关于公司筹办情况的报告；

（2）通过公司章程；

（3）选举董事、监事；

（4）对公司的设立费用进行审核；

（5）对发起人非货币财产出资的作价进行审核；

（6）发生不可抗力或者经营条件发生重大变化直接影响公司设立的，可以作出不设立公司的决议。

成立大会对前款所列事项作出决议，应当经出席会议的认股人所持表决权过半数通过。

（三）使用限制

绝对控制线部分，关于同股不同权的限制、公司持有自己的股份没有表决权、上市公司关联关系回避表决的限制，此三类限制此处同样适用。但是关于类别股的限制，此处不适用。

（四）其他说明

务必理解"过半数"与"半数以上"的区别，"过半数"不包含50%，而"半数以上"则包含50%。在公司章程中避免出现"半数以上""二分之一以上"的约定，否则可能会造成股东会无法通过的现象、导致股东会僵局。

综上所述，相对控制线是股东对公司实现一定程度控制的重要标准。然而，这种控制权的行使需要在法律和公司章程的框架内进行，并需要平衡各方利益以确保公司的持续健康发展。

三、一票否决权——34%

（一）基本含义

一票否决权也被称为否决性控股，是指股东持有一定比例的股份后，对于公司的某些重大决策拥有否决的权利，这种控股方式使得该股东在关键决策上具有极大的影响力。

当股东持有的表决权比例超过1/3时，在股东会的特殊决议中，只要该股东否决，股东会的特殊决议便不能通过，表决权比例超过1/3具有一票否决权，也称之为否决性控股。超过1/3，一般都用34%来表示；在实际的案例中，很多股东为了要求具有一票否决权，通常希望将自己的持股比例锁定在34%以上。

（二）法律依据

一票否决权是根据2/3的绝对控制线延伸而来的。

其原理基于《公司法》的相关规定，特别是关于重大决策如修改公司章程、增减注册资本、公司合并、分立等需要2/3以上表决权通过的规定。持有超过1/3股权的股东，可以在这些重大决策上行使一票否决权，因为其他股东的股权加起来也无法达到2/3，从而无法通过这些重大决策。

（三）使用限制

绝对控制线部分，关于同股不同权的限制、公司持有自己的股份没有表决权、上市公司关联关系回避表决的限制，此三类限制此处同样适用。但是关于类别股的限制，此处不适用。

（四）其他说明

一票否决仅存在于特殊决议中，对于普通决议仅需过半数通过的事宜，不具有一票否决权。34%是通常的表述，实际只要超过1/3的比例即可。

此外，对于股份有限公司，用的是"出席会议"的概念，因此在股东不是全部出席会议的前提下，持股比例低于34%也有可能构成一票否决权。举例如下，假定在某特别决议的股东会过程中，出席会议的股东所持表决权占比累计为60%，某股东表决权占比为21%，21%除以60%大于1/3，因此只要这个股东投反对票，该决议便无法通过。

否决性控股对公司治理有着深远的影响。它可以作为一种保护机制，防止其他股东或管理层作出损害公司或该股东利益的决策。然而，如果滥用一票否决权，也可能导致公司决策僵局，影响公司的运营效率和业务发展。

综上所述，否决性控股是一种强大的控股方式，可以保护股东在关键决策中的利益。然而，其使用需要谨慎并遵守相关法律法规和公司章程的规定。

四、要约收购线 / 上市公司控制权——30%

（一）基本含义

要约收购线通常指的是在上市公司中，当一个投资者或收购方通过证券交易所的交易持有该公司的股份达到一定比例时，若其有意继续增持股份，则必须依法向该公司的所有股东发出收购要约的界限。

这个比例在中国通常是 30%，因此 30% 一般被称为要约收购线，仅针对上市公司。

（二）法律依据

1. 要约收购线

《中华人民共和国证券法》（以下简称《证券法》）第六十五条：通过证券交易所的证券交易，投资者持有或者通过协议、其他安排与他人共同持有一个上市公司已发行的有表决权股份达到 30% 时，继续进行收购的，应当依法向该上市公司所有股东发出收购上市公司全部或者部分股份的要约。收购上市公司部分股份的要约应当约定，被收购公司股东承诺出售的股份数额超过预定收购的股份数额的，收购人按比例进行收购。

《上市公司收购管理办法》第二十四条：通过证券交易所的证券交易，收购人持有一个上市公司的股份达到该公司已发行股份的 30% 时，继续增持股份的，应当采取要约方式进行，发出全面要约或者部分要约。

2. 上市公司控制权认定线

《上市公司收购管理办法》第八十四条：有下列情形之一的，为拥有上市公司控制权：

（1）投资者为上市公司持股 50% 以上的控股股东；

（2）投资者可以实际支配上市公司股份表决权超过 30%；

（3）投资者通过实际支配上市公司股份表决权能够决定公司董事会半数以上成员选任；

（4）投资者依其可实际支配的上市公司股份表决权足以对公司股东大会的决议产生重大影响；

（5）中国证监会认定的其他情形。

因此当投资者可以实际支配上市公司股份的表决权超过 30% 时，认定为拥有上市公司控制权，30% 也是上市公司控制权的认定线。

（三）其他说明

要约收购线以及上市公司控制权认定线仅针对上市公司，有限公司和非上市股份公司不适用；非上市公众公司虽然也存在要约收购，但没有关于 30% 比例的约定。

五、详式权益变动公告线——20%

（一）基本含义

详式权益变动公告线主要涉及上市公司股权结构发生重大变化时的信息披露要求。详式权益变动报告书是指上市公司在股权结构发生重大变化时，向投资者和监管机构提交的一种详细报告。这种报告主要用于披露公司重大的股权变动、增减资、重大合同、融资等情况。当投资者及其一致行动人拥有权益的股份达到或超过上市公司已发行股份的一定比例时，需要编制并公布此类报告。

一般情况下，上市公司投资者及其一致行动人拥有权益的股份达到或者超过一个上市公司已发行股份的 20% 但未超过 30% 的，应当编制详式权益变动报告书。

（二）法律依据

《上市公司收购管理办法》第十七条：投资者及其一致行动人拥有权益的股份达到或者超过一个上市公司已发行股份的 20% 但未超过 30% 的，应当编制详式权益变动报告书。

（三）其他说明

详式权益变动公告线仅针对上市公司，有限责任公司和非上市股份有限公司不适用。

六、临时会议提议权／解散公司请求权——10%

（一）基本含义

关于 10% 的比例线，最重要的就是提起临时股东会议提议权，以及公司发生严重困难时解散公司的权利。

此外特殊情况下股东会召集和主持权、收购非上市公众公司首次权益变动公告线也均为 10%。

（二）法律依据

1. 临时会议提议权

《公司法》第六十二条：股东会会议分为定期会议和临时会议。定期会议应当按照公司章程的规定按时召开。代表十分之一以上表决权的股东、三分之一以上的董事或者监事会提议召开临时会议的，应当召开临时会议。

《公司法》第一百一十三条：股东会应当每年召开一次年会。有下列情形之一的，应当在两个月内召开临时股东会会议：（1）董事人数不足本法规定人数或者公司章程所定人数的三分之二时；（2）公司未弥补的亏损达股本总额三分之一时；（3）单独或者合计持有公司百分之十以上股份的股东请求时；（4）董事会认为必要时；（5）监事会提议召开时；（6）公司章程规定的其他情形。

2. 解散公司请求权

《公司法》第二百三十一条：公司经营管理发生严重困难，继续存续会使股东利益受到重大损失，通过其他途径不能解决的，持有公司百分之十以上表决权的股东，可以请求人民法院解散公司。

3. 特殊情况下股东会召集和主持权

《公司法》第六十三条：股东会会议由董事会召集，董事长主持；董事长不能履行职务或者不履行职务的，由副董事长主持；副董事长不能履行职务或者不履行职务的，由过半数的董事共同推举一名董事主持。董事会不能履行或者不履行召集股东会会议职责的，由监事会召集和主持；监事会不召集和主持的，代表十分之一以上表决权的股东可以自行召集和主持。

《公司法》第一百一十四条：股东会会议由董事会召集，董事长主持；董事长不能履行职务或者不履行职务的，由副董事长主持；副董事长不能履行职务或者不履行职务的，由过半数的董事共同推举一名董事主持。董事会不能履行或者不履行召集股东会会议职责的，监事会应当及时召集和主持；监事会不召集和主持的，连续九十日以上单独或者合计持有公司百分之十以上股份的股东可以自行召集和主持。

七、重大股权变动公告线/内幕信息知情人认定线——5%

（一）基本含义

《证券法》及多处规定中提到，股权变动达 5% 时，需要公告。5% 也经常被称为上市公司举牌线，此外 5% 也是经常遇到的一个比例线，关于 5% 的规定也比较多，下面进行简单总结。

（二）法律依据

1. 持有股份变动报告线 / 举牌线

《证券法》第六十三条：通过证券交易所的证券交易，投资者持有或者通过协议、其他安排与他人共同持有一个上市公司已发行的有表决权股份达到百分之五时，应当在该事实发生之日起三日内，向国务院证券监督管理机构、证券交易所作出书面报告，通知该上市公司，并予公告，在上述期限内不得再行买卖该上市公司的股票，但国务院证券监督管理机构规定的情形除外。投资者持有或者通过协议、其他安排与他人共同持有一个上市公司已发行的有表决权股份达到百分之五后，其所持该上市公司已发行的有表决权股份比例每增加或者减少百分之五，应当依照前款规定进行报告和公告，在该事实发生之日起至公告后三日内，不得再行买卖该上市公司的股票，但国务院证券监督管理机构规定的情形除外。

《上市公司收购管理办法》中也有关于 5% 的类似规定，不再一一列示。

2. 特殊股票买卖限制线

《证券法》第四十四条：上市公司、股票在国务院批准的其他全国性证券交易场所交易的公司持有百分之五以上股份的股东、董事、监事、高级管理人员，将其持有的该公司的股票或者其他具有股权性质的证券在买入后六个月内卖出，或者在卖出后六个月内又买入，由此所得收益归该公司所有，公司董事会应当收回其所得收益。但是，证券公司因购入包销售后剩余股票而持有百分之五以上股份，以及有国务院证券监督管理机构规定的其他情形的除外。

3. 重大事件报告线

《证券法》第八十条：发生可能对上市公司、股票在国务院批准的其他全国性证券交易场所交易的公司的股票交易价格产生较大影响的重大事件，投资者尚未得知时，公司应当立即将有关该重大事件的情况向国务院证券监督管理机构和证券交易场所报送临时报告，并予公告，说明事件的起因、目前的状态和可能产生的法律后果。

前款所称重大事件，其中一条为：持有公司百分之五以上股份的股东或者实际控制人持有股份或者控制公司的情况发生较大变化，公司的实际控制人及其控制的其他企业从事与公司相同或者相似业务的情况发生较大变化。

4. 内幕信息知情人

《证券法》第五十一条：证券交易内幕信息的知情人包括：

（1）发行人及其董事、监事、高级管理人员；

（2）持有公司百分之五以上股份的股东及其董事、监事、高级管理人员，公司的实际控制人及其董事、监事、高级管理人员；

（3）发行人控股或者实际控制的公司及其董事、监事、高级管理人员；

（4）由于所任公司职务或者因与公司业务往来可以获取公司有关内幕信息的人员；

（5）上市公司收购人或者重大资产交易方及其控股股东、实际控制人、董事、监事和高级管理人员；

（6）因职务、工作可以获取内幕信息的证券交易场所、证券公司、证券登记结算机构、证券服务机构的有关人员；

（7）因职责、工作可以获取内幕信息的证券监督管理机构工作人员；

（8）因法定职责对证券的发行、交易或者对上市公司及其收购、重大资产交易进行管理可以获取内幕信息的有关主管部门、监管机构的工作人员；

（9）国务院证券监督管理机构规定的可以获取内幕信息的其他人员。

5. 编制权益变动公告最低比例线

《上市公司收购管理办法》第十三条：通过证券交易所的证券交易，投资者及其一致行动人拥有权益的股份达到一个上市公司已发行股份的5%时，应当在该事实发生之日起3日内编制权益变动报告书，向中国证监会、证券交易所提交书面报告，通知该上市公司，并予公告；在上述期限内，不得再行买卖该上市公司的股票，但中国证监会规定的情形除外。

前述投资者及其一致行动人拥有权益的股份达到一个上市公司已发行股份的5%后，通过证券交易所的证券交易，其拥有权益的股份占该上市公司已发行股份的比例每增加或者减少5%，应当依照前款规定进行报告和公告。在该事实发生之日起至公告后3日内，不得再行买卖该上市公司的股票，但中国证监会规定的情形除外。

6. 最低要约预定收购比例线

《上市公司收购管理办法》第二十五条：收购人依照本办法第二十三条、第二十四条、第四十七条、第五十六条的规定，以要约方式收购一个上市公司股份的，其预定收购的股份比例均不得低于该上市公司已发行股份的5%。

八、会计账簿、会计凭证查阅权——3%

（一）基本含义

持有一定股份比例的股东可以要求查询公司的会计账簿和会计凭证。

（二）法律依据

《公司法》第一百一十条：连续一百八十日以上单独或者合计持有公司百分

之三以上股份的股东要求查阅公司的会计账簿、会计凭证的，适用本法第五十七条第二款、第三款、第四款的规定。公司章程对持股比例有较低规定的，从其规定。

《公司法》第五十七条第二款：股东可以要求查阅公司会计账簿、会计凭证。股东要求查阅公司会计账簿、会计凭证的，应当向公司提出书面请求，说明目的。公司有合理根据认为股东查阅会计账簿、会计凭证有不正当目的，可能损害公司合法利益的，可以拒绝提供查阅，并应当自股东提出书面请求之日起十五日内书面答复股东并说明理由。公司拒绝提供查阅的，股东可以向人民法院提起诉讼。

第三款：股东查阅前款规定的材料，可以委托会计师事务所、律师事务所等中介机构进行。

第四款：股东及其委托的会计师事务所、律师事务所等中介机构查阅、复制有关材料，应当遵守有关保护国家秘密、商业秘密、个人隐私、个人信息等法律、行政法规的规定。

（三）其他说明

以上比例是针对股份有限公司的限制，有限责任公司股东不需要持股比例达到一定数量便可以具有会计账簿、会计凭证的查阅权。

九、临时提案权、代位诉讼权——1%

（一）临时提案权

1.基本含义

单独或者合计持有公司 1% 以上股份的股东，可以在股东会召开 10 日前提出临时提案并书面提交召集人。

2.法律依据

《公司法》第一百一十五条：召开股东会会议，应当将会议召开的时间、地点和审议的事项于会议召开二十日前通知各股东；临时股东会会议应当于会议召开十五日前通知各股东。

单独或者合计持有公司百分之一以上股份的股东，可以在股东会会议召开十日前提出临时提案并书面提交董事会。临时提案应当有明确议题和具体决议事项。董事会应当在收到提案后二日内通知其他股东，并将该临时提案提交股东会审议；但临时提案违反法律、行政法规或者公司章程的规定，或者不属于股东会职权范围的除外。公司不得提高提出临时提案股东的持股比例。

3. 其他说明

本条仅适用于股份有限公司，有限责任公司不适用。

（二）代位诉讼权——1%

1. 基本含义

股东代位诉讼权也称间接诉讼权，是指当公司的合法权益受到不法侵害而公司却怠于起诉时，为了保护公司的整体利益，公司的股东以自己的名义代表公司提起诉讼的权利。

2. 法律依据

《公司法》第一百八十八条：董事、监事、高级管理人员执行职务违反法律、行政法规或者公司章程的规定，给公司造成损失的，应当承担赔偿责任。

《公司法》第一百八十九条：董事、高级管理人员有前条规定的情形的，有限责任公司的股东、股份有限公司连续一百八十日以上单独或者合计持有公司百分之一以上股份的股东，可以书面请求监事会向人民法院提起诉讼；监事有前条规定的情形的，前述股东可以书面请求董事会向人民法院提起诉讼。

监事会或者董事会收到前款规定的股东书面请求后拒绝提起诉讼，或者自收到请求之日起三十日内未提起诉讼，或者情况紧急、不立即提起诉讼将会使公司利益受到难以弥补的损害的，前款规定的股东有权为公司利益以自己的名义直接向人民法院提起诉讼。

他人侵犯公司合法权益，给公司造成损失的，本条第一款规定的股东可以依照前两款的规定向人民法院提起诉讼。

公司全资子公司的董事、监事、高级管理人员有前条规定情形，或者他人侵犯公司全资子公司合法权益造成损失的，有限责任公司的股东、股份有限公司连续一百八十日以上单独或者合计持有公司百分之一以上股份的股东，可以依照前三款规定书面请求全资子公司的监事会、董事会向人民法院提起诉讼或者以自己的名义直接向人民法院提起诉讼。

（三）其他说明

本条适用于股份有限公司的股东，同时还必须满足连续持股 180 日这一条件。有限责任公司没有持股时间和持股比例的限制。

十、九条生命线之总结

结合《公司法》《证券法》及其他相关法律法规，总结股权变动的相关比例线情况如表 2-4 所示。

表 2-4 股权控制九条线的总结

序号	比例	含义	依据	适用主体
1	67%	绝对控制线	《公司法》第六十六条	有限责任公司
			《公司法》第一百一十六条	股份有限公司
			《公司法》第一百三十五条	上市公司
2	51%	相对控制线	《公司法》第六十六条	有限责任公司
			《公司法》第一百一十六条	股份有限公司
		对内担保权	《公司法》第十五条	有限责任公司、股份有限公司
		成立大会决议权	《公司法》第一百零四条	股份有限公司
3	34%	一票否决权	《公司法》第六十六条	有限责任公司
4	30%	要约收购线	《证券法》第六十五条；《上市公司收购管理办法》第二十四条	上市公司
		上市公司控制权	《上市公司收购管理办法》第八十四条	上市公司
5	20%	详式权益变动公告线	《上市公司收购管理办法》第十七条	上市公司
		重大同业竞争警示线	无法律依据	现实意义不大
6	10%	临时会议提议权	《公司法》第六十二条	有限责任公司
			《公司法》第一百一十三条	股份有限公司
		解散公司请求权	《公司法》第二百三十一条；	有限责任公司、股份有限公司
		股东会召集和主持权	《公司法》第六十三条	有限责任公司
			《公司法》第一百一十四条	股份有限公司
7	5%	持有股份变动报告线 / 举牌线	《证券法》第六十三条；	上市公司
		特殊股票买卖限制线	《证券法》第四十四条	上市公司
		重大事件报告线	《证券法》第八十条	上市公司
		内幕信息知情人	《证券法》第五十一条	上市公司
		编制权益变动公告最低比例线	《上市公司收购管理办法》第十三条	上市公司
		最低要约预定收购比例线	《上市公司收购管理办法》第二十五条	上市公司
8	3%	会计账簿、会计凭证查阅权	《公司法》第一百一十条	股份有限公司，有限责任公司无须 3%
9	1%	临时提案权	《公司法》第一百一十五条	股份有限公司
		代位诉讼权	《公司法》第一百八十九条	股份有限公司，有限责任公司无须 1%

对于大多数中小企业来说，把握住 67%、51%、34% 这三条股权控制线，就能够有效地掌握公司控制权，这也是最重要的三条"生命线"。我们研究的股权控制线，主要是从表决权比例角度进行研究的，企业家特别是创始人，更应关注表决权比例；持股比例可以稀释，只要表决权控制得好，一样可以很好地掌控企业。

第五节　股权控制的八大工具

股权控制最重要的是控制表决权，控制住表决权才能掌控企业，否则将会失去对公司的控制权；股权比例在很多时候并不等于表决权比例，因此企业创始人更应重视对表决权的控制。

本节将重点讲述常用的股权控制工具，这些控制工具也主要是从控制表决权的角度进行研究的。常用的股权控制工具有以下八种：（1）公司章程；（2）投票权委托；（3）一致行动人；（4）持股平台；（5）AB 股模式；（6）特别表决权股份；（7）婚姻关系；（8）股权代持。掌握这些常用的股权控制工具，有助于企业家在实际的公司管理中，有效地掌控公司，避免股权稀释带来的控制权风险。股权控制的八大工具途径如图 2-8 所示。

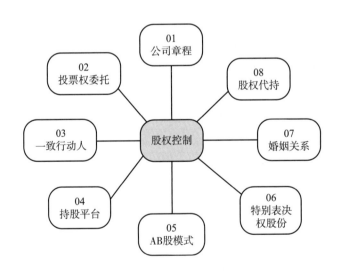

图 2-8　股权控制的八大工具

如无特别说明，在本节后续举例当中涉及的股东，字母 A、B、C、D、E……一律代表自然人股东，如果涉及法人股东，则予以单独注明。

一、公司章程

（一）法律基础

同股不同权是一种股权结构，主要特点是在同一家公司中，不同的股东持有相同的股份，但在公司治理方面却拥有不同的投票权、表决权等权利。

根据《公司法》第六十五条，股东会会议由股东按照出资比例行使表决权；但是，公司章程另有规定的除外。此条是针对有限责任公司的规定，言外之意，有限责任公司可以通过公司章程约定，不按持股比例进行表决，因此表决权比例和持股比例可以不一致。也就是说，有限责任公司章程可以直接约定同股不同权；对于股份有限公司，2023年修订后的《公司法》，第一次出现了类别股的概念，股份有限公司可以通过发行类别股的方式来改变表决权，与有限责任公司在此处的规定是不同的、方式也不一样，类别股将在本节后续展开研究。

（二）案例解析

1. 主体公司是有限责任公司

假定A是××有限责任公司的创始人，目前公司共有四位股东，持股比例分别为：A持股45%、B持股25%、C持股20%、D持股10%。公司股东的持股比例如图2-9所示。

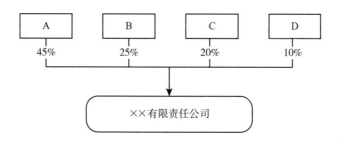

图2-9　××有限责任公司股权结构

假定创始人A为保障自己的控制权，通过有限责任公司章程约定A的表决权比例固定为60%，其他股东按持股比例分配剩余的表决权，则有限责任公司章程修改后的表决权比例构成情况如图2-10所示。

2. 主体公司是股份有限公司

假定该有限责任公司拟上市，需要改制为股份有限公司，因为股份有限公司无法直接通过公司章程做表决权的特殊约定，若创始人A还想通过此种方式保持控制权，只需要在该主体公司上面设置一个有限责任公司性质的持股平台即可（下文再详细介绍持股平台的用法），则调整后的持股比例如图 2–11 所示。

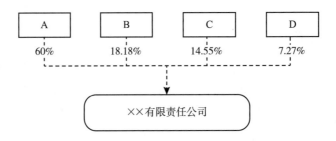

图 2–10　×× 有限责任公司表决权比例结构

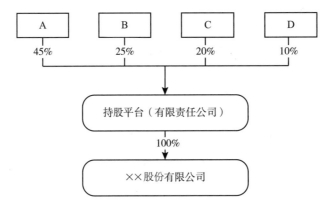

图 2–11　包含有限责任公司持股平台的 ×× 股份有限公司股权结构

对应的表决权比例结构如图 2–12 所示。

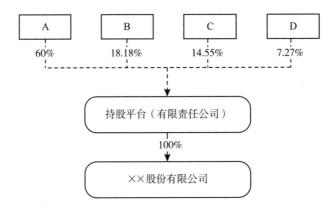

图 2–12　包含有限责任公司持股平台的 ×× 股份有限公司表决权比例结构

　合伙人制度（一）：股权顶层设计的艺术

3. 可以实现绝对控制权

假定该创始人 A 为保障自己的控制权，通过有限责任公司章程约定 A 的表决权比例固定为 67%，其他股东按持股比例分配剩余的表决权，则创始人 A 实际上以45% 的持股比例，拥有了对于公司的绝对控制权（表决比例超过了 2/3）。

（三）解析拓展

1. 同股不同权的益处

（1）帮助创始人保持控制权。

通过同股不同权，公司的创始人或管理层可以在公司上市后依然保持对公司的控制权，从而确保公司能够按照其既定的发展战略和经营理念继续运营。

（2）增强公司的稳定性。

同股不同权减少了因为股权变动而产生的风险，有助于公司长期发展。这种结构可以防止恶意收购或敌意接管，保护公司的利益。

（3）促进公司上市。

在实际操作中，许多公司创始人不愿意在上市后失去对公司的控制权。同股不同权为他们提供了一个解决方案，使他们能够在上市后依然保持对公司的掌控。

2. 同股不同权的争议

同股不同权会让不同的股东拥有不同的权益，从而降低了一些股东的权益，存在一定的公平性问题。这也是该制度备受争议的一个方面。

总的来说，同股不同权是一种复杂的股权结构，旨在满足公司在不同发展阶段的需求。然而，它也存在一些争议和挑战，需要在实际应用中加以权衡和考虑。

二、持股平台

（一）理论介绍

持股平台，是指自然人并不是直接持股主体公司，而是通过一个平台来间接持有主体公司的股权，这个用于间接持股的平台就是持股平台。常见的持股平台模式有有限合伙、公司制（有限责任公司或股份有限公司）、私募基金、信托计划、资管计划等。

私募基金、信托计划或者资管计划的持股模式，在上市时存在诸多麻烦和争议，基于目前的上市政策还存在一些障碍，一般不建议采用，因此本书不做介绍。本书仅介绍有限合伙企业、有限责任公司和股份有限公司三种模式，几种持股平台的比较如表 2-5 所示。

表 2-5　　　　　　　　　　　　不同持股平台的比较

比较内容	有限合伙企业	有限责任公司	股份有限公司
法律依据	《合伙企业法》	《公司法》	《公司法》
基础文件	合伙协议	公司章程	公司章程
人数限制	2~50 人	1~50 人	1~200 人
税收情况	只缴纳个人所得税	企业所得税、个人所得税	企业所得税、个人所得税
日常管理	执行事务合伙人	董事会	董事会

而在实际案例中比较常见的模式有两种，一是有限合伙企业；二是有限责任公司。

（二）持股平台的优势

持股平台除了可以实现股权控制的目的之外，还有很多优势，一举可以多得。持股平台的主要优势如下。

1. 增加股东人数

有限责任公司股东人数最多 50 人，上面再增加一个有限责任公司或有限合伙企业的持股平台，人数可以增加至 99 人；股份有限公司股东最多 200 人，上面再增加一个有限责任公司或有限合伙企业的持股平台，人数可以增加至 249 人，如果增加一个股份有限公司，股东人数最多可以达 399 人。

2. 转移、降低税收

很多公司在搭建持股平台的时候，往往将平台公司注册在有税收优惠的地方，比较常见的地方包括西藏、新疆等省区的部分地区。计划境外上市的公司，还可以考虑将平台公司注册在境外，如开曼群岛等。

3. 便于以后的融资

以持股平台来持有主体公司对股权比自然人直接持股，更有利于以后的融资，尤其是主体公司实现上市之后。

（1）公司股东拟进行股权质押融资时，持股平台持股比自然人直接持股，更有利于获得金融机构的融资，很多银行等机构对自然人质押融资是限制的。

（2）可交换公司债券是指上市公司股份的持有者通过抵押其持有的股票给托管机构进而发行的公司债券。该债券的持有人在将来的某个时期内，能按照债券发行时约定的条件用持有的债券换取发债人抵押的上市公司股权。这种债券业务的发行主体也只能是持股平台，而且公司法人才可以发行，自然人是无法发行的。

4. 保持主体公司股权的稳定性

在主体公司股东人数较多的情况下，将部分股东放置到持股平台中，未来股权发生变动时，只是持股平台股东发生变化，主体公司股东不受影响，可以减少主体公司股东变动的频率，有利于保持主体公司股权的稳定性。

（三）案例解析

假定 ×× 股份有限公司目前有四位股东，A 是创始人，持股比例分别为：A 持股 45%、B 持股 25%、C 持股 20%、D 持股 10%。公司持股比例如图 2-13 所示。

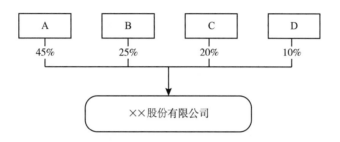

图 2-13　×× 股份有限公司股权结构

1. A 和 B 成立一个持股平台

假定 A 和 B 组成一个有限合伙企业的持股平台，A 做有限合伙企业的普通合伙人（GP）、执行事务合伙人；B 做有限合伙企业的有限合伙人（LP）。

方案一：A 用全部股份和 B 组成一个有限合伙，则加入持股平台后股权结构如图 2-14 所示。

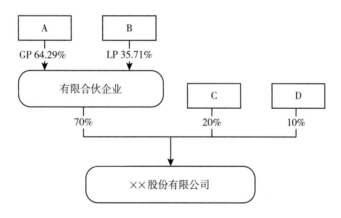

图 2-14　包含有限合伙平台的 ×× 股份有限公司股权结构 1

方案二：假定 A 用 15% 的股份和 B 组成一个有限合伙企业，则加入持股平台后的股权结构如图 2-15 所示。

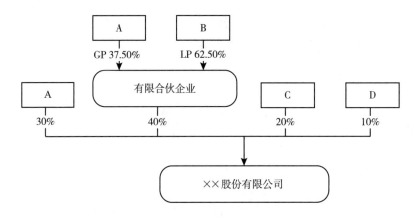

图 2-15　包含有限合伙平台的 ×× 股份有限公司股权结构 2

由于在有限合伙企业中，股东 A 作为执行事务合伙人，A 代表有限合伙企业，所以以上两种方案，虽然股东 A 的持股比例不变，直接加间接持股仍为 45%，但是 A 能够掌控的表决权比例都是 70%。

2. A、B 和 C 成立一个持股平台

同理，如果 A、B 和 C 组成一个有限合伙企业的持股平台，A 做 GP，在 A 持股比例不变的情况下，A 能够掌控的表决权比例将达 90%。

3. A 和 B 组成公司制的持股平台该如何处理

假定 A 和 B 组成一个有限责任公司或股份有限公司作为持股平台，由于在没有特殊约定的情况下，平台公司按照持股比例进行表决，如果创始人在持股平台中也要保证话语权的话，需要通过其他手段来增加表决权比例，例如，有限责任公司修改章程、投票权委托或签订一致行动人协议等，本章后续介绍的其他股权控制的手段，同样可以应用到持股平台中。

三、一致行动人

（一）理论介绍

1. 一致行动人的含义

一致行动人是指投资者通过协议、其他安排，与其他投资者共同扩大其所能支配的一个上市公司股份表决权数量的行为或者事实的人。这一概念可以从狭义和广义两个角度进行理解。

（1）狭义定义。

主要指在上市公司收购过程中，联合起来收购一个目标公司股份并就收购事项达成协议的两个或两个以上的人，即联合收购人。

（2）广义定义。

不仅包括联合收购人，还包括在证券交易和股东投票权行使过程中采取共同行动的人。

2.一致行动人的特点

（1）共同目标。

一致行动人都追求相同的目标或利益，这是他们组织起来并协同行动的基础。

（2）合作协调。

通过密切的合作与协调，共同制订行动计划，并分工合作，确保各个方面的工作互相配合，以实现目标。

（3）信任与合作。

相互之间的信任是必不可少的，他们应相信彼此的承诺和行动，通过合作解决可能出现的问题。

（4）集体行动力。

一旦形成集体行动力，通常能够在较短时间内集结资源和力量，快速采取行动，以实现共同的目标。

（二）相关法律法规

1.法律基础

《上市公司收购管理办法》第八十三条：本办法所称一致行动，是指投资者通过协议、其他安排，与其他投资者共同扩大其所能够支配的一个上市公司股份表决权数量的行为或者事实。

在上市公司的收购及相关股份权益变动活动中有一致行动情形的投资者，互为一致行动人。如无相反证据，投资者有下列情形之一的，为一致行动人。

（1）投资者之间有股权控制关系；

（2）投资者受同一主体控制；

（3）投资者的董事、监事或者高级管理人员中的主要成员，同时在另一个投资者担任董事、监事或者高级管理人员；

（4）投资者参股另一投资者，可以对参股公司的重大决策产生重大影响；

（5）银行以外的其他法人、其他组织和自然人为投资者取得相关股份提供融资安排；

（6）投资者之间存在合伙、合作、联营等其他经济利益关系；

（7）持有投资者 30% 以上股份的自然人，与投资者持有同一上市公司股份；

（8）在投资者任职的董事、监事及高级管理人员，与投资者持有同一上市公司股份；

（9）持有投资者 30% 以上股份的自然人和在投资者任职的董事、监事及高级管理人员，其父母、配偶、子女及其配偶、配偶的父母、兄弟姐妹及其配偶、配偶的兄弟姐妹及其配偶等亲属，与投资者持有同一上市公司股份；

（10）在上市公司任职的董事、监事、高级管理人员及其前项所述亲属同时持有本公司股份的，或者与其自己或者其前项所述亲属直接或者间接控制的企业同时持有本公司股份；

（11）上市公司董事、监事、高级管理人员和员工及其所控制或者委托的法人或其他组织持有本公司股份；

（12）投资者之间具有其他关联关系。

一致行动人应当合并计算其所持有的股份。投资者计算其所持有的股份，应当包括登记在其名下的股份，也包括登记在其一致行动人名下的股份。投资者认为其与他人不应被视为一致行动人的，可以向中国证监会提供相反证据。

2. 理论解读

很显然一致行动人可以通过签订一致行动人协议或其他安排实现表决权的合并，进而增大自己在某一公司的话语权。自然人之间中最常用的方式便是签订一致行动人协议，法人之间可以通过控股、协议等多种方式实现一致行动。

（三）案例解析

假定 A、B、C 是 ×× 股份有限公司的创始人，目前公司共有四位股东，持股比例分别为：A 持股 45%、B 持股 25%、C 持股 20%、D 持股 10%。

假定股东 A、B、C 为巩固各方在公司中的控制地位，避免公司引进外部股东后对原有表决权的稀释，影响公司控制权的稳定，三个股东决定签署一致行动人协议，将保证在公司股东会会议中行使表决权时采取相同的意思表示。一致行动人签署情况如图 2-16 所示。

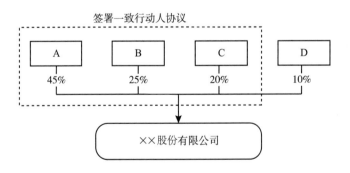

图 2-16　一致行动人协议签署情况

A、B、C 签署一致行动人协议后，在股东会的表决中共同表决、采取相同的意思表示，同时 A、B、C 三人约定，根据 A 的表决结果进行投票，即当 B 和 C 的表决结果与 A 不同时，以 A 的表决结果为准。因此，签署了一致行动人协议后，如果 A 投了赞成票，B 和 C 投了反对票，也是按 A 赞成票进行表决，A、B、C 三个人可以视同是一个人在行使表决权。因此，即使在外部股东增资之后，A、B、C 三个人依然能够保持较高的表决权比例。在股东 A、B、C 签署一致行动人协议后，该公司的表决权比例构成情况如图 2-17 所示。

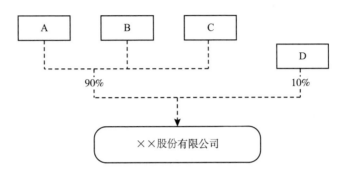

图 2-17　一致行动人协议签署后表决权比例构成

案例 2-5

万达信息三股东看好公司前景签署一致行动人协议

2018 年 5 月 10 日，万达信息股份有限公司（以下简称"公司"）接到自然人股东陈洁先生、陈耀远女士、王淑玉女士出具的《告知书》及《简式权益变动报告书》。2018 年 5 月 8 日，陈洁先生、陈耀远女士、王淑玉女士签订了《一致行动人协议》，约定自《一致行动人协议》签署日起成为公司一致行动人。本次权益变动前，陈洁先生持有公司股份 14 729 643 股，占公司股份总数的 1.43%；陈耀远女士持有公司股份 37 535 690 股，占公司股份总数的 3.64%；王淑玉女士持有公司股份 14 047 224 股，占公司股份总数的 1.36%。本次权益变动后，陈洁先生、陈耀远女士、王淑玉女士作为一致行动人合计持有公司股份总数 66 312 557 股，占公司股份总数的 6.43%。

另根据陈洁先生、陈耀远女士、王淑玉女士出具的《简式权益变动报告书》："信息披露义务人本次权益变动的目的是一致看好万达信息未来经营前景，对上市公司价值及未来发展有信心。"

资料来源：东方财富网。

四、投票权委托

（一）理论介绍

1. 投票权委托的概念

投票权委托，也被称为表决权代理（voting proxy），投票权委托是指股东将其在股东会上就公司事项进行投票的权利，通过协议方式委托给其他股东或第三方行使。这种委托关系基于双方的信任和协议，旨在实现特定的公司治理目标或保护委托人的利益。

投票权委托是资本市场上比较常见的一种表决权归集的方式，通过投票权委托，可以实现表决权的归集，提高某一方的表决权比例。

2. 投票权委托的特点

（1）协议性。

投票权委托是基于股东之间的协议进行的，委托人和受托人需要签署委托协议，明确双方的权利和义务。

（2）权利转移。

通过投票权委托，委托人将其投票权转移给受托人，由受托人在股东会上代为行使。

（3）灵活性。

投票权委托可以根据委托人的意愿和需要进行调整，委托人可以随时撤销委托或变更受托人。

3. 投票权委托的作用

（1）控制权调整。

持有小比例股权的股东可以通过投票权委托，在股东大会上获得更多表决权，从而实现对公司的控制或影响。

（2）公司治理。

投票权委托可以作为一种公司治理机制，用于调整股东之间的权力结构，促进公司决策的科学性和合理性。

（3）保护股东权益。

通过投票权委托，股东可以将其投票权委托给信任的第三方，以保护自身权益，避免被其他股东或管理层侵害。

（二）案例解析

假定 A 是××股份有限公司的创始人，目前公司共有四位股东，持股比例分别为：A 持股 45%、B 持股 25%、C 持股 20%、D 持股 10%。假定股东 B 将所持股份的表决权独家、无偿且不可撤销地委托股东 A 行使，股东 A 同意接受该委托，委托股份包括 B 目前持有的全部股份及在约定的委托期间内增加的股份，委托过程如图 2-18 所示。

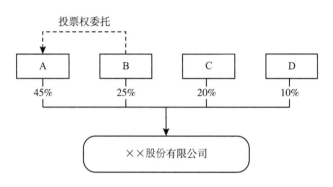

图 2-18　投票权委托情况

股东 B 的投票权委托给 A 后，A 的表决权比例明显提高，对公司也拥有了绝对的掌控权。该公司投票权委托后的表决权比例构成情况如图 2-19 所示。

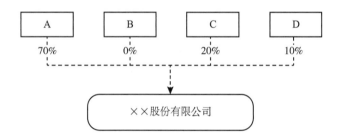

图 2-19　投票权委托后的表决权比例结构

案例 2-6 ▶▶▶▶▶▶▶▶▶▶▶▶▶▶▶▶▶▶▶▶▶▶▶▶▶▶▶▶▶▶▶▶▶

天海防务通过投票权委托变更实际控制人

2018 年 6 月 19 日，天海融合防务装备技术股份有限公司（以下简称"天海防务"）于近日收到公司控股股东刘楠先生的通知，其正筹划公司股权转让事项，该事项可能涉及公司控制权变更，对公司有重大影响。

2018 年 6 月 15 日，刘楠先生与扬中市金融控股集团有限公司（以下简称"扬中金控"）签署了《股份转让意向协议》，根据该意向协议，扬中金控拟通过协议转让方式收购刘楠先生及上海佳船企业发展有限公司持有的天海防务 4 801 万股无限售条件的流通股股份及相关的股东权益，占天海防务总股本的5%；同时，刘楠先生拟将其持有的天海防务1.2301亿股股票的表决权、提案权一次性且不可撤销地委托给扬中金控行使，约占天海防务总股本的12.81%。本次协议转让股份的数量为4 801万股，占公司总股本的5%，拟转让的价格不低于4.81元/股（具体价格以实际商谈结果为准）。本次股份转让完成后，扬中金控将持有公司总计5%的股权及合计17.81%股权表决权及提案权，成为公司的实际控制人。上述交易方案仅为意向方案，且扬中金控还需就本次交易履行相关的行政审批程序，尚存在较大不确定性。

资料来源：东方财富网。

五、AB股模式

（一）理论介绍

AB股模式，即将股票分为A、B两个系列，不同系列具有不同的表决权，B类股一般由管理层持有，而管理层普遍为创始股东及其团队；A类股一般为外部股东持有，此类股东看好公司前景，因此甘愿牺牲一定的表决权来换取入股机会。其中对外部投资者发行的A系列普通股每股有1票投票权，而管理层持有的B系列普通股每股则有N票（通常为10票）投票权。

这种结构有利于成长型企业引进股权融资，同时又能够避免股权过度稀释导致创始团队失去公司控制权的风险，保障此类成长型企业能够稳定发展。AB股模式在资本市场并不鲜见，目前美国纳斯达克交易所允许采用"同股不同权"，是AB股企业上市的首选地；在境内由于法治环境的限制以及境内上市的要求，目前这种模式在境内上市还存在障碍。采取AB股模式的主要是科技类、互联网类公司，很多知名的互联网科技公司均采用AB股模式，包括美国的谷歌、脸谱，中国的百度、阿里、京东和小米等企业均含有AB股结构。

（二）案例解析

假定××公司注册资本1 000万股，A是创始人，持股45%，目前有三位外部股东，B持股25%、C持股20%、D持股10%。公司股权结构如图2-20所示。

假定该公司采用AB股制度，对外部投资者发行的A系列普通股1股有1票投票权，而创始人兼管理层持有的全部为B系列普通股，每股有10票投票权。则股东A的投票权为450万×10、B的投票权为250万、C的投票权为200万、D的投票权为100万。采用AB股制度后，该公司的表决权比例构成情况如图2-21所示。

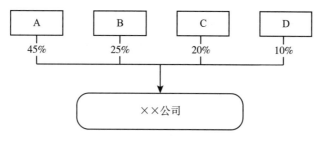

图 2-20　××公司股权结构

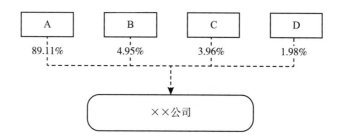

图 2-21　采用 AB 股制度后 ×× 公司表决权比例结构

通过 AB 股制度，公司创始人在持股比例为 45% 的前提下，拥有 89.11% 的表决权比例。在公司的发展过程中，不断地引进外部投资人在所难免，通过该制度可以有效地保障创始人和管理层的表决权和对公司的控制权。

案例 2-7 ▶▶▶▶▶▶▶▶▶▶▶▶▶▶▶▶▶▶▶▶▶▶▶▶▶▶▶▶▶▶▶▶▶▶▶▶▶▶

小米采用"AB 股"结构上市，雷军 1 股可投 10 票

根据《小米集团公开发行存托凭证招股说明书》2018 年小米赴港上市，雷军对公司控制权采取了"同股不同权"的双层股权设计，牢牢掌握了小米的控制权。小米把股票分为 A 类股和 B 类股。A 类股 1 股有 10 票投票权，B 类股 1 股只有 1 票投票权。小米创始人雷军和林斌两人同时拥有 A 类股和 B 类股，而其他人只有 B 类股。

雷军持股比例为：拥有的 A 类股占总股份的 20.51%，拥有 B 类股占总股份的 10.9%，小计持股 31.41%。

雷军拥有的投票权比例为：（20.51×10+10.9）/［（20.51+11.46）×10+68.03］= 55.7%。

林斌持股比例为：拥有的 A 类股占总股份的 11.46%。拥有 B 类股占总股份的

1.87%，小计持股 13.33%。

林斌拥有的投票权比例为：（11.46×10+1.87）/［（20.51+11.46）×10+68.03］=30%。

按开曼公司法和组织章程规定，小米集团的重大事项经 3/4 表决权的股东同意通过，普通事项由半数以上表决权的股东同意通过。

雷军拥有 55.7% 的投票权，可决定普通事项；雷军和林斌共同拥有 85.7% 的投票权，可决定重大事项。

雷军通过绝妙的双层股权设计，掌握了小米的控制权。

资料来源：中国证券监督管理委员会网站。

AB 股模式在境外资本上市采用得比较多。随着国内资本市场的全面注册制，国内资本市场也逐步允许采用双重股权结构的方式实现上市，只是限制了更为严格的前提条件；2024 年 7 月 1 日实施的《公司法》，首次出现了"类别股"的概念，对不同类型的类别股做了全面的规定，其中特殊表决权类别股与 AB 股的原理基本上是一致的；但是类别股仅仅适用于股份有限公司。

六、特别表决权股份

（一）类别股

2024 年 7 月 1 日实施的《公司法》第一次提出了类别股的概念，股份有限公司可以发行优先股和劣后股、特殊表决权股、转让受限股等类别股。

1. 类别股的概念

类别股是与普通股相对的一种股份类别，主要特点在于公司的股权设置中，存在两个以上不同种类、不同权利的股份。这些股份在认购时间、价格、认购者身份以及交易场所等方面存在差异，从而在流通性、价格、权利及义务上有所区别。

设计类别股的原因：

（1）满足多元化的投资需求。

单一的普通股模式无法满足不同投资者的需求，类别股制度能够直接实现股东具体权利的分离，满足股东的差异性偏好。

（2）资本市场深入发展的客观要求。

类别股制度有助于激发中小投资者的投资积极性，活跃市场。

（3）投资者利益平衡的需要。

类别股制度有助于平衡不同股东之间的利益，促进公司治理的完善。

2.类别股的法律规定

根据《公司法》第一百四十四条公司可以按照公司章程的规定发行下列与普通股权利不同的类别股：（1）优先或者劣后分配利润或者剩余财产的股份；（2）每一股的表决权数多于或者少于普通股的股份；（3）转让须经公司同意等转让受限的股份；（4）国务院规定的其他类别股。

公开发行股份的公司不得发行上述第（2）项、第（3）项规定的类别股；公开发行前已发行的除外。

公司发行上述第（2）项规定的类别股的，对于监事或者审计委员会成员的选举和更换，类别股与普通股每一股的表决权数相同。

3.类别股的其他要求

（1）同类型股同权、同类型股同价。

股份的发行，实行公平、公正的原则，同类别的每一股份应当具有同等权利。同次发行的同类别股份，每股的发行条件和价格应当相同；认购人所认购的股份，每股应当支付相同价额。

（2）公司章程的特殊约定。

发行类别股的公司，应当在公司章程中载明以下事项：①类别股分配利润或者剩余财产的顺序；②类别股的表决权数；③类别股的转让限制；④保护中小股东权益的措施；⑤股东会认为需要规定的其他事项。

（3）类别股的特殊决议。

发行类别股的公司，有《公司法》第一百一十六条第三款规定的事项等可能影响类别股股东权利的，除应当依照第一百一十六条第三款的规定经股东会决议外，还应当经出席类别股股东会议的股东所持表决权的三分之二以上通过。

公司章程可以对须经类别股股东会议决议的其他事项作出规定。

（二）特别表决权股份

1.特别表决权股份的概念

《公司法》规定的类别股一共四类，其中对表决权有影响的为第一百四十四条中的第二项，即"每一股的表决权数多于或者少于普通股的股份"，这一类型的类别股称为特别表决权股份。

除上市公司章程规定的表决权差异外，普通股份与特别表决权股份具有的其他股东权利完全相同。

2.相关法律要求

《首次公开发行股票注册管理办法》对存在特别表决权股份的企业申报上市提出更严格的规范和信息披露要求。

符合相关规定、存在特别表决权股份的企业申请首次公开发行股票并上市的，发行人应当在招股说明书等公开发行文件中，披露并特别提示差异化表决安排的主要内容、相关风险和对公司治理的影响，以及依法落实保护投资者合法权益的各项措施。

保荐人和发行人律师应当就公司章程规定的特别表决权股份的持有人资格、特别表决权股份拥有的表决权数量与普通股份拥有的表决权数量的比例安排、持有人所持特别表决权股份能够参与表决的股东大会事项范围、特别表决权股份锁定安排以及转让限制等事项是否符合有关规定发表专业意见。

此外，主板、创业板、科创板和北京证券交易所（以下简称"北交所"）都对存在特别表决权股份的公司上市提高了标准和要求，详见本书第六章。

3. 表决权差异安排在设置上有何要求

表决权差异安排只能在上市前设置。首次公开发行上市前设置表决权差异安排的，应当经出席股东大会的股东所持表决权的 2/3 以上通过。

公司在首次公开发行上市前未设置表决权差异安排的，不得在首次公开发行上市后以任何方式设置此类安排。

4. 表决权数量的设置

上市公司章程应当规定每份特别表决权股份的表决权数量。每份特别表决权股份的表决权数量应当相同，且不得超过每份普通股份的表决权数量的 10 倍。

5. 在设置特别表决权安排的上市公司中，普通表决权比例有何要求

上市公司应当保证普通表决权比例不低于10%。

6. 特别表决权比例能否提高

上市公司股票在上市后，除同比例配股、转增股本、分配股票股利情形外，不得在境内外发行特别表决权股份，不得提高特别表决权比例。

上市公司因股份回购等原因，可能导致特别表决权比例提高的，应当同时采取将相应数量特别表决权股份转换为普通股份等措施，保证特别表决权比例不高于原有水平。

7. 哪些主体可以持有特别表决权股份

有特别表决权股份的股东应当为对上市公司发展作出重大贡献，并且在公司上市前及上市后持续担任公司董事的人员或者该等人员实际控制的持股主体。

持有特别表决权股份的股东在上市公司中拥有权益的股份合计应当达到公司全部已发行有表决权股份的 10% 以上。

8. 特别表决权股份是否在任何情形下都与普通股份存在表决权差异

上市公司股东对下列事项行使表决权时，每一特别表决权股份享有的表决权数量应当与每一普通股份的表决权数量相同。

（1）修改公司章程；

（2）改变特别表决权股份享有的表决权数量；

（3）聘请或者解聘独立董事；

（4）聘请或者解聘监事；

（5）聘请或者解聘为上市公司定期报告出具审计意见的会计师事务所；

（6）公司合并、分立、解散或者变更公司形式。

此外，股东大会对上述第（1）项、第（2）项、第（6）项事项作出决议，还应当经出席会议的股东所持表决权的 2/3 以上通过。

（三）案例解析

2020 年 1 月 20 日，优刻得科技股份有限公司在上海证券交易所（以下简称"上交所"）科创板实现上市，股票简称：优刻得，股票代码：688158；优刻得为中国 A 股市场上首例采用表决权差异安排上市的上市公司。自此，国内资本市场也陆续出现了一些采用表决权差异安排的上市案例。

案例 2-8 ▶▶▶▶▶▶▶▶▶▶▶▶▶▶▶▶▶▶▶▶▶▶▶▶▶▶▶▶▶▶

优刻得：首例采用表决权差异安排的 A 股上市公司

根据《优刻得科技股份有限公司科创板首次公开发行股票招股说明书（注册稿）》，优刻得特别表决权设置情况如下：

1. 特别表决权设置基本情况

2019 年 3 月 17 日，发行人召开 2019 年第一次临时股东大会，表决通过《关于〈优刻得科技股份有限公司关于设置特别表决权股份的方案〉的议案》，并修改公司章程，设置特别表决权。

根据特别表决权设置安排，共同实际控制人季昕华、莫显峰及华琨持有的 A 类股份每股拥有的表决权数量为其他股东（包括本次公开发行对象）所持有的 B 类股份每股拥有的表决权的 5 倍。季昕华、莫显峰及华琨对公司的经营管理以及对需要股东大会决议的事项具有绝对控制权。

发行人为首次公开发行股票并在科创板上市而发行的股票，及发行人在二级市场进行交易的股票，均属于 B 类股份。

2. 特别表决权安排的运行期限

2019 年 3 月 17 日，发行人设置特别表决权。特别表决权设立至本招股说明书签署日，发行人运行时间较短。

除非经发行人股东大会决议终止特别表决权安排，发行人特别表决权设置将持续、长期运行。

3. 持有人资格

持有特别表决权股份的股东应当为对公司发展或者业务增长等作出重大贡献，

并且在公司上市前及上市后持续担任公司董事的人员或者该等人员实际控制的持股主体。持有特别表决权股份的股东在发行人中拥有权益的股份合计应当达到发行人全部已发行有表决权股份 10% 以上。

公司共同控股股东、实际控制人季昕华、莫显峰、华琨符合上述要求。

4. 特别表决权股份拥有的表决权数量与普通股股份拥有表决权数量的比例安排

发行人共同控股股东、实际控制人设置特别表决权的数量合计为 97 688 245 股 A 类股份，其中季昕华持有 A 类股份 50 831 173 股，莫显峰持有 A 类股份 23 428 536 股，华琨持有 A 类股份 23 428 536 股。扣除 A 类股份后，公司剩余 266 343 919 股为 B 类股份。

本次发行前，季昕华、莫显峰及华琨合计直接持有发行人 26.8347% 的股份，根据公司现行有效的公司章程，通过设置特别表决权持有发行人 64.7126% 的表决权，具体如下表所示。

序号	股东名称	持股数（股）	股权比例（%）	表决权数量（票）	表决权比例（%）
1	季昕华	50 831 173	13.9633	254 155 865	33.6726
2	莫显峰	23 428 536	6.4357	117 142 680	15.5200
3	华琨	23 428 536	6.4357	117 142 680	15.5200
4	其他现有股东	266 343 919	73.1653	266 343 919	35.2874
5	公众股东	—	—	—	—
合计		364 032 164	100.0000	754 785 144	100.0000

公司本次拟发行不超过 12 140 万股，按照本次可能发行的最多股数（不含采用超额配售选择权发行的股票数量）计算，季昕华、莫显峰及华琨在本次发行完成后将合计持有发行人 20.1239% 的股份及 55.7463% 的表决权。公司发行后的表决权情况如下表所示（不考虑发行人现有股东参与认购的情况，下同）。

序号	股东名称	持股数（股）	股权比例（%）	表决权数量（票）	表决权比例（%）
1	季昕华	50 831 173	10.4713	254 155 865	29.0071
2	莫显峰	23 428 536	4.8263	117 142 680	13.3696
3	华琨	23 428 536	4.8263	117 142 680	13.3696
4	其他现有股东	266 343 919	54.8674	266 343 919	30.3982
5	公众股东	121 400 000	25.0087	121 400 000	13.8555
合计		485 432 164	100.0000	894 395 144	100.0000

若在本次发行中，按照本次可能发行的最多股数（含全额行使超额配售选择权，即采用超额配售选择权发行股票数量为首次公开发行股票数量的15%）计算，季昕华、莫显峰及华琨在本次发行完成后将合计直接持有发行人19.3964%的股份及54.6113%的表决权。发行人发行后的股本及表决权情况如下表所示。

序号	股东名称	持股数（股）	股权比例（%）	表决权数量（票）	表决权比例（%）
1	季昕华	50 831 173	10.0928	254 155 865	28.4165
2	莫显峰	23 428 536	4.6518	117 142 680	13.0974
3	华琨	23 428 536	4.6518	117 142 680	13.0974
4	其他现有股东	266 343 919	52.8835	266 343 919	29.7792
5	公众股东	139 610 000	27.7201	139 610 000	15.6095
	合计	503 642 164	100.0000	894 395 144	100.0000

5. 持有人所持有特别表决权股份能够参与表决的股东大会事项范围

根据《公司章程》的规定，A类股份及B类股份持有人就所有提交公司股东大会表决的决议案进行表决时，A类股份持有人每股可投五票，而B类股份持有人每股可投一票。尽管有前述安排，公司股东对下列事项行使表决权时，每一A类股份享有的表决权数量应当与每一B类股份的表决权数量相同。

（1）对《公司章程》作出修改；

（2）改变A类股份享有的表决权数量；

（3）聘请或者解聘公司的独立董事；

（4）聘请或者解聘为公司定期报告出具审计意见的会计师事务所；

（5）公司合并、分立、解散或者变更公司形式。

股东大会对上述第（2）项作出决议，应当经过不低于出席会议的股东所持表决权的2/3以上通过，但根据《上海证券交易所科创板股票上市规则》的规定，将相应数量A类股份转换为B类股份的不受前述需要2/3表决权以上通过的约束。

6. 锁定安排及转让限制

（1）不得增发A类股份。

公司股票在交易所上市后，除同比例配股、转增股本情形外，不得在境内外发行A类股份，不得提高特别表决权比例。公司因股份回购等原因，可能导致特别表决权比例提高的，应当同时采取将相应数量A类股份转换为B类股份等措施，保证特别表决权比例不高于原有水平。

（2）A类股份的转让限制。

A类股份不得在二级市场进行交易，但可以按照证券交易所有关规定进行转让。

（3）A类股份的转换。

出现下列情形之一的，A类股份应当按照1∶1的比例转换为B类股份：

①持有A类股份的股东不再符合《上海证券交易所科创板股票上市规则》及《优刻得科技股份有限公司关于设置特别表决权股份的方案》规定的资格和最低持股要求，或者丧失相应履职能力、离任、死亡；

②实际持有A类股份的股东失去对相关持股主体的实际控制；

③持有A类股份的股东向他人转让所持有的A类股份，或者将A类股份的表决权委托他人行使；

④公司的控制权发生变更。

发生前款第④项情形的，公司已发行的全部A类股份均应当转换为B类股份。发生上述第①款情形的，A类股份自相关情形发生时即转换为B类股份，相关股东应当立即通知上市公司，公司应当及时披露具体情形、发生时间、转换为B类股份的A类股份数量、剩余A类股份数量等情况。

资料来源：东方财富网。

在案例2-8中，公司发行上市前，创始人团队季昕华、莫显峰及华琨合计直接持有公司26.8347%的股份，季昕华、莫显峰及华琨通过表决权差异的安排，根据公司现行有效的公司章程，通过设置特别表决权持有发行人64.7126%的表决权。通过表决权差异的安排，公司创始人团队明显提高了对于公司的控制权，进而有效地保障了公司控制权的稳定。

七、婚姻关系

根据《上市公司收购管理办法》第八十三条，如无相反证据，投资者有下列情形的，为一致行动人第（八）点：持有投资者30%以上股份的自然人和在投资者任职的董事、监事及高级管理人员，其父母、配偶、子女及其配偶、配偶的父母、兄弟姐妹及其配偶、配偶的兄弟姐妹及其配偶等亲属，与投资者持有同一上市公司股份。

配偶、父母、子女关系默认属于一致行动人，本质上属于一致行动人关系的范畴，无须签订一致行动人协议即可。由于父母和子女的关系是无法改变的，而婚姻关系是可以改变的，于是资本市场上便出现了很多通过改变婚姻关系而进行的一系列资本运作，本书不去评论婚姻与经济之间的关系与对错，只是陈述案例。

本部分选取了几个不同类型的涉及婚姻关系的案例，供读者学习。

（一）结婚＋表决权委托，提升表决权比例

案例 2-9 ◆◆

动漫食品公司实际控制人与第三大股东结婚＋表决权委托

根据广东唯诺冠动漫食品股份有限公司发布的公告显示，2017 年 3 月 13 日，广东唯诺冠动漫食品股份有限公司（以下简称"公司"）公告称，公司控股股东、实际控制人翁盛平与公司第三大股东张史燕于 2017 年 3 月 9 日在广东省汕头市龙湖区民政局登记结婚，婚姻关系正式成立。同日，二人签订了《表决权委托协议》。

二人持股情况：翁盛平持股数额为 39 024 600 股，持股比例为 65.04%；张史燕持股数额为 3 420 000 股，持股比例为 5.70%。

《表决权委托协议》基本内容：2017 年 3 月 9 日，委托人张史燕与受托人翁盛平签订了《表决权委托协议》，协议内容如下：委托人张史燕授权翁盛平作为其持有的公司 5.70% 股份（截至该委托协议签订之日止，委托人张史燕持有公司的股份数量为 3 420 000 股）的唯一的、排他的代理人，全权代表张史燕按照法律法规、公司的章程规定行使：

（1）召集、召开和出席公司的股东会会议；

（2）对所有根据相关法律、法规、规章及其他有法律约束力的规范性文件或公司章程需要股东会讨论、决议的事项行使表决权；

（3）代为行使股东提案权，提议选举或罢免董事、监事及其他议案；

（4）公司章程规定的其他权利。

公司控股股东、实际控制人翁盛平与股东张史燕二人的结婚登记未导致公司实际控制人发生变更，未对公司的日常经营产生不利影响。

资料来源：东方财富网。

案例 2-9 中通过婚姻关系，翁盛平夫妇的表决权比例达 70.74%，对公司具有绝对的控制权；又通过表决权委托，70.74% 的表决权比例全部由翁盛平掌控。

（二）结婚 + 表决权放弃，降低表决权比例

案例 2-10 ◆◆

游久游戏第二、第三大股东结婚
险致实际控制人变更而放弃表决权

根据上海游久游戏股份有限公司发布的公告显示，2016 年 1 月 12 日，上海游久游戏股份有限公司（以下简称"公司"）发布公告称，公司于 2016 年 1 月 8 日收到上海证券交易所《关于对上海游久游戏股份有限公司第二大及第三大股东关联关系事项的问询函》（以下简称《问询函》），同日，公司董事会向公司第二大股东刘亮、第三大股东代琳发出《上海游久游戏股份有限公司相关事项的征询函》。经向刘亮、代琳书面征询确认，现公司就《问询函》中所提及的相关问题回复如下：

一、略

二、目前刘亮、代琳是否存在婚姻关系并由此形成一致行动关系，公司第一大股东或实际控制权是否已发生变更。

回复：

1. 经向刘亮、代琳书面征询确认，刘亮、代琳已于 2015 年 1 月登记结婚，存在婚姻关系，根据《上市公司收购管理办法》第八十三条的规定，刘亮、代琳已构成一致行动关系；

2. 截至 2016 年 1 月，刘亮、代琳及公司第一大股东天天科技有限公司（以下简称"天天科技"）持有公司股份数量、有表决权股份数量及比例情况如下表所示。

股东名称	持股数量（股）	持股比例（%）	持有有表决权的股份数量（股）	持有有表决权的股份比例（%）
刘亮	85 639 603	10.28	85 639 603	10.28
代琳	77 483 451	9.31	47 483 451	5.70
小计	163 123 054	19.59	133 123 054	15.99
天天科技	142 512 754	17.11	142 512 754	17.11

2014 年 8 月 7 日，代琳对不谋求控制权事项已出具补充承诺，承诺在交易完成后 36 个月内，放弃其所持有的公司 77 483 451 股中的 30 000 000 股股份对应的表决权、提名权、提案权。为此，天天科技仍为公司的第一大股东，天天科技的股东刘祥、雷宪红、张立燕仍然为公司的实际控制人。

2015 年，刘亮、代琳虽因登记结婚新增一致行动关系，但未导致公司第一大股

东及实际控制人发生变更。

三、刘亮、代琳是否违反公司重组时作出的有关双方不存在任何亲属关系或其他关联关系、不谋求公司控制权等承诺。

回复：

1. 2014 年重组完成时，刘亮、代琳尚不存在构成一致行动关系的情形；2015 年刘亮、代琳登记结婚，根据《上市公司收购管理办法》第八十三条的规定，刘亮、代琳新增一致行动关系。

经向刘亮、代琳书面征询确认，刘亮、代琳虽因登记结婚新增一致行动关系，但主观上并无谋求公司实际控制权的意图且实际上也未导致公司第一大股东及实际控制人发生变更。

2. 为维持 2014 年重组完成后 36 个月内天天科技在公司的控股股东地位以及公司实际控制权不发生变更，刘亮、代琳已补充承诺如下：

"将继续履行 2014 年重组时已作出的重组完成后 36 个月内不谋求上市公司控制权的相关承诺。"

为确保公司 2014 年重组完成后 36 个月内第一大股东及实际控制人不因刘亮、代琳新增一致行动关系而发生变更，刘亮、代琳可能择机适量减持所持有的公司股份，有关减持事项将严格按照《证券法》、中国证监会《上市公司大股东、董监高减持股份的若干规定》、上海证券交易所《关于落实〈上市公司大股东、董监高减持股份的若干规定〉相关事项的通知》等规定执行，敬请广大投资者予以关注。

资料来源：东方财富网。

案例 2-10 中通过婚姻关系，刘亮、代琳夫妇的持股比例达 19.59%，超过了第一大股东天天科技的 17.11%，但因 2014 年重组时作出的承诺，刘亮、代琳夫妇放弃部分表决权，使表决权比例降低至 15.99%，低于第一大股东天天科技的 17.11%。

（三）离婚＋表决权委托，保持表决权比例不变

案例 2-11 ▶▶▶▶▶▶▶▶▶▶▶▶▶▶▶▶▶▶▶▶▶▶▶▶▶▶▶▶▶▶▶▶

蓝色光标实际控制人之一离婚＋表决权委托

根据北京蓝色光标品牌管理顾问股份有限公司发布的公告显示，2011 年 5 月 12 日，北京蓝色光标品牌管理顾问股份有限公司（以下简称"公司"）公告称，于 2011 年 5 月 12 日接到持股 5% 以上股东孙陶然的通知，根据其与前妻胡女士签署的《〈离婚协议书〉之财产分割补充协议》的约定，双方于 2011 年 5 月 10 日在

中国证券登记结算有限责任公司深圳分公司完成了孙陶然所持公司有条件限售股11 555 000 股份的分割事宜，其中孙陶然获得 6 045 000 股，占公司股份总额 5.03%；胡凌华获得 5 510 000 股，占股份总额 4.59%。

1. 胡凌华承诺其所获股份遵守 2013 年 2 月 26 日前不得转让的 IPO 限售承诺。胡凌华并承诺，知悉孙陶然签订的《关于共同控制北京蓝色光标品牌管理顾问股份有限公司并保持一致行动的协议书》及《〈关于共同控制北京蓝色光标品牌管理顾问股份有限公司并保持一致行动的协议书〉之补充协议》的全部内容，在获得本协议项下的股票后，承诺将不可撤销地遵守该《一致行动的协议书》及《一致行动的协议书之补充协议》中约定的一致行动人之全部义务。

2. 胡凌华同意将其名下的蓝色光标股票的表决权，在其持有期内委托给孙陶然行使。

3. 本次权益变动后，孙陶然仍是持有本公司 5% 以上股份的股东及公司实际控制人。

资料来源：东方财富网。

案例 2-11 中通过婚姻关系的解除，孙陶然表决权比例降低至 5.03%，但因前妻胡凌华将持股 4.59% 的表决权比例全部委托给孙陶然，因此孙陶然表决权比例不变，孙陶然与其他几位股东签订了一致行动人协议，对于公司的控制权不变。

八、股权代持

（一）基本理论

1. 股权代持的基本概念

股权代持又称为委托持股、隐名投资或假名出资，是指实际出资人（隐名股东）与他人约定，以他人名义（显名股东）代实际出资人履行股东权利义务的一种股权或股份处置方式。实际出资人与名义出资人之间往往通过股权代持协议确定存在代为持有股权或股份的事实。

股权代持涉及两方面的股东，一个是隐名股东，另一个是显名股东。隐名股东也称为实际股东，是指为了规避法律或出于其他原因，借用他人名义设立公司或者以他人名义出资，但在公司章程、股东名册和工商登记中却记载为他人的实际出资人；与之相对应，显名股东是指记载于工商登记资料上而没有实际出资的股东，也称之为名义股东。

2. 股权代持的法律效力

我国《公司法》中，并没有明确规定关于股权代持的条款。

（1）实际出资人与名义股东因投资权益的归属发生争议，实际出资人以其实际履行了出资义务为由向名义股东主张权利的，人民法院一般予以支持。

（2）名义股东以公司股东名册记载、公司登记机关登记为由否认实际出资人权利的，人民法院一般不予支持。

3.股权代持的法律关系

股权代持协议会产生以下三种法律关系：

（1）隐名股东与显名股东之间的法律关系；

（2）隐名股东、显名股东与公司之间的法律关系；

（3）隐名股东、显名股东与公司外第三人之间的关系。

（二）股权代持中的股权控制

在股权代持协议中，一般会约定，显名股东行使股东权利前，需要有隐名股东明确或者书面授权，显名股东不享有任何收益权或处分股权的权利（该处分包括但不限于转让、赠与、未经隐名股东同意的增资或减资等）。在显名股东代持股权期间内，经隐名股东书面同意，显名股东可以选派股东代表、董事会、监事会成员，并依照《公司法》及《公司章程》的约定行使权力。

在通常的实际案例中，显名股东仅仅是表面上的股东而已，实际任何权利都由隐名股东掌控，实际行使股东权利需要隐名股东同意，实际表决权也是由隐名股东掌控，只是通过显名股东进行意思表示而已，因此股权和实际表决权都由隐名股东掌控。

假定 A、B、C、D 是 ×× 有限责任公司的显名股东，四位股东持股比例分别为 A 持股 45%、B 持股 23%、C 持股 22%、D 持股 10%，C 为显名股东，但股权实际代替 A 持有。公司代持关系及持股比例结构如图 2-22 所示。

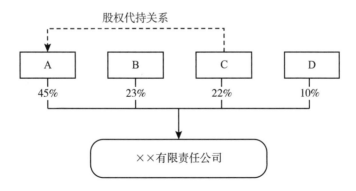

图 2-22 ×× 有限责任公司股权代持关系及股权结构

在该公司中，股东 A 实际能够控制的表决比例合计为 67%，直接持股 45%、控制的表决权比例为 45%；通过显名股东 C 代持 22%、控制的表决权比例为 22%，合计 67%。该公司的表决权比例构成情况如图 2-23 所示。

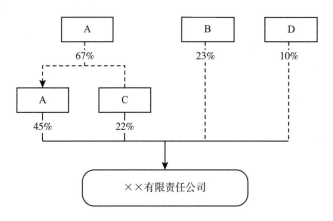

图 2-23　股权代持后 ×× 有限责任公司表决权比例结构

（三）上市过程中的股权代持问题

股权代持问题在中小企业的发展过程中经常出现，很多公司由于《公司法》对股东人数的限制、股东身份的特殊性或者出于其他特殊目的，而让其他人代持股份的现象比较多。在我国现行的资本市场体系和法治环境中，无论上市还是挂牌新三板，股权代持原则上市都是禁止的，一是法律法规中关于股权清晰的要求；二是如果隐瞒股权代持关系的话，又存在信息披露问题，容易受到监管机构的处罚。

在公司上市过程中，为了防止因股权代持而引起的麻烦和上市障碍，大多数公司一般会通过股权转让等合理合法的方式清理代持关系，将股份还原到实际出资人名下。

▰▰▰▱ **案例 2-12** ▸▸▸▸▸▸▸▸▸▸▸▸▸▸▸▸▸▸▸▸▸▸▸▸▸▸

晨光生物上市前股权代持及清理情况

根据晨光生物科技集团股份有限公司《首次公开发行股票并在创业板上市招股说明书（申报稿）》，第五节第七部分"公司发行内部职工股及工会持股、信托持股、委托持股情况。"

发行人成立至今未发行过内部职工股，不存在工会、职工持股会、信托持股或股东数量超过二百人的情况。发行人前身河北省曲周县晨光天然色素有限公司（以下简称"曲周晨光"）成立于 2000 年 4 月 12 日。2003 年 9 月，曲周晨光有限注册资本增加至 800 万元，在本次增资时存在委托持股情况。2003 年 12 月，公司名称变更为河北晨光天然色素有限公司（以下简称"河北晨光"）；2008 年 6 月公司名称变更为晨光天然色素集团有限公司（以下简称"晨光有限"）。2009 年 7 月，晨光有限的委托持股股东将其委托他人持有的全部股权转让给相应股东，该次股权转让完成后，晨光有限的委托持股已全部解除，未再出现委托持股情况。晨光有限委托持股形成、演变及解除情况具体如下：

一、委托持股的形成

为了让更多的公司职工分享公司经营成果，公司鼓励职工入股。在晨光有限 2003 年注册资本由 200 万元增资到 800 万元过程中，由于当时的曲周县人均收入水平不高，单个职工所能投入的资金有限，故本次最终投资者人数较多。增资完成后，公司实际股东人数达 86 人，为了满足工商登记的要求，股东之间形成委托持股关系，工商登记显示的股东人数为 49 人。

存在代持关系的股东情况表略。相关股东已经就上述委托持股关系签署确认函并经曲周县公证处公证。

二、委托持股的演变

2007 年 3 月，河北晨光（前身为曲周晨光）注册资本增加为 5 000 万元。本次增资完成后，存在代持关系的股东情况表略。相关股东已经就上述委托持股关系签署确认函并经河北省曲周县公证处公证。

三、委托持股的解除

经公司 2009 年第一次临时股东会审议通过，2009 年 7 月，所有委托持股股东与相应受让人签署了《出资转让协议》，将其委托他人持有的出资转让给了相应的受让人，转让价格为公司 2009 年 3 月 31 日经审计的公司净资产，每股价格为 2.01939 元。

经公司 2009 年第一次临时股东会审议通过，公司全体股东一致同意，公司改制为股份有限公司后，上述转让公司出资的被代持股东有权对股份有限公司增资，增资金额以转让上述出资的转让价款为最高限额，每股价格为 2.01939 元。

本次出资转让完成后，公司全部委托持股得以解除。详细情况如下：

序号	受让方	转让方 （原受托方）	转让出资数量 （受托代持的出资）（万元）	转让价款 （万元）	转让协议 签署时间
1	卢庆国	刘景民	1 102 780.00	2 226 940.48	2009 年 7 月 12 日
		钱章河	307 400.00	620 759.79	2009 年 7 月 12 日
		韩存章	578 632.00	1 168 482.37	2009 年 7 月 12 日
2	李月斋	卢庆国	75 459.00	152 381.00	2009 年 7 月 12 日

序号	受让方	转让方（原受托方）	转让出资数量（受托代持的出资）（万元）	转让价款（万元）	转让协议签署时间
2	李月斋	刘景民	14 705.00	29 695.09	2009 年 7 月 12 日
		宁占阳	1 136 742.00	2 295 522.87	2009 年 7 月 12 日
3	刘英山	卢庆国	147 450.00	297 759.00	2009 年 7 月 12 日
4	李凤飞	卢庆国	137 875.00	278 423.00	2009 年 7 月 12 日
5	周静	卢庆国	32 873.00	66 383.00	2009 年 7 月 12 日
6	连运河	卢庆国	78 193.00	157 902.00	2009 年 7 月 12 日
7	陈运霞	卢庆国	41 809.00	84 428.60	2009 年 7 月 12 日
8	韩文杰	卢庆国	125 007.00	252 437.69	2009 年 7 月 12 日
合计			3 778 925.00	7 631 114.89	—

2009 年 7 月，5 名原受托人（受托持股人）将其代持的股份转让给了卢庆国、李月斋等 8 名自然人而不是转让给原委托方（委托持股人）的原因是：

第一，若原受托人将其代持股份转让给原委托人，则公司股东人数将超过《公司法》所规定的有限责任公司股东人数上限（即 50 人）；

第二，卢庆国、李月斋等 8 名自然人为公司董事、监事或高级管理人员，同时持有公司下属子公司的股权。为避免竞业禁止问题，卢庆国、李月斋等 8 名自然人需要将其所持子公司股权转让给公司。为弥补其转让子公司股权的损失，公司通过股权清理增加其在公司的持股数量；

第三，公司股权结构分散，卢庆国、李月斋等 8 名自然人为公司董事、监事或高级管理人员，其受让股权可以加强公司管理层的稳定性。

公司清理委托持股是与上市计划相结合的"一揽子"方案，该方案经公司 2009 年第一次临时股东会审议通过。委托持股人在委托持股清理时已知悉公司的上市计划，并自愿转让股权、签订股权转让协议。公司整体变更为股份有限公司后，2009 年 9 月，原委托持股人通过增资的方式成为公司的实际股东，其权益得到了充分保障。

四、中介机构关于公司股东委托持股及演变解除情况发表的法律意见

保荐机构发表的意见：晨光有限的委托持股情况已于股份有限公司设立前依照相关规定予以清理，经当事人各方书面确认并予以公证，委托持股的清理不存在纠纷和潜在纠纷。目前，发行人不存在委托持股、信托持股的情形。

发行人律师发表的意见：发行人不存在委托持股、信托持股的情形；发行人设立时的股权设置、股本结构合法有效，产权界定和确认并不存在纠纷及风险；发行

人成立至今未发行过内部职工股，不存在工会、职工持股会、信托持股、或股东数量超过二百人的情况。

晨光有限的委托持股情况已于股份有限公司设立前依照相关规定清理完毕，经当事人各方书面确认并予以公证，不存在侵害他人合法权益的行为。委托持股的清理不存在纠纷或异议。发行人前身晨光有限存在的委托持股情况对本次发行上市不构成实质性法律障碍。

资料来源：东方财富网。

也有个别公司铤而走险，存在股权代持问题而不披露，在上市的过程中隐瞒股权代持问题，事后被监管机构发现，进行了处罚。因此，在公司上市的过程不建议存在股权代持的现象，如果由于历史原因等问题存在股权代持的，在公司上市前建议处理股权代持关系，将持股权还原给真实的股东。

第三章

合伙初创设计
——从始看终、以终为始

任何一个成功的公司都是从初创期走过来的，万丈高楼平地起，需要有一个好的地基；公司发展也是一样的，万事开头难，只要公司初创时搭建好了股权结构，设计好了未来的发展路径，便能起到事半功倍的效果，避免很多后续的纠纷和风险。"从始看终、以终为始"公司初创时期就要做好规划设计，要有远见卓识，要始终以最终的目标为导向。

本章主要包括以下几个方面的内容：一是与谁合伙、选择黄金搭档的艺术；二是如何选择公司形式，有限责任公司还是股份有限公司；三是注册资本金额如何设定；四是股权结构有哪些主要的类型和禁忌；五是公司初创时如何分配股权。通读本章，我相信企业家朋友在开始创业时能够据此作出一个正确的选择和判断。

第一节 与谁合伙：选择黄金搭档的艺术

创业之路，任何一个人都不可能孤军奋战，首要的问题便是选择合伙人的问题，这也是公司初创时面临的第一个选择；当然合伙人的选择也不是一成不变的，随着合伙人的进进出出，始终都会处于动态调整过程中。

一、创业之路不能孤军奋战

在茫茫的人海之中，每一个心怀梦想的人都可能踏上创业之路，然而，这条路并非坦途。当梦想照进现实，我们便会发现，单凭一己之力，难以撑起一家公司。

资金的筹备、事务的繁杂、责任的沉重，这些如山般沉重的压力，迫使我们必须寻找那些同样心怀热血、志同道合的合伙人。

创业之路，犹如一条蜿蜒曲折的山路，既充满荆棘，又遍布陷阱。在这条路上，没有人可以孤军奋战，必须依靠团队的智慧和力量，共同披荆斩棘，方能抵达成功的彼岸。

在创业的征程中，我们需要寻找志同道合的伙伴，携手共进。这些伙伴或许来自不同的领域，拥有不同的技能和经验，但他们都怀揣着共同的梦想和信念，愿意为了实现这个目标而付出艰辛的努力。我们需要在相互尊重、信任和支持的基础上，共同面对挑战，解决问题，不断推动事业的发展。

合伙人的选择，如同在茫茫人海中寻找那颗与你频率相同的星辰。他们或许是你的同窗旧友，或许是你的职场伙伴，又或许是在某个偶然的机会中相识的陌生人。但无论如何，他们都必须具备一种特质，那就是与你有着共同的梦想和追求。只有这样，才能在风雨飘摇的创业路上，彼此扶持，共同前行。

在创业的道路上，我们与合伙人并肩作战，共同面对风险和挑战。我们的心紧密相连，就像一棵大树的根系，深深地扎根在土壤之中，共同吸收着养分，支撑着这棵大树的成长。我们互相扶持，互相鼓励，共同度过了一个又一个艰难的时刻。

然而，正如大树在生长过程中会遭遇风雨、病虫害等挑战一样，我们的公司也会面临各种各样的问题和困难。这时候，我们与合伙人之间的默契和信任就显得尤为重要。我们要相互支持，共同寻找解决问题的方法，而不是在困难面前互相指责和抱怨。

在这个过程中，我们与合伙人之间的友谊和感情也会不断地加深。我们共同经历了创业的艰辛和喜悦，共同分享了成功的喜悦和失败的痛苦。这些经历让我们更加珍惜彼此之间的友谊和感情，也让我们更加坚定地走上了创业的道路。

最终，当我们回首往事时，我们会发现这段创业历程是如此的宝贵和难忘。我们与合伙人一起创造了一个又一个的奇迹，也一起经历了无数次的挑战和考验。这段经历让我们变得更加成熟和坚强，也让我们更加珍惜这段友谊和感情。

总之，创业之路是一条充满挑战和机遇的道路。在这条路上，我们需要依靠团队的智慧和力量，不断学习和成长，具备坚定的信念和毅力，才能取得最终的成功。让我们携手共进，共同书写创业的辉煌篇章！

二、选择合伙人的八个维度

在商业世界的广阔舞台上，寻找黄金搭档——一个合适的合伙人，无疑是一项至关重要的任务。这不仅仅是一个简单的招聘过程，而更像是一场精心策划的"寻找理想伙伴"的旅程，它需要缘分、智慧、耐心，以及精心的策略规划。一个理想的合伙人，不仅能助力你的事业腾飞，更有可能成为你人生旅途中的得力伙伴和忠实朋友。那么，在这场寻找黄金搭档的旅程中，我们应该如何去寻找那个与你志同道合、能力互补的理想合伙人呢？

此处为您罗列了选择一个黄金搭档的八个维度，供参考学习，如图 3-1 所示。

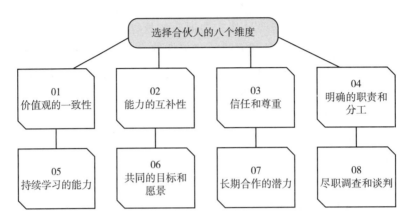

图 3-1　选择合伙人的八个维度

1. 价值观的一致性至关重要

在商业合作中，共同的价值观是合作的基础。你和你的合伙人需要在企业的核心价值观、愿景和使命等方面达成共识。这种共识将是你们合作关系的稳固基石，也是你们在面对困难和挑战时能够共同前进的动力源泉。

2. 能力的互补性不可忽视

在寻找合伙人时，我们应该关注那些在技能、经验和资源上与我们互补的人。这样的合伙人能够为我们的团队带来多元化的视角和丰富的资源，帮助我们突破自身的局限，实现更大的发展。

3. 信任和尊重是合作关系的核心

在商业合作中，信任是不可或缺的。你需要相信你的合伙人会为企业和你们的共同利益而努力，而不是为了个人的私利而损害团队的利益。同时，尊重也是建立良好合作关系的重要因素。我们应该尊重彼此的意见和决定，共同推动企业的发展。

4. 明确的职责和分工是成功合作的关键

在与潜在合伙人接触时，我们应该与他们讨论并明确各自的职责和分工。这有助于避免未来可能出现的冲突和误解，确保每个人都能在自己擅长的领域发挥最大作用，共同推动企业的发展。

5. 持续学习的能力也是选择合伙人时需要考虑的重要因素

在这个快速变化的时代，只有不断学习和进步，才能保持企业的竞争力。因此，我们应该选择那些愿意不断学习、进步和适应新环境的合伙人，共同推动企业的持续创新和发展。

6. 共同的目标和愿景是建立成功合作关系的重要因素

确保你和你的合伙人在企业目标和愿景方面达成共识，这将有助于激发团队的积极性和创造力，推动企业不断向前发展。

7. 长期合作的潜力也是选择合伙人时需要考虑的因素

合伙是一个长期的过程，因此在选择合伙人时，我们需要考虑他们的长期合作潜力和可持续性。我们应该选择那些我们愿意与之长期合作、共同面对挑战和机遇的人，共同书写属于我们的商业传奇。

8. 在寻找黄金搭档的旅程中，我们还需要进行尽职调查和谈判

尽职调查可以帮助我们了解潜在合伙人的背景、信誉和能力，确保我们的选择是明智的。而详细的谈判则可以明确双方的权益、责任和义务，为未来的合作奠定坚实的基础。

综上所述，寻找黄金搭档——一个合适的合伙人，是一个需要综合考虑多个方面的过程。我们需要关注价值观的一致性、能力的互补性、信任和尊重的核心地位、明确的职责和分工、持续学习的能力、共同的目标和愿景以及长期合作的潜力等因素。通过全面的评估和谈判，我们相信一定能够找到那个与你最匹配、最有可能共同创造成功的合伙人。

总之，选择合伙人是一项艰巨而重要的任务。我们必须以谨慎的态度、敏锐的洞察力、清晰的头脑和开放的心态去面对这一挑战。只有这样，我们才能找到那些真正适合我们的合伙人，共同撑起这家公司的巨轮，驶向梦想的彼岸。

第二节　公司形式：有限责任公司或股份有限公司

我国《公司法》规定的公司形式有两种，有限责任公司和股份有限公司，两类公司具有较大的差异；合伙人确定之后，首要的问题便是确定选择何种公司形式。

一、公司的具体形式

我国现行的立法体系对公司规定主要有《公司法》和《中华人民共和国外商投资企业法》（以下简称《外商投资企业法》）。实际上我国有关企业、集体企业、私营企业等方面的法律、法规以及规范性文件也有对公司的规定，依据这些法律、法规以及规范性文件设立的公司，经过规范，已经统一到公司法律体系的公司之中。

现主要对《公司法》涉及的具体公司形式，做简单介绍。

1. 有限责任公司

我国《公司法》规定的公司形式只有两种：有限责任公司和股份有限公司。

有限责任公司，简称有限公司，是指由一个以上、50个以下的股东出资设立，每个股东以其所认缴的出资额为限对公司承担有限责任，公司法人以其全部资产对公司债务承担全部责任的经济组织。

2024年7月1日修订实施的《公司法》，取消了一人有限责任公司的章节。公司只有一个股东也是允许的，只有一个股东的公司，股东不能证明公司财产独立于股东自己的财产的，应当对公司债务承担连带责任。

2. 股份有限公司

股份有限公司，或称股份公司，是指公司资本为股份所组成的公司，股东以其认购的股份为限对公司承担责任的企业法人。设立股份有限公司，应当有一人以上200人以下为发起人，其中应当有半数以上的发起人在中华人民共和国境内有住所。

2024年7月1日实施的《公司法》，允许设立一人股份公司。只有一个股东的公司，股东不能证明公司财产独立于股东自己的财产的，应当对公司债务承担连带责任。本规定同样适用于股份公司。

3. 国家出资公司

2024年7月1日实施的《公司法》，增加了国家出资公司章节。本法所称国家出资公司，是指国家出资的国有独资公司、国有资本控股公司，包括国家出资的有限责任公司、股份有限公司。从本质上讲，国家出资公司也是有限责任公司或者股份有限公司的一种。

国家出资公司，由国务院或者地方人民政府分别代表国家依法履行出资人职责，享有出资人权益。国务院或者地方人民政府可以授权国有资产监督管理机构或者其他部门、机构代表本级人民政府对国家出资公司履行出资人职责。

4. 上市公司

上市公司是指所发行的股票经过有关主管部门批准在证券交易所公开上市交易的股份有限公司，是股份有限公司的一种特殊形式。《公司法》所称上市公司，是指其股票在证券交易所上市交易的股份有限公司。

上市公司是股份有限公司的一种，由于其发行的股票在证券交易所公开交易，因此，它既要遵守《公司法》以及相关法律、法规和规范性文件的规定，也要遵守《证券法》以及相关法律、法规和规范性文件的规定。上市公司是公众公司，因此，它的信息披露最为公开、完整和透明，受到的监管也最为严格，既要受证券监督管理部门、证券交易所等部门的监管，还要受到各类证券中介机构、新闻媒体以及社会公众的监管。

5. 非上市公众公司

根据《非上市公众公司监督管理办法》（2023年2月17日实施），本办法所称非上市公众公司是指有下列情形之一且其股票未在证券交易所上市交易的股份有限公司：（1）股票向特定对象发行或者转让导致股东累计超过二百人；（2）股票公开转让。

非上市公众公司应当按照法律、行政法规、本办法和公司章程的规定，做到股权明晰，合法规范经营，公司治理机制健全，履行信息披露义务。非上市公众公司公开转让股票应当在全国中小企业股份转让系统进行，公开转让的公众公司股票应当在中国证券登记结算公司集中登记存管。

非上市公众公司通俗来讲，是指在全国中小企业股份转让系统（俗称"新三板"）挂牌公开转让的股份有限公司，也是股份有限公司的一种特殊形式。非上市公众公司也需要在指定的证券交易场所披露相关信息，因此，它也既要遵守《公司法》以及相关法律、法规和规范性文件的规定，也要遵守《证券法》以及相关法律、法规和规范性文件的规定。同样，非上市公众公司受到的监管也非常严格，也是既要受证券监督管理部门、证券交易场所等部门的监管，还要受到各类证券中介机构、新闻媒体以及社会公众的监管。

综上所述，无论称呼怎么变化，从根本上，我国最重要的公司形式只有两种：有限责任公司和股份有限公司。

二、公司的分类

依据不同的标准，可以对公司作出不同的分类。随着公司组织形式的不断发展，在不同的历史时期，公司的分类也不尽相同。我国《公司法》将公司分为有限责任公司和股份有限公司两种形式，在公司法理论和立法实践中，公司的以下几种分类具有一定意义，特作说明。

1. 公众公司和非公众公司

（1）公众公司。

公众公司分为两类，上市公司和非上市公众公司，此两类公司均为公众公司。

由于公众公司涉及众多投资者的利益，因此其受到严格的监管。公众公司必须遵守证券法律法规，定期向公众披露财务报告和业务信息，以确保市场的透明度和公平性。

（2）非公众公司。

非公众公司也包含两类，有限责任公司和非公众的股份有限公司，有限责任公司均为非公众公司，股份有限公司一部分为公众公司、一部分为非公众公司。

相对于公众公司，非公众公司的监管要求较为宽松。它们不需要向公众披露财务报告和业务信息，因此在管理和决策上具有更大的灵活性。然而，这并不意味着非公众公司可以违反法律法规或进行不道德的行为。它们仍然需要遵守相关的法律法规和商业道德标准。

公司的具体分类如图 3-2 所示。

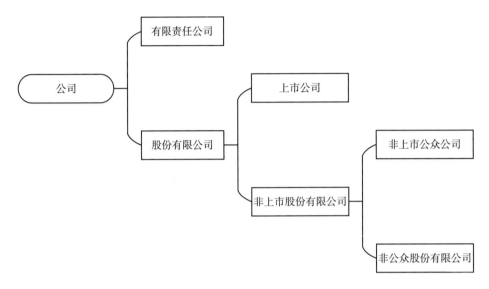

图 3-2 公司的具体分类

2. 母公司与子公司 [①]

依据公司之间的股权或股份控制或者从属关系进行分类，可以将公司分为母公司和子公司。母公司是指拥有另一个公司一定比例股权或股份，并能够控制另一个公司的公司，母公司也称控股公司。子公司则是指被另一个公司拥有一定比例的股权或股份，并被另一个公司控制的公司，子公司也称为被控股公司。

这种分类的意义主要在于：

（1）母公司拥有对子公司的重大事项的决策权。如母公司可以通过控股股东的地位决定子公司的董事会组成，决定子公司的重大经营事项等。

（2）母公司对子公司的控制是以对子公司拥有一定比例的股权或股份决定的。公司之间是否存在母子关系，在全资子公司和绝对控股子公司的情形下，容易进行判断；在相对控股子公司的情形下，则需要根据个案进行审查认定。

（3）母公司和子公司是具有重要关联关系的独立法人。母子公司之间虽然存在控制与被控制的关系，但它们都具有法人人格，在法律上是彼此独立的公司。

3. 关联公司与公司集团

依据公司之间的特殊关系进行分类，可以将公司分为关联公司和公司集团。

---

① 中国注册会计师协会.经济法［M］.北京：中国财政经济出版社，2011.

（1）关联公司是指两个以上公司彼此之间存在直接或者间接控制关系以及可能导致公司利益转移的其他关系（如业务联系、项目合作等）的公司，彼此称为关联公司。

（2）公司集团是指在一个具有法人地位的集团公司的统一管理之下，由法律上若干个企业或者公司组成的联合体。公司集团不是一个法律上的实体，不具有法人资格。在公司集团中，处于核心地位的是集团公司，而集团公司是一个独立的企业法人，这是公司集团的投资中心、管理中心或决策中心，处于控制地位，这种控制既包括股权或股份控制，也包括非股权或股份关系的投资关系、协议或其他安排等方式的控制，被控制的企业实际是集团公司的成员或从属企业。集团公司与成员公司或成员企业之间、成员公司或成员企业相互之间往往都具有关联关系。

关联公司和公司集团都不是一种独立的公司形态，严格而言，也不是一个法律含义明确的法律概念。从以上对两者现象的分析可见，公司集团中集团公司与成员公司、成员公司与成员公司之间往往都是关联公司，关联公司往往还包括公司集团之外存在控制关系、利益相互转移关系的公司。

这种分类的重要意义在于如何规定存在控制与被控制关系的公司之间的关联交易，防止存在控制关系的公司损害被控制公司少数股东和债权人的利益，特别是在上市公司中，防止因为关联公司之间的关联关系或关联交易而损害公众利益是证券立法需要规制的重要内容，这也是形成调整关联企业及关联交易法律制度的基础。

三、有限责任公司与股份有限公司的差异

有限责任公司和股份有限公司作为两种不同的公司组织形式，有很大的差异。厘清两类公司的差异，有助于创业者对公司类型作出选择，不同的阶段可以选择不同的公司类型，不同的目的也可以选择不同的公司。

根据我国《公司法》的有关规定，两类公司的主要差异如表3-1所示。

表3-1　　　　　　　　　　有限责任公司和股份有限公司的主要区别

对比项目	有限责任公司	股份有限公司
设立方式不同	有限责任公司只能以发起方式设立，公司资本只能由发起人认缴，不得向社会公开募集	股份有限公司既可以发起设立，也可以募集设立，即由发起人认缴公司设立时发行的一部分股份，其余股份向社会公开募集或者向特定对象募集
股东人数限制不同	有限责任公司由一个以上五十个以下股东出资设立	设立股份有限公司，应当有一人以上二百人以下为发起人，其中应当有半数以上的发起人在中华人民共和国境内有住所
公司章程内容	股份有限公司章程内容要比有限责任公司内容更多，此处不再罗列	

对比项目	有限责任公司	股份有限公司
出资缴纳期限	全体股东认缴的出资额由股东按照公司章程的规定自公司成立之日起五年内缴足	发起人应当在公司成立前按照其认购的股份全额缴纳股款
股东出资的表现形式不同	有限责任公司股东的出资表现形式为出资证明书，出资证明书必须采取记名方式，股东以实际出资金额或出资比例行使股权	公司的股份采取股票的形式。股票是公司签发的证明股东所持股份的凭证。公司发行的股票，应当为记名股票。股票采用纸面形式或者国务院证券监督管理机构规定的其他形式
股东知情权	股东可以要求查阅公司会计账簿、会计凭证（没有持股比例限制）	连续一百八十日以上单独或者合计持有公司百分之三以上股份的股东有权要求查阅公司的会计账簿、会计凭证。公司章程对持股比例有较低规定的，从其规定
股权转让限制不同	有限责任公司的股东之间可以相互转让其全部或者部分股权。股东向股东以外的人转让股权的，应当将股权转让的数量、价格、支付方式和期限等事项书面通知其他股东，其他股东在同等条件下有优先购买权。股东自接到书面通知之日起三十日内未答复的，视为放弃优先购买权。两个以上股东行使优先购买权的，协商确定各自的购买比例；协商不成的，按照转让时各自的出资比例行使优先购买权。公司章程对股权转让另有规定的，从其规定	股份有限公司的股东持有的股份既可以向其他股东转让，也可以向股东以外的人转让；公司章程对股份转让有限制的，其转让按照公司章程的规定进行。 股东转让其股份，应当在依法设立的证券交易场所进行或者按照国务院规定的其他方式进行。 公司公开发行股份前已发行的股份，自公司股票在证券交易所上市交易之日起一年内不得转让
注册资本最低限额不同	《公司法》取消了对有限责任公司最低注册资本额的要求，也取消了对于缴纳出资的法定期限要求	《公司法》同样也取消了对股份有限公司最低注册资本额的要求。但是上市公司对最低注册有要求
	《证券法》《商业银行法》《保险法》等分别对证券公司、商业银行和保险公司有特殊注册资本要求，而且要求注册时必须实缴。其他法律法规有要求的，依其要求注册	
信息披露义务不同	有限责任公司的经营事项和财务账目无须向社会公开	股份有限公司，尤其是上市公司和新三板挂牌公司，负有法律规定的信息披露义务，其财务状况和经营情况等要依法向社会公开披露
公司治理要求不同	有限责任公司相对比较简单	股份有限公司，尤其是上市公司和新三板挂牌公司，要求相对比较复杂

公司治理包括股东会、董事会和监事会等方面，有限责任公司和股份有限公司在公司治理方面的差异较大，由于篇幅所限和侧重点问题，本书不做详细介绍，会在合伙人制度系列后续的丛书里面做详细介绍。

综上所述，有限责任公司和股份有限公司在股权表现形式、股东人数、设立方式及流程、组织机构设置以及股份转让和流动性等方面存在显著差异。在选择公司形式时，应根据企业实际情况和需求进行综合考虑。

四、初创时如何选择公司形式

在选择设立公司时，企业家们经常会在有限责任公司和股份有限公司之间犹豫，这也是很多人遇到的普遍问题。这两种公司形式各有其特点和优势，选择哪一种更合适主要取决于企业的具体需求和目标。

（一）考虑因素

在公司初创时，选择有限责任公司还是股份有限公司，需要考虑以下关键因素，如图3-3所示。

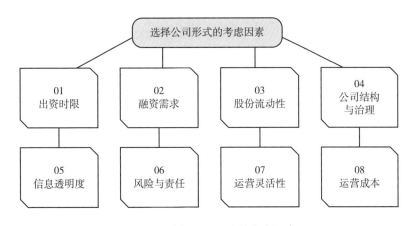

图3-3　选择公司形式的考虑因素

1. 出资时限

有限责任公司全体股东认缴的出资额由股东按照公司章程的规定自公司成立之日起五年内缴足。股份有限公司的出资额不可以分期缴足，应在公司成立时一次性缴足。因此公司在设立时，也需要考虑出资的时限要求，选择不同的公司形式。

2. 融资需求

如果初创公司需要大量的资金来推动项目的快速发展，并且有计划通过公开市场筹集资金，那么股份有限公司可能更为合适。因为股份有限公司可以公开发行股份募集资金，而有限责任公司则不能。

3. 股份流动性

股份有限公司的股份流动性相对较高，便于吸引那些注重投资灵活性和退出机制的投资者。有限责任公司的股份转让则受到更多限制，流动性相对较差。

4. 公司结构与治理

有限责任公司的所有权和管理权通常更为集中，公司治理结构更为简单、决策效率可能更高。而股份有限公司由于股权分散，可能需要更加规范的公司治理结构来确保决策的有效性和透明度。

5. 信息透明度

股份有限公司需要公开更多的财务信息和经营状况，这有助于提高公司的透明度，但也可能暴露商业机密。有限责任公司的信息披露要求相对较低，更有利于保护敏感信息。

6. 风险与责任

在两种公司形式中，股东的责任都限于其投资额。然而，由于股份有限公司的股东可能更加分散，单一股东的风险可能相对较低。

因此，股份有限公司由于股权分散，可能能够更好地分散这些风险。而有限责任公司由于股权集中，风险可能更多地集中在少数股东身上。

7. 运营灵活性

有限责任公司在运营上可能更加灵活，因为决策权通常集中在少数人或个人手中。股份有限公司由于存在更多的股东和更复杂的治理结构，可能在决策上相对较慢。

8. 运营成本

设立股份有限公司的程序和成本通常比设立有限责任公司更为复杂和高昂。初创公司需要权衡这些额外成本与潜在的市场融资能力之间的利弊。

（二）公司形式可以改变

根据《公司法》公司形式可以改变。有限责任公司变更为股份有限公司，应当符合《公司法》规定的股份有限公司的条件；股份有限公司变更为有限责任公司，应当符合《公司法》规定的有限责任公司的条件。有限责任公司变更为股份有限公司的，或者股份有限公司变更为有限责任公司的，公司变更前的债权、债务由变更后的公司承继。

综上所述，初创公司在选择有限责任公司还是股份有限公司时，应根据自身的融资需求、公司治理结构、风险承受能力以及运营成本等多方面因素进行综合考虑。如果初创公司注重灵活性和成本控制，且没有大规模的融资需求，那么有限责任公司可能是一个更合适的选择。而如果公司计划通过公开市场融资并寻求更广泛的投资者基础，那么股份有限公司可能更为适合。

除非有特殊要求或者限制，对于大多数初创企业或中小型企业而言，初创设立公司，选择从有限责任公司开始即可。

第三节　注册资本：合理规划、稳步递增

公司形式确定之后，下一个要面临的问题便是注册资本的问题，合伙人要一起确定注册资本的初始金额。

一、注册资市的重新认识

（一）注册资金的概念

注册资本，也称为法定资本，指的是公司在公司登记机关依法登记的全体股东认缴的出资额或认购的股本总额。注册资金是公司制企业在注册时向市场监督管理部门申报的、用于企业运营和发展的资本金，它是公司成立时股东认缴的出资额，代表了公司的初始资本实力。

（二）注册资本的规定

2024 年 7 月 1 日实行的《公司法》完善了注册资本的实缴制度。

1. 有限责任公司的实缴

有限责任公司的注册资本为在公司登记机关登记的全体股东认缴的出资额。全体股东认缴的出资额由股东按照公司章程的规定自公司成立之日起五年内缴足。

法律、行政法规以及国务院决定对有限责任公司注册资本实缴、注册资本最低限额、股东出资期限另有规定的，从其规定。

2. 股份有限公司的实缴

股份有限公司的注册资本为在公司登记机关登记的已发行股份的股本总额。在发起人认购的股份缴足前，不得向他人募集股份。法律、行政法规以及国务院决定对股份有限公司注册资本最低限额另有规定的，从其规定。

以发起设立方式设立股份有限公司的，发起人应当认足公司章程规定的公司设立时应发行的股份。以募集设立方式设立股份有限公司的，发起人认购的股份不得少于公司章程规定的公司设立时应发行股份总数的 35%；但是，法律、行政法规另有规定的，从其规定。

发起人应当在公司成立前按照其认购的股份全额缴纳股款。

二、出资方式及出资责任

（一）关于出资方式的规定

关于出资方式，有限责任公司和股份有限公司基本上是一致的。

股东可以用货币出资，也可以用实物、知识产权、土地使用权、股权、债权等可以用货币估价并可以依法转让的非货币财产作价出资；但是，法律、行政法规规定不得作为出资的财产除外。

对作为出资的非货币财产应当评估作价，核实财产，不得高估或者低估作价。法律、行政法规对评估作价有规定的，从其规定。

股东以货币出资的，应当将货币出资足额存入有限责任公司在银行开设的账户；以非货币财产出资的，应当依法办理其财产权的转移手续。

2024 年 7 月 1 日实行的《公司法》（以下简称新《公司法》），增加了股权和债权出资的方式，股东可以用名下其他公司的股权或者对股东的应付款项，或者其他的债权作为公司的注册资本给实缴了。当然，无论是股权还是债权，都属于非货币财产出资，需要先找评估机构经过严格的评估程序、出具一份评估报告，并办理相应的产权过户、权利转让等手续，出资才合法有效。

（二）股东出资加速、面临提前实缴

《公司法》第五十四条：公司不能清偿到期债务的，公司或者已到期债权的债权人有权要求已认缴出资但未届出资期限的股东提前缴纳出资。

说白了就是新《公司法》实施后，只要公司没钱还债，债权人就可以要求出资期限还没到的股东提前实缴，突破了原有破产程序的限制。

该条是针对有限责任公司的规定，股份有限公司没有该条规定，因为股份有限公司在成立前就需要全部实缴，所以不存在股东加速出资、面临提前实缴的问题。

（三）关于出资的相关责任

1. 未按期缴纳的赔偿责任

股东应当按期足额缴纳公司章程规定的各自所认缴的出资额。股东未按期足额缴纳出资的，除应当向公司足额缴纳外，还应当对给公司造成的损失承担赔偿责任（股份有限公司和有限责任公司均适用）。

2. 出资不足的连带责任

有限责任公司设立时，股东未按照公司章程规定实际缴纳出资，或者实际出资的非货币财产的实际价额显著低于所认缴的出资额的，设立时的其他股东与该股东在出资不足的范围内承担连带责任。

股份有限公司发起人不按照其认购的股份缴纳股款，或者作为出资的非货币财产的实际价额显著低于所认购的股份的，其他发起人与该发起人在出资不足的范围内承担连带责任。

3. 董事会的催缴和责任

根据《公司法》第五十一条：有限责任公司成立后，董事会应当对股东的出资情况进行核查，发现股东未按期足额缴纳公司章程规定的出资的，应当由公司向该股东发出书面催缴书，催缴出资。

未及时履行前款规定的义务，给公司造成损失的，负有责任的董事应当承担赔偿责任。

该规定同样适用于股份有限公司。

4. 股东失权的处理

根据《公司法》第五十二条：股东未按照公司章程规定的出资日期缴纳出资，公司依照第五十一条第一款规定发出书面催缴书催缴出资的，可以载明缴纳出资的宽限期；宽限期自公司发出催缴书之日起，不得少于六十日。宽限期届满，股东仍未履行出资义务的，公司经董事会决议可以向该股东发出失权通知，通知应当以书面形式发出。自通知发出之日起，该股东丧失其未缴纳出资的股权。

依照前款规定丧失的股权应当依法转让，或者相应减少注册资本并注销该股权；六个月内未转让或者注销的，由公司其他股东按照其出资比例足额缴纳相应出资。

股东对失权有异议的，应当自接到失权通知之日起三十日内，向人民法院提起诉讼。

该规定同样适用于股份有限公司。

5. 抽逃出资的连带责任

根据《公司法》第五十三条：公司成立后，股东不得抽逃出资。

违反前款规定的，股东应当返还抽逃的出资；给公司造成损失的，负有责任的董事、监事、高级管理人员应当与该股东承担连带赔偿责任。

该规定同样适用于股份有限公司。

6. 股权转让人的补充出资责任及连带责任

股权转让之后，转让人的出资责任并没有因此而结束，《公司法》对有限责任公司转让人的补充责任和连带责任情况进行了规定。

根据《公司法》第八十八条：股东转让已认缴出资但未届出资期限的股权的，由受让人承担缴纳该出资的义务；受让人未按期足额缴纳出资的，转让人对受让人未按期缴纳的出资承担补充责任。

未按照公司章程规定的出资日期缴纳出资或者作为出资的非货币财产的实际价额显著低于所认缴的出资额的股东转让股权的，转让人与受让人在出资不足的范围内承担连带责任；受让人不知道且不应当知道存在上述情形的，由转让人承担责任。

三、注册资金的影响因素

注册资金的大小对公司有着一定的影响。注册资金越高，代表公司的实力越强，可能更容易获得合作伙伴和客户的信任。同时，注册资金也是公司承担风险和责任的基础，如果公司面临债务或法律纠纷，注册资金可以作为公司承担责任的限额。

然而，注册资金并不是越高越好。过高的注册资金可能会增加企业的财务负担，而且在限期内需要缴纳，对股东的资金流会造成压力。此外，注册资金的大小也需要根据公司的实际情况和需求来确定，包括公司的业务规模、行业特点、市场竞争力等因素。

《公司法》早已取消了对于注册资本最低限额的要求，那么影响注册资本的因素主要有哪些呢，具体如图3-4所示。

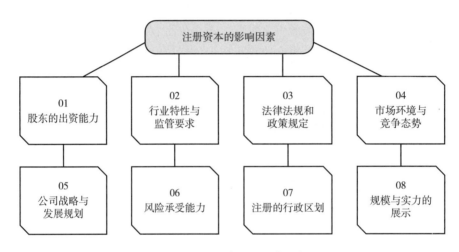

图3-4　注册资本的影响因素

1. 股东的出资能力

注册资本的确定需要考虑股东的出资能力。股东应当按照约定的比例和时间履行出资义务，因此，注册资本的大小应当与股东的出资能力相匹配。

股东出资能力是决定注册资本规模的关键因素之一。股东的资金状况、投资意愿以及对企业未来发展的信心都会直接反映在他们的出资水平上。资金雄厚的股东往往愿意投入更多的资本来支持公司的起步和发展，而资金紧张或对公司前景持保留态度的股东则可能选择较小的注册资本。

2. 行业特性与监管要求

不同行业对注册资本的要求各不相同。一些高风险或资本密集型的行业，如银行、保险、证券、房地产等，往往需要较高的注册资本来保障公司的稳健运营和抵御风险的能力。此外，政府监管政策也会对注册资本产生影响，例如，对某些行业设定最低注册资本门槛，以确保行业的健康发展。

3. 法律法规和政策规定

注册资本的确定还需要遵守相关的法律法规和政策规定。虽然《公司法》取消了对于注册资本的最低要求，但是对于一些特殊类型的公司，还是设定了一些相关的要求，如上市公司等。

《深圳证券交易所股票上市规则（2023年8月修订）》规定，境内企业申请首次公开发行股票并在本所上市，应当符合下列条件：（1）符合《证券法》、中国证监会规定的发行条件。（2）发行后股本总额不低于5 000万元。（3）公开发行的股份达到公司股份总数的25%以上；公司股本总额超过4亿元的，公开发行股份的比例为10%以上。（4）市值及财务指标符合本规则规定的标准。（5）本所要求的其他条件。

4. 市场环境与竞争态势

市场环境的变化和竞争态势的演进同样会影响注册资本的设定。在竞争激烈的市场中，企业为了获得更好的市场地位和资源，往往会选择增加注册资本以显示其经济实力和竞争力。相反，在市场需求不旺或行业衰退时期，企业可能会选择保持较小的注册资本以应对经济压力。

5. 公司战略与发展规划

公司的战略规划和长远发展目标也是决定注册资本的重要因素。如果公司计划进行大规模的业务拓展或技术创新，那么注册资本的设定就需要与之相匹配，以确保有足够的资金支持公司的战略实施。此外，公司的资本结构和财务策略也会对注册资本产生影响。

6. 风险承受能力

注册资本也是公司承担风险和责任的基础。如果公司面临债务或法律纠纷，注册资本可以作为公司承担责任的限额。因此，在确定注册资本时，需要考虑公司的经营风险和承担能力。

7. 注册的行政区划

注册公司的行政区划是指企业在工商注册过程中选择的所属的行政区域，如省、市、县等。在中国，企业可以根据自身业务需要和实际情况，在省级、市级或县级行政区划中选择注册。

一般在市级或者区县级市场监督局注册的公司，除特殊行业外一般没有对注册资本的特殊要求，但是在省级市场监督管理部门或者国家市场监督管理总局注册的公司一般都有注册资本的最低要求。例如，某省规定，行政区划中使用"XX省"的，要求最低注册资本不得低于300万元；在国家市场监督管理总局注册没有行政区划的公司，一般要求最低注册资本不低于5 000万元。

8.规模与实力的展示

注册资本的大小直接反映了公司的规模和实力。一般来说,注册资本越高,公司的初始实力越强,有利于公司更好地参与商业活动,扩大业务规模和范围。此外,在有些业务的招标中,也会对最低注册资本有相关的要求,其实也是对公司规模和实力的一个要求。

综上所述,注册资本的影响因素包括公司规模和实力、股东出资能力、行业要求和市场需求、法律法规和政策规定以及经营风险等多个方面。在确定注册资本时,需要综合考虑这些因素,作出合理的决策。同时,在未来的发展中,我们应该密切关注这些因素的变化,以便更好地把握注册资本的度,以减少和防范不必要的风险。

四、注册资金多少合适

随着商业环境的日益复杂,公司注册资本的实缴制度一直是市场监管的重要组成部分。新《公司法》对注册资本实缴制度进行了完善,标志着我国公司法律体系在保护投资者权益、规范市场秩序方面迈出了坚实的一步。注册资本实缴制度的完善,不仅有助于防止注册资本的"假、大、空"现象,还能增强市场透明度,提升市场主体的信用意识。

(一)注册资本不宜"假、大、空"

在修订前的《公司法》框架下,注册资本的实缴时间并没有明确规定,这导致了一些投资者在注册公司时,为了追求所谓的"门面"效应,将注册资本设定得非常高。尽管这些注册资本都是认缴而非实缴,但这种现象无疑给市场带来了诸多问题和挑战。例如,过高的注册资本可能导致市场对公司实力的误解,增加了潜在投资者的决策难度;同时,这也为一些不法分子提供了可乘之机,通过虚报注册资本进行欺诈活动。

新《公司法》的实施,对注册资本实缴制度进行了明确和规范。根据规定,投资人在注册公司时必须按照实际出资情况来设定注册资本,而不能再随心所欲地设定一个巨大的数字。这一改革将有效抑制注册资本"假、大、空"的现象,使得公司的注册资本更加真实可信,有助于维护市场的公平竞争秩序。

新《公司法》的实施,无疑将对市场主体产生深远的影响。一方面,这将促使投资者在注册公司时更加审慎地考虑注册资本的设定,避免了盲目追求大数字的行为;另一方面,这也将提高市场的透明度,使得潜在投资者能够更准确地了解公司的实力和信用状况。展望未来,随着注册资本实缴制度的进一步完善和市场环境的不断优化，我们有理由相信，市场主体的信用意识将得到提升，市场秩序将更加规范。

（二）确定注册资本的几个原则

投资人在公司设立时，注册资本的大小可以遵循以下几个原则来核定，具体如图 3-5 所示。

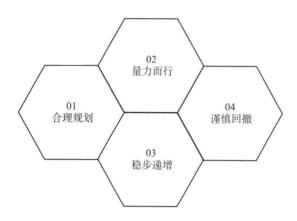

图 3-5　确定注册资本的原则

1. 合理规划

在公司初创时，合理规划注册资本是至关重要的，以下是一些关于如何合理规划注册资本的建议。

（1）了解行业和地区要求。

不同行业和地区对注册资本有不同的要求。在规划注册资本之前，应该先了解所在行业和地区的相关规定，确保注册资本符合最低限额要求。

（2）评估公司规模和业务需求。

注册资本应与公司规模和业务需求相匹配。对于初创企业，可以根据初创期的运营成本和预期收入来规划注册资本。对于已有业务的企业，可以根据业务扩张计划和资金需求来设定注册资本。

（3）预留发展空间。

在规划注册资本时，应为公司未来的发展预留一定的空间。随着公司业务的增长和扩张，可能需要增加注册资本来支持更大的运营规模和更多的资金需求。

（4）咨询专业人士。

在规划注册资本时，建议咨询专业的会计师、律师或企业顾问。他们可以根据公司的具体情况和需求提供专业的建议和指导，确保注册资本的设定既符合法律要求又有利于公司的发展。

总之，合理规划注册资本是公司成立和发展的重要环节。通过了解行业和地区要求、评估公司规模和业务需求、考虑股东出资能力和股权结构、预留发展空间以及咨询专业人士的建议，可以确保注册资本的设定既合法又合理，为公司的长期发展奠定坚实的基础。

2. 量力而行

此外，注册资本的大小要根据股东的实力量力而行。注册资本代表了公司的初始实力，同时也是公司承担风险和责任的基础。如果注册资本设置得过高，可能会给公司带来过大的财务压力，甚至导致无法完成实缴，影响公司的正常运营。反之，如果注册资本设置得过低，可能无法满足一些业务需求和资质要求，限制公司的发展。

量力而行，意味着投资人在设立公司时，需要考虑股东的出资能力和股权结构。股东应根据自身经济状况和出资意愿来确定出资金额和比例，合理设定注册资本额度可以确保公司发展的稳定性、降低风险。

量力而行，意味着企业在增加注册资本时，要充分考虑自身的经济实力和市场需求。不能为了一时的扩张而盲目举债，更不能为了虚荣心而盲目追求注册资本的膨胀。只有根据自身实际情况，合理规划注册资本的规模，才能确保企业的稳健发展。

3. 稳步递增

公司在创立之初，注册资本不宜过大，在发展过程中，可以根据公司的发展、市场的需要以及实际的具体情况，再稳步递增。注册资本的稳步递增通常发生在公司经营状况良好，业务规模不断扩大，需要更多的资金来支持运营和发展的情况下，对外给公司传递的也是一个正向和积极的信号。

（1）稳步递增说明公司实力增强。

增加注册资本可以提升公司的资本实力，使公司有更多的资金用于扩大业务规模、提升产品质量、加强市场营销等方面，从而提升公司的竞争力和市场地位。

（2）稳步递增可以提高公司信誉度。

注册资本是公司承担风险和责任的基础，增加注册资本可以提高公司的信誉度和公信力，有利于公司获得更多的业务合作机会和融资支持。

（3）满足资质或投标的要求。

一些行业或项目可能对公司的注册资本有最低要求，增加注册资本可以使公司满足这些资质要求，从而拓展更多的业务领域。

总之，注册资本稳步递增是公司发展过程中的一种重要策略，可以提升公司的实力、信誉度和市场竞争力。但在实施过程中需要遵守法律法规、结合实际情况和股东协商一致等原则。

4. 谨慎回撤

注册资本的回撤，也就是减少注册资本，是公司运营过程中可能会遇到的一种情况。但在这个过程中，公司必须要谨慎行事，因为注册资本的减少可能会对公司的运营、信誉以及股东权益产生重大影响。

首先，减少注册资本可能会影响公司的运营能力。注册资本是公司运营的基础，它反映了公司的实力和规模。如果注册资本大幅减少，可能会导致公司的运营资金紧张，影响到公司的正常运营。

其次，注册资本的减少可能会影响公司的信誉。在外界看来，注册资本的减少可能是公司经营状况不佳的信号，这可能会打击公司的合作伙伴、客户以及投资者的信心，进而影响到公司的业务发展。

再次，注册资本的较少可能会影响债权人的利益。公司减少注册资本，需要履行一系列的程序，需要通知债权人，这可能会影响债权人的利益，进而导致一系列负面影响。因此，公司在考虑减少注册资本时，必须充分考虑到债权人的利益。公司应该通过合理的方式减少注册资本，如通过回购股份、减少股本等方式，同时应该确保减少注册资本后，公司的偿债能力不会受到过大影响，债权人的利益不会受到损害。

最后，注册资本的减少也需要考虑到股东权益的保护。注册资本的减少可能会影响到股东的利益分配，甚至可能会损害到股东的权益。因此，在减少注册资本的过程中，必须要充分考虑到股东的利益，确保股东权益不受损害。

因此，公司在考虑回撤注册资本时，必须要谨慎行事。从始看终，反过来，就需要公司在初创设立的时候，避免把注册资本做得过大，以免将来不得不作出减少注册资本的问题。

（三）初创注册资本的几个参考

初始注册资本的大小，并没有一个最佳答案，也是因人而异、因时而异的，根据以上几个原则，投资人在初创设立公司，注册资本不宜过大、符合基本的需要即可，在不考虑金融等特殊行业的前提下，初创设立公司注册资本可以参考以下几个维度。

1. 咨询服务类的中小企业

咨询服务类的中小企业，一般初创时规模较小、不需要重资产投资，一个写字间甚至就可以满足基本需要，这类公司属于轻资产类型，可以结合未来一年的房租、人员数量及开支、收入实现的进度等因素，确定初始注册资本的数额，一般10万~100万元，都是比较合适的注册资本数额。

当然如果是冠以"XX"省行政区划的情况下，有些省份对于最低注册资本有要求，一般要求在省级市场监督管理部门注册的公司，注册资本一般不得低于300万元，这种情况下，注册资本定位300万元便是合适的，没有必要注册得太高。

2. 制造业类型的中小企业

制造业类型的中小企业，一般需要厂房、设备等固定资产的投资，通常注册资本规模会略大一些，可以结合固定资产投资的需要、最低半年流动资金的保障以及杠杆资金的情况来设定，可以参考的计算公式如下：

初始注册资本数额＝固定资产投资的需要＋流动资金的保障－杠杆融资的资金数量。

假定某化工厂拟投资建厂，初始固定资产投资大约 3 000 万元，投产后大约需要 500 万元的流动资金，杠杆资金大约 1 000 万元。则注册资本数额大约为 3 000+500-1 000=2 500 万元即可，考虑一定的弹性空间，可以将注册资本确定在 2 500 万~3 000 万元之间都是合适的。

3. 其他一些参考意见

某些行业可能会主要从事政府招标类的项目，通常会设置一些门槛，如公司注册资本在多少万元以上；对于这种类型的企业，注册资本满足最低投标要求即可，没有必要设置得过高，增加股东出资的压力。

还有一些行业，可能涉及申请相应的资质，相关的监管部门可能会存在一些相应的要求，对于这类企业也是满足或略高于最低的申请资质要求即可。

总之，新《公司法》的实施为注册资本实缴制度带来新的变化，通过明确和规范注册资本的设定与实缴，新《公司法》不仅有助于抑制注册资本的"假、大、空"现象，还将促进市场的公平竞争和健康发展。因此，中小企业在初创设立时，要秉承合理规划、量力而行、稳步递增、谨慎回撤的原则，合理设定注册资本的数额，过高或者过低都是不健康的、都会阻碍公司的发展。

第四节　股权结构：他山之石，可以攻玉

有了合伙人，有了出资额，设立公司时，必然要面临下一个问题，这便是如何搭建股权结构、如何分配股权比例的问题，这也是合伙创立公司的核心问题，本节和下一节将会重点讲解股权结构及股权分配的问题。

一、股权结构的两个维度

（一）股权结构的重新定义

股权结构是指公司总股本中不同性质的股份所占的比例及其相互之间的安排，

以及上下层级公司之间股权构成与安排的整体关系。

股权结构是公司治理的基础，也是公司顶层设计的重要组成部分，不同的股权结构决定了公司不同的内部组织结构及其公司治理结构，进而决定了公司的经营活动和业绩绩效，影响着公司的发展走势及未来命运。因此股权结构设置是否合理，对于公司的管理、稳定和发展具有重要的影响，甚至是决定性的影响。

（二）股权结构的两个维度

通过股权结构的概念，我们可以发现，股权结构实际包含了两个维度，一个横向维度，另一个是纵向维度。

1.股权结构的横向维度

股权结构的横向维度是指在某一主体公司中，不同股东、不同性质的股份所占的比例及其相互之间的关系，是从横向的角度，研究某一主体公司各股东之间的持股比例及相关制约的关系。

股权结构横向维度如图 3-6 所示。

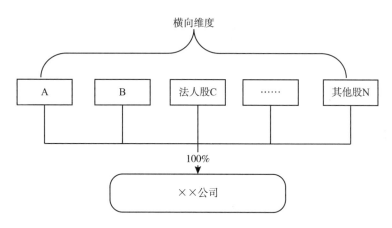

图 3-6　股权结构横向维度

下面在股权结构类型的划分中，不同集中度的股权结构类型，主要是从横向维度进行划分的。

2.股权结构的纵向维度

股权结构的纵向维度是指某一主体公司与各类型子公司（全资子公司、控股子公司、参股子公司）及其下属公司之间，各下属层级公司及其少数股东之间，股权构成、安排及相互制约关系的整体安排，是从纵向的角度，研究某一主体公司及其下属各层级公司之间、与少数股东之间的持股比例及相关制约的关系。

股权结构纵向维度如图 3-7 所示。

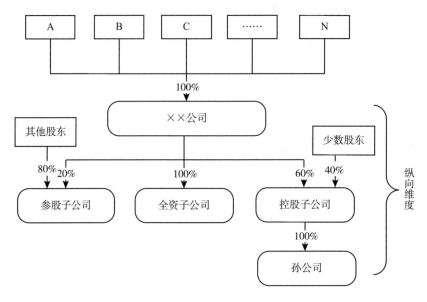

图 3–7　股权结构纵向维度

下面在股权结构类型的划分中，不同层级的股权结构类型，主要是从纵向维度进行划分的。

二、股权结构的衡量指标

虽然没有绝对的最优股权结构，但是可以对股权结构进行一定程度的衡量，对股权结构进行衡量的指标主要涉及股权集中度和股权制衡度两个标准。[①]

股权集中度和股权制衡度两类指标，也主要是从股权结构的横向维度进行衡量的。从股权结构的纵向维度很难有统一的衡量标准，很难衡量各类股权结构的优劣，层级多并不代表股权结构好，层级少也并不代表股权结构差。

（一）股权集中度指标

衡量股权集中度的指标主要有 CR_n 指数（Concentration Ratio Index）和 H 指数（Herfindahl Index）。

1. CR_n 指数

CR_n 指数是指公司前 n 位股东持股比例的总和，CR_n 越小，表示公司的股权越分散，反之，则表示公司的股权越集中。例如，CR_3 代表前三位股东的持股比例总和。

---

① 万立全.股权结构的公司治理效应研究［M］.北京：经济科学出版社，2016.

2. H 指数

H 指数是指前 n 位股东的持股比例的平方和。它是 CR_n 指数的一个补充，因为当公司前 n 位股东的持股比例之和相同时，便将难以区分两公司股权分布的差异，而 H 指数克服了这个缺点，因为小于 1 的数进行平方，会使差异显著，便于反映出股权在分布上的不平衡。H 指数越大，表示公司的股权越集中，反之，则表示公司的股权越分散。

举例 3-1

公司 1 和公司 2 的相关信息如下：

公司 1			公司 2		
股东	持股比例（%）	持股比例平方	股东	持股比例（%）	持股比例平方
1	45	0.20	1	35	0.12
2	25	0.06	2	30	0.09
3	20	0.04	3	25	0.06
4	10		4	10	
合计	100	H=0.31		100	H=0.28

从上述信息可知，公司 1 和公司 2 的 CR_3 都等于 90%，无法判断公司 1 和公司 2 股权分布的差异；但是通过计算 H 指数，公司 1 的 H 指数等于 0.31，而公司 2 的 H 指数等于 0.28，由此可知公司 1 的股权集中度比公司 2 要高。

以上所举的例子，股东人数较少，通过直观地判断也可以看出公司 1 的股权集中度比公司 2 要高，但是对于股东人数较多的公司，需要通过计算才能判断。

（二）股权制衡度指标

衡量股权制衡度的指标主要是 Z 值指数和 CN_n 指数。

1. Z 值指数

Z 值指数是指第一大股东持股比例与第二大股东持股比例之比。Z 值越小，表明第二大股东对第一大股东的制衡能力越强，反之，则表明第二大股东制衡能力较弱。当 Z 值接近 1 时，则表明两大股东持股比例相近，公司不是由最大股东单独控制。

2. CN_n 指数

CN_n 指数表示第二到第 n 位股东的持股比例总和与第一大股东的持股比例之

比。CN_n 越大，表示该公司的股东制衡程度越高，反之，则制衡程度越低。例如，CN_4 表示第二大股东到第四大股东的持股比例之和与第一大股东持股比例的比值。

举例 3-2

公司 1 和公司 2 的相关信息如下：

公司 1		公司 2	
股东	持股比例	股东	持股比例
1	45%	1	35%
2	25%	2	30%
3	20%	3	25%
4	10%	4	10%
Z 值	1.80	Z 值	1.17
CN_4	1.22	CN_4	1.86

从上述信息可知，公司 1 的 Z 值为 1.80，公司 2 的 Z 值为 1.17，公司 2 的 Z 值小于公司 1 的，说明公司 2 的制衡能力更强。

从上述信息可知，公司 1 的 CN_4 为 1.22，公司 2 的 CN_4 为 1.86，公司 2 的 CN_4 大于公司 1 的，说明公司 2 的股东制衡程度更高。

综合两个指标，都说明公司 2 的制衡程度更高，说明第一大股东对公司的控制力度较弱；而公司 1 的第一大股东对公司的控制力度较强。

三、股权结构的八大类型

股权结构的类型非常多，按不同的划分方法也可以划分为很多类，本节主要介绍股权结构的八大常用类型，公司在进行股权设计的时候可以参考，当然没有一成不变的股权结构，也没有最优股权结构类型，股权结构是动态变化的，只有适合自己公司的股权结构类型才是最理想的股权结构。

（一）股权结构的分类方法

股权结构从不同的角度可以划分为不同的类型，常见划分方式如图 3-8 所示。

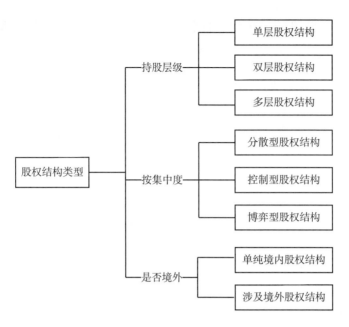

图 3-8　股权结构分类

1. 按股东持股层级划分

股权结构按持股层级，可以分为单层股权结构、双层股权结构和多层股权结构几种类型。

2. 按股权集中度划分

股权结构按股权集中度，可以分为分散型股权结构、控制型股权结构和博弈型股权结构几种类型。

3. 按是否涉及境外架构划分

股权结构按是否涉及境外架构，可以分为单纯境内股权结构和涉及境外股权结构两种。平常我们所听到的红筹架构，便是涉及境外股权结构的主要方式。

（二）不同层级的股权结构

按股东持股层级划分，可以将股权结构类型划分为单层股权结构、双层股权结构和多层股权结构。

1. 单层股权结构

单层股权结构，是指由自然人股东直接持股主体公司的股权结构，这也是大多数中小企业创业初期普遍采用的最主要模式。

单层股权结构的主要模式举例如图 3-9 所示。

单层股权结构比较简单，适用于股东人数较少的初创期公司；股东人数较多时，会增加股东大会的通知、召集和主持的工作量，当股东意见不一致时，甚至会造成股东大会的会议混乱。因此当股东人数较多时，不建议采用单层股权结构，单层股权结构会增加股东大会的复杂性和工作量。

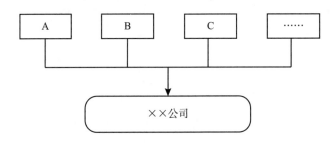

图 3-9　单层股权结构

2. 双层股权结构

双层股权结构，是指主体公司不是全部由自然人直接持股，而是嵌套一层持股平台。初创期的公司大多股权结构比较简单，但是对于很多发展成为上市公司或者是集团公司的公司，由于融资增加了外部投资者、股权激励增加了员工持股等因素的影响，往往不再是单层股权结构，而是演变成双层股权结构或者多层股权结构。

双层股权结构的主要模式主要包括以下两种。

（1）全部通过持股平台持股。

全部通过持股平台持股，是指自然人股东的股份全部通过持股平台来持有，主体公司没有自然人股东，主要有单个持股平台和多个持股平台两种。

①由单个持股平台持股（见图 3-10）。

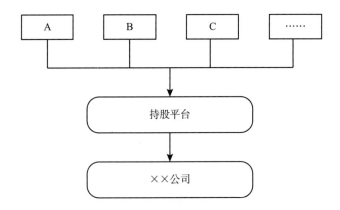

图 3-10　单个持股平台的双层股权结构

②两个或两个以上持股平台（见图 3–11）。

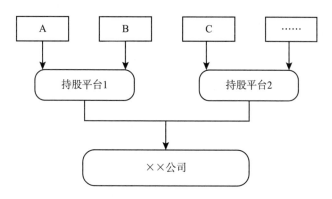

图 3–11　多个持股平台的双层股权结构

（2）部分通过持股平台持股。

部分通过持股平台持股，是指自然人股东的股份部分通过持股平台来持有，主体公司还保留部分自然人股东，如图 3–12 所示。

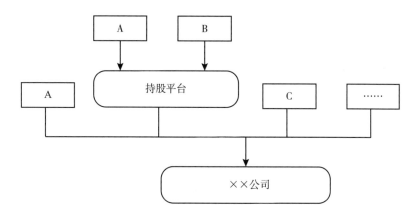

图 3–12　部分通过持股平台的双层股权结构

3. 多层股权结构

多层股权结构，是指主体公司不是全部由自然人直接持股，而是嵌套两层或者两层以上的持股平台，多层股权结构一般层级比较多、股权结构比较复杂。

（1）全部通过持股平台。

全部通过持股平台持股的多层股权结构，如图 3–13 所示。

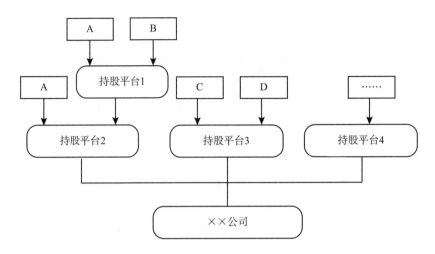

图 3-13　全部通过持股平台的多层股权结构

（2）部分通过持股平台。

部分通过持股平台持股的多层股权结构，如图 3-14 所示。

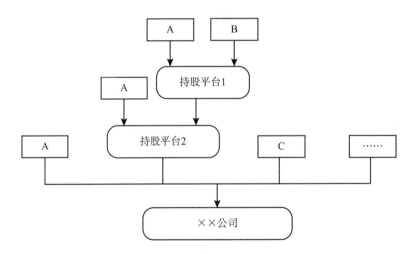

图 3-14　部分通过持股平台的多层股权结构

从理论上讲，股权结构可以向上无限层级地嵌套，但是越复杂的层级就会带来越大的管理难度，也有很多公司为了特殊目的设置多层嵌套的持股平台，持股平台往往都是空壳公司，不经营实际业务。

关于持股平台的类型以及持股平台的优势详见本书第二章，虽然设置持股平台可以起到很多作用，但是过多的持股层级也会带来管理的难度，一般情况下对于大多数公司而言，设置两三层的持股平台基本可以满足需求。

启迪设计上市前的股权结构

根据苏州设计研究院股份有限公司（现名启迪设计集团股份有限公司，以下简称"苏州设计"）《首次公开发行股票并在创业板上市招股说明书》，苏州设计发行上市前的股权结构如下图所示。

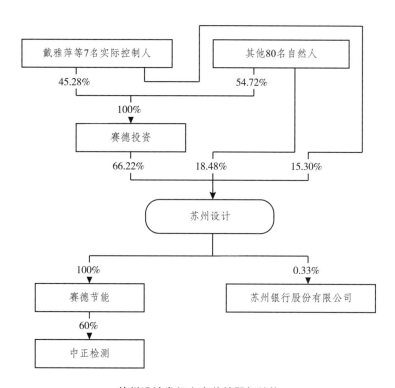

苏州设计发行上市前的股权结构

资料来源：东方财富网。

案例 3-1 中，以苏州设计作为主体公司的话，属于只有一层持股平台的双层股权结构；但是对于赛德节能和中正检测而言，则属于多层股权结构；而对于赛德投资来言，则属于单层股权结构。股权结构层级，需要有个参照的主体公司，再通过主体公司上面的层级，来判定股权结构类型。

（三）不同集中度股权结构

按股权集中度划分，可以将股权结构类型分为分散型股权结构、控制型股权结构、博弈型股权结构等几种类型。

1. 分散型股权结构①

分散型股权结构是一种股权比例较为分散的股权结构类型，表现形式如 30%：20%：20%：20%：10%。分散型的股权比例产生的原因可能是公司的创始人较多，且因各个股东投入和地位相当，导致股权比例在分配上难以集中。

分散型的股权结构具有以下特点。

（1）在这种股权结构之下，由于股权的零散分布，公司需要在部分股东达成一致的情况下，才能进行决策，股东之间的相互制衡有利于提高决策的民主性和科学性；但相较于控制型股权结构而言，分散型股权结构无论是在股东决策的效率上还是在公司的反应速度上又要低很多。

（2）股权越分散将导致公司的中小股东的数量越多，这些中小股东因为自己在公司的股权少，个人没有什么决定性的发言权，所以就直接放弃管理公司的权利和对公司的投入，把管理公司和对公司的投入问题交给大股东，而消极的投入和参与管理将会出现中小股东"搭便车"的现象发生。

（3）由于股权的分散分布，股东会决策时会因各方股东的意见不一致，导致公司难以形成决策以至于出现公司僵局的情况。

（4）因为股东追求投资利益最大化的预期，势必将会导致股权的不断转手，然后在分散型的股权结构下，由于公司缺少实际的控股股东，在股权的不断交易中容易造成公司的兼并与监管的动荡。

股权分散并不意味着股权在比例结构上的不合理，现在美国企业具有高度分散化的股权结构，美国股权分散化是和企业的融资方式有直接关系的，即在美国由于法律规定银行不得为企业提供长期贷款，加上其发达的证券市场，所以美国公司主要是通过发行股票和公司债券的融资方式从资本市场上筹措长期资本，从而导致股权的高度分散。

股权分散在一定程度上使得公司的所有权和经营权分离，对公司也有正面促进作用。但是股权过于分散会出现公司没有实际控制人的局面，将会导致大量的小股东在股东大会中相互制约、产生利己行为，要想通过决议必须通过复杂的投票程序，甚至是相互的争吵，公司将会消耗大量的时间在股东之间的争吵与博弈之中。此外，股权过于分散，上市之后容易引来"门口的野蛮人"。2016 年闹得沸沸扬扬的"宝万之争"②便是一个经典的案例。

---

① 宋桂明.股权设计战略与股权激励实务指引［M］.杭州：浙江工商大学出版社，2017.

② 复盘宝万之争全过程：华润是怎么一步步丢掉万科的［EB/OL］. https：//finance.ifeng.com/a/20170628/15492457_0.shtml.

张家港行无实际控制人上市

根据江苏张家港农村商业银行股份有限公司（以下简称"本行"）《首次公开发行股票招股说明书》，本行不存在控股股东和实际控制人，认定依据如下：

1. 本行股权结构分散、不存在控股股东和实际控制人

根据《中国银监会农村中小金融机构行政许可实施办法》要求，单个境内非金融机构及其关联方合计投资入股比例不得超过农村商业银行股本总额的 10%。报告期内，本行股权结构未发生重大变化，股权结构一直维持在比较分散的状态，不存在控股股东和实际控制人。

报告期内，持有本行 5% 以上股份的主要股东及其关联方持股情况具体如下：

单位：%

序号	股东名称	持股比例（2013 年初）	持股比例（2016 年 6 月末）
1	张家港市直属公有资产经营有限公司	9.0965	9.0965
2	张家港市金城投资发展有限公司	0.8956	0.8956
3	江苏沙钢集团有限公司	9.0873	9.0873
4	江苏国泰国际集团有限公司	8.9674	8.9674
	合计	27.1512	27.1512

注：张家港市直属公有资产经营有限公司持有张家港市金城投资发展有限公司 100% 的股份。

本行持股 5% 以上的主要股东在报告期内股权稳定，其各自及其关联方持股均未超过本行股本总额的 10%，其持有的股份所享有的表决权均不足以对本行股东大会的决议产生重大影响。

2. 本行单一股东无法控制股东大会

根据《中华人民共和国公司法》（以下简称《公司法》）和本行《公司章程》的规定，股东大会作出的决议，须经出席会议的股东所持表决权的过半数通过，特殊事项须经出席会议的股东所持表决权的三分之二以上通过。本行任何股东及其关联方所持股份均未超过公司总股本的 10%，因此，本行任何股东均无法控制股东大会或对股东大会决议情况产生决定性影响。

3. 本行单一股东无法控制董事会

根据《公司章程》规定，董事会和监事会成员的任免由股东大会以普通决议通过。本行董事均由股东大会选举产生，且每个股东均按照各自的表决权参与董事选

举的投票表决，任何股东及其关联方均没有能力决定半数以上董事会成员的人选。

根据《公司法》及《公司章程》的规定，董事会会议应有过半数的董事出席方可举行。董事会作出决议，必须经全体董事的过半数通过。董事会决议的表决实行一人一票。本行董事均依据自己的意愿对董事会会议议案进行表决，不存在任何单一股东单独控制董事会的情形。

基于上述原因，江苏张家港农村商业银行股份有限公司在上市的时候被认定为没有实际控制人。资本市场上的上市公司，没有实际控制人的案例也经常出现。

资料来源：东方财富网。

2. 控制型股权结构 [①]

控制型股权结构是常见于家族企业的股权结构类型。在这种股权结构模式之下，有一个持有股权比例在51%甚至是67%以上的股东或者家族控制公司的股东（大）会，其表现为控股股东"一股独大"，而该控股股东通常为公司的董事长、执行董事或总经理，同时作为公司的法定代表人，并保管公司的印章证照，实现对公司的全方位控制。

控制型股权结构在创业初期有一定的优势，因为股权的高度集中，使得创业项目的负责人和创业前期的成功与失败有最为直接的关联；而且创业初期往往需要将更多的精力放在产品研发和市场的开拓上，因此需要进行高效的决策，以便将更多时间用于实质性的开拓工作上。相较于分散型股权结构，在控制型股权结构中，只要实际控制人不发生变动，其他股东的进入和退出对公司的影响不大，因此这样的股权结构安全性更强。以上都是控制型股权结构在创业初期所发挥的优势，但如果一家公司长期保持这种模式，其他小股东将失去积极性。而且公司行为很容易与大股东的个人行为混同，容易形成大股东"一言堂"的局面，容易产生一些错误的决策，也不利于公司的发展。

案例 3–3 ▶▶▶▶▶▶▶▶▶▶▶▶▶▶▶▶▶▶▶▶▶▶▶▶▶▶▶▶

京天利上市前的股权结构

根据北京无线天利移动信息技术股份有限公司（以下简称"公司"）《首次公开发行股票并在创业板上市招股说明书》，公司发行上市前的股权结构如下图所示。

截至招股说明书签署日，钱永耀先生直接持有本公司3 207.06万股股份，通过天津智汇间接持有本公司55.08万股股份，直接及间接持有的股份占本公司总股本

[①] 宋桂明.股权设计战略与股权激励实务指引 [M].杭州：浙江工商大学出版社，2017.

的 54.37%，是本公司控股股东、实际控制人。

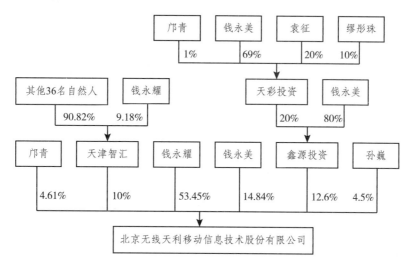

京天利发行上市前的股权结构

本次发行前，本公司各股东间的关联关系及关联股东各自持股的比例如下：

（1）控股股东及实际控制人钱永耀先生直接持有公司 3 207.06 万股股份，持股比例为 53.45%。

（2）股东钱永美女士直接持有公司 890.19 万股股份，持股比例为 14.84%。钱永美系钱永耀的姐姐。

（3）股东鑫源投资持有公司 756 万股股份，持股比例为 12.6%。鑫源投资的控股股东及法定代表人为钱永美，钱永美直接持有鑫源投资 80% 的股权，通过其所控股的天彩投资间接持有鑫源投资 20% 的股权。邝青先生直接持有天彩投资 1% 的股权。

（4）股东天津智汇持有公司 600 万股股份，持股比例为 10%。天津智汇的普通合伙人（执行事务合伙人）为钱永耀，钱永耀出资占天津智汇出资总额的 9.18%。

发行上市前钱永耀直接控制的表决权比例为 63.45%（53.45%＋天津智汇 10%），加上其姐姐钱永美直接控制的表决权比例为 27.44%（14.84%＋鑫源投资 12.6%），钱永耀、钱永美姐弟实际控制的表决权比例达 90.89%，对公司具有完全的控制权。即使上市后公开发行 25% 的股票，股权比例稀释一部分后，钱永耀、钱永美姐弟对公司仍然具有绝对的控制权，该公司股权结构属于典型的控制型股权结构类型。

资料来源：东方财富网。

3. 博弈型股权结构

博弈型股权结构，也被称为平衡型股权结构，是指公司存在两个以上的大股东且持股比例接近或相等，没有其他小股东或者小股东持股比例很小的情形，大股东之间构成了一种博弈或者平衡关系，因此称为博弈型股权结构。最极端的表现行为 50%：50%，这种案例也经常遇见；其他的情形例如 40%：40%：20%，以及 49%：49%：2% 等，都属于博弈型股权结构。

（1）各 50% 的情形。

两个股东各占公司 50% 股份。假定某股份有限公司有 A、B 两位自然人股东，各股东的持股比例为 50%：50%。根据《公司法》规定，股东大会作出决议，必须经出席会议的股东所持表决权过半数通过；但是，股东大会作出修改公司章程、增加或者减少注册资本的决议，以及公司合并、分立、解散或者变更公司形式的决议，必须经出席会议的股东所持表决权的三分之二以上通过。股东大会普通决议也需要出席会议的股东所持表决权过半数通过，因此只要 A、B 两个股东意见不一致，股东大会任何决议都无法通过，容易形成公司僵局，也容易导致股东之间的矛盾，进而影响公司的正常发展。

《公司法》第六十六条：股东会的议事方式和表决程序，除本法有规定的外，由公司章程规定。股东会作出修改公司章程、增加或者减少注册资本的决议，以及公司合并、分立、解散或者变更公司形式的决议，必须经代表三分之二以上表决权的股东通过。在有限责任公司的经营过程中，若两个股东各持股 50%，因为非工作原因导致矛盾，并将矛盾牵连至公司，双方互不同意对方的提议，导致公司无法形成任何决议，公司将不能正常进行经营。这种股权结构也被称为"最差"的股权结构。

（2）2% 的股权对公司的控制。[①]

在最为极端的情况下，即便某股东仅持有公司 2% 的股权，也能实现对公司的控制，那么这种控制权是通过何种方式实现的呢？

当出现 49%：49%：2% 的股权结构比例时，虽然两名大股东分别持有公司 49% 的股权，但因所持的表决权比例在没有特殊约定的情况下都未超过半数，仅一名股东在股东（大）会层面并不能形成最终决策，如果该公司想要形成股东（大）会决议，就必须要求两名以上股东相互达成一致行动的共识。在这种情况下，如果大股东双方在经营思路上发生纠纷，出现对立，那么持有 2% 股权的股东，自然会成为两方大股东争相笼络的对象，而此时因其和任意股东达成共识即可形成普通决议，反而掌握了公司的控制权。但是对于需要 2/3 以上通过的特殊决议，2% 股权比例也就失去了控制效果。

4. 总结

按股权集中度划分的几种不同类型的股权结构，总结对比如表 3-2 所示。

---

① 宋桂明.股权设计战略与股权激励实务指引［M］.杭州：浙江工商大学出版社，2017.

表 3-2 不同集中度股权结构类型的比较

项目	分散型股权结构	控制型股权结构	博弈型股权结构
特点	股权比较分散	存在单一绝对大股东	两个以上大股东相互制衡
举例	30%：20%：20%：20%：10%	70%：20%：10%	（1）50%：50% （2）49%：49%：2%
利	股权分散，决策更具民主性和科学性	决策效率更快	相互牵制和监督
弊	决策效率低 上市后易失控	大股东容易"一言堂"和武断	容易造成公司僵局

（四）是否涉外的股权结构

按是否涉及境外架构，可以分为单纯境内股权结构和涉及境外股权结构两种股权结构类型。

1. 单纯境内股权结构

单纯境内股权结构，是指主体公司及持股股东全部在境内的股权结构类型。这种股权结构类型比较容易理解，我们上面所述的股权结构类型都是以全部境内持股为原则进行介绍的，案例里中所涉及的股权结构类型，也全都是单纯境内股权结构类型。

2. 涉及境外股权结构

涉及境外股权结构，是指境内主体公司的持股股东不是全部在境内的股权结构类型。涉及境外股权结构类型的概念很容易理解，是指有部分股东在境外，或者直接持股或者间接持股，或者通过其他方式控制境内主体公司。

涉及境外股权结构的设立，通常基于以下原因。

（1）吸引外资。

国务院早在 1986 年 10 月 11 日就发布了《国务院关于鼓励外商投资的规定》，鼓励外国的公司、企业和其他经济组织或者个人（以下简称"外国投资者"），在中国境内举办中外合资经营企业、中外合作经营企业和外资企业（以下简称"外商投资企业"），国家对部分外商投资企业给予特别优惠，包括税收等方面。

后来很多中小企业为了享受外商投资企业的税收优惠，衍生出很多"假外资"企业，即中小企业老板在国外注册公司，该公司再投资到境内公司，成立中外合资企业，享受外商投资企业的税收优惠。从 2008 年开始，内外资企业所得税税率统一调整为 25%，在企业所得税方面，外资企业已没有原来的税收优势，中小企业通过成立"假外资"享受税收优惠的意义已经不大了。

（2）境外上市。

境外上市的主要方式有以下两种。

①一种方式是在符合一定条件的前提下，股份有限公司可以直接发行境外上市外资股，也可以同时发行境外上市外资股和内资股。境外上市外资股，根据上市地不同可以分为 H 股（香港）、N 股（纽约）和 S 股（新加坡）等，最常见的就是发行 H 股。股份有限公司也可以同时发行境外上市外资股和内资股，最常见的就是平时大家所听到的"A+H"两地上市。该种模式下，境内股份公司股权结构不变，直接增发境外上市外资股。

案例 3-4 ▶▶▶▶▶▶▶▶▶▶▶▶▶▶▶▶▶▶▶▶▶▶▶▶▶▶▶▶▶▶▶▶▶

中国铁塔香港交易所主板上市

根据中国铁塔股份有限公司《香港上市招股说明书》。

1. 公司基本资料

公司基本资料如下：

公司名称	中国铁塔股份有限公司	英文名称	China Tower Corporation Limited
注册地	中国	注册地址	北京市海淀区××路××号××层
公司成立日期	2014-07-15	办公地址	北京市海淀区××路××号××层，香港湾仔××道××号××大厦××楼××××室
公司介绍	中国铁塔股份有限公司是全球规模最大的通信铁塔基础设施服务提供商。公司的站址资源在中国市场具有独一无二的优势		

证券基本资料：

证券代码	00788.HK	证券简称	中国铁塔
上市日期	2018-08-08	证券类型	普通股
交易所	香港交易所	板块	主板
每股面值（元）	1.00CNY		

2. 发行上市前股权结构

2014 年 7 月，中国铁塔成立。自其成立之初，资产及工作人员均来自三大运营商，而三大运营商也始终是其股东。截至相关联交所发行上市前，中国移动持股比例达 38.0%，联通持股比例为 28.1%，中国电信为 27.9%，中国国新为 6.0%。发行上市前股权结构如下：

股东	类别	直接或间接持有的股份数目（股）	概约股权百分比（%）
中国移动公司	内资股	49 150 953 709	38
中国联通公司	内资股	36 345 836 822	28
中国电信	内资股	36 087 147 592	28
中国国新	内资股	7 760 676 901	6
合计		129 344 615 024	100

3. 发行上市前后股本结构

中国铁塔公开发行 H 股 43 114 800 000.00 股，占发行后股本总额的 25%；发行上市前后股本结构情况如下：

单位：股

变动日期	新股上市后	新股上市前
已发行普通股	172 459 415 024.00	129 344 615 024.00
香港普通股	43 114 800 000.00	—
内地上市股	—	—
A 股	—	—
B 股	—	—
海外上市股	—	—
非上市流通股	129 344 615 024.00	129 344 615 024.00
已发行优先股	—	—

资料来源：东方财富网。

②另一种方式就是通过搭建红筹架构，将境内的资产或股权通过收购或协议控制（VIE 模式）等形式转移至在境外（通常在开曼、百慕大或英属维尔京群岛等地）注册的离岸公司，而后通过境外离岸公司来持有境内资产或股权，然后以境外注册的离岸公司名义申请在境外交易所上市。在该种模式下，境内公司可以是股份有限公司，也可以是有限责任公司，上市主体不再是境内公司，境内公司的股权结构要发生较大的变化，需要搭建复杂的境外红筹架构。

小米集团于 2018 年 7 月 9 日在香港主板上市，小米集团上市时采用的便是典型的红筹架构，由于小米集团的股权架构比较复杂，此处仅截取小米金融的股权架构（也是红筹架构）做一个案例展示。

案例 3-5 ▶▶▶▶▶▶▶▶▶▶▶▶▶▶▶▶▶▶▶▶▶▶▶

小米金融集团的股权架构

根据小米招股书，小米金融重组完成后小米金融集团的股权架构如下：

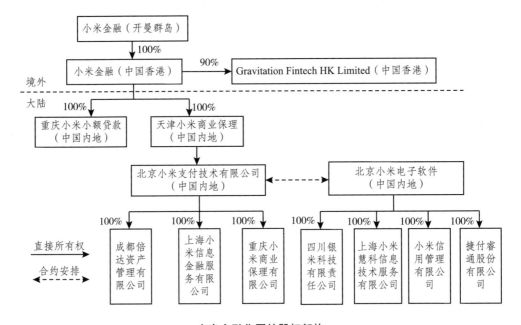

小米金融集团的股权架构

资料来源：东方财富网。

以上八种类型的股权结构，基本涵盖了绝大多数公司的股权结构类型，可以为中小企业提供参考。在公司的股权设置过程中，过于简单或过于复杂的股权结构类型，从长远来说都不利于公司的发展，在股权设计过程中要结合公司自身特点、融资需求、税收筹划、未来发展、上市选择以及防范可能发生的法律风险等因素，并能够进行动态的优化调整，才能够设计出符合自身特点的、有利于公司稳定健康发展的股权结构。

当然股权结构也不是一成不变的，当公司引进投资机构、进行股权激励、发生重大经营变化、股东要求退出等一系列内外部环境发生变化时，公司的股权结构也会随之发生变化。股权结构应该是一个动态的、可调整的、富有弹性的结构，股权结构的动态变化会导致公司组织结构、经营走向以及管理方式随之发生相应的变化，良好的股权结构能够引导公司向好的方向发展，股权结构设置或者动态调整不合理，将会把公司一步步推向深渊。股权结构是动态变化的，没有一成不变的最优股权结构，每个公司都有其特殊性，因此选择适合公司自身特点的股权结构是最有意义的，对公司未来发展也具有积极的影响。

四、常见不合理股权结构

本节把常见的不合理的股权结构类型予以展示出来，有助于中小企业在搭建股权架构的时候引以为戒、予以避免。

（一）博弈型股权结构

博弈型股权结构，也称为平衡型股权结构，相关概念上面已经介绍过。常见的博弈型股权结构举例如图 3-15 所示。

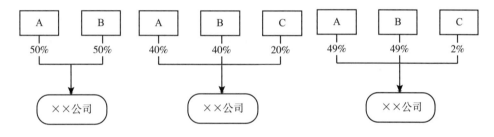

图 3-15　博弈型股权结构举例

博弈型股权结构最大的特点是任何一方都难以形成有效的股东（大）会决议，所以很容易造成公司僵局，在公司发展到一定程度后，双方股东有可能为了争夺公司控制权而发生纠纷，进而影响公司发展。

（二）股权过于分散

股权过于分散，是指公司各个股东的持股比例都不高，没有人能够绝对控制公司。通常表现形式为第一大股东持股比例低于30%，对公司也没有绝对的控制力，这种类型的公司往往股东人数较多，如果股东人数较少的话股权很容易集中到一起。

股权过于分散的情形举例如图 3-16 所示。

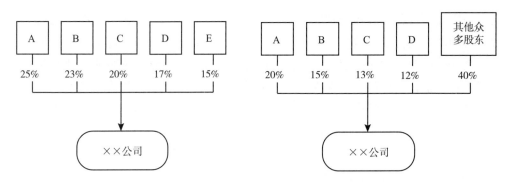

图 3-16　过于分散的股权结构举例

过于分散的股权结构很容易导致两个问题：一是公司没有实际控制人，难以形成有效的决策，大量股东会相互制约，要想通过决议，必须经过复杂的投票程序，甚至是争吵；二是股东都在争夺利益和话语权的纠纷当中，无暇顾及公司的发展，很有可能滋生管理层的道德危机问题，公司不稳定，管理层也不会专注于公司的经营和管理。

（三）股权过于集中

股权过于集中，是指公司的股份主要集中在一个大股东手里，其他股东持股比例很小，基本上没有什么话语权。这种类型的股权结构通常指大股东持股比例高于67%，基本一个人便可以掌控公司的任何重大决策，其他小股东的表决基本没有任何意义。

股权过于集中的情形如图 3-17 所示。

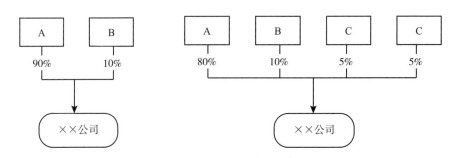

图 3-17　股权过于集中的股权结构举例

这种股权结构通常导致的后果：一是容易形成大股东"一言堂"，不听其他人的意见，由于没有集体决策，当大股东作出错误的决策时，往往对公司形成不利的影响；二是由于其他小股东没有任何话语权，他们会逐渐失去积极性，放弃对公司的参与和贡献，容易产生"搭便车"行为，也不利于公司的发展。

（四）夫妻共同持股

夫妻共同持股的情形，常见于民营企业，尤其是家族企业，由夫妻两人持有全部股份，在实践中由家庭成员全部持有公司股权的情形与夫妻共同持股类似。这种情况大多数由夫妻双方中的一方主导，其他股东往往都是挂名而已，几乎不参与公司经营。

这种股权结构的主要优势就是决策效率快，笔者曾经遇到一个类似的案例，企业老板开玩笑地讲"每天早上起床吃早饭的时间就开完股东大会了"。这种结构多见于家族企业、创业初期，发展到上市前的公司很少出现这种结构，公司做大做强，还是要引进外部股东，整合不同的资源。

近年来，由于创业公司主要股东夫妻出现婚变而影响公司发展的案例时有发生，如"真功夫股权之争"也包含了婚姻问题，又如"土豆条款"的出现也主要是由股东婚变引起。因此，投资者对于创始人夫妇感情的稳定性也非常重视，以预防创业公司由于主要股东婚姻变化而给公司发展带来的消极影响。因此，对于夫妻双方之间的股权设计，需要丑话说在前头，事先做好防备，以免影响公司的发展。

1. 问题根源

婚姻自由是公民的一项基本权利，投资条款限制被投资公司主要股东的婚姻自由合法吗？主要股东的婚变影响公司的发展与融资，这是因为股东持有的公司股权属于夫妻共同财产，一旦离婚就要对股权进行分割，如果平均分割股权就会导致两个问题：（1）公司实际控制人不明或难以确定；（2）公司主要股东离婚，相互关系不和会造成公司的决策困境，影响公司的长久稳定发展。

根据我国《民法典》的规定，如无特别约定，夫妻婚姻期间取得的财产均为夫妻共同财产。绝大多数人在结婚时或结婚后不会对婚姻期间的财产与收入进行约定，共有就成为大多数夫妻财产的默认选择。原则上来说，夫妻共同财产在离婚时应平均分割。

一家创业企业如果是在主要股东结婚之后创立的，主要股东个人名下登记的股权，一般来说属于夫妻共同财产。在婚姻关系存续期间，创业公司获得融资，主要股东股权价值增加，该增值部分自然也属于夫妻双方共有。

如果夫妻一方在结婚前就已经成立了公司，在他（她）结婚后，他（她）对公司的股权按照《民法典》规定仍然属于他（她）个人的财产；但是，如果他（她）的股权在结婚后发生了增值，如原来价值100万元，现在价值1 000万元，增值部分发生在结婚之后，这个增值是他（她）在结婚之后努力工作的结果，依据《最高人民法院关于适用〈中华人民共和国民法典〉婚姻家庭编的解释（一）》的有关规定，增值部分就属于夫妻共同财产。

因此，无论是婚前创业，还是婚后创业，在婚姻存续期间内股权价值增值的部分，一旦发生婚变，都会面临股权分割问题。

2. 解决思路

（1）夫妻双方尽量通过持股平台持股，避免对主体公司的股权变动。

（2）签订婚前协议，对婚前、婚后财产作出详细的约定，减少不确定性。

（3）即使发生股权分割事宜，可以通过签订一致行动人协议或者表决权委托等方式，保障实际控制人不变，维持公司的稳定发展。

（五）其他一些类型

1. 股权大量代持

股权代持指的是实际出资人（即真正的股东）与名义股东（即代持人）之间存在的股权代持关系。在这种情况下，实际出资人选择让他人以自己的名义持有公司的股份，而代持人则根据实际出资人的意愿在工商登记、公司章程等公司文件中被记载为股东。

在实际案例中，我们也发现很多企业存在代持问题，而且有些企业还存在大量代持的问题，代持比例比较高，甚至实际控制人也是代持的。股权大量代持可能存在多种原因，如实际出资人不愿意暴露自己的身份、规避某些法律或政策限制、进行股权激励等。虽然股权代持只要手续完备，法院能够认可股权代持的效力，但是这种股权结构无法进行后续的资本运作，在公司做大做强的时候必须予以还原，否则将会对公司的稳定产生影响，也可能带来一些潜在的风险和问题。

（1）法律风险。

在某些情况下，代持关系可能被视为无效或违法，导致实际出资人的权益无法得到保障。此外，如果代持人涉及诉讼或债务问题，其名下的股权可能会被冻结或强制执行，进而影响实际出资人的利益。

（2）控制权风险。

由于代持人名义上持有大量股权，他们可能实际上掌握着公司的控制权。如果代持人与实际出资人之间发生矛盾或纠纷，可能会对公司的经营和治理产生不利影响。

（3）税务风险。

在股权代持的情况下，税务处理可能变得复杂和模糊。如果代持关系未得到税务机关的认可，可能会导致税务违规和税务纠纷。

（4）信息披露风险。

对于上市公司而言，股权代持可能涉及信息披露的问题。如果代持关系未得到及时、准确、完整的信息披露，可能会违反证券相关法律法规，损害投资者的利益。上市公司因为存在代持问题被处罚的案例也时有发生。

2.过多持干股者

我们在实际案例中发现很多中小企业的股东，存在很多持有干股的人，干股是指未实际出资而获得的股份，通常是以赠与或奖励的形式给予某些人或机构。在中小企业的发展过程中，需要引进一些有资源的人，带来一些业务，采用干股的方式本无可厚非，但过多持干股者可能会对公司的股权结构、治理和长期发展产生负面影响。

（1）过多持干股者可能导致公司的股权结构变得复杂和不稳定。由于干股并未实际出资，因此其持有者的权益和义务可能与实际出资的股东存在差异，这可能导致股东之间的利益冲突和纠纷。

（2）过多持干股者可能影响公司的治理效果。由于干股持有者并未实际投入资金，他们可能没有足够的动力去关注公司的经营和决策，也可能没有足够的专业知识和经验来参与公司的治理。这可能导致公司的决策效率低下，甚至可能出现决策失误的情况。

（3）过多持干股者可能不利于公司的长期发展。由于干股并未实际出资，因此公司无法从干股持有者那里获得资金支持，这可能会限制公司的扩张和发展。同时，如果干股持有者的数量过多，可能导致公司的控制权不稳定，不利于公司的战略规划和执行。

（4）"请神容易送神难"，将来清退时比较麻烦。很多干股持有者也未必能够发挥预想的价值，一旦股份实际给予之后，将来再清退时可能会遇到比较大的阻力，甚至会带来纠纷。

因此，公司在赠与干股时应该谨慎考虑，建立完善的股权管理机制，确保公司的股权结构稳定和清晰，避免出现过多持干股者的情况，同时应提前签好相关的协议，以预防风险的发生。

3.股权激励平均分配

我们在实际的案例中，也发现很多企业在进行股权激励，由于缺少相应的规则，直接平均分配，这种模式也是非常不科学的。在进行股权激励时，应该根据员工的实际贡献、能力、经验和职位等因素进行差异化分配，以达到更好的激励效果。同时，也要确保股权结构的稳定性和合理性，以促进公司的长期健康发展。

股权激励平均分配的弊端主要有以下几点。

（1）忽略个体差异。

平均分配股权忽略了每位员工或合作伙伴在公司中的实际贡献、能力、经验和职位等个体差异。在实际运营中，每个人对公司的重要性和价值往往是不同的，平均分配股权无法准确反映这种差异。

（2）激励效果不足。

平均分配股权可能导致激励效果不足。由于每个人的付出和得到没有直接关联，那些贡献较大、表现优秀的员工可能会感到不公平，从而失去继续努力的动力。同时，那些贡献较小、表现一般的员工则可能因为没有足够的压力而继续"混日子"。

4.持股层级过于复杂

在实际案例中，我们也遇到一些企业的持股层级过于复杂，公司持股层级过于复杂可能是由多种原因造成的，形成原因也可能是多方面的：第一，历史遗留问题。一些公司在发展过程中，可能经历了多次的合并、收购、拆分等，导致股权结构变得复杂。这些历史遗留问题可能使得持股层级变得烦琐，难以厘清。第二，多元化投资策略。一些公司为了分散风险，可能会采取多元化的投资策略，投资于多个不同的行业和公司。这种策略可能导致公司持股层级变得复杂，因为每个被投资的公司都可能有自己的股权结构。第三，跨国投资。当公司进行跨国投资时，由于不同国家的法律、税务等制度存在差异，可能会使得持股层级变得复杂。例如，一些公司可能需要在不同国家设立子公司或合资公司，以满足当地的法律或税务要求。第四，避税考虑。在某些情况下，公司可能会通过复杂的持股层级来避税。例如，一些公司可能会利用不同国家之间的税收协定或税收漏洞，通过设立多层级的子公司或合资公司来减少税负。

公司持股层级过于复杂可能会带来一些负面影响。

（1）管理困难。

复杂的持股结构可能导致公司难以有效地管理和监控其子公司和关联公司的运营情况。这可能会增加决策的难度和不确定性，降低公司的整体运营效率。

（2）决策效率降低。

过多的持股层级可能使得信息传递和决策流程变得冗长和低效。在快速变化的市场环境中，这可能导致公司无法及时作出有效的决策，从而错失商机。

（3）利益冲突。

复杂的持股结构可能引发不同股东之间的利益冲突。不同层级的股东可能有着不同的目标和利益诉求，这可能导致公司内部的矛盾和纷争。

（4）透明度降低。

过于复杂的持股层级可能使得公司的财务状况和经营成果变得难以理解和评估。这可能会降低公司的透明度，增加投资者和分析师的信息获取成本。

（5）合规风险。

过于复杂的持股层级也可能涉及一些不合规或非法行为，如利益输送、内幕交易等。这些行为不仅可能损害公司和股东的利益，还可能触犯法律法规。因此，公司需要加强对持股层级的监管和审查，确保所有交易和持股行为都符合法律法规和道德规范。

（6）上市核查难度增加。

在公司上市的时候，需要核查公司的股东和最终的实际控制人，如果持股层级过多，将会加大上市核查难度；如果上一层级的股东存在一些不合规的情况，也会影响公司上市，且有可能导致公司上市失败。

因此，公司需要权衡利弊，根据实际情况调整和优化股权结构，以降低复杂性和风险。持股层级并不是越多越好，根据公司的情况，一般两三级大致就可以满足绝大部分的需求。

第五节　股权分配：从始看终、以终为始

公司初创时的股权分配比较重要，万事开头难，只要公司初创时搭建好了股权结构，设计好了未来的发展思路，便能起到事半功倍的效果，避免很多后续的纠纷和风险。

一、从始看终、以终为始

（一）八字方针

在公司设立之初进行初始分配时，要坚持"从始看终、以终为始"的八个字方针。"从始看终、以终为始"这句话在股权比例分配和公司管理中有着深刻的含义。它强调了在设定目标和制定策略时，要有远见卓识，始终以最终的目标为导向，并在执行过程中保持灵活性和控制力。

1. 以终为始

"以终为始"这一原则在股权比例分配中的应用，意味着在进行股权分配时，首先要明确公司的长远目标和最终期望达成的结果。从这个终点出发，逆向思考并制订股权分配计划，以确保股权结构能够支持公司的长期发展目标，并维护股东之间的良好合作关系。

2. 从始看终

"从始看终"在股权比例分配和公司策略制定中，意味着在起点就要有明确的终点视野，预测和规划未来的发展路径和可能的结果。这要求创始人和股东在公司设立之初就具备前瞻性思维，能够洞察行业趋势、市场变化和公司成长的可能性，并以此为基础来分配股权和制定战略。

通过"以终为始、从始看终"的视角进行股权比例分配，可以帮助公司建立起一个既稳固又灵活的基础，以应对未来可能出现的各种挑战和机遇。这样的股权结构不仅能够激励股东们共同创造更大的价值，还能够促进公司在复杂多变的市场环境中持续稳健地发展。

（二）具体策略

具体到股权比例分配上，"从始看终、以终为始"意味着以下几点，如图 3–18 所示。

1. 预见公司价值

在分配股权时，要考虑到每位股东未来能为公司创造的价值。这不仅仅基于他们的初始投资，还包括他们的技能、经验、业务网络以及未来可能投入的时间和精力。

2. 长期合作关系

股权分配不应仅仅看作一次性交易，而应该是一种长期合作关系的建立。因此，在分配股权时要考虑到股东之间的信任和互补性，以及他们是否能够在公司未来的各个阶段都持续发挥作用。

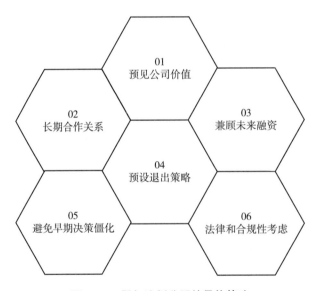

图 3–18　股权比例分配的具体策略

3. 兼顾未来融资

在制定股权结构时，应预留空间以便未来可能的融资活动，如引入新的投资者或进行股权激励等。

4. 预设退出策略

在进行股权分配时，也要考虑到股东未来可能的退出策略，如股权转让、IPO 或公司被收购等情况；提前签好协议，防范不必要的风险；提前做好顶层设计，减少税收成本。

5. 避免早期决策僵化

股权分配不应过于僵化，以免在公司发展过程中阻碍必要的策略调整或决策变更。可以通过设置不同类型的股份（如可转换优先股、带有特定表决权的股份等）来增加股权结构的灵活性。

6. 法律和合规性考虑

从一开始就应确保股权分配符合所有相关法律和监管要求，以避免未来可能出现的法律纠纷或不合规问题。

二、初始分配的衡量因素

（一）衡量因素

股权比例分配是指公司在设立或增资扩股时，根据各股东的出资额或贡献程度来确定其在公司中所占有的股份比例。这一比例代表了股东对公司所有权的大小，也决定了股东在公司决策、收益分配等方面的权益。

公司设立时的股权比例分配是一个关键步骤，涉及公司所有权、控制权和未来收益分配等重要方面。以下是关于公司设立时股权比例分配的建议和考虑因素，具体如图 3-19 所示。

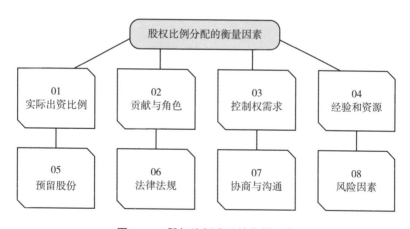

图 3-19　股权比例分配的衡量因素

1. 实际出资比例

最常见的分配依据是按照各股东的出资额来确定股权比例。出资越多的股东，所占的股份比例自然越高。

2. 贡献与角色

除了出资额，股东的经验、技能、资源和其他非货币贡献也是分配股权时需要考虑的因素。例如，如果某位股东拥有关键的行业知识、技术专利或广泛的业务网络，这些都可能为其带来更高的股权份额。

3. 控制权需求

创始人或核心团队可能希望保持对公司的控制权，因此在分配股权时，他们会要求拥有相对较高的股权比例。这有助于确保公司战略和日常运营的一致性。

4. 经验和资源

如果某些股东拥有丰富的行业经验、技术资源或市场渠道，这些都可以作为增加其股权比例的依据。

5. 预留股份

在分配股权时，可以考虑预留一部分股份用于未来的股权激励计划或吸引新的投资者。这样做可以为公司提供更多的灵活性和成长空间。

6. 法律法规

确保股权分配符合相关法律法规的要求，如《公司法》等。在某些情况下，可能需要获得相关监管机构的批准或遵循特定的程序。

7. 协商与沟通

股权分配是一个涉及多方利益的问题，因此需要进行充分的协商和沟通。确保所有股东都了解并同意最终的股权分配方案，以避免未来可能出现的纠纷。

8. 风险因素

创业过程中充满了不确定性和风险，对于承担更大风险的股东，可以考虑给予更高的股权比例。

在实际操作中，公司设立时的股权比例分配可以根据具体情况进行调整和优化。重要的是确保分配方案公平、合理且符合公司的长期发展目标。同时，建议在分配股权前咨询专业律师或顾问的意见，以确保方案的合法性和有效性。

（二）注意事项

在进行股权比例分配时，还需要注意以下几点，具体如图 3-20 所示。

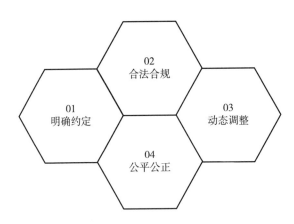

图 3-20　股权比例分配的注意事项

1. 明确约定

股权比例分配应在公司章程或股东协议中明确约定，并办理相关工商变更登记手续。

2. 合法合规

股权比例分配应符合相关法律法规和政策规定，确保分配的合法性和合规性。

3. 动态调整

随着公司的发展和股东贡献的变化，可以考虑对股权比例进行动态调整，以保持股权结构的合理性和有效性。

4. 公平公正

股权比例分配应遵循公平公正的原则，避免损害任何一方的利益。

总之，股权比例分配是一项复杂且重要的工作，需要综合考虑多种因素，并确保分配的合理性、有效性和合法性。

三、初始分配的参考方案

假定创始人 A 发掘了一个非常好的投资项目，也进行了大量的前期调研和考察或者在行业内也摸爬滚打了数年，拟开始创业，设立"北京××××科技有限公司"，A 为自然人，注册资本 500 万元，不同情况下股权比例的分配建议如下。

（一）一人设立

新《公司法》放宽了一人有限责任公司设立的限制，并允许设立一人股份有限公司。根据《公司法》有限责任公司由一个以上五十个以下股东出资设立，因此一个自然人可以设立有限责任公司。

一个自然人自己设立有限责任公司，初始设立时由其 100% 持股，不涉及股权比例分配的问题，则股权比例如图 3–21 所示。

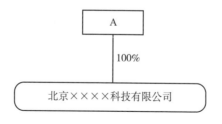

图 3–21　一人有限责任公司股权结构

1. 一人有限责任公司的优势

一人有限责任公司在实务中的案例也比较多，通常发生在创业初期，尚没有其他合伙人加入的情形；一人有限责任公司在很多方面具有明显的优势。

（1）降低投资风险。在一人有限责任公司中，投资者通过有限责任原则锁定了经营风险，从而实现了经济效率的最大化。这种公司形式使唯一投资者能够最大限度地利用有限责任原则来规避经营风险。

（2）提高工作效率。由于一人有限责任公司的内部管理结构相对简单，通常股东和董事由同一人担任。当公司面临紧急情况时，可以省去股东会、董事会的召集、召开等复杂程序，便于及时作出决策，从而提高工作效率。

（3）保护商业秘密。一人有限责任公司的运营管理制度使公司的商业秘密很少被外界接触到。股东可以采取有效措施来保护这些商业秘密，如专有技术和重要的经营策略，这对公司的运营和发展有很大的益处。

（4）灵活性高。一人有限责任公司的经营灵活性相对较高。由于企业所有权集中在一个人手中，因此可以快速作出决策，使决策更具执行效率。

（5）可扩展性强。在经营过程中，一人有限责任公司可以根据需求随时进行股东、注册地址等变更，扩大企业规模或调整经营方向都更加便利。

（6）税收优惠。一人有限责任公司在纳税方面可能享有一定的优惠政策，如小规模纳税人可以享受一定的免税额度，从而减轻纳税负担。

2. 一人有限责任公司的风险

需要注意的是，虽然一人有限责任公司具有上述优势，但也存在一些潜在的风险，如股东滥用权力、决策失误等。因此，在设立和运营一人有限责任公司时，股东需要充分了解并权衡其风险，并采取有效措施来降低这些风险。一人有限责任公司面临的风险主要体现在以下几个方面。

首先，由于只有一个股东，缺乏股东之间的相互制衡，该股东可能会利用公司的独立法人地位和有限责任原则来滥用权力，例如，将公司财产与股东个人财产混同，逃避债务等。这种行为可能会严重损害公司债权人的利益。

其次，如果一人有限责任公司的股东不能证明公司财产独立于自己的财产，根据《公司法》的规定，该股东应当对公司债务承担连带责任。这意味着，一旦公司出现债务问题，股东的个人财产也可能会受到牵连，甚至可能导致个人破产。

最后，一人有限责任公司在经营过程中也可能面临其他风险，如市场风险、经营风险等。由于只有一个股东，决策权过于集中，可能会导致决策失误或资金短缺，从而影响公司的经营和发展。

因此，虽然一人有限责任公司在设立和运营上相对简便，但股东需要充分了解并权衡其风险。在设立一人有限责任公司时，建议咨询专业律师或会计师的意见，确保公司的设立和运营符合相关法律法规的要求，并采取有效措施来降低潜在的风险。例如，建立健全的公司治理结构、完善财务管理制度、保持公司财产与股东个人财产的独立性等。

（二）两个股东设立

假定创始人 A 觉得自身资金实力有所欠缺，拟联合另外一个股东 B 共同设立该公司，由于存在两个股东，则需要涉及股权比例分配的问题。

1. 忌讳的股权比例

两人公司最忌讳的股权比例为 50%：50% 或 51%：49%，具体如图 3-22 所示：

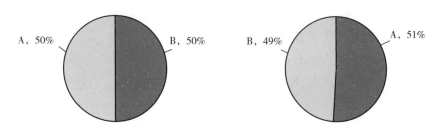

图 3-22　两人公司忌讳的股权比例

关于 50%：50% 的弊端前面实际已经提过了，这两种股权比例忌讳的原因主要有以下几点。

（1）决策效率低下。在 50%：50% 的股权比例下，两位股东对公司的决策权完全相等，任何重大决策都需要双方达成一致。这可能导致决策过程变得冗长而复杂，因为双方都可能坚持自己的立场，使得公司难以及时作出有效的决策。

（2）控制权不明确。虽然 51%：49% 的股权比例在理论上赋予了一方相对多数的控制权，但在实际操作中，这种微弱的差距可能不足以确保公司的稳定运营。特别是在双方意见不合时，持有 49% 股权的股东可能会感到自己的权益受到忽视，从而引发内部矛盾。

（3）容易形成僵局。无论是 50%：50% 还是 51%：49% 的股权比例，都可能导致公司内部出现僵局。当双方股东在经营策略、利润分配等方面产生分歧时，这种股权结构可能使得双方难以达成共识，进而影响公司的正常运营。

（4）不利于吸引投资。对于外部投资者而言，看到公司内部存在明显的股权纷争或僵局，可能会对公司的投资价值产生负面影响。这可能导致公司在寻求外部融资时面临困难。

案例 3-6 ▶▶▶▶▶▶▶▶▶▶▶▶▶▶▶▶▶▶▶▶▶▶▶▶▶▶

持股比例 51%：49% 带来的尴尬

A 公司由甲、乙两名自然人股东构成，甲与乙持股比例分别为 51% 及 49%。甲股东任 A 公司的董事及法定代表人，乙股东任监事。

A 公司注册一年后，乙股东就后悔了，想不到股权差 2% 居然权利相差如此之大。后来乙股东想通了，他平时不去上班，每年去开一次股东会就行了。

没有乙股东的参与，甲股东撸起袖子加油干，恨不得睡在办公室，于是 A 公司慢慢做大了，每年至少实现 1 000 万元的利润。

A 公司章程规定，每年按持股比例分配利润。因此乙股东虽然啥事都不干，每年也可以分走 A 公司近 500 万元的利润（注：未考虑分红的税务成本）。

甲股东有点不高兴了。

经过 6 年的发展，A 公司准备通过增资扩股引入风险投资公司——F 公司，约定投资 2 000 万元，占 10% 股份，甲与乙同意同比例稀释，此时股权架构如下图所示。

此时，甲股东股权比例稀释至 45.9%，失去了相对控股地位（注：需大于 50%）。我们看一下有以下几种股权组合方式：

（1）甲股东股权比例 + 乙股东股权比例 = 90%；

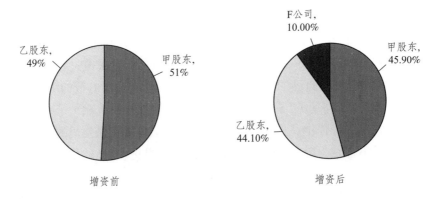

F 公司增资前后，A 公司的股权结构

（2）甲股东股权比例 +F 公司股权比例 = 55.9%；

（3）乙股东股权比例 +F 公司股权比例 = 54.1%。

如果甲股东与乙股东关系不错，F 公司基本没有话语权；如果甲股东与乙股东关系较差，则 F 公司倒向谁，谁就说了算。在本质上会形成最小股东掌握决策权的情况。

最终，不参与经营的乙股东联合 F 公司打败了甲股东。

资料来源：郑指梁.合伙人制度——中小企业股权设计与资本规划［M］.北京：清华大学出版社，2022.

2. 建议参考的比例

因此，为了避免案例 3-7 中的尴尬问题，两人在成立公司时应谨慎选择股权比例。一种更理想的股权分配方式是确保创始人 A 在公司中的绝对控制权，同时根据双方在公司中的贡献、经验、资源等因素进行综合考虑，确保股权分配既能体现双方的价值，又能保证公司的稳定运营。因此建议的参考比例是创始 A 持股比例超过 67%，B 股东的持股比例低于 34%。

两个人共同成立公司的前提下，建议的股权比例如图 3-23 所示。

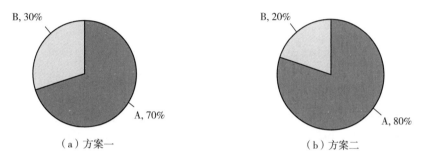

（a）方案一　　　　　　　　　　　　（b）方案二

图 3-23　两人公司建议的股权比例

假定最终创始人 A 和股东 B 确定的股权分配比例为 75%∶25%，则公司创设成立公司时的股权结构如图 3-24 所示。

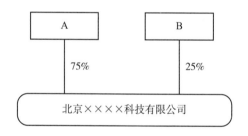

图 3-24　两人公司的股权结构

（三）三个股东设立

假定创始人 A 拟联合另外两个股东 B 和 C 共同设立该公司，由于有多个股东，更需要合理设计股权比例的分配问题。

1. 忌讳的股权比例

三人公司最忌讳的股权比例为 34%∶33%∶33% 或为 50%∶25%∶25%，具体如图 3-25 所示。

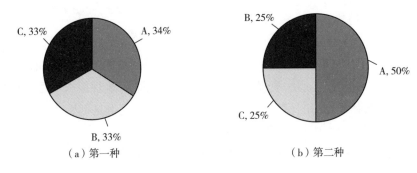

（a）第一种   （b）第二种

图3-25   三人公司忌讳的股权结构

以上两种忌讳的股权结构，本质上还是属于平均分配股权的类型，其弊端是相对比较明显的，因为这些比例可能导致公司治理和决策上的困境。这两种股权比例忌讳的原因主要有以下几点。

（1）决策僵局。在34%∶33%∶33%的股权结构中，任何两方股东联合起来都可能形成对公司的控制（66%或67%的表决权），这很有可能导致出现"小股东绑架大股东"的情况。任何重大决策都可能因为其中两方形成联盟而受阻，使得公司难以快速、有效地作出决定。

（2）控制权不明确。在50%∶25%∶25%的股权结构中，虽然表面上看起来大股东拥有控制权，但实际上如果两个小股东联合起来（50%），他们可以对抗大股东，导致控制权实际上并不明确。这种不确定性可能导致公司内部的权力斗争和不稳定。

（3）不利于吸引投资。外部投资者通常希望看到一个清晰、稳定的股权结构。如果公司内部存在复杂的股权斗争或不确定性，这可能会降低公司的投资价值，使得公司在寻求外部融资时面临困难。

（4）影响股东积极性。在这些股权比例下，小股东可能会感到自己的权益受到忽视或威胁，从而降低他们参与公司治理和决策的积极性。这可能导致公司失去一些有价值的建议和意见，影响公司的长期发展。

2. 建议的参考比例

因此，为了避免上述弊端，三人在成立公司时应谨慎选择股权比例。一种更理想的股权分配方式是确保创始人A在公司中的绝对控制权，同时根据各方在公司中的贡献、经验、资源等因素进行综合考虑，确保股权分配既能体现各方的价值，又能保证公司的稳定运营。因此建议的参考比例是创始人A持股比例超过67%，B和C合计的持股比例低于34%。

三个人共同成立公司的前提下，建议的股权比例如图3-26所示。

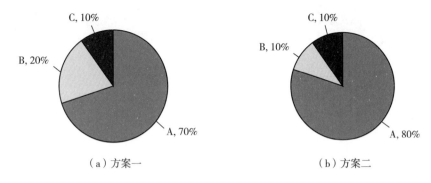

（a）方案一　　　　　　　　　　　　　（b）方案二

图 3–26　三个人公司建议的股权比例

假定最终创始人 A 和股东 B、C 确定的股权分配比例为 75%：15%：10%，则公司成立时公司的股权结构如图 3–27 所示。

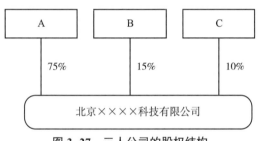

图 3–27　三人公司的股权结构

案例 3–7 ▶▶▶▶▶▶▶▶▶▶▶▶▶▶▶▶▶▶▶▶▶▶▶▶▶▶▶▶▶▶▶▶

华谊兄弟初创期的股权结构

根据华谊兄弟传媒股份有限公司《首次公开发行股票并在创业板上市招股书明书》，2004 年 11 月 1 日，华谊投资（华谊投资指北京华谊兄弟投资有限公司）召开股东会并作出决议，一致同意华谊投资与刘晓梅共同投资设立浙江华谊（浙江华谊指浙江华谊兄弟影视文化有限公司，是华谊兄弟上市公司的前身），注册地为东阳市横店影视产业试验区 C1-001，注册资本 500 万元。其中华谊投资出资 450 万元，占注册资本的 90%；刘晓梅出资 50 万元，占注册资本的 10%。东阳市众华联合会计师事务所出具了《验资报告书》，确认华谊投资、刘晓梅已于 2004 年 11 月 17 日之前以货币资金缴足了全部注册资本。2004 年 11 月 19 日，东阳市工商局向浙江华谊核发注册号为"3307831002904"的企业法人营业执照。

结合招股说明书及国家企业信用信息公示系统查询的华谊投资的股权情况，浙江华谊初创时的股权结构如下：

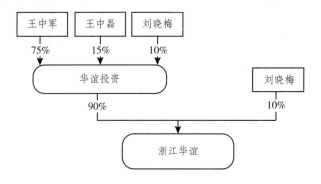

浙江华谊初创时的股权结构

资料来源：东方财富网。

（四）四个股东设立

假定创始人 A 拟联合另外三个股东 B、C、D 共同设立该公司，由于股东人数较多，更需要合理设计股权比例的分配问题。

1. 忌讳的股权比例

四人公司的股权分配是一个复杂且重要的问题，它关系到公司的决策权、利润分配以及股东之间的合作关系。四人公司最忌讳的股权比例有以下几种情况，这些股权比例分配情况都是在实务中遇到过的，具体如表 3-3 所示。

表 3-3　　　　　　　　　　四人公司忌讳的股权比例

序号	股东姓名	出资额（万元）	持股比例（%）
第一种情况	A	125	25
	B	125	25
	C	125	25
	D	125	25
第二种情况	A	150	30
	B	150	30
	C	100	20
	D	100	20

序号	股东姓名	出资额（万元）	持股比例（%）
第三种情况	A	200	40
	B	125	25
	C	100	20
	D	75	15
第四种情况	A	175	35
	B	145	29
	C	100	20
	D	80	16

第一种和第二种情况本质上属于平均分配，这种分配方式的弊端显而易见，以下是这种股权分配方式可能带来的问题。

（1）决策效率低下、容易形成股东会僵局。在四人平均持股的情况下，每个股东都有相等的决策权，这可能导致决策过程变得冗长和复杂。每个股东都可能希望自己的意见得到重视，从而在决策时产生分歧和争执。这种情况下，公司可能难以迅速作出决策，抓住市场机遇。

（2）利益分配不均。如果公司利润按照股权比例分配，那么平均持股的股东将获得相等的收益。然而，在实际经营中，每个股东对公司的贡献可能并不相等。一些股东可能投入更多的时间和精力，承担更大的风险，而另一些股东则可能相对较少参与。在这种情况下，平均分配利润可能导致贡献大的股东感到不公平，从而影响股东之间的合作关系。

（3）股东之间缺乏制衡。在平均持股的情况下，没有一个股东能够对公司形成绝对的控制。这可能导致一些股东在经营过程中采取机会主义行为，损害公司和其他股东的利益。同时，由于缺乏制衡机制，一些股东可能滥用权力，干扰公司的正常运营。

（4）融资困难。对于外部投资者来说，看到一个四人平均持股的公司可能会产生疑虑。他们可能会担心公司决策效率低下、内部纷争不断以及未来发展前景不明朗等问题。这可能导致公司在融资过程中遇到困难，难以获得外部资金的支持。

第三种和第四种情况，虽然从表面上看不是平均分配，有了第一大股东，但是这个股权结构最大的问题是：任何两个股东加起来都不具有绝对控制权、任何两个股东加起来都具有一票否决权。这种方式的弊端也是显而易见的，容易形成股东会僵局，如果股东相互之间有矛盾，任意两个股东联合起来，便可以具有一票否决权，有可能会导致公司的重大决议难以通过，进而影响公司的发展。

2. 建议的参考比例

因此，为了避免上述弊端，四人在成立公司时应谨慎设计股权比例。

（1）一种更理想的股权分配方式是确保创始人 A 在公司中的绝对控制权，同时根据各方在公司中的贡献、经验、资源等因素进行综合考虑，确保股权分配既能体现各方的价值，又能保证公司的稳定运营。因此建议的参考比例是创始 A 持股比例超过 67%，B、C 和 D 合计的持股比例低于 34%。

在 A 具有绝对控制权的情况下，四个人共同成立公司，建议的股权比例如表 3-4 所示。

表 3-4 　　　　　　　　有绝对控制权情形下、四人公司建议的股权比例

序号	股东姓名	出资额（万元）	持股比例（%）
第一种情况	A	350	70
	B	75	15
	C	50	10
	D	25	5
第二种情况	A	335	67
	B	75	15
	C	50	10
	D	40	8

（2）另一种较为理想的股权分配方式是确保创始人 A 在公司中的相对控制权，同时根据各方在公司中的贡献、经验、资源等因素进行综合考虑，确保股权分配既能体现各方的价值，又能保证公司的稳定运营。因此建议的参考比例是创始人 A 持股比例超过 51%，B、C 和 D 任意两方的合计比例低于 34%，避免两人合伙便可以形成一票否决权的局面，毕竟三人联合的概率更小一些；与此同时，创始 A 联合任意一个人便有可能具有绝对控制权。

在创始人 A 具有相对控制权的情况下，四个人共同成立公司，建议的股权比例如表 3-5 所示。

表 3–5 有相对控制权情形下、四人公司建议的股权比例

序号	股东姓名	出资额（万元）	持股比例（%）
第一种情况	A	300	60
	B	90	18
	C	60	12
	D	50	10
第二种情况	A	275	55
	B	90	18
	C	75	15
	D	60	12

（3）两种分配方式的对比，在图 3–27 中方案一的股权分配方式就要优于方案二，如图 3–28 所示。

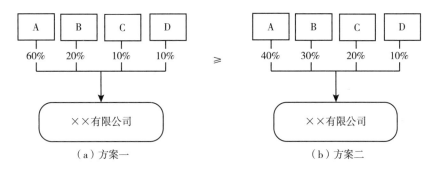

（a）方案一 （b）方案二

图 3–28 四人股权结构的两个对比

注：前者优于后者，用≥代表优于。

假定最终创始人 A 和股东 B、C、D 选择表 3–5 中第二种情况作为公司初始设立的股权比例，则公司创设成立时公司的股权结构如图 3–29 所示。

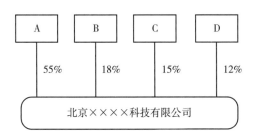

图 3–29 四人公司的股权结构

（五）股东人数较多时

以上设计的案例中，没有考虑增加持股平台或者使用其他股权控制的方式；在股东人数进一步增加或者股权分配难以进一步协调的情况下，就有必要按照第二章的方式增加持股平台或者使用其他股权控制方式了。

1. 股东人数较多时的参考股权结构（全部通过持股平台）

股东人数较多时，可一步到位增加持股平台，其实股东四人以上就可以增加持股平台了，假定 A 是公司的核心领导者、B 也是主要的创始人，其他人重要性稍微差一点，可参考的股权结构如图 3-30 所示。

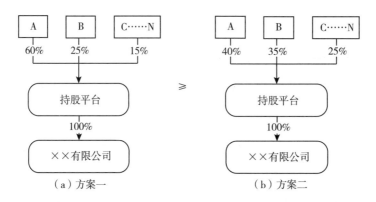

图 3-30　股东人数较多时参考股权结构（全部通过持股平台）

注：前者优于后者，用≥代表优于。

2. 股东人数较多时的参考股权结构（部分通过持股平台）

主要创始人 A、B 也可以直接持股主体公司部分股权，另外的股权通过持股平台来持有，可参考的股权结构如图 3-31 所示。

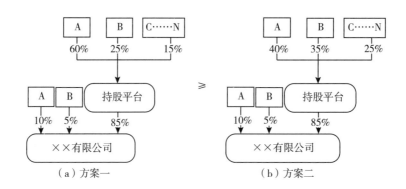

图 3-31　股东人数较多时参考股权结构（部分通过持股平台）

注：前者优于后者，用≥代表优于。

对于初创公司而言，方案二股权过于分散，以后考虑再增加外部投资或者进行股权激励等，对核心创始人 A 的股权比例稀释较大，而且 A 和 B 持股比例接近，也容易出现矛盾（但是可以通过签订一致行动人协议等规避）。如果后者参考第二章第五节"股权控制之八大工具"中的增加控制权的方式，例如，持股平台采用有限合伙企业、A 当 GP，或者持股平台采用有限责任公司，通过公司章程增大 A 的表决权，在方案二的股权结构情形下，核心创始人 A 依然可以有效保持对公司的控制权。

四、初始分配原则的总结

股权比例分配没有固定的标准答案，因为每个公司的情况都是独特的。股权设计是一个涉及多个因素的复杂体系和过程，需要综合考虑公司的业务模式、发展阶段、股东角色与贡献、未来融资需求以及股东之间的合作关系等多个方面。虽然股权分配看似是一个复杂的过程，但是在公司初创设计时，股权比例的分配还是有迹可循的，可以参考以下几个原则。

（1）尽量保持公司创始人的绝对控制权，在确实无法保障绝对控制权的前提下，也需要保持相对控制权。

（2）在创始人仅具有相对控制权的情况下，尽量使得创始人任意联合一个其他股东便可以具有绝对控制权，避免导致股东会重大决议陷入僵局。

（3）尽量避免平均主义，平均主义的弊端非常明显；无论创业之初关系多么融洽，最终都有可能导致股东会陷入僵局、导致合伙人不欢而散。

（4）在股东人数稍多的情况下，尽量避免任意两个小股东合计持股比例具有一票否决权。假如任意两个股东合计具有一票否决权，道德风险很难防范，他们有可能联合起来为了权利或者利益导致公司的重大决策难以实施。

（5）在股东人数较多的情况下，一般四人以上的，我们都建议按照第二章的论述灵活使用持股平台等方式，实现控制权的集中，避免股权过于分散导致控制权风险。

第四章

合伙动态调整
——事预则立、不预则废

任何一个公司的股权都不是一成不变的，总要面临不断的调整，因此需要事先确定好机制、预留股权调整的空间，尽量减少股权调整带来的不确定因素和潜在风险。事预则立、不预则废，不能提前设计好股权动态调整的机制，有可能会在企业的发展过程中埋下隐患、造成不可避免的损失和风险。

本章将深入探讨股权动态调整的各个方面，本章包含五个方面的内容：一是动态调整的概念及相关理论；二是股权动态有哪些方式；三是股权激励如何设计调整；四是外部增资如何设计和防范风险；五是股权如何设计和建立退出机制。通读本章，中小企业能够熟知股权动态调整的各个方面，并能掌握如何应对股权变动带来的风险。

第一节　动态调整：企业成长的灵活策略

在当今快速变化的商业环境中，企业面临着前所未有的市场挑战和竞争压力。为了保持竞争力并实现持续增长，企业必须不断适应市场变化，优化内部结构。股权动态调整作为一种重要的战略工具，正被越来越多的企业所采用。

一、动态调整的概念

股权动态调整，顾名思义，是指企业根据实际经营的需要、股东贡献、市场环境等因素的变化，灵活调整其股权结构和管理策略的过程。这种调整包括股权的增减、股东的更换、股权比例的重新分配等；这种调整可以是定期的，但往往是根据特定事件触发的。通过股权动态调整，企业能够更好地应对市场波动，激发内部活力，优化治理结构，从而提升整体竞争力。

股权动态调整的目的是优化公司的股权结构，以适应不同阶段的发展需求和战略目标。通过动态调整，公司可以更好地激励和留住核心人才，吸引外部资本，以及应对市场变化和竞争压力。同时，股权动态调整也有助于维护股东之间的公平和利益平衡。

在实施股权动态调整时，公司需要制定明确的调整机制和原则，确保调整过程的透明度和公正性。这通常包括确定调整的依据和标准、制订调整方案和计划、与股东进行沟通和协商以及执行和调整后的评估和反馈等环节。

请注意，股权动态调整涉及公司治理、股东关系、法律法规等多个方面，因此在实际操作中需要谨慎处理，并遵循相关法律法规和公司章程的规定。如需更详细的信息，建议咨询专业的法律或财务顾问。

二、动态调整的分析

（一）股权动态调整的价值

股权动态调整在公司管理和发展中具有重要的价值，主要体现在以下几个方面，如图 4-1 所示。

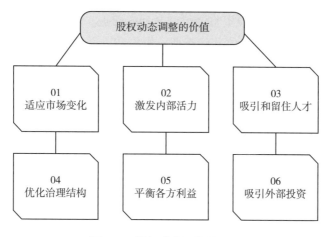

图 4-1　股权动态调整的价值

1.适应市场变化

股权动态调整可以使公司更加灵活地应对市场变化。市场环境和行业趋势的不断变化要求企业必须具备快速响应的能力，随着市场环境的不断变化，公司可能需要调整经营策略、引入新的投资者或进行并购重组等。通过动态调整股权结构，公司可以更好地适应这些变化，迅速调整战略方向，抓住市场机遇，实现持续发展，避免潜在风险。

2. 激发内部活力

通过股权的激励和约束机制，可以激发管理团队和员工的积极性和创造力。股权动态调整有助于建立更加合理的激励机制，促进企业内部的创新和协作。

3. 吸引和留住人才

通过动态调整股权，公司可以吸引和留住更多具有战略价值的人才。对于关键员工和核心团队成员，应给予他们一定的股权激励，可以增强他们的归属感和忠诚度，提高他们的工作积极性和创新能力。

4. 优化治理结构

股权结构的合理与否直接影响到企业的决策效率和治理水平。股权动态调整有助于平衡各方利益，形成更加科学、高效的决策机制。

5. 平衡各方利益

股权动态调整能够平衡各方利益，通过将股东的回报与公司的实际业绩和成果紧密联系起来，激励股东发挥其最大的能力和积极性。这种调整机制可以使股东更加关注公司的长期发展，增强他们的责任感和使命感。

6. 吸引外部投资

股权动态调整可以为外部投资者提供参与公司发展的机会。当外部投资者看到公司的股权结构能够根据市场需求和经营业绩进行灵活调整时，他们会更愿意投资公司，因为他们相信自己的投资将会得到合理的回报。这种调整机制有助于建立投资者信心，促进公司与投资者之间的长期合作关系。

通过股权动态调整，公司可以引入具有战略价值的投资者。这些投资者不仅可以提供资金，还可能带来行业资源、管理经验和市场渠道等，有助于公司提升竞争力。通过引入战略投资人，公司可以加快业务发展步伐，拓展市场份额，实现更快速的增长。

总之，股权动态调整对于公司的长期稳定发展具有重要意义。通过合理的调整机制，可以平衡各方利益，激励股东和员工的积极性，吸引和留住人才，应对市场变化，优化治理结构，从而实现公司的持续健康发展。

案例 4-1 ▶▶▶▶▶▶▶▶▶▶▶▶▶▶▶▶▶▶▶▶▶▶▶▶▶▶

华为的股权改革

华为作为全球领先的通信技术公司，其独特的股权结构和管理模式一直备受关注。华为通过员工持股计划（ESOP）实现了股权的广泛分散和动态调整，这不仅激发了员工的归属感，也为企业持续创新提供了强大的动力。

■■■■■ 案例 4-2 ▶▶▶▶▶▶▶▶▶▶▶▶▶▶▶▶▶▶▶▶▶▶▶▶▶▶▶▶▶▶

阿里巴巴的合伙人制度

阿里巴巴集团通过引入合伙人制度，实现了对公司控制权的稳定和管理团队的连续性。这种制度设计既保证了创始团队对公司的战略掌控，也为新的优秀人才提供了晋升和持股的机会，实现了股权的动态平衡。

（二）股权动态调整的风险

尽管股权动态调整具有诸多优势，但在实际操作中也面临着法律法规限制、股东利益冲突等挑战。因此，企业在实施股权动态调整时，应充分考虑相关法律法规的要求，平衡各方利益，确保调整的公正性和透明度。同时，建立健全内部沟通机制和决策程序也是成功实施股权动态调整的关键。

在实际操作过程中，股权动态调整往往也伴随着一些风险和挑战，这些风险需要公司在进行股权动态调整时予以充分考虑和谨慎应对。以下是可能面临的一些主要的风险，具体如图 4-2 所示。

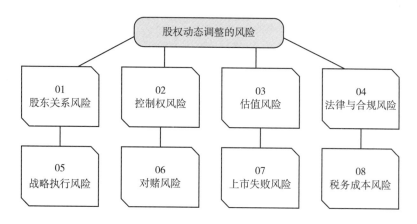

图 4-2　股权动态调整的风险

1. 股东关系风险

股权的动态调整可能改变股东之间的相对地位，影响股东之间的关系。如果调整不当，可能导致股东之间的不满、冲突甚至诉讼，破坏公司的稳定和声誉。

2. 控制权风险

对于创始人或关键股东来说，股权的动态调整可能会威胁到他们的控制权。如果股权稀释过度，创始人可能会失去对公司的主导权，导致公司战略方向或经营理念的改变。

3. 估值风险

在进行股权调整时，需要对公司进行估值。如果估值不准确或不公正，可能导致股东之间的利益分配不均，引发争议。此外，外部投资者的进入也可能对公司的估值产生影响，需要谨慎处理。

4. 法律与合规风险

股权动态调整涉及公司法、证券法、税法等多个法律领域。如果操作不当，可能违反法律法规，导致公司面临法律诉讼或行政处罚。

5. 战略执行风险

股权动态调整通常与公司的战略发展密切相关。如果调整后的股权结构不利于公司战略的执行或导致战略方向的偏离，可能对公司的长远发展产生负面影响。

6. 对赌风险

在引入外部投资者时，往往存在对赌条款。对赌风险主要指的是在投资协议中，投融资双方对未来不确定的情况进行约定，并根据这些约定的结果来调整双方的权益或义务。这种约定通常涉及公司的业绩、上市时间、其他重大事项等。如果约定的条件未能实现，投资方可以行使对赌条款中规定的权利，如要求被投资方进行补偿、回购股份、增加投票权等，这可能会给被投资方带来重大的经济压力和经营风险。

7. 上市失败风险

股权变动特别是较大规模的或频繁的变动，有可能对公司的上市计划产生不利影响，甚至导致上市失败。这种风险主要源于以下几个方面。

（1）影响公司稳定性，股权结构是公司治理的基础，频繁的股权变动可能引发公司内部的不稳定，影响公司的经营决策和战略规划，这对于即将上市的公司来说是非常不利的。

（2）监管和合规问题，上市公司需要满足证券交易所和监管机构的严格规定。如果股权变动涉及不合规的交易、关联方交易或信息披露不完整等问题，可能导致公司无法通过上市审核。

（3）管理层和核心团队变动：股权变动往往伴随着管理层或核心团队成员的变动。这些关键人员的离职或更替可能影响公司的业务连续性和市场竞争力，进而影响上市计划。

（4）投资者信心下降，股权变动可能引发投资者对公司未来前景的担忧，特别是在变动原因不明确或看起来不利于公司长期发展的情况下。投资者信心的下降可能导致公司估值降低，影响上市进程。

为了降低这些风险，公司在考虑股权变动时应谨慎评估其对公司上市计划的影响，确保变动符合法律法规和监管要求，并及时向投资者和监管机构披露相关信息。同时，公司应努力保持内部稳定，确保管理层和核心团队的连续性，以及财务和业绩的稳健增长。

8.税务成本风险

在股权动态调整过程中，税务成本风险是一个需要特别关注的问题。这种风险主要源于税务法规的复杂性、变化性以及股权交易本身的特殊性。以下是在股权动态调整过程中可能面临的税务成本风险。

（1）交易定性风险。不同的股权交易形式（如股权转让、增资扩股、减资等）在税务处理上存在显著差异。如果交易定性不准确，可能导致税务处理错误，从而引发补税、罚款甚至税务稽查等风险。

（2）计税基础风险。股权的计税基础是计算股权转让所得或损失的关键。如果计税基础确定不当，可能导致多缴或少缴税款，影响交易的税务成本。

（3）纳税义务发生时点风险。税法对于纳税义务的发生时点有明确规定。如果未能准确把握这些时点，可能导致延迟纳税或提前纳税，进而产生税务成本风险。

（4）税务合规风险。在股权动态调整过程中，必须确保所有税务事项均符合相关法规要求。任何疏忽或违规行为都可能引发税务稽查、罚款甚至刑事责任。

（三）股权动态调整的原则

因为股权动态调整过程中也会面临较多的风险，为了降低这些风险，公司在进行股权动态调整时应遵循以下原则。

（1）预先沟通并制定明确的规则；

（2）确保调整过程的透明度和公正性；

（3）充分考虑所有股东的利益；

（4）遵守相关法律法规；

（5）及时、准确地进行信息披露；

（6）确保调整后的股权结构与公司战略相契合。

三、动态调整的情形

股权动态调整既可能是主动进行的，也可能是被动发生的，有些情况下主动和被动也并不是明确的。

主动调整通常源于公司内部策略的需要。例如，当公司发现其初始股权设计不合理，可能阻碍了公司的发展或导致某些股东缺乏激励时，公司可能会主动对股权进行调整，以优化治理结构，激发股东的积极性。此外，随着公司的发展和市场环境的变化，公司可能需要引入新的战略投资人或合作伙伴，这也可能触发主动的股权调整。

被动调整则更多是由于外部因素或不可预见的事件导致的。例如，原有股东的退出、新股东的加入、投资者的引入等，都可能导致公司股权结构的被动调整。此外，法律法规的变化、行业政策的调整等情况也可能对公司的股权结构产生影响，迫使公司进行被动的股权调整。

无论是主动还是被动的股权调整，公司都需要谨慎处理，确保调整过程合法、公正、透明，以维护公司、股东和其他利益相关者的权益。同时，公司也需要充分考虑股权调整可能带来的风险和挑战，并制定相应的应对策略和措施。

股权动态调整的情形比较多，以下将会选取几个比较重要的动态调整情形进行详细介绍，股权动态调整的情形如图4-3所示。

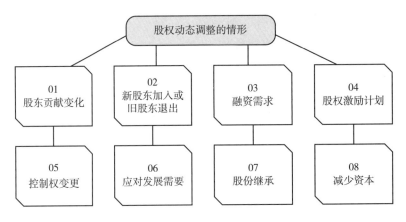

图4-3　股权动态调整的情形

1. 股东贡献变化

随着公司的发展，不同股东在资金、技术、市场、管理等方面的贡献可能会有所变化。为了更好地反映股东的实际贡献，公司可能会根据这些变化对股权进行动态调整。

2. 新股东加入或旧股东退出

当有新股东加入公司时，需要对其分配一定的股权；而当旧股东退出时，其持有的股权需要被回购或重新分配。

3. 融资需求

公司为了扩大规模、开展新项目或进行研发等目的，可能需要吸引外部投资。这时，公司可能会调整现有股东的股权比例，以便为新的投资者腾出空间。

4.股权激励计划

为了激励员工更积极地工作，公司可能会实施股权激励计划，将一部分股权分配给关键员工。这种情况下，现有股东的股权比例也会相应调整。

5.控制权变更

在某些情况下，公司的控制权可能会发生变更，如通过收购、兼并或股东之间的股权转让等方式。这时，股权结构可能会发生重大变化。

6.应对发展需要

动态调整企业股权结构并不是一成不变的，需要根据企业自身发展状况进行不断调整和优化。例如，在创业初期，资金股占大头，但随着企业的发展，人力股价值会越来越大，这时就需要进行股权的动态调整，避免股东"躺平"现象发生。例如，随着股权的稀释，创始人的股权逐渐被稀释，为了保障自己的控股权地位，可以通过收购等方式将自己的股权进一步增大。

7.股份继承

有限责任公司自然人股东死亡后，其合法继承人可以继承股东资格。但是，公司章程另有规定的除外。

股份有限公司自然人股东死亡后，其合法继承人可以继承股东资格。但是，股份转让受限的股份有限公司的章程另有规定的除外。

8.减少资本

减资是公司基于某种情况或需要，依照法定条件和程序，减少公司资本总额的行为。这种行为可能会由多种因素驱动，如股东失权、股东退出、严重亏损、公司分立等。

某些法律或监管要求可能会导致公司需要对股权进行调整，以满足相关法规或政策的要求。

综上所述，股权动态调整是企业适应市场变化、激发内部活力和优化治理结构的重要手段。通过灵活调整股权结构和管理策略，企业可以更好地应对市场挑战，实现持续稳健的发展。然而，我们也不建议涉及太多的股权调整，此外在实施过程中也需注意法律法规的遵循和内部利益的平衡，以确保股权动态调整能够发挥最大的战略价值。

第二节 调整方式：寻求最佳的动态机制

公司股权无论怎么动态调整，股权调整的最终方式无非股权转让、增资、减资以及股份回购四种方式。

一、股权转让

（一）股权转让的概念

股权转让是指公司股东依法将自己的股份让渡给他人，使他人成为公司股东的民事法律行为。在股权转让过程中，原股东将其所持有的股份的所有权、收益权、处置权等权益转让给新股东，新股东则成为公司的新股东，享有相应的股东权益。

股权转让是一种常见的股权动态调整方式，可以通过内部转让或外部转让的方式进行。内部转让是指股东之间进行的股权转让，通常只需要双方协商并签订转让协议即可。外部转让则是指股东将其股份转让给公司外部的第三方，需要遵循公司章程和相关法律法规的规定，可能需要履行一定的程序。

（二）有限责任公司股权转让的法规要求

1. 对内转让自由

有限责任公司的股东之间可以相互转让其全部或者部分股权。公司章程对股权转让另有规定的，从其规定。

2. 对外转让通知

股东向股东以外的人转让股权的，应当将股权转让的数量、价格、支付方式和期限等事项书面通知其他股东，其他股东在同等条件下有优先购买权。

股东自接到书面通知之日起 30 日内未答复的，视为放弃优先购买权。两个以上股东行使优先购买权的，协商确定各自的购买比例；协商不成的，按照转让时各自的出资比例行使优先购买权。

公司章程对股权转让另有规定的，从其规定。

3. 法院强制执行的处理

人民法院依照法律规定的强制执行程序转让股东的股权时，应当通知公司及全体股东，其他股东在同等条件下有优先购买权。其他股东自人民法院通知之日起满 20 日不行使优先购买权的，视为放弃优先购买权。

4. 股权转让的通知要求

股东转让股权的，应当书面通知公司，请求变更股东名册；需要办理变更登记的，并请求公司向公司登记机关办理变更登记。公司拒绝或者在合理期限内不予答复的，转让人、受让人可以依法向人民法院提起诉讼。

股权转让的受让人自记载于股东名册时起可以向公司主张行使股东权利。

5. 出资不足的责任

股东转让已认缴出资但未届出资期限的股权的，由受让人承担缴纳该出资的义务；受让人未按期足额缴纳出资的，转让人对受让人未按期缴纳的出资承担补充责任。

未按照公司章程规定的出资日期缴纳出资或者作为出资的非货币财产的实际价额显著低于所认缴的出资额的股东转让股权的，转让人与受让人在出资不足的范围内承担连带责任；受让人不知道且不应当知道存在上述情形的，由转让人承担责任。

（三）股份公司股权转让的法规要求

1. 股份自由流动为前提

股份有限公司的股份以自由流动为前提，尤其是上市公司，这是股份有限公司制度的一个基本特征。股份的自由流动有助于实现资源的优化配置、提高市场的效率，并为投资者提供了灵活的退出机制。

具体来说，股份的自由流动意味着：

（1）转让自由。

股东可以根据自己的意愿和需要在合法合规的前提下自由买卖股份，无须经过公司或其他股东的特别同意（除非公司章程或法律法规另有规定）。

（2）价格发现。

在自由流动的市场中，股份的价格通过买卖双方的供求关系决定，这有助于形成公正、透明的市场价格。

（3）市场效率。

股份的自由转让有助于资本市场上信息的快速传播和反映，从而提高市场的有效性和流动性。

（4）风险管理。

对于投资者而言，股份的自由流动提供了一种风险管理的手段，即当他们认为公司的前景不佳或面临其他风险时，可以通过卖出股份来减少损失。

（5）公司治理。

股份的自由流动也在一定程度上促进了公司治理的改善，因为不满意的股东可以通过"用脚投票"（即卖出股份）来表达对公司管理层的不满。

然而，股份的自由流动并不是无条件的。在实践中，股份的转让可能受到公司章程、证券法规、交易所规则等多种因素的限制。例如，某些特定类型的股份（如发起人股、高管股等）可能在一定期限内不得转让；上市公司的大股东在减持股份时可能需要遵守特定的信息披露和减持比例要求等。这些限制旨在保护公司和其他股东的利益，维护市场的稳定和公平。

2. 股份公司股份转让的法规要求

（1）转让自由为前提。

股份有限公司的股东持有的股份可以向其他股东转让，也可以向股东以外的人转让；公司章程对股份转让有限制的，其转让按照公司章程的规定进行。

（2）转让方式。

股东转让其股份，应当在依法设立的证券交易场所进行或者按照国务院规定的其他方式进行。

股票的转让，由股东以背书方式或者法律、行政法规规定的其他方式进行；转让后由公司将受让人的姓名或者名称及住所记载于股东名册。

（3）转让限制。

股东会会议召开前 20 日内或者公司决定分配股利的基准日前 5 日内，不得变更股东名册。法律、行政法规或者国务院证券监督管理机构对上市公司股东名册变更另有规定的，从其规定。

公司公开发行股份前已发行的股份，自公司股票在证券交易所上市交易之日起一年内不得转让。法律、行政法规或者国务院证券监督管理机构对上市公司的股东、实际控制人转让其所持有的本公司股份另有规定的，从其规定。

公司董事、监事、高级管理人员应当向公司申报所持有的本公司的股份及其变动情况，在就任时确定的任职期间每年转让的股份不得超过其所持有本公司股份总数的 25%；所持本公司股份自公司股票上市交易之日起一年内不得转让。上述人员离职后半年内，不得转让其所持有的本公司股份。公司章程可以对公司董事、监事、高级管理人员转让其所持有的本公司股份作出其他限制性规定。

股份在法律、行政法规规定的限制转让期限内出质的，质权人不得在限制转让期限内行使质权。

（四）股权转让需考虑的因素

股权转让不是一个简单的过程，在股权转让过程中，需要考虑的因素比较多，主要包括以下几个方面，如图 4-4 所示。

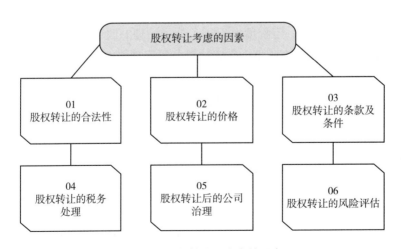

图 4-4　股权转让需考虑的因素

1. 股权转让的合法性

必须确定转让人对该股权是否享有合法的所有权，是否有权处分该股权。这需要调查市场监督管理机关登记的档案资料，核实转让人是否登记在股东名册中，取得股权的方式是否合法。同时，还需要审查转让人转让股权是否存在法律障碍，如公司章程对该股权转让是否有限制性约定等。

2. 股权转让的价格

价格是股权转让的核心因素，它直接决定了交易的成败和双方的利益。在确定价格时，需要考虑公司的实际价值、未来的盈利能力、行业前景等因素。同时，还需要参考市场价格和同类交易的价格水平，以确保价格的公正性和合理性。

3. 股权转让的条款及条件

除了价格之外，还需要明确交易的具体条款及条件，如支付方式、支付时间、股权转让的完成时间、股权转让后的公司治理结构等。这些条款及条件应该尽可能地详细和明确，以避免未来的纠纷和不确定性。

4. 股权转让的税务处理

税务处理是股权转让中必须考虑的因素之一。在股权转让过程中，可能会涉及资本利得税、印花税等税种的缴纳。因此，在进行股权转让前，需要充分了解相关税法规定，合理规划税务策略，以降低税务成本风险。

5. 股权转让后的公司治理

股权转让可能会改变公司的股权结构和股东间的力量对比，对公司的决策和管理产生影响。因此，在进行股权转让时，需要充分考虑新股东对公司的治理理念和战略目标是否与原有股东一致，以确保股权转让符合公司的整体战略和利益。

6. 股权转让的风险评估

股权转让涉及的风险包括市场风险、信用风险、法律风险等。在进行股权转让前，需要对这些风险进行充分的评估和管理，以确保交易的顺利进行并降低潜在的风险损失。

综上所述，股权转让的考虑因素是多方面的，包括合法性、价格、条款和条件、税务处理、公司治理以及风险评估等。在进行股权转让时，需要充分考虑这些因素，并咨询专业律师和税务顾问的意见，以确保交易的合法性和有效性。

总之，在进行股权转让时，需要考虑多个因素，包括转让价格、支付方式、转让条件、税务处理等。其中，税务处理是一个需要特别关注的问题，因为股权转让可能涉及资本利得税、印花税等税种的缴纳。为了确保股权转让的合法性和有效性，建议在进行股权转让前咨询专业律师和税务顾问的意见，并严格遵守相关法律法规和公司章程的规定。

（五）股权转让的税务处理

1.股权转让的分类

股权转让分为公司股权转让和个人股权转让，之所以如此分类是因为两种转让方式涉及的税种具有较大的差异。

（1）公司转让股权涉及以下税种：企业所得税、契税、印花税等。

（2）个人股东转让股权缴纳个人所得税、印花税等，不涉及企业所得税。

由于股权转让过程中涉及的印花税很低，本部分以个人所得税为例详细介绍税务处理及如何进行税务筹划。

2.个人所得税的计算

个人转让股权属于财产转让所得，按次征收，财产转让所得按照一次转让财产的收入额减除财产原值和合理费用后的余额计算纳税。

根据《中华人民共和国个人所得税法》第三条：利息、股息、红利所得，财产租赁所得，财产转让所得和偶然所得，适用比例税率，税率为百分之二十。

根据《中华人民共和国个人所得税法》第六条，应纳税所得额的计算：财产转让所得，以转让财产的收入额减除财产原值和合理费用后的余额，为应纳税所得额。

财产原值和合理费用的计算依据：

《中华人民共和国个人所得税法实施条例》第十六条：个人所得税法第六条第一款第五项规定的财产原值，按照下列方法确定：

（1）有价证券，为买入价以及买入时按照规定交纳的有关费用；

（2）建筑物，为建造费或者购进价格以及其他有关费用；

（3）土地使用权，为取得土地使用权所支付的金额、开发土地的费用以及其他有关费用；

（4）机器设备、车船，为购进价格、运输费、安装费以及其他有关费用。

其他财产，参照前款规定的方法确定财产原值。

纳税人未提供完整、准确的财产原值凭证，不能按照本条第一款规定的方法确定财产原值的，由主管税务机关核定财产原值。

个人所得税法第六条第一款第五项所称合理费用，是指卖出财产时按照规定支付的有关税费。

根据《中华人民共和国个人所得税法实施条例》第六条第八款：财产转让所得，是指个人转让有价证券、股权、合伙企业中的财产份额、不动产、机器设备、车船以及其他财产取得的所得。

据此，个人转让股权个人所得税的计算方式如下：

个人转让股权个人所得税应纳税额＝［财产转让所得－（财产原值＋合理费用）］×20%

如果个人转让股权价格公允，与股权投资成本和合理费用之和持平，不缴纳个人所得税。若股权转让价不公允，根据《中华人民共和国税收征收管理法》第三十五条第六款规定，纳税人申报的计税依据明显偏低，又无正当理由的，税务机关有权核定其应纳税额。

案例 4-3

股权转让的税务处理

甲公司为有限责任公司，成立于 2018 年，注册资本 1 000 万元，有三个自然人股东 A、B、C，三个股东均为初始出资股东，甲公司的股权结构如下表所示：

股东	认缴出资额（万元）	实缴出资额（万元）	持股比例（%）
A	700	700	70
B	200	200	20
C	100	100	10
合计	1 000	1 000	100

甲公司经过几年的发展，略有成绩，但是发展遇到"瓶颈"，因此甲公司拟通过股权转让的方式，引进另一名合伙人，2024 年 3 月底，A 股东拟转让 10% 的股份给新引进的股东 D。

截至 2024 年 3 月底，股权转让前甲公司的所有者权益情况如下表所示。

科目	余额（万元）
实收资本	1 000.00
资本公积	—
盈余公积	500.00
未分配利润	1 500.00
所有者权益合计	3 000.00

不同转让价格情况下，个人所得税的缴纳情况（不考虑其他费用）如下：

1. 高于净资产的价格转让

假设 A 股东的股权转让价格为 5 元 / 股，个人所得税的计算如下：

股权转让所得 = 1 000 × 10% × 5 = 500（万元）

财产原值 = 1 000 × 10% = 100（万元）

合理费用＝0（暂不考虑其他费用）

应纳税所得额＝500-100-0＝400（万元）

适用税率：20%

则：

个人所得税应纳税额＝400×20%＝80（万元）

2. 按照净资产的价格转让

每股净资产＝3 000/1 000＝3（元）

个人所得税的计算如下：

股权转让所得＝1 000×10%×3＝300（万元）

财产原值＝1 000×10%＝100（万元）

合理费用＝0（暂不考虑其他费用）

应纳税所得额＝300-100-0＝200（万元）

适用税率：20%

则：

个人所得税应纳税额＝200×20%＝40（万元）

3. 按照初始投资成本转让

假定A股东为了避税，股权转让协议签订时，把价格定为1元/股，即按照初始投资成本转让，按照这个协议，实际上应纳税所得税额实际上为零，因为股权转让没有溢价。

但是此种方式，纳税人申报的计税依据明显偏低，又无正当理由，在进行完税时，税务机关有权核定其应纳税额，最终一般会按照每股净资产的价格核定股权转让价格，最终会按照第二种情况征收个人所得税，即40万元。

无论以何种价格，甲公司本次股权转让的比例是固定的，甲公司本次股权转让后的股权结构如下表所示。

股东	认缴出资额（万元）	实缴出资额（万元）	持股比例（%）
A	600	600	60
B	200	200	20
C	100	100	10
D	100	100	10
合计	1 000	1 000	100

在案例4-3中，甲公司股权转让前后甲公司的注册资本不变，甲公司股权转让前注册资本1 000万元，本次股权转让后注册资本依然为1 000万元。本次股权转

让款，是从受让人 D 手中流入了转让人 A 手中，公司并没有收到资金。本次股权转让前后，甲公司股权结构变化如图 4–5 所示。

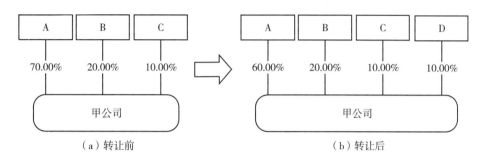

（a）转让前　　　　　　　　　　　　（b）转让后

图 4–5　甲公司股权转让前后的股权结构

3. 个人所得税的思考

假如案例 4–3 中，股东 A 的股份是通过一个持股公司乙公司来持有，则甲公司的股权结构如图 4–6 所示。

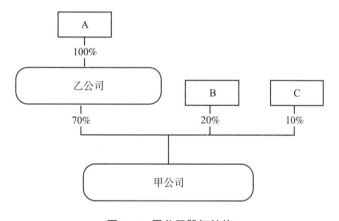

图 4–6　甲公司股权结构

通过公司股权结构的设计，本次股权转让时，转让方则为乙公司，由于乙公司为公司制法人，本次股权转让过程中不涉及个人所得税，股权转让合并到乙公司的年度利润中合并缴纳企业所得税。

假定乙公司 2024 年度其他业务累计净亏损 300 万元。

（1）高于净资产的价格转让。

假设乙公司的股权转让价格为 5 元 / 股，股权转让收益的计算如下：

股权转让所得 = 1 000 × 10% × 5 = 500（万元）

财产原值 = 1 000 × 10% = 100（万元）

合理费用=0（暂不考虑其他费用）

乙公司股权转让收益=500-100-0=400（万元）

乙公司2024年度净利润=400-300=100（万元）

企业所得税税率：25%

则：

企业所得税应纳税额=100×25%=25（万元）

比个人直接持股时减少税收55万元（80-25）。

（2）按照净资产的价格转让。

每股净资产=3 000/1 000=3（元）

则：

股权转让所得=1 000×10%×3=300（万元）

财产原值=1 000×10%=100（万元）

合理费用=0（暂不考虑其他费用）

乙公司股权转让收益=300-100-0=200（万元）

乙公司2024年度净利润=200-300=-100（万元）

乙公司不需要缴纳企业所得税。

比个人直接持股时减少税收40万元（80-40）。

同样的计算方式，按照初始投资成本时依然不涉及缴纳企业所得税，无税收负担。

通过公司持股，在股权转让时至少有以下好处：一是税收缓冲。个人直接持股时，股权转让时必须先完税，因此涉及个人所得税的话，需要当时直接缴纳；而公司持股时，不用直接缴纳，合并到公司净利润中一起缴纳企业所得税，可以延缓缴纳时间。二是税收筹划。可以更好地进行税收筹划，减少税收负担。三是转移纳税地点。持股平台可以注册在不同的地区，所以可以改变纳税地点，假定将持股平台注册在一个有税收优惠的地区，实际上也起到了税收优化的作用。

二、股东增资

（一）增资的概念

增资是公司或企业为扩大经营规模、拓宽业务、提高公司资信程度或展示实力，依法定程序增加注册资本金的行为。

增资的方式有很多种，包括原有股东追加出资、引进外部股东、发行新股或者债转股等多种方式。

（二）增资行为的分析

1.增资的好处

增资的好处主要体现在提高公司信誉和实力、扩大经营规模以及优化股权结构等方面，如图4-7所示。

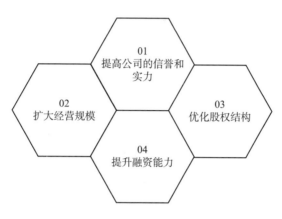

图 4-7　增资的好处

（1）提高公司的信誉和实力。

注册资本越高，公司在市场上的信誉和实力就越强，这有助于公司获得更多的业务机会和合作伙伴。

（2）扩大经营规模。

增加注册资本可以使公司有更多的资金用于扩大经营规模、购买设备、招聘员工等，从而提高公司的竞争力和盈利能力。

（3）优化股权结构。

通过增资引入新的投资者或股东，可以优化公司的股权结构，提高公司治理水平和决策效率。

（4）提升融资能力。

通过增资的方式，增加的是公司的资本金，属于公司的净资产，净资产增加，负债率会降低，因此增资能够有效地降低公司的资产负债率；资产负债率的降低意味着杠杆率的降低，又能够进一步提高公司的举债能力，因此增资可以在一定程度上有效地提高公司的融资能力。

2.增资的负面影响

然而，增资也可能会带来一些负面影响，如图4-8所示。

（1）股权稀释。

增资往往意味着引入新的投资者或股东，这会导致原有股东的股权比例被稀释。对于创始人或大股东来说，他们可能会失去对公司的绝对控制权，甚至可能面临被其他股东联合起来排挤的风险。

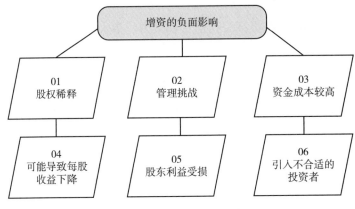

图 4-8 增资的负面影响

（2）管理挑战。

增资可能带来管理上的挑战。新股东的加入可能改变公司的管理结构和决策机制，需要适应新的合作关系和运营模式。同时，公司需要处理与新股东之间的沟通和协调问题，确保公司稳定发展。

（3）资金成本较高。

很多外部股东投资时，往往会签订较为严格的对赌协议，一旦触发对赌条款，往往会涉及以较高的资金成本赎回投资款的问题，因此有些情况下投资资金的使用成本会比较高。

（4）可能导致每股收益下降。

如果公司通过发行新股的方式进行增资，那么每股利润可能会因为股本的增加而下降。这可能会影响公司的股价表现和投资者的信心。

（5）股东利益受损。

如果增资的价格低于市场价格或增资方式不公平，可能导致原有股东的利益受损。新股东以较低的成本获得股份，而原有股东则会面临股份贬值的风险。

（6）引入不合适的投资者。

在增资过程中，如果公司没有做好充分的尽职调查和投资者筛选工作，可能会引入不合适的投资者。这些投资者可能会对公司的经营产生负面影响，甚至可能引起法律纠纷。

增资的负面影响也并不是绝对的，增资是公司发展过程中的重要战略决策之一，公司在决定是否进行增资时，需要根据自身情况和市场环境进行综合考虑和规划，全面考虑各种因素，包括市场需求、竞争状况、公司财务状况、股东结构等。合理有效的增资可以帮助公司实现更好的发展和盈利目标，因此在增资时，公司需要制订详细的增资计划和策略，以确保增资过程的顺利进行，并最大限度地降低潜在的风险和负面影响。

3. 增资和转让的区别

增资和转让在公司运营和股权管理方面有着显著的区别。以下是它们之间的主要差异，具体如表4-1所示。

表 4-1 增资和转让的主要区别

项目	增资	转让
股权来源	增量，新股增发	存量，老股转让
注册资本	增加注册资本的金额	不增加注册资本的金额
股权比例	除全部由原股东同比例增资外，一般上股权比例都会发生变化或者被稀释	转让方持股比例减少，其他股东持股一般不会发生变化
资金流向	资金流向公司	资金流向转让方股东
税务处理	通常不涉及税收	一般会涉及个人所得税或企业所得税
法律程序与要求	需要召开股东会表决	不需要召开股东会表决
对公司的影响	增资通常被视为公司实力增强的体现，有助于提升公司的信誉和市场地位。它还可以为公司带来更多的资金用于扩大经营规模和发展	股权转让更多地体现在公司内部股东结构的变化上，可能对公司战略方向和经营管理产生一定影响，但不一定会直接反映在公司的实力和信誉上

（三）增资的流程要求

增资过程需要遵循相应的法律法规和程序，如《公司法》等。公司需要召开股东会议，就增资事项进行决议，并按照规定的流程进行验资（如需）、修改公司章程、办理工商变更登记等手续。这些程序的履行可以确保增资过程的合法性和有效性，保护股东的权益。

1. 有限责任公司的相关要求

股东会作出修改公司章程、增加或者减少注册资本的决议，以及公司合并、分立、解散或者变更公司形式的决议，应当经代表2/3以上表决权的股东通过。

有限责任公司增加注册资本时，股东在同等条件下有权优先按照实缴的出资比例认缴出资。但是，全体股东约定不按照出资比例优先认缴出资的除外。

有限责任公司增加注册资本时，股东认缴新增资本的出资，依照《公司法》设立有限责任公司缴纳出资的有关规定执行。

2. 股份有限公司的相关要求

股东会作出修改公司章程、增加或者减少注册资本的决议，以及公司合并、分立、解散或者变更公司形式的决议，应当经出席会议的股东所持表决权的 2/3 以上通过。

股份有限公司为增加注册资本发行新股时，股东不享有优先认购权，公司章程另有规定或者股东会决议决定股东享有优先认购权的除外。

股份有限公司为增加注册资本发行新股时，股东认购新股，依照《公司法》设立股份有限公司缴纳股款的有关规定执行。

3. 增资的一般流程

公司增资的一般流程包括以下步骤，具体如图 4-9 所示。

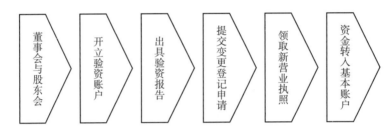

图 4-9　公司增资的一般流程

（1）召开董事会。

公司需要召开董事会，董事会负责制定公司增加或者减少注册资本以及发行公司债券的方案。

（2）召开股东会。

公司需要召开股东会议，就增资相关事宜进行决议，包括增资的额度、方式、时间等，并形成同意增资的决议和相应的章程修正案。

（3）开立验资账户（非必须）。

公司需要在银行开立一个临时账户，或者指定一个验资账户，用于存放增加的注册资本。同时，公司需要按照新修订的章程规定，将增加的注册资本以各个投资人的身份打入相应的投资比例的款项。银行将出具证明，证明资金已经到账。

（4）出具验资报告（非必须）。

将银行出具的证明、营业执照、历次验资报告等材料提交给具有法定资格的验资机构，由其出具验资报告。验资报告将证明公司增加的注册资本已经到位，并符合相关法规要求。

（5）提交变更登记申请。

准备好公司变更登记申请书、股东会关于增加注册资本的决议、章程修正案或新章程、具有法定资格的验资机构出具的验资报告等材料，若有新增股东，还需提交新增股东的法人资格证明或自然人身份证明。将这些材料一并提交到市场监管部门办理变更登记手续。

（6）领取新营业执照。

在提交的材料齐全且符合法定形式后，市场监管部门将颁发新的营业执照，证明公司已经完成了增资变更登记。

（7）资金转入基本账户。

如资金转入临时验资账户，则需要注销该验资账户并将资金转入基本账户。在完成变更登记后，公司需要注销临时验资账户，并将增资的资金转入公司的基本存款账户，以便公司正常运营使用。

需要注意的是，以上只是增资的一般流程，公司增资的流程可能因地区和公司类型的不同而有所差异，因此在实际操作中，建议咨询当地市场监督管理部门或律师事务所以获取更准确的信息。同时，整个增资过程须确保合法合规，遵循公司章程和相关法律法规的规定。

案例 4-4 »»»»»»»»»»»»»»»»»»»»»»»»»»»»»»»»»»

甲公司增加注册资本的过程

甲公司为有限责任公司，成立于 2015 年，注册资本 2 000 万元，初始股东有三个自然人，分别是股东 A、B 和 C，甲公司的股权结构如下表所示。

股东	认缴出资额（万元）	实缴出资额（万元）	持股比例（%）
A	1 500	1 500	75.00
B	300	300	15.00
C	200	200	10.00
合计	2 000	2 000	100.00

在公司成立之后，甲公司一直依靠自身积累和债权融资维持公司的经营发展，目前公司经营发展势头较好，业务量较大；2024 年 5 月，甲公司为了扩大产能，拟引进投资人乙公司。

乙公司拟投资甲公司 2 000 万元，投资价格 5 元/股，2024 年 5 月底，投资款已经全部到位，乙公司投资后甲公司的股权结构如下表所示。

股东	认缴出资额（万元）	实缴出资额（万元）	持股比例（%）
A	1 500	1 500	62.50
B	300	300	12.50
C	200	200	8.33
乙公司	400	400	16.67
合计	2 400	2 400	100.00

在案例 4-4 中，乙公司溢价入股甲公司，总投资 2 000 万元，其中 400 万元（2 000/5）进入实收资本，1 600 万元（2 000-400）进入资本公积，因此甲公司此次增资，增加的注册资本为 400 万元，甲公司增资前注册资本 2 000 万元，本次增资后注册资本为 2 400 万元。

本次增资前后甲公司股权结构变化如图 4-10 所示。

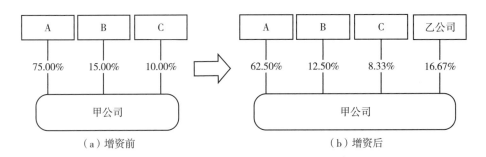

图 4-10　甲公司增资前后股权结构变化

三、股份回购

（一）股份回购的概念

公司不得收购本公司股份，但是在某些特殊的情形下，公司可以回购本公司股份。股份回购是一种特殊的动态调整方式，里面包含的类型也比较多，有些情况流程也比较复杂。

股份回购是指公司按一定的程序购回发行或转让给本公司职工的已发行股份的行为。通常，公司通过股份回购可以减少发行在外的股份数量，提升每股盈利水平，提高净资产收益率和股东的回报率。此外，股份回购还可以作为公司实施股权激励计划或员工持股计划的股票来源，也可以用于转换上市公司发行的可转换为股票的公司债券，或用于股东因对公司合并、分立决议持异议而要求公司收购其股份的情形等。

（二）股份回购的情形

根据《公司法》，股份回购的情形主要有以下几类。

1. 异议股东的回购请求

（1）异议股东回购请求权的概念。

异议股东回购请求权，又称股份收买请求权，是指当股东会作出对股东利益关系有重大影响的决议时，对该决议反对的股东，可以请求公司收购其所持有的股份。也就是说，在特定情况下，持异议的股东有权要求公司以公平合理的价格回购其持有的股份。

这项权利的设置主要是为了保护中小股东的利益，防止大股东或管理层利用其在公司中的优势地位，损害小股东的利益。当公司的决策可能对小股东产生不利影响时，小股东可以通过行使异议股东回购请求权，退出公司并获得合理的补偿。这项权利对于有限责任公司和股份有限公司的股东均可以适用。

在行使异议股东回购请求权时，通常需要满足一定的条件和程序。例如，股东需要在决议通过前提出异议，并在决议通过后的一定期限内向公司提出回购请求。公司则有义务按照公平合理的价格回购这些股份，而不得进行任何形式的压制或歧视。

需要注意的是，异议股东回购请求权并不适用于所有情况。一般来说，只有当公司作出某些重大决策，如合并、分立、出售全部或主要资产等，才可能触发该权利。此外，具体的适用范围和程序还可能受到公司章程、相关法律法规以及司法解释的限制和影响。

总之，异议股东回购请求权是《公司法》中一项重要的股东权利，它有助于保护小股东的利益，维护公司的公正和公平。

（2）有限公司异议股东回购请求权。

根据《公司法》第八十九条：有下列情形之一的，对股东会该项决议投反对票的股东可以请求公司按照合理的价格收购其股权。

①公司连续五年不向股东分配利润，而公司该五年连续盈利，并且符合本法规定的分配利润条件；

②公司合并、分立、转让主要财产；

③公司章程规定的营业期限届满或者章程规定的其他解散事由出现，股东会通过决议修改章程使公司存续。

自股东会决议作出之日起六十日内，股东与公司不能达成股权收购协议的，股东可以自股东会决议作出之日起九十日内向人民法院提起诉讼。

公司的控股股东滥用股东权利，严重损害公司或者其他股东利益的，其他股东有权请求公司按照合理的价格收购其股权。

公司因本条第一款、第三款规定的情形收购的本公司股权，应当在六个月内依法转让或者注销。

（3）股份有限公司异议股东回购请求权。

根据《公司法》第一百六十一条：有下列情形之一的，对股东会该项决议投反对票的股东可以请求公司按照合理的价格收购其股份，公开发行股份的公司除外。

①公司连续五年不向股东分配利润，而公司该五年连续盈利，并且符合本法规定的分配利润条件；

②公司转让主要财产；

③公司章程规定的营业期限届满或者章程规定的其他解散事由出现，股东会通过决议修改章程使公司存续。

自股东会决议作出之日起六十日内，股东与公司不能达成股份收购协议的，股东可以自股东会决议作出之日起九十日内向人民法院提起诉讼。

公司因本条第一款规定的情形收购的本公司股份，应当在六个月内依法转让或者注销。

2. 其他情形

其他情形的法律依据为《公司法》第一百六十二条：是关于股份有限公司的相关规定。

根据《公司法》第一百六十二条：公司不得收购本公司股份。但是，有下列情形之一的除外。

（1）减少公司注册资本；

（2）与持有本公司股份的其他公司合并；

（3）将股份用于员工持股计划或者股权激励；

（4）股东因对股东会作出的公司合并、分立决议持异议，要求公司收购其股份（实际上为异议股份回购请求权，跟有限责任公司部分一致）；

（5）将股份用于转换公司发行的可转换为股票的公司债券；

（6）上市公司为维护公司价值及股东权益所必需。

各情形的具体流程和要求，如表4-2所示。

表 4-2 股份回购情形及要求

序号	回购情形	流程	注销
（1）	减少公司注册资本	应当经股东会决议	应当自收购之日起 10 日内注销
（2）	与持有本公司股份的其他公司合并	应当经股东会决议	应当在六个月内转让或者注销

合伙人制度（一）：股权顶层设计的艺术

序号	回购情形	流程	注销
（3）	将股份用于员工持股计划或者股权激励	可以按照公司章程或者股东会的授权，经2/3以上董事出席的董事会会议决议	第（3）、第（5）、第（6）情形，公司合计持有的本公司股份数不得超过本公司已发行股份总数的10%，并应当在3年内转让或者注销
（4）	股东因对股东会作出的公司合并、分立决议持异议，要求公司收购其股份	—	应当在六个月内转让或者注销
（5）	将股份用于转换公司发行的可转换为股票的公司债券	可以按照公司章程或者股东会的授权，经2/3以上董事出席的董事会会议决议	第（3）、第（5）、第（6）情形，公司合计持有的本公司股份数不得超过本公司已发行股份总数的10%，并应当在3年内转让或者注销
（6）	上市公司为维护公司价值及股东权益所必需	可以按照公司章程或者股东会的授权，经2/3以上董事出席的董事会会议决议	第（3）、第（5）、第（6）情形，公司合计持有的本公司股份数不得超过本公司已发行股份总数的10%，并应当在3年内转让或者注销

上市公司收购本公司股份的，应当依照《中华人民共和国证券法》的规定履行信息披露义务。上市公司因表4-2中第（3）项、第（5）项、第（6）项规定的情形收购本公司股份的，应当通过公开的集中交易方式进行。

公司不得接受本公司的股份作为质权的标的。

案例 4-5

凯莱英股份回购方案

凯莱英于2024年2月1日发布了《关于回购公司股份方案的公告》，现将股份回购方案的简要内容介绍如下。

一、拟回购股份基本情况

1. 拟回购资金总额：不低于人民币60 000万元（含），且不超过人民币120 000万元（含）。

2. 拟回购股份的种类：公司已发行的人民币普通股（A股）股票。

3. 拟回购用途：用于后续实施员工持股计划或股权激励及注销减少注册资本。其中，用于实施员工持股计划或股权激励的股份数量不高于回购总量的60%，用于注销减少注册资本的股份数量不低于回购总量的40%。

4. 拟回购价格：不超过人民币157元/股。

5. 拟回购数量：按照回购金额上限120 000万元（含）测算，预计回购股份数量不低于7 643 312股（含），约占已发行A股总股本的2.23%；按照回购金额下限

60 000 万元（含）测算，预计回购股份数量不低于 3 821 656 股（含），约占已发行 A 股总股本的 1.12%。具体回购股份数量以回购期满时实际回购的股份数量为准。

6. 实施期限：自股东大会审议通过回购股份方案之日起 12 个月内。

7. 回购资金来源：公司自有资金。

8. 回购方式：集中竞价交易方式。

二、相关股东是否存在减持计划

截至本公告日，公司控股股东、实际控制人、董事、监事、高级管理人员目前暂无明确的增减持公司股份计划，如后续新增减持股份计划，将按照相关规定及时履行信息披露义务。

三、相关风险提示

1. 存在公司股票价格持续超出回购股份方案披露的价格上限，导致回购股份方案无法实施或者只能部分实施的风险；

2. 本次回购股份方案存在因发生对公司股票交易价格产生重大影响的重大事项或公司董事会决定终止本次回购股份方案、公司不符合法律法规规定的回购股份条件等而无法实施的风险；

3. 本次回购股份方案可能存在因公司经营、财务状况、外部客观情况发生重大变化等原因，根据规则需变更或终止回购股份方案的风险；

4. 存在因员工持股计划或股权激励计划未能经公司董事会和股东大会等决策机构审议通过、激励对象放弃认购股份等原因，导致已回购股份无法全部授出的风险；

5. 存在回购专户中已回购的股份持有期限届满未能将回购股份过户至员工持股计划或股权激励计划的风险，进而存在已回购未授出股份被注销的风险；

6. 若公司在实施回购股份期间，受外部环境变化、公司临时经营需要、投资等因素影响，致使本次回购股份所需资金未能筹措到位，可能存在回购方案无法实施或部分实施的风险。

公司将在回购期限内根据市场情况择机实施股份回购，本次回购不会对公司经营、财务和未来发展产生重大影响，不会影响公司的上市地位。公司将根据回购事项进展情况及时履行信息披露义务，敬请投资者注意投资风险。

资料来源：东方财富网。

四、减少资本

（一）减资的概念

1. 减资的概念

公司减少注册资本，也称为"减资"，是指公司基于某种情况或需要，依照法定条件和程序，减少公司资本总额的行为。减资的方式包括返还出资或股款、减少出资总额或股份总数（如采用回购股份方式减资）、缩减每股面额或每股金额（如股票面额缩减为以前额的一部分或全部消除，原股东所持股份比例保持不变，每股价值也相应降低）。

公司减少注册资本，应当按照股东出资或者持有股份的比例相应减少出资额或者股份，法律另有规定、有限责任公司全体股东另有约定或者股份有限公司章程另有规定的除外。

2. 减资的分类

减资的方式有多种，包括减少股份总数、减少每股金额，或者同时减少股份总数和每股金额。

根据减资的比例，可以分为等比减资和不等比减资。等比减资是指公司的全体股东按相同比例减少对公司的出资，这种方式相对简单，不会涉及股东之间的利益冲突。不等比减资则是仅部分股东减资，或各股东均减资但减资比例不相同，这种方式较为复杂，可能会涉及股东之间的利益冲突。

根据是否向公司股东支付减资对价，减资可以分为实质减资和形式减资。实质减资是在减少公司注册资本的同时，将一定资产返还给股东，从而减少了公司的净资产。形式减资则只是减少注册资本数额，公司无须向股东支付减资对价，因此公司净资产并未减少。

（二）减资的情形

减资的情形有很多种，如图 4-11 所示。

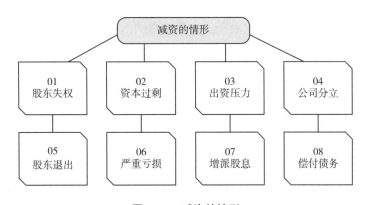

图 4-11　减资的情形

1. 股东失权

（1）股东失权的概念。

新《公司法》增加了股东未按期缴纳出资的失权制度，以下简称"股东失权"。

股东失权是指股东因未能按照公司章程、合同或法律规定履行其出资义务或保持其股东资格的义务，而失去其享有的股东权利的一种制度。简单来说，就是股东因某些原因被剥夺了其作为股东应有的权利。

股东失权通常发生在以下情况。

①股东未履行出资义务或抽逃全部出资，经过公司催告后在合理期限内仍未缴纳或返还出资。在这种情况下，公司可以通过股东会决议解除该股东的股东资格，即宣告其失权。

②股东违反公司章程或其他股东协议的规定，如违反竞业禁止义务、泄露公司机密等。在这种情况下，公司或其他股东可以提起诉讼，请求法院判决该股东失权。

股东失权的法律后果是严重的。一旦股东被宣告失权，他将失去其原有的股东权利，如参与决策、分享利润、分配剩余财产等。同时，他还需要承担因其行为给公司或其他股东造成的损失。

需要注意的是，股东失权制度是一种严厉的制度，应当慎重适用。在适用时，需要遵循法定的程序和条件，确保公平、公正地处理股东之间的关系。同时，也需要加强对中小股东的保护，防止大股东或管理层滥用股东失权制度损害中小股东的利益。

（2）法律规定。

根据《公司法》第五十二条：股东未按照公司章程规定的出资日期缴纳出资，公司依照第五十一条规定发出书面催缴书催缴出资的，可以载明缴纳出资的宽限期；宽限期自公司发出催缴书之日起，不得少于六十日。宽限期届满，股东仍未履行出资义务的，公司经董事会决议可以向该股东发出失权通知，通知应当以书面形式发出。自通知发出之日起，该股东丧失其未缴纳出资的股权。

依照前款规定丧失的股权应当依法转让，或者相应减少注册资本并注销该股权；六个月内未转让或者注销的，由公司其他股东按照其出资比例足额缴纳相应出资。

股东对失权有异议的，应当自接到失权通知之日起三十日内，向人民法院提起诉讼。

注意，《公司法》第五十二条是针对有限责任公司的规定，由于股份有限公司不能分期缴纳，在公司成立时完成出资缴纳，所以一般不会存在此种情形的失权现象。

2. 资本过剩

资本过剩是指原有公司资本过多，再保持资本不变，会导致资本在公司中的闲置和浪费，不利于发挥资本效能，另外也增加了分红的负担。

公司在成立初期可能需要巨额资金，但当公司步入正轨后，可能会发现资金过剩。在这种情况下，公司可能会选择减资来调整其资本结构。

3. 出资压力

有些公司在成立之初，注册资本过大，后来发现股东的出资能力不足，过大的注册资本导致实缴出资的压力，此种情况公司也可以通过减资来解决。

4. 公司分立

公司分立是指一个公司通过依法签订分立协议，不经过清算程序，分为两个或两个以上公司的法律行为。

公司分立主要有派生分立和新设分立两种形式。派生分立是指公司将一部分资产分出去另设一个或若干个新的公司，原公司存续；新设分立则是将原公司全部资产分别划归二个或二个以上的新公司，原公司解散。

无论哪种分立方式，公司分立往往伴随着原公司注册资本的减少。

5. 股东退出

股东退出是指股东通过将其持有的股份转让、请求公司回购、解散公司等方式，从而终止其与公司之间的股东关系。股东退出的原因可能包括个人资金需求、投资策略调整、公司经营状况不佳等。

股东退出不一定会导致注册资本减少，主要取决于退出方式。在个别股东退出公司，不便于股权转让的情况下，可以通过定向减资（不等比例减资）的方式使股东退出公司，定向减资会改变部分股东股权比例。

6. 严重亏损

当公司严重亏损，导致注册资本与实有资本差距过大，公司资本已失去应有的证明公司资信状况的法律意义时，公司可能会选择减资，以使注册资本与其实有资产保持平衡，从而更真实地反映公司的财务状况。

根据《公司法》第二百二十五条：公司依照本法第二百一十四条第二款的规定弥补亏损后，仍有亏损的，可以减少注册资本弥补亏损。减少注册资本弥补亏损的，公司不得向股东分配，也不得免除股东缴纳出资或者股款的义务。依照该规定减少注册资本的，无须通知债权人，但应当自股东会作出减少注册资本决议之日起三十日内在报纸上或者国家企业信用信息公示系统公告。公司依照该规定减少注册资本后，在法定公积金和任意公积金累计额达到公司注册资本百分之五十前，不得分配利润。

《公司法》第二百一十四条第二款内容：公积金弥补公司亏损，应当先使用任意公积金和法定公积金；仍不能弥补的，可以按照规定使用资本公积金。

7. 增派股息

由于股息是根据净利润／股本进行分派的，因此减少资本可以提高每股收益、增加股息。这可以作为公司的一种策略，以吸引投资者或提高股东的满意度。

8. 偿付债务

当公司经营多年，累积亏损严重，即使以后多年利润也无法弥补时，公司可能需要通过减资来一次性偿付这些累积的债务。

总的来说，减资是公司基于特定情况或需要，经过权衡利弊后作出的决策。不同的公司可能有不同的减资需求和考虑因素，因此减资的情形也会因公司而异。在本书第三章第三节也介绍了减资可能带来的负面影响，因此公司在进行减资决策时，公司应充分考虑各种因素、分析各种利弊，并遵循相关法律法规和公司章程的规定。

（三）减资的程序

减资通常需要经过严格的程序，并遵循相应的法律规定和流程，具体的流程如图 4-12 所示。

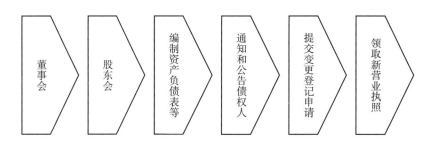

图 4-12　公司减资的一般流程

1. 召开董事会

公司需要召开董事会，董事会负责制订公司减少注册资本的方案。

2. 召开股东会

公司一般需要召开股东会对减资事项进行表决，属于股东会特殊决议事项。

有限公司股东会作出减少注册资本的决议，应当经代表 2/3 以上表决权的股东通过。股东会作出减少注册资本的决议，应当经出席会议的股东所持表决权的 2/3 以上通过。

3. 编制资产负债表及财产清单

公司减少注册资本，应当编制资产负债表及财产清单。

4. 通知和公告债权人

公司应当自股东会作出减少注册资本决议之日起 10 日内通知债权人，并于 30

日内在报纸上或者国家企业信用信息公示系统公告。债权人自接到通知之日起30日内，未接到通知的自公告之日起45日内，有权要求公司清偿债务或者提供相应的担保。

5. 提交变更登记申请

准备好公司变更登记申请书、股东会关于减少注册资本的决议、章程修正案或新章程等材料，将这些材料一并提交到市场监管部门办理变更登记手续。

6. 领取新营业执照

公司减少注册资本，应当依法向公司登记机关办理变更登记手续，自登记之日起，减资生效。在提交的材料齐全且符合法定形式后，市场监管部门将颁发新的营业执照，证明公司已经完成了减资的变更登记。

公司减资需要遵循严格的法规和程序。这些程序的目的是保护债权人的权益，确保减资行为的合法性和公平性。同时，减资也需要考虑对股东权益的影响，特别是对小股东的权益进行充分保护。

第三节　股权激励：激发企业潜能的钥匙

随着国内资本市场的快速发展，以及经济全球化进程的不断推进，股权激励一词已经不再陌生，虽然股权激励在国内的起步较晚，但是发展非常迅速。上市公司实施股权激励已经非常普遍，越来越多的非上市公司也开始重视股权激励的实施。股权激励已深入人心，在公司的发展过程中，越来越普及。

一、股权激励的基本概念

（一）什么是股权激励

按照通俗的概念来理解，股权激励是为了公司的长远发展、激励和留住核心人才，而推行的一种以股权为标的、对公司员工进行的长期激励机制。《上市公司股权激励管理办法》中也对股权激励进行了定义，股权激励是指上市公司以本公司股票为标的，对其董事、高级管理人员及其他员工进行的长期性激励。

（二）股权激励的四个层次

根据股权激励的概念，股权激励包含以下四个层次的内容，如图4-13所示。

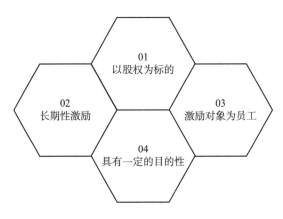

图 4-13　股权激励的四个层次

1. 以股权为标的

顾名思义，股权激励必须以股权（股份有限公司是股票的概念）为标的，与股权毫无关联的激励政策，不能视为股权激励；但是激励对象获得股权往往带有一定的附加条件，例如，完成一定的业绩、满足一定的工作年限等。即便是在一些虚拟股权激励的方式中，也是以股权为标的的，只是激励对象往往不是直接持有真实的股权，只是拥有了基于虚拟股权而带来的分红权。

2. 长期性激励

与员工的奖金、绩效工资等激励方式不同，股权激励是一个长期性的激励政策。员工的奖金和绩效工资一般与当期经营成果和员工表现直接挂钩，是短期性的激励政策；而股权激励是长期性的激励，激励对象持有股权后往往会有一定的锁定期，即使锁定期已过，员工基于对公司的看好和未来的分红，一般也会长期性持有股权，股权激励是长期行为，与公司的未来挂钩。公司进行股权激励，也往往是公司创始人、管理层对公司未来长期看好的一种表现。

3. 激励对象为员工

股权激励必然有激励对象，股权激励的对象为公司的员工，可以是全体员工，也可以是部分员工。股权激励的对象，包括但不限于公司的董事、高级管理人员和核心人员，一般员工也可以成为激励对象；但是对非公司内部员工给予的股权，不属于股权激励的范畴。

4. 具有一定的目的性

关于股权激励的目的，每个公司都会有不同的出发点，但是归纳起来无非两个核心点，一是为了公司更好地发展，二是能够激励和留住人才。通过股权激励，使激励对象能够以股东的身份、以主人翁的精神，参与公司的决策、分享公司的利润、共担经营风险，从而使员工能够勤勉尽责，进而保障公司的长远发展。

在国际上，股权激励已经成为上市公司比较普遍的做法。股权激励计划可以把股东的长远利益、公司的长期发展结合在一起，从而促使公司经营者在谋求公司与股东利益最大化的同时获得自身利益的最大化。而且股权激励计划是一种较为长期的激励机制，可以在一定程度上防止企业经营者的短期经营行为，以及防范"内部人控制"等侵害股东利益的行为。

二、股权激励的主要模式

（一）股权激励的常用模式

股权激励常见的模式有：（1）限制性股票（权）；（2）虚拟股票（权）；（3）股票期权；（4）股票增值权；（5）业绩股票（权）；（6）延迟支付；（7）期股；（8）管理层收购；（9）分红权；（10）虚拟股票期权；（11）账面价值增值权；（12）干股等。但是大多数中小企业对上述模式相对比较陌生，难以做到对症下药、灵活使用。

很多企业可能也会遇到一些其他的激励方式或者接触过很多其他的概念，例如，企业上下游激励、积分制激励等，很多其实已经脱离了股权激励的范畴，只能算是一种激励的方式，严格意义上讲已经不属于股权激励的范畴。

关于股权激励的具体内容，本书不做详细介绍。

（二）股权激励模式的分类

为了中小企业更好地选择股权激励模式，此处从几个维度对十二种股权激励模式进行了综合的比较，便于中小企业在股权激励实务中更好地进行选择。

从权和利的分配角度，可以将股权激励模式分为三大类：只分利的模式、先分利后分权的模式和分权分利的模式。

1.只分利的模式

只分利是指对激励对象只进行利益分配上的奖励，而激励对象通常不能获得股份（权）的表决权和所有权等，股东权利是不完整的，如虚拟股票（权）模式。

2.先分利后分权的模式

先分利后分权是指激励对象先获得股票（权）的分红权，之后才会获得表决权和所有权，如期股模式；权和利的获得有先后顺序，权和利都得到后，激励对象才会获得完整的股东权利，包含了分红权、表决权和所有权等。

3.分权分利

分权分利是指在进行股权激励时，激励对象获得的股权权利是完整的，同时获得分红权、表决权和所有权等。

从权和利的分配角度，十二种股权激励模式的划分如表4-3所示。

表 4-3	股权激励模式的分类
权和利的分配顺序	包含的激励模式
只分利模式	虚拟股票（权）、股票增值权、延期支付、分红权、虚拟股票期权、账面价值增值权、干股（虚拟情形）
先分利后分权模式	股票期权、期股
分权分利模式	限制性股票（权）、管理层收购、干股（直接持股、协议无特殊约定情形）、业绩股票（权）（达到业绩兑现后）

中小企业在选择股权激励模式时需要综合考虑自身的各种因素，包括行业特点、发展阶段、管理团队、股权结构、未来规划等，综合考虑评估之后再选择适合自己的激励模式或组合模式，股权激励切忌盲目效仿，只有适合自己的模式才是最好的，也只有适合自己的模式才能达到最理想的激励效果。

三、股权激励的股份来源

股份来源是股权激励十二定[①]中的一个重要因素。定来源包含两层含义，第一层含义是要确定股权激励的股份（权）来源，对于虚拟的股权激励模式不涉及需要确定股份（权）来源的问题；对于有实际股份（权）的股权激励模式，需要事先确定股份（权）来源，做到有股可授，否则股权激励便成了无源之水、无本之木。第二层含义是要确定激励对象的资金来源（无偿模式除外），即激励对象用于购买股份（权）的钱从哪里来，激励对象要有钱可购，否则股权激励也无法推行。本部分主要介绍股份来源。

（一）股份来源的相关规定

有关股权激励股份（权）来源的相关规定，整理总结如表 4-4 所示。

表 4-4		不同公司类型关于股份（权）来源的相关规定	
公司类型		股份（权）来源	法规依据
上市公司	一般上市公司	拟实行股权激励的上市公司，可以下列方式作为标的股票来源：（1）向激励对象发行股份；（2）回购本公司股份；（3）法律、行政法规允许的其他方式	《上市公司股权激励管理办法》

---

① 股权激励一共有十二个要素需要确定，简称"股权激励十二定"。

公司类型		股份（权）来源	法规依据
上市公司	国有控股上市公司	实施股权激励计划所需标的股票来源，可以根据本公司实际情况，通过向激励对象发行股份、回购本公司股份及法律、行政法规允许的其他方式确定，不得由单一国有股股东支付或擅自无偿量化国有股权	《国有控股上市公司（境内）实施股权激励试行办法》
非上市公众公司		拟实施股权激励的挂牌公司，可以下列方式作为标的股票来源： （1）向激励对象发行股票； （2）回购本公司股票； （3）股东自愿赠与； （4）法律、行政法规允许的其他方式	《非上市公众公司监管指引第6号——股权激励和员工__持股计划的监管要求（试行）》
其他类型公司（不含国有）		没有明确规定来源	—

综上所述，各个类型的公司在进行股权激励时，股份（权）来源无非四种方式：（1）增发新股；（2）回购本公司股份；（3）老股转让；（4）无偿赠与。其他方式从本质上都是这种几种方式的衍生，并没有其他创新的方式。

（二）增发新股

增发新股是指实施股权激励时，通过发行新股的方式向激励对象授予股票（权），公司的注册资本增加，原有股东持股数量不变，持股比例相应被稀释。增发新股的方式可以适用于任何类型的公司。

上市公司在增发新股时需要按照上市公司的有关规定来进行；新三板挂牌公司需要按照全国中小企业股份转让系统的有关规定来进行，同时激励对象需要满足合格投资者的要求。

对于其他类型的公司，增发新股并没有特殊的要求，只要按照《公司法》的相关规定，履行相应的流程即可。

（三）回购本公司股份

对于有限责任公司，除了《公司法》约定的异议股东请求回购股权外，并没有其他可以回购本公司股权的情况，理论上有限责任公司是不能回购本公司股权用于股权激励的，因此回购的方式不适用于有限责任公司。

股份有限公司可以回购股份用于员工持股计划或者股权激励，具体内容和要求参考本章第二节的内容。

（四）老股转让

老股转让是指原有股东将股份（权）转让给激励对象的方式，此种方式也可以适用于任何公司类型。

对于上市公司和新三板挂牌公司，不但要符合《公司法》的相关规定，还需要满足有关限售或者减持的规定；对于其他类型没有特殊的规定，只要符合《公司法》的有关规定即可。

老股转让实际上还是股权转让，具体内容和要求参考本章第二节的内容。

（五）无偿赠与

无偿赠与主要是指原有股东将股份无偿赠与股权激励对象的方式。

无偿赠与的方式对上市公司不太适用，因为《上市公司股权激励管理办法》对上市公司的股权激励价格有一定的限制；对于新三板挂牌公司和其他类型的非公众公司均可使用。

案例 4-6 ▷▷▷▷▷▷▷▷▷▷▷▷▷▷▷▷▷▷▷▷▷▷▷▷▷▷▷▷▷▷▷▷▷▷

三只松鼠 2024 年股票期权激励计划（草案）

三只松鼠股份有限公司于 2024 年 4 月 30 日公告了《三只松鼠股份有限公司 2024 年股票期权激励计划（草案）摘要》，根据该草案，本次股权激励的简要内容如下。

一、本激励计划拟授出的权益形式

本激励计划采取的激励形式为股票期权。

二、本激励计划拟授出权益涉及的标的股票来源及种类

本激励计划涉及的标的股票来源为公司向激励对象定向发行的本公司人民币 A 股普通股股票。

三、本激励计划拟授出权益的数量及占公司股份总额的比例

本激励计划拟授予激励对象的股票期权数量为 243.86 万份，约占本激励计划草案公布日公司股本总额 40 100.00 万股的 0.61%。其中，首次授予股票期权 221.86 万份，约占本激励计划草案公布日公司股本总额 40 100.00 万股的 0.55%，占本激励计划拟授予股票期权总数的 90.98%；预留 22.00 万份，约占本激励计划草案公布日公司股本总额 40 100.00 万股的 0.05%，占本激励计划拟授予股票期权总数的 9.02%。本激励计划下授予的每份股票期权拥有在满足生效条件和生效安排的情况下，在可行权期内以行权价格购买 1 股本公司人民币 A 股普通股股票的权利。

截至本激励计划草案公布日，公司全部在有效期内的股权激励计划所涉及的标

的股票总数累计未超过公司股本总额的 20.00%。本激励计划中任何一名激励对象通过全部在有效期内的股权激励计划获授的公司股票数量累计未超过公司股本总额的 1.00%。

资料来源：东方财富网。

本案例中，股票来源为增发股份，增发股份能够稀释原股东的持股比例。

四、股权激励影响与设计

（一）股份激励的主要影响

不同的股权激励模式，对公司股权和分红权等因素的影响也会不同，以下从股权激励核心要素的角度，对股权激励各模式的影响做了对比和分析，如表 4–5 所示。

表 4–5 股权激励各模式的影响和对比

激励模式		是否实股	稀释股权	激励收益	员工是否现金支出	公司是否现金支出	适宜主体
限制性股票（权）		是	是	分红 / 增值 / 投票	有 / 无	无	上市 / 非上市
虚拟股票（权）		否	否	分红 / 增值	无	有	上市 / 非上市
股票期权		是	是	增值	有	无	上市
股票增值权		否	否	增值	无	有	上市
业绩股票		是	是	分红 / 增值 / 投票	有 / 无	有 / 无	上市 / 非上市
延期支付		否	否	分红 / 增值	有	有	上市
期股		是	是	分红 / 增值 / 投票	有	有	上市 / 非上市
管理层收购		是	是	分红 / 增值 / 投票	有	无	上市 / 非上市
分红权		否	否	分红	无	有	上市 / 非上市
虚拟股票期权		否	否	增值	无	有	上市
账面价值增值权		否	否	增值	无	有	上市 / 非上市
干股	实股	是	是	分红 / 增值 / 投票	无	无	非上市
	虚拟	否	否	分红 / 增值	无	无	非上市

股票期权、股票增值权两种模式对于少部分具有公允价格的新三板公司也可以适用。

（二）股份激励需要设计

1. 不能为了激励而激励

股权激励在普通中小企业中日渐流行，股权激励的价值也逐步被认可，但是对于大多数企业而言，只知道股权激励是个好东西、大家都在做，我也得做，往往在设计股权激励时流于形式，为了激励而激励，最终并没有起到很好的效果。

对于中小企业创始人或大股东在做股权激励之前，需要进行自我调研和评估，评估自己企业所处的发展阶段、目前面临的主要问题，必要时可以聘请专业的咨询服务机构进行指导，进而设计出符合自身特点和发展需要的股权激励方案，切忌盲目跟风，为了激励而激励，最终可能会导致激励效果不佳。

股权激励也不是万能的，利用好才能发挥事半功倍的效果，利用不好往往难以达到预期的效果，最终退股时还会导致股权变动比较频繁，进而影响公司股权和管理层的稳定性，因此公司在实施股权激励时避免盲目跟风、需要谋定而后动，才能发挥股权激励的最佳效果。

2. 股权激励需要进行设计

股权激励事关公司股权结构、股权设计及股东利益，是股权设计的一个重要体系之一，进行股权激励需要从股权设计、股权布局的顶层设计角度出发，避免盲目分配股权，最终导致股权出现问题或者风险。

现代企业发展越来越离不开外部投资人、职业经理人以及核心人员，职业经理人和核心人员也越来越不满足于赚取单一的工资，股权激励成为大家越来越关注的共同问题。现代企业的成功离不开善用股权激励，只有良好的股权设计、利用好股权激励，才能将创始人、合伙人、职业经理人以及员工的利益紧紧地捆绑在一起，进而保障公司的稳定与快速发展。

关于股权激励的设计，建议参考以下几点。

（1）避免平均主义；

（2）尽量用持股平台（虚拟股权除外）；

（3）考核要与激励相结合；

（4）建议让激励对象付出一些成本，免费的股权往往不被珍惜；

（5）一次股权激励的比例不要过高，预留未来的激励空间；

（6）预设股东退出机制，签好协议，避免纠纷。

3. 股权激励需要兼顾未来

股权激励是一种长期激励措施，需要兼顾未来，综合考虑未来股权的变动趋势、税收筹划、上市等因素。

将股权激励与企业的未来发展、上市结合在一起，能够更有效地发挥股权激励的作用，更有利于调动员工的积极性。

将股权激励与未来股权变动可能涉及的税收等因素结合起来统筹规划，能够有效地减少税收成本。

将股权激励与未来股权变动以及上市等因素综合起来进行提前规划，做好顶层设计，能够有效地防范股权风险、保障创始人的控制权，避免未来出现控制权之争等潜在风险。

因此股权激励不仅是一种简单的激励手段，而是一套统筹公司顶层设计与内部管理、兼顾公司经营管理与长远发展的体系，需要综合考虑、全盘打算、兼顾当前、着眼未来，才能事半功倍、最大化股权激励的效果。

第四节　外部增资：为企业注入新的活力

企业在发展过程中，为了加速成长、拓宽市场、引入先进的管理经验和技术等目的，经常需要引进外部投资机构。这些投资机构通常拥有丰富的资金资源、行业经验和管理知识，可以为企业带来显著的帮助和支持。然而，与此同时，企业也需要面对由此带来的一系列挑战。因此，在引进外部投资机构时，企业需要充分学习和了解他们的运作模式、综合各方因素，制定合理的合作方案和股权结构安排，确保双方的利益得到保障。同时，也需要加强沟通与协作，共同应对挑战，实现企业的持续健康发展。

一、外部增资的分析

（一）外部增资的概念

外部增资是指公司通过向外部投资者募集资金来增加注册资本的行为。这种方式可以帮助公司实现规模的扩张、提高竞争力、增强经营实力等目的。外部增资通常包括引入战略投资人、财务投资人或在资本市场上进行公开募股等方式。

对于未上市的中小企业而言，外部增资最常见的模式便是引进战略投资人或者财务投资人。

（二）投资人的类型

投资人从大的类型上划分，无非两大类：一类是战略投资人；另一类是财务投资人。也有些个人投资人，其实可以归类到财务投资人行列里。本部分介绍的投资人主要指企业投资人，不考虑个人投资人的情形。

1. 战略投资人

战略投资人是指那些与企业业务相关联，具有资金、技术、管理、市场、人才优势，能够促进企业产业结构升级，增强企业核心竞争力和创新能力，推动企业扩张，寻求获得长期利益回报和企业可持续发展的国内外大企业、大集团。他们可以与企业共同合作，通过股权投资、合资、并购等方式参与企业的经营和发展。

战略投资人的特点包括以下几个方面，如图 4-14 所示。

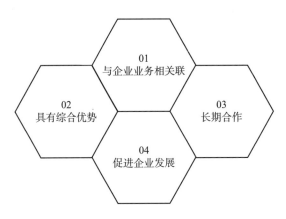

图 4-14　战略投资人的特点

（1）与企业业务相关联。

战略投资人通常与企业处于同一行业或相关产业链上，他们了解行业趋势、市场需求和竞争态势，能够为企业提供有针对性的支持和帮助。

（2）具有综合优势。

战略投资人不仅拥有雄厚的资金实力，还可能具备先进的技术、管理经验、市场渠道和人才资源等优势，这些优势可以为企业带来新的发展机遇和竞争优势。

（3）长期合作。

战略投资人通常会与企业建立长期合作关系，共同制订发展战略和业务计划，并在企业经营管理中发挥积极作用。他们注重长期利益回报，愿意与企业共同成长和发展。

（4）促进企业发展。

战略投资人的目标是推动企业的可持续发展和产业结构升级。他们可以通过提供资金、技术和管理支持，帮助企业扩大市场份额、提高盈利能力、增强创新能力，进而提升企业的整体竞争力。

在企业引入战略投资人的过程中，需要充分评估投资人的实力、信誉和合作意愿，确保双方的合作能够为企业带来实质性的利益和发展机遇。同时，企业也需要保持自身独立性和经营自主权，避免过度依赖战略投资人而导致利益受损。

2. 财务投资人

财务投资人是以获利为目的，通过投资行为取得经济上的回报，在适当的时候进行套现的投资人。他们更注重短期的获利，对企业的长期发展则不怎么关心。财务投资人一般不参与企业的具体经营管理，而是通过投资企业的股权、债券或其他证券来获取资本增值和分红收益。相对于战略投资人而言，财务投资人的投资目标更偏向于实现资本增值和短期收益。

财务投资人的特点包括以下几个方面，如图4-15所示。

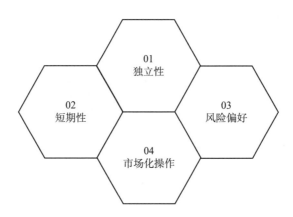

图 4-15　财务投资人的特点

（1）独立性。

财务投资人通常不会干预企业的日常经营和管理决策，他们更注重企业的财务状况和市场表现，以便作出投资决策。

（2）短期性。

与战略投资人相比，财务投资人的投资期限通常较短。他们更注重短期内的投资回报，可能会根据市场情况灵活调整投资组合。

（3）风险偏好。

财务投资人对风险的态度因投资人类型和投资目标而异。一些财务投资人可能更偏向于投资高风险的项目以追求高回报；而另一些则可能更注重资本保值和稳定收益。

（4）市场化操作。

财务投资人在投资决策时通常会参考市场价格和行情，以及其他投资人的行为和市场趋势。他们可能会运用各种金融工具和分析方法来评估投资价值和风险。

在企业融资过程中，引入财务投资人可以为企业提供一定的资金支持，并有助于提升企业的知名度和市场价值。然而，需要注意的是，过度依赖财务投资人的短期投资可能导致企业忽视长期发展目标和战略规划。因此，在引入财务投资人时，企业需要权衡利弊，确保与自身发展目标保持一致。

3. 战略投资人与财务投资人

战略投资人和财务投资人在投资目标、投资期限、参与程度、风险偏好等诸多方面存在显著的区别，主要区别如表4-6所示。

表 4-6　　　　　　　　　　　战略投资人和财务投资人的区别

对比内容	战略投资人	财务投资人
投资目标	更注重长期性目标，通常与企业的长期发展目标相一致，通过投资实现企业的战略目标	更注重短期目标，主要关注短期的财务回报，通过投资获取资本增值和分红收益
投资期限	往往会长期持有企业的股份	投资期限相对较短
参与程度	通常会积极参与被投资企业的经营管理，他们可能会向企业委派董事、监事或高级管理人员，参与企业的重大决策和战略规划	一般不参与企业的具体经营管理，他们更注重企业的财务状况和市场表现，以便作出投资决策
专业程度	战略投资人主要是业内人士，专业程度往往更高，主要看重市场的战略布局和业务的协作、深耕等	财务投资人对行业的专业程度往往低一些，更看重行业前景和未来预期，行业能够快速成长带来高额回报
风险偏好	由于他们看重的是与企业的长期合作关系和未来的发展潜力，因此可能更愿意承担较高的风险	对风险的态度因投资人类型和投资目标而异。一些财务投资人可能更偏向于投资低风险、稳定回报的项目，而另一些则可能愿意承担更高的风险以追求更高的回报
关注重点	战略投资人更关注的是业务布局、战略规划、市场规模、占有率等	财务投资人更关注盈利状况、盈利能力等财务指标

总的来说，战略投资人和财务投资人在多个方面存在明显的区别。企业在选择投资人时需要根据自身的发展需求和战略目标来确定合适的投资人类型。

（三）投资人资金来源

投资人的资金来源多种多样，具体取决于投资人的类型、投资策略、风险承受能力以及市场环境等因素。

投资人的资金来源主要有以下几种方式，如图4-16所示。

（1）股东投入。

股东投入包括股东出资的注册资本金，以及股权给企业的拆借资金等，注册资金是投资人资金的首要来源之一。

（2）银行贷款。

一些投资人可能会选择通过银行贷款来获取投资资金。这通常涉及向银行申请信用贷款或抵押贷款，然后将这些资金用于投资。然而，需要注意的是，银行贷款通常需要支付一定的利息，并且存在还款压力，因此投资人需要谨慎评估自己的还款能力和投资风险。

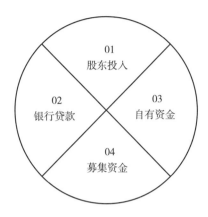

图 4-16　投资人的资金来源

（3）自有资金。

对于企业来说，自有资金也是常见的投资资金来源之一，这包括企业的留存收益等。企业可以根据自身的经营情况和发展战略，将一部分自有资金用于对外投资。

（4）募集资金。

募集资金主要存在以下两种情况。

一类是上市的企业，可以通过公开发行证券（包括首次公开发行股票、配股、增发、发行可转换公司债券、发行分离交易的可转换公司债券等）以及非公开发行证券向投资者募集的资金，但不包括上市公司股权激励计划募集的资金。

另一类是具有私募牌照的机构按照相关规定，采用合法合规的流程募集的资金。私募股权基金的募集资金主要来源于特定的投资者，这些投资者通常包括高净值个人、机构投资者、企业等。与公募基金不同，私募股权基金不向公众广泛募集资金，而是通过非公开方式向特定的合格投资者进行募集。

二、私募机构的运作

在企业的发展过程中，私募股权基金扮演了重要的角色，对于任何一个快速发展壮大的企业，基本都无法回避私募股权基金的问题，都或多或少需要与私募股权基金打交道。对于企业来说，私募股权基金提供了重要的资金来源，可以帮助企业解决资金"瓶颈"，实现快速发展；但是私募股权基金也可能会给企业带来一些负面甚至是致命的影响，因此企业在面对私募机构时，需要擦亮双眼、明辨是非，需要充分了解其投资特点和风险，作出理性的决策。

（一）私募基金管理人

私募基金管理人也就是我们常说的私募机构。

1. 私募基金管理人概念

私募基金管理人是负责私募基金运作和管理的专业机构或个人。他们具备相关的投资知识和经验，并根据基金合同、法律法规以及监管要求，履行基金管理职责，为基金投资者提供投资管理服务。

2. 私募基金管理人职责

私募基金管理人的主要职责如图 4-17 所示。

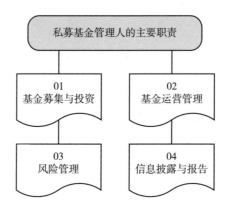

图 4-17 私募基金管理人的主要职责

（1）基金募集与投资。

私募基金管理人负责基金的募集工作，向投资者募集资金，并根据基金合同约定的投资策略和目标进行投资决策。他们需要对市场进行深入研究，选择适当的投资标的，构建投资组合，并持续跟踪和调整，以获取良好的投资收益。

（2）基金运营管理。

私募基金管理人需要建立和执行基金的运营管理体系，包括基金资产的估值、会计核算、交易结算、风险控制等。他们还需要与托管银行、证券交易所、登记结算机构等相关方进行协调和沟通，确保基金的正常运作和合规性。

（3）风险管理。

私募基金管理人需要制定和执行风险管理制度，对基金面临的市场风险、信用风险、流动性风险等进行识别、计量、监控和报告。他们应采取适当的风险控制措施，保护基金资产的安全和投资者的权益。

（4）信息披露与报告。

私募基金管理人需要按照法律法规和监管要求，及时向投资者披露基金的投资情况、业绩表现、风险状况等信息，并编制相关报告。他们应确保信息披露得真实、准确、完整，以便投资者作出明智的投资决策。

私募基金管理人在履行职责时应遵守法律法规、行业准则和道德规范，以诚实信用、勤勉尽责的态度为投资者提供专业服务。他们的专业能力和管理水平对基金的投资业绩和投资者的利益具有重要影响。

3. 私募基金管理人需要备案

私募基金管理人需要到中国证券投资基金业协会（以下简称"基金业协会"）备案，取得私募基金管理人资格方可以开展业务。

基金业协会是依据《中华人民共和国证券投资基金法》和《社会团体登记管理条例》，在民政部登记的社会团体法人，是证券投资基金行业的自律性组织，接受证监会和民政部的业务指导和监督管理。

协会主要职责包括：教育和组织会员遵守有关证券投资的法律、行政法规，维护投资人合法权益；依法维护会员的合法权益，反映会员的建议和要求；制定和实施行业自律规则，监督、检查会员及其从业人员的执业行为，对违反自律规则和协会章程的，按照规定给予纪律处分；制定行业执业标准和业务规范，组织基金从业人员的从业考试、资质管理和业务培训；提供会员服务，组织行业交流，推动行业创新，开展行业宣传和投资人教育活动；对会员之间、会员与客户之间发生的基金业务纠纷进行调解；依法办理非公开募集基金的登记、备案；协会章程规定的其他职责。

（二）私募基金的分类

私募基金按资金投向，可以分为以下几类，如图 4-18 所示。

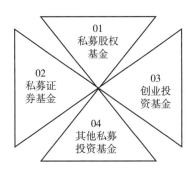

图 4-18　私募基金的分类

1. 私募股权基金

私募股权基金的投资范围包括未上市企业股权，非上市公众公司股票，上市公司向特定对象发行的股票，大宗交易、协议转让等方式交易的上市公司股票，非公开发行或者交易的可转换债券、可交换债券，市场化和法治化债转股，股权投资基金份额，以及中国证监会认可的其他资产。

企业在发展过程中，通常所提到的引进私募机构，便是指的私募股权基金。

2. 私募证券基金

私募证券基金的投资范围主要包括股票、债券、存托凭证、资产支持证券、期货合约、期权合约、互换合约、远期合约、证券投资基金份额，以及中国证监会认可的其他资产。

3. 创业投资基金

创业投资基金是指专门投资在具有发展潜力以及迅速成长公司的基金。创业投资首要是以私人股权方式从事资本运营，并以培育和辅导企业创业或再创业，来追求长期资本升值的高风险、高收益的行业。

根据《创业投资企业管理暂行办法》，对创投资企业做了较多的约束，例如，实收资本不低于 3 000 万元人民币，或者首期实收资本不低于 1 000 万元人民币且全体投资者承诺在注册后的 5 年内补足不低于 3 000 万元人民币实收资本。

根据《国务院关于加快培育和发展战略性新兴产业的决定》，国家对创业投资基金比较鼓励和扶持。

4. 其他私募投资基金

除以上三类之外的其他类私募基金。

（三）认识私募股权基金

1. 私募股权基金的概念

私募股权基金（private equity fund）是指通过非公开方式向少数机构投资者或个人募集资金，主要对非上市企业进行的权益性投资，最终通过被投资企业上市、并购或管理层回购等方式退出而获利的一类投资基金。

私募股权基金的投资对象主要是拟上市企业的股权投资，私募股权基金在投资过程中会附带考虑将来的退出机制，即通过上市、并购或管理层回购等方式出售持股以获取收益。

私募股权基金在企业融资、并购、上市等方面发挥着重要作用，为创新型企业、中小企业和处于成长阶段的企业提供了重要的资金来源。同时，私募股权基金也促进了资本市场的多层次发展，提高了市场效率。

2. 私募股权基金的特点

私募股权基金的特点主要体现在以下几个方面，如图 4-19 所示。

（1）私募性。

私募股权基金是通过非公开方式向特定的投资者募集资金的，其募集对象和方式都受到严格的限制。这种非公开性使得私募股权基金在信息披露、监管等方面与公募基金存在显著差异。

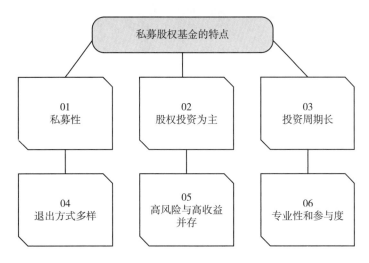

图 4-19 私募股权基金的特点

（2）股权投资为主。

私募股权基金主要投资于非上市企业的股权，通过提供资金、管理经验等资源，帮助企业实现价值提升和快速成长。与债权投资相比，股权投资具有更高的风险和收益潜力。

（3）投资周期长。

由于私募股权基金主要投资于初创期、成长期的企业，这些企业的发展和成熟需要较长的时间，因此私募股权基金的投资周期通常较长，一般需要3～5年甚至更长的时间才能实现投资回报。

（4）退出方式多样。

私募股权基金在投资时会考虑未来的退出机制，常见的退出方式包括企业上市、股权转让、管理层回购等。这些退出方式的选择取决于企业的发展状况、市场环境等因素。

（5）高风险与高收益并存。

由于私募股权基金主要投资于初创期、成长期的企业，这些企业的发展存在较大的不确定性，因此私募股权基金的投资风险较高。但是，一旦投资成功，私募股权基金可能获得较高的投资回报，甚至实现数倍或数十倍的收益。

（6）专业性和参与度。

私募股权基金通常会有专业的基金管理团队，他们不仅为企业提供资金，还提供专业化的经营和管理策略，为企业提供战略、融资、上市等方面的咨询和支持。私募股权基金投资是在退出中获利，因此有动力参与企业管理。

3. 私募股权基金的分类

私募股权基金根据不同的投资阶段，大致可以分为以下几类，如图4-20所示。

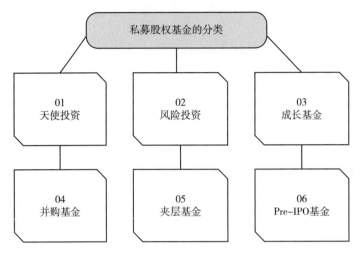

图 4–20　私募股权基金的分类

（1）天使投资（angel investment）。

天使投资是权益资本投资的一种形式，是指对具有巨大发展潜力的初创企业进行早期的直接投资，这些进行投资的机构常被称为"投资天使"，用于投资的资本常被称为"天使资本"。

（2）风险投资（venture capital）。

这类基金主要投资于初创企业或技术的早期阶段，通常这些企业还没有稳定的收入或利润，因此风险较高。风险投资基金会为企业提供资金支持和战略指导，帮助企业成长。

（3）成长基金（growth equity）。

成长基金主要投资于已经度过初创期，进入成长阶段的企业。这些企业通常已有一定的市场份额和盈利能力，但仍需要资金来扩大规模、提升竞争力。

（4）并购基金（buyout fund）。

并购基金主要投资于成熟的企业，并通过购买企业的控制权或大部分股权来主导企业的运营和管理。并购基金通常会通过改善企业的运营、提升效率、拓展市场等方式来提升企业的价值。

（5）夹层基金（mezzanine fund）。

夹层基金是介于股权和债权之间的投资，主要提供中期的资金支持，其收益和风险也介于股权和债权之间。夹层基金通常用于企业的扩张、收购或资产重组等。

（6）Pre-IPO 基金。

Pre-IPO 基金主要投资于即将上市的企业，其投资目标是在企业上市前获取一定的股权，然后在企业上市后通过出售股权来获取回报。

合伙人制度（一）：股权顶层设计的艺术

(四）私募股权基金的架构

1.私募股权基金的组织形式

私募股权基金的组织形式主要有三种：公司型、契约型和有限合伙型，如图4-21所示。

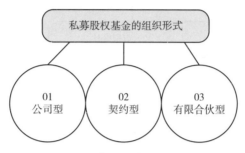

图4-21　私募股权基金的组织形式

（1）公司型基金。

公司型基金是依据《公司法》成立的以营利为目的的投资公司。公司型基金通过发行股票来筹集资金，是具有法人资格的经济实体。投资者购买了该家公司的股票，就成为该公司的股东，凭股票领取股息或红利、分享投资所获得的收益。公司型基金在组织形式上与一般的股份公司类似，基金公司资产为投资者股东所有，由股东选举董事会，由董事会选聘基金管理公司，基金管理公司负责管理基金业务。

（2）契约型基金。

契约型基金也称为信托型私募基金，是根据信托契约通过发行受益凭证而组建的投资基金。该类基金一般由基金投资人、基金管理人、基金托管人三方共同订立一个信托投资契约。基金管理人是基金的发起人，通过发行受益凭证将资金筹集起来组成信托财产，并根据信托契约进行投资；基金托管人依据信托契约负责保管信托财产；基金投资人即受益凭证的持有人，根据信托契约分享投资成果。

（3）有限合伙型基金。

有限合伙型基金是指一名以上普通合伙人（通常为私募基金管理人）与一名以上有限合伙人所组成的合伙企业。有限合伙人不参与有限合伙企业的运作，不对外代表组织，只按合伙协议比例享受利润分配，以其出资额为限对合伙的债务承担清偿责任。普通合伙人参与合伙事务的管理，分享合伙收益，每个普通合伙人都对合伙债务负无限责任或者连带责任。

在私募股权基金的实务运作当中，大家最常用的还是有限合伙型基金。

2.有限合伙型私募股权基金的架构

有限合伙型私募股权基金的常见架构如图4-22所示。

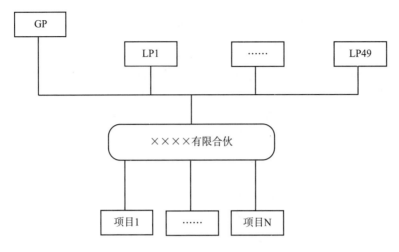

图 4-22 有限合伙型私募股权基金的架构

（1）GP 为私募基金管理人，也是私募股权基金的管理机构，每一只私募股权基金实为其管理的一只产品，每一只产品也都需要到基金业协会备案。GP 往往投资很少的资金到其管理的产品中，通常在 1% 左右。

（2）LP 为合格投资者，每个有限合伙企业的 LP 不能超过 49 人。大多数基金产品的资金主要来自 LP。

（3）有限合伙企业作为本产品的对外投资主体，定向投资于一个或者多个企业的股权。

（五）私募股权基金的投资

私募股权基金由于大多数资金来自于投资者，为了确保资金安全、保障投资者利益，私募股权基金一般都会有严格的投资流程。具体对外投资步骤如图 4-23 所示。

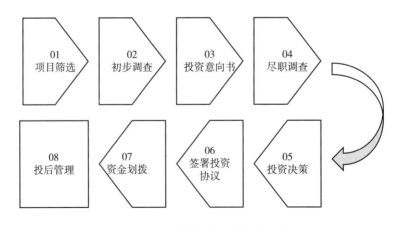

图 4-23 私募股权基金的投资流程

1. 项目筛选

私募股权基金会根据自身的投资策略和标准，在市场上寻找符合其投资要求的目标企业或项目。这通常涉及对市场趋势、行业发展、竞争态势等因素的分析和判断。

2. 初步调查

一旦确定潜在的投资目标，私募股权基金会进行初步的尽职调查，以评估目标企业的基本情况、市场前景、管理团队、财务状况等。这一步骤可能包括与目标企业管理层的初步沟通、查阅相关文件和资料等。

3. 投资意向书

如果初步调查结果符合私募股权基金的投资标准，基金可能会向目标企业发出投资意向书，明确表达投资意愿，并提出投资的主要条款和条件。投资意向书通常是非约束性的，旨在为进一步的谈判和协商奠定基础。

4. 尽职调查

在投资意向书得到目标企业的认可后，私募股权基金会进行更为深入和全面的尽职调查。这一阶段可能涉及对目标企业的法律、财务、商业、技术等多个方面的详细审查和评估，以确定投资的风险和潜在回报。

5. 投资决策

完成尽职调查后，私募股权基金的管理团队会根据调查结果和市场情况，对是否进行投资以及投资的具体金额和比例作出决策。这通常需要基金的投资委员会或相关决策机构的批准。

6. 签署投资协议

一旦作出投资决策，私募股权基金会与目标企业签署正式的投资协议。投资协议将明确双方的权利和义务、投资金额、股权比例、管理方式、退出机制等关键条款。

7. 资金划拨

在签署投资协议后，私募股权基金会按照协议约定的方式和时间将资金划拨给目标企业。

8. 投后管理

投后管理是私募股权基金在投资后对被投资企业进行的一系列管理和监控活动，以确保投资的安全和增值。它是私募股权投资流程中不可或缺的一部分，涉及对被投资企业的战略指导、运营管理、风险控制以及增值服务等方面。投后管理的内容比较多，这可能包括提供战略指导、财务支持、行业资源等，以帮助企业实现快速发展和价值提升。同时，私募股权基金也会密切关注企业的业绩和市场动态，及时调整投资策略和管理措施。

请注意，以上流程仅供企业了解私募机构的一般运作模式之用，实际操作中可能会根据具体情况进行调整和变化，每家私募机构的管理风格和流程也会有所差异。

三、对赌协议的陷阱

（一）什么是对赌协议

对赌协议是企业在引进外部投资机构的时候通常会面临的问题，也是需要企业擦亮眼睛予以重点关注的事情。

1. 对赌协议的概念

对赌协议（valuation adjustment mechanism，VAM），又称为估值调整协议，是投资方与融资方在达成股权性融资协议时，为解决交易双方对目标公司未来发展的不确定性、信息不对称以及代理成本而设计的包含了股权回购、金钱补偿等对未来目标公司的估值进行调整的协议。对赌协议被广泛应用于投融资和并购等领域。

对赌协议的核心内容是，如果约定的条件出现（如目标公司的业绩达到预定水平），投资方可以行使一种权利（如要求融资方回购股权或支付现金补偿）；如果约定的条件不出现，融资方则行使另一种权利。这种机制有助于在交易双方之间实现"公平交易"，平衡双方的利益和风险。

2. 对赌协议的分类

从订立对赌协议的主体来看，可以分为三类。

（1）投资方与目标公司的股东或实际控制人"对赌"，即对赌失败时，承担股权回购或现金补偿义务的主体为公司股东或实际控制人；

（2）投资方与目标公司"对赌"，即对赌失败时，承担股权回购或现金补偿义务的主体为目标公司本身；

（3）投资方与目标公司的股东、目标公司"对赌"，这是前两种类型的结合。

值得注意的是，虽然对赌协议在某些情况下可以帮助投资者降低风险和实现利益最大化，但也存在一些潜在的问题。例如，它可能导致管理层为了达成对赌条件而采取短视行为，忽视公司的长期发展。此外，对赌协议中的估值调整条款也可能引发纠纷和法律诉讼。因此，在设计和签订对赌协议时，应充分考虑各种因素，确保双方的利益得到合理保护。

（二）对赌协议的常见陷阱 [①]

1. 财务业绩

这是对赌协议的核心要义，是指被投公司在约定期间能否实现承诺的财务业

---

① 对赌协议的 20 个致命陷阱［EB/OL］. https://business.sohu.com/20140703/n401728292.shtml.

绩。因为业绩是估值的直接依据，被投公司想获得高估值，就必须以高业绩作为保障，通常是以"净利润"作为对赌标的。

财务业绩对赌，往往会伴随着补偿，业绩赔偿的方式通常有两种，一种是赔股份，另一种是赔钱，后者较为普遍。在企业达不到对应的业绩要求时，需要向投资机构支付一定的赔偿款。

常用的业绩赔偿计算公式。

第一年度补偿款计算公式如下：

T1 年度补偿款金额＝投资方投资总额×（1－公司 T1 年度实际净利润／公司 T1 年度承诺净利润）

第二年度补偿款计算公式如下：

T2 年度补偿款金额＝（投资方投资总额－投资方 T1 年度已实际获得的补偿款金额）×[1－公司 T2 年度实际净利润／公司 T1 年度实际净利润×（1＋公司承诺 T2 年度同比增长率）]

第三年度补偿款计算公式如下：

T3 年度补偿款金额＝（投资方投资总额－投资方 T1 年度和 T2 年度已实际获得的补偿款金额合计数）×[1－公司 T3 年实际净利润／公司 T2 年实际净利润×（1＋公司承诺 T3 年度同比增长率）]

在财务业绩对赌时，需要注意的是设定合理的业绩增长幅度；最好将对赌协议设为重复博弈结构，降低当事人在博弈中的不确定性。不少私募股权投资（PE）、风险投资（VC）与公司方的纠纷起因就是大股东对将来形势的误判，承诺值过高。

2. 上市时间

关于"上市时间"的约定即赌的是被投公司在约定时间内能否上市。"上市时间"的约定一般是股份回购的约定，比如约定好 2~3 年上市，如果不能上市，就回购投资方的股份，或者赔一笔钱，通常以回购的方式。但现在对这种方式大家都比较谨慎了，因为通常不是公司大股东能决定的。

公司一旦进入上市程序，对赌协议中监管层认为影响公司股权稳定和经营业绩等方面的协议需要解除。但是，解除对赌协议对 PE、VC 来说不保险，公司现在只是报了材料，万一不能通过证监会审核怎么办？所以，很多 PE、VC 又会想办法，表面上递一份材料给证监会表示对赌解除，私底下又会跟公司再签一份"有条件恢复"协议，比如说将来没有成功上市，那之前对赌协议要继续完成。

3. 关联交易

该条款是指被投公司在约定期间若发生不符合章程规定的关联交易，公司或大股东须按关联交易额的一定比例向投资方赔偿损失。

关联交易限制主要是防止利益输送，另外企业上市过程中也会比较关注关联交易。

4. 债权和债务

该条款指若公司未向投资方披露对外担保、债务等，在实际发生赔付后，投资方有权要求公司或大股东赔偿。

该条款是基本条款，基本每个投资协议都有。目的就是防止被投公司拿投资人的钱去还债。

债权债务赔偿公式 = 公司承担债务和责任的实际赔付总额 × 投资方持股比例

5. 竞业限制

公司上市或被并购前，大股东不得通过其他公司或通过其关联方，或以其他任何方式从事与公司业务相竞争的业务。

"竞业限制"是100%要签订的条款。除了创始人不能在公司外以其他任何方式从事与公司业务相竞争的业务外，还会有另外两种情况：一是投资方会要求创始人几年不能离职，如果离职了，几年内不能做同业的事情，这是对中高管的限制；二是投资方要考察被投公司创始人之前是否有未到期的竞业禁止条款。

6. 股权转让限制

该条款是指对约定任一方的股权转让设置一定条件，仅当条件达到时方可进行股权转让。如果大股东要卖股份，这是很敏感的事情，要么不看好公司，或者转移某些利益，这是很严重的事情。当然也有可能是公司要被收购了，大家一起卖。还有一种情况是公司要被收购了，出价很高，投资人和创始人都很满意，但创始人有好几个人，其中有一个就是不想卖，这个时候就涉及另外一个条款：领售权，会约定大部分股东如果同意卖是可以卖的。

但这里应注意的是，在投资协议中的股权限制约定对于被限制方而言仅为合同义务，被限制方擅自转让其股权后承担的是违约责任，并不能避免被投公司股东变更的事实。因此，通常会将股权限制条款写入公司章程，使其具有对抗第三方的效力。实践中，亦有案例通过原股东向投资人质押其股权的方式实现对原股东的股权转让限制。

7. 引进新投资者限制

将来新投资者认购公司股份的每股价格不能低于投资方认购时的价格，若低于之前认购价格，投资方的认购价格将自动调整为新投资者认购价格，溢价部分折成公司相应股份。

8. 反稀释权

该条款是指在投资方之后进入的新投资者的等额投资所拥有的权益不得超过投资方，投资方的股权比例不会因为新投资者进入而降低。

"反稀释权"与"引进新投资者限制"相似，这条也是签订投资协议时的标准条款。但这里需要注意的是，在签订涉及股权变动的条款时，应审慎分析法律法规对股份变动的限制性规定。

9. 优先分红权

公司或大股东签订此条约后，每年公司的净利润要按投资金额的一定比例，优先于其他股东分给投资机构红利。

10. 优先购股权

公司上市前若要增发股份，投资机构优先于其他股东认购增发的股份。

11. 优先清算权

公司进行清算时，投资人有权优先于其他股东分配剩余财产。

上述三种"优先权"，均是将投资机构所享有的权利放在了公司大股东之前，目的是投资机构的利益得到可靠的保障。

12. 共同售股权

公司原股东向第三方出售其股权时，投资机构以同等条件根据其与原股东的股权比例向该第三方出售其股权，否则原股东不得向该第三方出售其股权。

此条款除了限制了公司原股东的自由，也为投资机构增加了一条退出路径。

13. 强卖权

强卖权，也称为强制出售权、拖售权或领售权，是一种特殊的权利，它赋予投资机构在特定情况下强制其他股东一起出售其持有的公司股权的权利。具体来说，如果有第三方投资者向投资机构发出要约，要收购该公司一定比例的股权，投资机构有权要求其他股东和自己一起向第三方转让股权。其他股东在这种情况下不得以任何理由拒绝，必须按照投资机构和第三方达成的出售条件、价格加入到收购交易中来。

强卖权也可以作为一种策略，帮助投资者在面临不利情况时退出公司。通过行使强卖权，投资机构可以迫使其他股东接受报价和转让条件，从而避免因为其他股东的不同意而阻碍整个交易的进行。

强卖权尤其需要警惕，有可能会导致公司大股东的控股权旁落他人。

因此，在签订投资协议时，各方应充分考虑强卖权可能带来的影响，并在协议中明确规定相关条款和条件。同时，监管机构也需要加强对这类特殊权利的监管，确保其行使符合法律法规的要求，不损害其他股东的合法权益。

14. 一票否决权

投资方要求在公司股东会或董事会对特定决议事项享有一票否决权。

一票否决权作为投资机构在公司决策中的一种特殊权利，这种权利可以确保他们在公司的重要决策中具有足够的发言权和影响力，以保护其自身利益。

然而，一票否决权的使用也可能带来负面影响。例如，如果持有该权利的股东滥用该权利，可能会妨碍公司的正常运营和决策效率。此外，这也可能导致其他股东的不满和争议，尤其是在涉及公司重大事项如并购、重组等关键决策时。

因此，在设立和使用一票否决权时，需要谨慎考虑其可能带来的影响，并确保该权利的行使符合公司章程和相关法律法规的规定。同时，公司也需要建立完善的决策机制和监督机制，以平衡各方利益，确保公司的长期稳定发展。

15. 管理层对赌

通常是指在某一对赌目标达不到时由投资方获得被投公司的多数席位，增加其对公司经营管理的控制权。

16. 回购承诺

公司在约定期间若违反约定相关内容，投资方要求公司回购股份；股份回购一般都会约定一个较高的投资成本，往往不低于10%。

股份回购公式如下：

大股东支付的股份收购款项＝（投资方认购公司股份的总投资金额－投资方已获得的现金补偿）×（1+投资天数/365×10%）－投资方已实际取得的公司分红

回购约定要注意回购主体的选择。最高法在海富投资案（见案例4-7）中确立的PE投资对赌原则：对赌条款涉及回购安排的，约定由被投公司承担回购义务的对赌条款应被认定为无效，但约定由被投公司原股东承担回购义务的对赌条款应被认定为有效。另外，即使约定由原股东进行回购，也应基于公平原则对回购所依据的收益率进行合理约定，否则对赌条款的法律效力亦会受到影响。

（三）对赌风险的应对

1. 对赌带来的风险

投融资双方对未来不确定的情况进行约定，并根据这些约定的结果来调整双方的权利或义务，这种约定通常涉及公司的业绩、上市时间、其他重大事项等。如果约定的条件未能实现，投资方可以行使对赌条款中规定的权利，如要求被投资方进行补偿、回购股份、增加投票权等，这可能会给被投资方带来重大的经济压力和经营风险。

具体来说，对赌协议通常会带来以下风险，如图4-24所示。

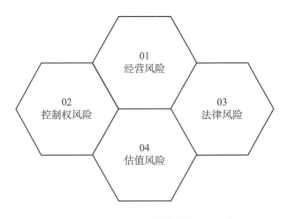

图4-24 对赌协议带来的常见风险

（1）经营风险。

为了实现对赌协议中约定的业绩目标，被投资方可能需要采取一些激进的经营策略，如扩大规模、增加负债等，这些策略可能会增加公司的经营风险。

（2）控制权风险。

如果对赌协议中包含股权回购条款，一旦触发回购条件，被投资方可能需要以现金或股份形式向投资方进行补偿，这可能导致被投资方的控制权发生变化。

（3）法律风险。

对赌协议可能涉及复杂的法律条款和合规要求，如果协议内容存在瑕疵或执行过程中发生争议，可能会引发法律诉讼和合规风险。

（4）估值风险。

对赌协议通常涉及对公司未来价值的预测和评估，如果预测过于乐观或评估方法不合理，可能导致被投资方在未能实现约定目标时面临巨大的经济损失，甚至会影响未来的上市的成败。

2. 应对对赌的措施

为了降低对赌风险，被投资方可以采取以下措施，如图 4-25 所示。

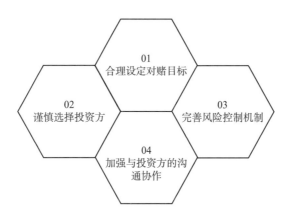

图 4-25　降低对赌风险的措施

（1）合理设定对赌目标。

根据公司的实际情况和市场环境，制定切实可行的业绩目标和其他对赌条件，避免过于激进或不切实际的约定。

（2）谨慎选择投资方。

选择具有良好信誉和实力的投资方进行合作，确保对方能够提供必要的支持和资源，共同推动公司的发展。

（3）完善风险控制机制。

建立健全的内部控制和风险管理体系，及时识别和应对潜在的风险因素，确保公司的稳健运营。

（4）加强与投资方的沟通协作。

定期与投资方进行沟通和交流，共同解决合作过程中出现的问题和困难，维护双方的合作关系和共同利益。

案例 4-7 ▶

对赌协议第一案：海富投资诉甘肃世恒履行对赌条款

1. 案件回顾

2007 年 11 月 1 日前，甘肃众星锌业有限公司（以下简称"众星公司"）作为甲方、苏州工业园区海富投资有限公司（PE 机构，以下简称"海富公司"）作为乙方、香港迪亚有限公司（以下简称"迪亚公司"）作为丙方、陆某作为丁方，共同签订一份《甘肃众星锌业有限公司增资协议书》（以下简称《增资协议书》），其中约定：甲方注册资本为 384 万美元，丙方占投资的 100%，各方同意乙方以现金 2 000 万元人民币对甲方进行增资，占甲方增资后总注册资本的 3.85%，丙方占 96.15%。

第七条第二项业绩目标约定：甲方 2008 年净利润不低于 3 000 万元人民币。如果甲方 2008 年实际净利润完不成 3 000 万元，乙方有权要求甲方予以补偿，如果甲方未能履行补偿义务，乙方有权要求丙方履行补偿义务。补偿金额 =（1-2008 年实际净利润 /3 000 万元）× 本次投资金额。

海富公司依约于 2007 年 11 月 2 日缴存众星公司银行账户人民币 2 000 万元，其中新增注册资本 114.7717 万元，资本公积金 1 885.2283 万元。2008 年 2 月 29 日，甘肃省商务厅文件《关于甘肃众星锌业有限公司增资及股权变更的批复》同意增资及股权变更，并批准"投资双方于 2007 年 11 月 1 日签订的增资协议、合资企业合营合同和章程即日起生效"。随后，众星公司依据该批复办理了相应的工商变更登记。2009 年 6 月，众星公司经甘肃省商务厅批准，到工商部门办理了名称及经营范围变更登记手续，名称变更为甘肃世恒有色资源再利用有限公司（以下简称"世恒公司"）。另据工商年检报告登记记载，众星公司 2008 年度生产经营利润总额 26 858.13 元，净利润 26 858.13 元。

2009 年 12 月，海富公司向原审法院提起诉讼，请求判令：世恒公司、迪亚公司、陆某向其支付协议补偿款 1 998.2095 万元并承担本案诉讼费及其他费用。

根据双方的诉辩意见，案件的争议焦点为：（1）《增资协议书》第七条第（二）项内容是否具有法律效力；（2）《增资协议书》第七条第（二）项内容如果有效，世恒公司、迪亚公司、陆某应否承担补偿责任。

2. 一审判决

海富公司的诉请依法不能支持，世恒公司、迪亚公司、陆某不承担补偿责任的抗辩理由成立。该院依照《中华人民共和国合同法》第五十二条（五）项，《中华人民共和国公司法》第六条第二款、第二十条第一款，《中华人民共和国中外合资经营企业法》第二条第一款、第二款、第三条，《中华人民共和国中外合资经营企业法实施条例》第十条第二款之规定判决驳回海富公司的全部诉讼请求。案件受理费 155 612.30 元，财产保全费 5 000 元，法院邮寄费 700 元，合计 161 312.30 元，均由海富公司承担。

3. 二审判决

原审判决认定部分事实不清，导致部分适用法律不当，应予纠正。依照《中华人民共和国民事诉讼法》第一百五十三条第（二）项、第（三）项、第一百五十八条之规定，判决如下：

（1）撤销兰州市中级人民法院一审民事判决主文；

（2）世恒公司、迪亚公司于本判决生效后 30 日内共同返还海富公司 1 885.2283 万元及利息（自 2007 年 11 月 3 日起至付清之日止按照中国人民银行同期银行定期存款利率计算）。

如果未按本判决指定的期间履行给付金钱义务，应当依照《中华人民共和国民事诉讼法》第二百二十九条之规定，加倍支付迟延履行期间的债务利息。

4. 再审判决

最高人民法院认为：2009 年 12 月，海富公司向一审法院提起诉讼时的诉讼请求是请求判令世恒公司、迪亚公司、陆某向其支付协议补偿款 19 982 095 元并承担本案诉讼费用及其他费用，没有请求返还投资款。因此二审判决判令世恒公司、迪亚公司共同返还投资款及利息超出了海富公司的诉讼请求，是错误的。

海富公司作为企业法人，向世恒公司投资后与迪亚公司合资经营，故世恒公司为合资企业。世恒公司、海富公司、迪亚公司、陆某在《增资协议书》中约定，如果世恒公司实际净利润低于 3 000 万元，则海富公司有权从世恒公司处获得补偿，并约定了计算公式。这一约定使得海富公司的投资均可以取得相对固定的收益，该收益脱离了世恒公司的经营业绩，损害了公司利益和公司债权人利益，一审法院、二审法院根据《中华人民共和国公司法》第二十条和《中华人民共和国中外合资经营企业法》第八条的规定认定《增资协议书》中的这部分条款无效是正确的。但二审法院认定海富公司 18 852 283 元的投资名为联营实为借贷，并判决世恒公司和迪亚公司向海富公司返还该笔投资款，没有法律依据，本院予以纠正。

《增资协议书》中并无由陆某对海富公司进行补偿的约定，海富公司请求陆某进行补偿，没有合同依据。此外，海富公司称陆某涉嫌犯罪，没有证据证明，本院对该主张亦不予支持。

但是，在《增资协议书》中，迪亚公司对于海富公司的补偿承诺并不损害公司及公司债权人的利益，不违反法律法规的禁止性规定，是当事人的真实意思表示，是有效的。迪亚公司对海富公司承诺了众星公司2008年的净利润目标并约定了补偿金额的计算方法。在众星公司2008年的利润未达到约定目标的情况下，迪亚公司应当依约应海富公司的请求对其进行补偿。迪亚公司对海富公司请求的补偿金额及计算方法没有提出异议，本院予以确认。

根据海富公司的诉讼请求及本案《增资协议书》中部分条款无效的事实，本院依照《中华人民共和国合同法》第六十条、《中华人民共和国民事诉讼法》第一百五十三条第一款第二项、第一百八十六条的规定，判决如下：

（1）撤销甘肃省高级人民法院（2011）甘民二终字第96号民事判决；

（2）本判决生效后三十日内，迪亚公司向海富公司支付协议补偿款19 982 095元。如未按本判决指定的期间履行给付义务，则按《中华人民共和国民事诉讼法》第二百二十九条的规定，加倍支付延迟履行期间的债务利息；

（3）驳回海富公司的其他诉讼请求。

资料来源：作者根据中国裁判文书网的判决书整理而得。

从案例4-7中最高人民法院的判决可以看出，与标的公司股东的对赌协议得到了认可，但是与标的公司的对赌，由于损害了公司利益和公司债权人利益，没有得到认可。该案例也为投资机构和被投资企业提供了很好的参考。

（四）对赌条款的规范

《全国中小企业股份转让系统股票挂牌审核业务规则适用指引第1号》对对赌等特殊投资条款的规范性提出了一些要求，本书以申请新三板挂牌的公司为例，介绍对于对赌条款的规范性要求，资本市场其他板块对于对赌条款的规范性要求大同小异。

1. 对赌等特殊投资条款的规范性要求

投资方在投资申请挂牌公司时约定的对赌等特殊投资条款存在以下情形的，公司应当清理：

（1）公司为特殊投资条款的义务或责任承担主体；

（2）限制公司未来股票发行融资的价格或发行对象；

（3）强制要求公司进行权益分派，或者不能进行权益分派；

（4）公司未来再融资时，如果新投资方与公司约定了优于本次投资的特殊投资条款，则相关条款自动适用于本次投资方；

（5）相关投资方有权不经公司内部决策程序直接向公司派驻董事，或者派驻的董事对公司经营决策享有一票否决权；

（6）不符合相关法律法规规定的优先清算权、查阅权、知情权等条款；

（7）触发条件与公司市值挂钩；

（8）其他严重影响公司持续经营能力、损害公司及其他股东合法权益、违反公司章程及全国股转系统关于公司治理相关规定的情形。

2. 对赌等特殊投资条款的披露

对于尚未履行完毕的对赌等特殊投资条款，申请挂牌公司应当在公开转让说明书中充分披露特殊投资条款的具体内容、内部审议程序、相关条款的修改情况（如有）、对公司控制权及其他方面可能产生的影响，并作重大事项提示。

3. 对赌等特殊投资条款的核查

对于尚未履行完毕的对赌等特殊投资条款，主办券商及律师应当对特殊投资条款的合法有效性、是否存在应当予以清理的情形、是否已履行公司内部审议程序、相关义务主体的履约能力、挂牌后的可执行性，对公司控制权稳定性、相关义务主体任职资格以及其他公司治理、经营事项产生的影响进行核查并发表明确意见。

对于报告期内已履行完毕或终止的对赌等特殊投资条款，主办券商及律师应当对特殊投资条款的履行或解除情况、履行或解除过程中是否存在纠纷、是否存在损害公司及其他股东利益的情形、是否对公司经营产生不利影响等事项进行核查并发表明确意见。

四、投资机构的设计

（一）引进投资机构是一把"双刃剑"

引进投资机构是一把"双刃剑"，它既有积极的一面，也有潜在的风险和挑战，需要综合分析、权衡利弊。

1. 积极的因素

引进投资机构的积极因素主要包括以下几个方面，具体如图4-26所示。

（1）资金支持。

投资机构通常拥有雄厚的资金实力，能够为被投资企业提供必要的资金支持，帮助其扩大规模、提升竞争力。

（2）专业经验。

投资机构往往具有丰富的行业经验和专业知识，能够为被投资企业提供有价值的战略建议和业务指导，帮助其更好地应对市场挑战。

（3）资源整合。

投资机构通常拥有广泛的网络和资源，能够为被投资企业引入合适的合作伙伴、客户和供应商，促进其业务发展。

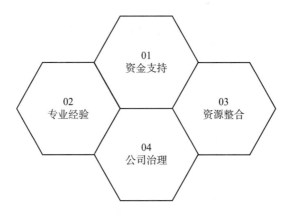

图4-26 引进投资机构的积极因素

（4）公司治理。

投资机构能够改善公司治理结构，带来一些的新管理思路和管理经验，在一定程度上能够帮助企业提高公司治理水平、有利于企业进一步做大做强。

2.潜在风险和挑战

引进投资机构的潜在风险和挑战主要包括以下几个方面，具体如图4-27所示。

图4-27 引进投资机构的风险与挑战

（1）利益冲突。

投资机构与被投资企业之间可能存在利益冲突，尤其是在经营决策、利润分配等方面。这可能导致双方产生矛盾，影响企业的稳定发展。

（2）控制权问题。

引进投资机构可能导致企业控制权的稀释或转移。如果投资机构获得过多的股份或投票权，可能会对企业的经营决策产生重大影响，甚至导致企业被并购或出售。

（3）短期行为。

一些投资机构可能更注重短期收益，而忽视企业的长期发展。这可能导致企业在追求短期目标时牺牲长期利益，影响其可持续发展。

（4）监管和合规风险。

引进投资机构可能涉及复杂的法律、法规和监管要求。如果企业未能充分了解和遵守相关规定，可能会面临法律诉讼、行政处罚等风险。

（二）如何选择投资机构

企业在引进投资机构时，企业需要谨慎评估自身需求和目标，选择合适的投资机构作为合作伙伴；同时，双方应建立明确的合作机制和利益分配机制，确保双方利益得到平衡和保护。关于投资机构的寻找，笔者认为有以下几个维度值得去考虑和重视，如图4-28所示。

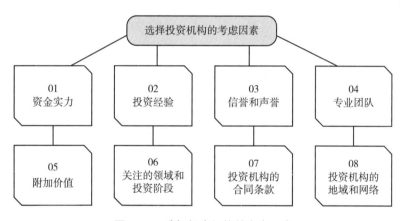

图4-28　选择投资机构的考虑因素

1. 资金实力

在选择投资机构时，资金实力是一个非常重要的考虑因素。一个资金实力雄厚的投资机构通常能够为企业提供更多的资金支持，帮助企业扩大规模、提升市场竞争力。此外，资金实力强的投资机构往往也拥有更丰富的行业经验和资源网络，能够为企业提供更有价值的战略指导和业务支持。

关于资金实力还有一个值得重视的角度便是资金来源，倾向于使用自有资金投资的机构，其次是募集资金，因为募集资金一般都有固定的期限，可能会更注重短期收益。

2. 投资经验

投资经验在选择投资机构时是一个非常重要的考虑因素。一家具有丰富投资经验的投资机构通常能够更准确地评估投资机会，更有效地管理风险，以及为企业提供更有价值的战略和业务指导。

可以关注其历史投资案例、成功退出的项目数量以及投资回报率等指标。此外，还可以了解投资机构在行业内的声誉和口碑，以及与其他合作伙伴的关系，以更全面地评估其投资能力和投资经验。

3. 信誉和声誉

信誉和声誉在选择投资机构时都是非常重要的考虑因素。它们反映了投资机构在市场上的地位、历史表现以及与其他合作伙伴的关系，对于评估投资机构的可靠性和潜在价值具有重要意义。

在选择投资机构时，了解并评估其信誉和声誉是非常必要的。可以通过查阅相关报道、咨询其他合作伙伴或参考行业评级等方式来获取这些信息。一个具有良好信誉和声誉的投资机构通常会更有可能成为您的可靠合作伙伴，并在未来的合作中为您和您的企业带来更多的价值和收益。

4. 专业团队

专业团队在选择投资机构时是一个至关重要的考虑因素。一个优秀的专业团队不仅具备深厚的行业知识和丰富的投资经验，还能够为企业提供全面的支持和专业的指导，帮助企业实现快速发展和成功融资。

因此，在选择投资机构时，务必对其专业团队进行深入的调查和评估。可以通过了解团队成员的背景、经验、专业技能以及过往投资案例等方面来评估其专业能力和实力。一个优秀的专业团队将为企业带来宝贵的资源和支持，助力企业实现快速发展和成功融资。

5. 附加价值

对于寻求投资的企业来说，选择一个能够提供附加价值的投资机构是非常重要的。这样的投资机构不仅能够为企业提供所需的资金，还能够帮助企业在市场竞争中脱颖而出，实现更快速、更稳健的发展。

投资机构提供的附加价值可能表现在多个方面。例如，它们可能拥有丰富的行业经验和市场知识，能够为企业提供有针对性的市场分析和竞争策略。它们还可能拥有广泛的业务网络和合作伙伴关系，能够帮助企业拓展市场、寻找合作伙伴或获取关键资源。此外，投资机构还可能为企业提供管理咨询、人才招聘、品牌建设等方面的支持，帮助企业提升内部运营效率和外部形象。

6. 关注的领域和投资阶段

投资领域和阶段是选择投资机构时需要考虑的关键因素。不同的投资机构可能有特定的投资领域和阶段偏好，这与它们的投资策略、专业知识和风险承受能力密切相关。

不同投资机构关注的领域和投资阶段可能有所不同。选择与您的项目或企业所在领域相关，且愿意在您所需的投资阶段进行投资的投资机构，将更有可能获得其支持和资源。

7. 投资机构的合同条款

在选择投资机构时，需要仔细阅读并理解投资合同中的条款，包括投资额、股份比例、治理结构、退出机制等。确保合同条款符合您的利益，并在必要时寻求专业法律建议。

选择合同条款尤其是对赌条款可以协商的机构，有些投资机构合同条款非常严苛，对企业将来的发展可能会造成一些麻烦，因此应尽量选择合同条款可以友好协商的投资机构。

8. 投资机构的地域和网络

考虑投资机构的地域分布和网络资源，选择具有广泛地域覆盖和丰富网络资源的投资机构，可能有助于企业在不同地区拓展业务并获取更多合作机会。

综上所述，在选择投资机构时，需要综合考虑多个因素，包括信誉、资金实力、专业团队、关注领域、附加价值、合同条款以及地域和网络等。通过全面评估这些因素，您将能够找到最适合您企业或项目的投资机构成为合作伙伴。

（三）投资机构的股权设计

关于投资机构的股权设计，建议参考以下几点。

（1）避免单个投资人股权比例过高，主要是防止因单个投资人话语权过高或者发生对赌风险而引起的公司失控问题。

（2）引进投资机构时，建议多引进几家，可以实现不同机构的资源整合，但是数量也不宜太多，否则每家机构持股比例过低，会失去积极性。

（3）外部投资者（包括机构和个人）的持股比例也没有统一的标准，在上市前一般以不超过 15%~30% 为宜，过高的比例，对创始人具有一定的控制权威胁。

案例 4-8 ▶▶▶▶▶▶▶▶▶▶▶▶▶▶▶▶▶▶▶▶▶▶▶▶▶▶▶▶▶▶▶▶▶▶▶

吉峰农机（300022）发行上市前股权结构

根据四川吉峰农机连锁股份有限公司（以下简称"吉峰农机，或"本公司"）《首次公开发行股票并在创业板上市招股说明书》，截至招股说明书签署日，公司股权结构如下。

1. 本公司控股股东、实际控制人为王新明、王红艳夫妇。王新明现任本公司董事长兼总经理，持有本公司 18.65% 的股份。王红艳持有发行人 12.26% 的股权，四川神宇持有本公司 14.76% 的股权，王新明为四川神宇的控股股东（根据四川神宇的公司章程的规定，目前王新明在四川神宇股东会中拥有 51% 的表决权），因此，王新明、王红艳夫妇能够实际控制发行人45.67%的股权。王新明、王红艳夫妇为公司的控股股东和实际控制人。除王新明在四川神宇拥有股权外，王新明、王红艳夫妇未持有除发行人外其他任何企业、公司或其他机构、组织的股权或权益。

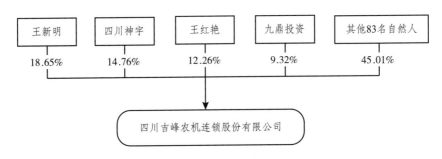

王新明	四川神宇	王红艳	九鼎投资	其他83名自然人
18.65%	14.76%	12.26%	9.32%	45.01%

四川吉峰农机连锁股份有限公司

吉峰农机上市前的股权结构

2. 九鼎投资指昆吾九鼎投资管理有限公司，为外部投资机构，持股9.32%。

3. 其他83名自然人通过招股说明书无法进行详细分解，可能存在部分外部投资者持股，也可能会存在部分内部员工持股，但是持股比例相对比较分散。

资料来源：东方财富网。

案例4-8中，吉峰农机在上市前，单纯的外部投资机构只有九鼎投资一家，持股比例只有9.32%，持股比例不高，对实际控制人的控制权没有潜在风险。

第五节　股东退出：天下没有不散的筵席

天下没有不散的筵席，股东退出也是在企业经营和发展中经常会出现的情形。无论是由于个人原因、经济考虑，还是因为公司经营策略的变化，股东都可能会选择在某个时刻退出其持有的股份。虽然股东退出是企业发展中常见的现象，但通过合理的股权管理和股东关系维护，企业可以有效应对股东退出带来的挑战，并继续稳健前行。

一、股东退出的分析

（一）股东退出的概念

股东退出是指股东在特定情况下，基于特定事由，收回其所持股权的价值，从而绝对丧失其社员地位的制度。简单来说，就是股东离开公司，放弃或转让其持有的股份，不再享有与该股份相关的权益，也不再承担与该股份相关的责任和义务。

股东退出是公司制度中不可缺少的一环，对于维护公司稳定性、保护股东权益以及促进公司健康发展都具有重要意义。股东退出可以通过股权转让、公司回购股权、解散公司以及破产清算等方式实现。

在股东退出过程中，需要遵循公司章程和相关法律法规的规定，确保退出过程的合法性和公平性。同时，退出过程中可能涉及税务、财务和法律等方面的问题，因此建议寻求专业机构或人士的帮助。

（二）股东退出的分类

股东退出最常用的分类方式就是按照股东是否出于自身的主观意愿来进行分类，主要分为两大类，自愿退出（主动退出）和非自愿退出（被动退出），如图 4-29 所示。

图 4-29　股东退出的类型

（三）关于退出价格的设定

关于股东退出价格，也需要参照股东的退出情形进行如下划分。

1. 股东主动退出的情形下回购价格的确定

股东主动退出情形下，回购价格可以参考以下几种方式。

（1）按照事先约定的价格进行回购，例如，投资人入股时约定加上年化 10% 的利息进行回购等。

（2）没有事先约定价格的，可以根据公司的经营情况，参照公司估值、公司经审计的净资产或者投资额加资金成本等方式进行协商。

2. 股东被动退出的情形下回购价格的确定

股东被动退出情形下，回购价格可以参考以下几种方式。

（1）有事先约定的按照约定解决。

（2）没有事先约定的，可以根据公司的经营情况，参照公司估值、经审计的公司净资产或者投资额加资金成本等方式进行估价，同时考虑被动退出方是否有过错、如有过错造成损失需进行相应的扣减。

二、股东的自愿退出

（一）自愿退出的概念

1. 自愿退出的概念

自愿退出是指股东基于自己的主观意愿，决定离开公司并放弃或转让其所持有的股份。这种退出方式通常与股东的个人需求、投资策略变化或对公司未来发展的判断有关。

2. 自愿退出的可能原因

股权自愿退出的原因可能多种多样，主要有以下几种。

（1）股东个人原因。

如年龄、健康、家庭等因素导致股东无法继续参与公司的经营和管理。

（2）投资策略调整。

股东可能根据自己的投资目标和风险承受能力，决定调整投资组合，退出部分或全部投资。

（3）对公司前景的判断。

股东可能对公司未来的发展前景持悲观态度，或者认为其他投资机会更具吸引力，从而选择退出。

（4）内部纷争。

有些公司随着规模扩大，股东之间会出现内部纷争、难以再继续合作下去，在此种情况出现的时候，有些股东也会选择主动退出公司，不再参与公司的投资和经营。

（二）自愿退出的情形

股东自愿退出的常见情形有以下几种。

1. 股权转让

采用该方式自愿退出的情况下，股东通常会与其他股东或公司协商股份转让的事宜，包括转让价格、转让时间、转让方式等。双方达成一致后，会签订股份转让协议，并按照协议约定的方式完成股份转让手续。

股权转让的相关问题及细节在本章第二节已做详细介绍。

2. 请求公司回购

在特定情况（异议股东回购请求权，详见本章第二节之"三、股份回购"）出现时，股东可以请求公司回购股份。如果股东选择请求公司回购其股份，需要了解公司章程中是否有相关规定，以及公司是否有足够的资金进行回购。通常情况下，请求公司回购通常需要满足一定的条件和程序。

请求公司回购股份的相关问题及细节在本章第二节已做详细介绍。

（三）自愿退出的注意事项

1. 事先了解、充分沟通

为了确保自愿退出的顺利进行，股东在退出前应充分了解公司章程、合同协议以及相关法律法规的规定，明确自己的权利和义务。同时，与其他股东或公司进行积极沟通，协商一致的退出方案，有助于减少纠纷和损失。

2. 并不意味着可以随意放弃股份

需要注意的是，自愿退出并不意味着股东可以随意放弃股份。在股份转让过程中，应遵循公司章程和相关法律法规的规定，确保转让的合法性和公平性。

3. 自愿退出并不意味着责任的结束

此外，股东在退出后可能仍需承担一定的责任和义务，如遵守竞业禁止协议、保密协议，以及出资不足可能带来的补足责任或者连带责任等。

4. 税收等成本支出

在股东退出过程中，可能会涉及个人所得税或者企业所得税等成本支出，需要事先进行筹划。

因此，在决定自愿退出前，股东应充分考虑各种因素，并咨询专业律师或会计师的意见。

三、股东非自愿退出

（一）非自愿退出的概念

1. 非自愿退出的概念

非自愿退出是指股东并非出于自己的主观意愿，而是由于某些特定原因或情况被迫离开公司，放弃或转让其持有的股份。这种退出方式通常与股东的意愿相违背，可能是由于公司章程、合同协议、法律法规的规定，或者其他股东、公司的行为所导致的。

2. 非自愿退出的可能原因

非自愿退出的原因可能包括但不限于以下几点。

（1）公司章程或合同协议中规定的特定情形发生，如股东违反公司章程、未履行出资义务等，导致其他股东或公司有权要求其退出。

（2）股东所持有的股份被法院强制执行，如因债务纠纷被债权人申请强制执行。

（3）公司进行重整、清算或破产等程序，导致股东被迫退出。

（4）考核退出，有些公司在进行股权激励时会对激励对象进行考核，在不符合考核条件的情况，有可能会涉及股东被退出的情况。

（5）此外一些特殊情况，如股东死亡、丧失民事行为能力等都有可能导致非自愿退出。

（二）非自愿退出的情形

股东非自愿退出的常见情形有以下几种，如图 4-30 所示。

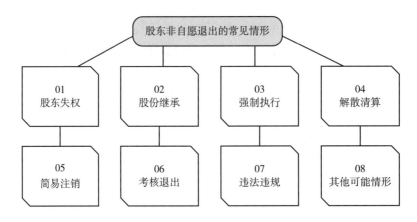

图 4-30　股东非自愿退出的常见情形

1. 股东失权

股东失权实际上是股东非自愿退出的一种方式，2024 年 7 月 1 日施行的《公司法》，增加了股东未按期缴纳出资的失权制度，简称股东失权。

股东失权的相关问题参见本章第二节之"四、减少资本"。

2. 股份继承

股份继承是指股东去世后，其持有的股份按照法律规定或遗嘱等方式，由其合法继承人继承的过程。在股份继承中，继承人可以继承原股东在公司中的权利和义务，包括持有股份、参与公司决策、分享公司利润等。

股份继承需要遵循公司章程、相关法律法规以及遗嘱等规定。通常情况下，公司章程会对股份继承作出相应规定，如继承人资格、继承程序、继承份额等。如果公司章程没有具体规定，则需要依据相关法律法规进行处理。

根据《公司法》第九十条：有限责任公司自然人股东死亡后，其合法继承人可以继承股东资格；但是，公司章程另有规定的除外。《公司法》第一百六十七条：

股份有限公司自然人股东死亡后，其合法继承人可以继承股东资格；但是，股份转让受限的股份有限公司的章程另有规定的除外。

在股份继承过程中，需要注意以下几点。

（1）确认继承人身份和资格。

根据公司章程和相关法律法规，确定合法继承人的身份和资格。

（2）办理继承手续。

按照公司章程和相关法律法规的规定，办理股份继承手续，如提交继承申请书、提供相关证明文件等。

（3）处理股份转让问题。

如果原股东在去世前未将其股份转让给其他股东或外部投资者，则需要考虑股份转让问题。继承人可以选择继续持有股份，也可以将其转让给其他股东或外部投资者。

（4）注意税务问题。

股份继承可能涉及相关税费，如个人所得税等。继承人需要了解相关税务规定，并按照规定缴纳相应税费。

总之，股份继承是一个涉及多个方面的问题，需要充分了解公司章程、相关法律法规以及遗嘱等规定，并与相关方进行充分的沟通和协商，以确保继承人的权益得到保障。同时，公司也应当在章程中明确规定股份继承相关事宜，以避免出现纠纷和法律风险。

3. 强制执行

股份强制执行是指当股东作为被执行人，在其拒不履行生效法律文书确定的义务时，法院依法对其持有的股份采取强制措施，以实现债权人的合法权益。股份强制执行通常涉及对被执行人持有的股份进行查封、冻结、拍卖或变卖等程序。

在进行股份强制执行时，需要遵循以下步骤。

（1）法院向被执行人和相关公司发出执行通知，要求被执行人履行法律文书确定的义务，并告知其如不履行将对其持有的股份采取强制措施。

（2）法院对被执行人持有的股份进行查封或冻结，以防止被执行人转移或处置股份。

（3）法院委托评估机构对被执行人的股份进行评估，确定其市场价值。

（4）法院根据评估结果，决定对被执行人的股份进行拍卖或变卖，以获取相应的执行款项。

（5）执行款项用于清偿被执行人所欠债务，如有剩余，则按照法律规定进行分配。

需要注意的是，在进行股份强制执行时，应当遵守法律程序，确保执行过程的公正、公平和合法性。同时，也需要考虑被执行人的合法权益，避免对其造成不必要的损失。

此外，对于不同类型的股份，如上市公司股份和非上市公司股份，其强制执行的具体程序和要求可能会有所不同。因此，在实际操作中，需要根据具体情况制定相应的执行方案。

《公司法》第八十五条（有限公司的特殊程序）：人民法院依照法律规定的强制执行程序转让股东的股权时，应当通知公司及全体股东，其他股东在同等条件下有优先购买权。其他股东自人民法院通知之日起满二十日不行使优先购买权的，视为放弃优先购买权。

总之，股份强制执行是一种有效的法律手段，可以帮助债权人实现其合法权益。但在执行过程中，需要严格遵守法律程序，确保执行的合法性和公正性。

4. 解散清算

解散清算意味着公司也将不复存在，是所有股东彻底退出的一种方式。

（1）公司解散的情形。

公司因下列原因解散，具体如表 4–7 所示。

表 4–7　　　　　　　　　　　　　公司解散原因

序号	解散事由	可否再存续	是否清算
1	公司章程规定的营业期限届满或者公司章程规定的其他解散事由出现	此两种情形，且尚未向股东分配财产的，可以通过修改公司章程或者经股东会决议而存续	应当清算
2	股东会决议解散		应当清算
3	因公司合并或者分立需要解散	—	—
4	依法被吊销营业执照、责令关闭或者被撤销	—	应当清算
5	公司经营管理发生严重困难，继续存续会使股东利益受到重大损失，通过其他途径不能解决的，持有公司 10% 以上表决权的股东，可以请求人民法院解散公司。人民法院依法予以解散	—	应当清算

公司出现上述解散事由，应当在 10 日内将解散事由通过国家企业信用信息公示系统予以公示。

（2）清算。

董事为公司清算义务人，应当在解散事由出现之日起 15 日内组成清算组进行清算。清算组由董事组成，但是公司章程另有规定或者股东会决议另选他人的除外。清算义务人未及时履行清算义务，给公司或者债权人造成损失的，应当承担赔偿责任。

逾期不成立清算组进行清算或者成立清算组后不清算的，利害关系人可以申请人民法院指定有关人员组成清算组进行清算。人民法院应当受理该申请，并及时组织清算组进行清算。

公司因第 4 种情形而解散的，作出吊销营业执照、责令关闭或者撤销决定的部门或者公司登记机关，可以申请人民法院指定有关人员组成清算组进行清算。

清算组在清算期间行使下列职权：①清理公司财产，分别编制资产负债表和财产清单；②通知、公告债权人；③处理与清算有关的公司未了结的业务；④清缴所欠税款以及清算过程中产生的税款；⑤清理债权、债务；⑥分配公司清偿债务后的剩余财产；⑦代表公司参与民事诉讼活动。

清算组应当自成立之日起 10 日内通知债权人，并于 60 日内在报纸上或者国家企业信用信息公示系统公告。债权人应当自接到通知之日起 30 日内，未接到通知的自公告之日起 45 日内，向清算组申报其债权。

债权人申报债权，应当说明债权的有关事项，并提供证明材料。清算组应当对债权进行登记。在申报债权期间，清算组不得对债权人进行清偿。

清算组在清理公司财产、编制资产负债表和财产清单后，应当制订清算方案，并报股东会或者人民法院确认。

公司财产在分别支付清算费用、职工的工资、社会保险费用和法定补偿金，缴纳所欠税款，清偿公司债务后的剩余财产，有限责任公司按照股东的出资比例分配，股份有限公司按照股东持有的股份比例分配。

清算期间，公司存续，但不得开展与清算无关的经营活动。公司财产在未依照前款规定清偿前，不得分配给股东。

（3）破产清算。

清算组在清理公司财产、编制资产负债表和财产清单后，发现公司财产不足清偿债务的，应当依法向人民法院申请破产清算。

人民法院受理破产申请后，清算组应当将清算事务移交给人民法院指定的破产管理人。

（4）清算组责任。

清算组成员履行清算职责，负有忠实义务和勤勉义务。

清算组成员怠于履行清算职责，给公司造成损失的，应当承担赔偿责任；因故意或者重大过失给债权人造成损失的，应当承担赔偿责任。

（5）清算报告。

公司清算结束后，清算组应当制作清算报告，报股东会或者人民法院确认，并报送公司登记机关，申请注销公司登记。

5. 简易注销

简易注销适用于特定情形，也是实现股东全部退出的一个方式。

公司在存续期间未产生债务，或者已清偿全部债务的，经全体股东承诺，可以按照规定通过简易程序注销公司登记。

通过简易程序注销公司登记，应当通过国家企业信用信息公示系统予以公告，公告期限不少于20日。公告期限届满后，未有异议的，公司可以在20日内向公司登记机关申请注销公司登记。

公司通过简易程序注销公司登记，股东对内容承诺不实的，应当对注销登记前的债务承担连带责任。

6. 考核退出

股东考核退出是指根据股东在公司中的表现、贡献或符合特定考核标准的结果，决定其是否继续保留股东身份或需要退出的一种机制。这种退出机制通常与股东在公司中的责任、权益和业绩相关联。通常在股权激励的时候会用得比较多一些。

需要注意的是，股东考核退出机制应在公司章程或股东协议中明确规定，并遵循相关法律法规的规定。同时，公司应确保考核标准的公正性、透明性和合理性，以维护公司和股东的合法权益。在实施股东考核退出时，公司还应充分考虑股东的权益保护、过渡期的安排以及可能对公司经营和股价的影响等因素。

7. 违法违规

股东违法违规退出指的是股东在公司经营过程中，违反了相关的法律法规、公司章程或股东协议等规定，因此被迫或被要求退出其持有的股份或股东地位。这种退出通常带有一定的惩罚性质，旨在维护公司和其他股东的权益，以及市场的公平和秩序。

股东违法违规退出的具体情形可能包括：

（1）股东利用其股东地位，从事与公司业务相竞争或损害公司利益的活动，违反了《公司法》或公司章程的规定。

（2）股东严重违反公司章程或股东协议的规定，如未按时履行出资义务、泄露公司机密等，被公司或其他股东提起诉讼，最终被法院判决退出其股份或股东地位。

（3）股东因涉及犯罪活动，如贪污、受贿、挪用公款等，被司法机关追究刑事责任，导致其股份被冻结、拍卖或强制转让。

在股东违法违规退出的情况下，公司和其他股东可以采取一系列措施来维护自身权益，如提起诉讼、要求赔偿损失、申请法院强制执行等。同时，监管部门也可能会介入调查，对违法行为进行处罚，以维护市场的公平和秩序。

需要注意的是，股东违法违规退出是一种极端的情形，通常会对公司和其他股东造成较大的损失和影响。因此，在公司经营过程中，应该加强股东的合规意识和法律意识，建立健全的公司治理结构和内部控制机制，以预防和避免股东违法违规行为的发生。

8. 其他可能情形

其他一些可能导致股东非自愿退出的情形。

（三）非自愿退出的注意事项

在非自愿退出的情况下，股东可能会面临一定的经济损失和权益受损的风险。因此，在成立公司或进行股权投资时，股东应充分了解公司章程、合同协议以及相关法律法规的规定，明确自己的权利和义务，以避免未来可能出现的非自愿退出情况。同时，在经营过程中，股东应积极参与公司治理，维护自己的合法权益，以减少非自愿退出的风险。

四、投资机构的退出

在没有特殊的情况下，创始人与股权激励对象的退出相对不频繁，实务中涉及更多的是投资机构或者私募的退出情况。因此，此处对于投资机构或私募的退出情形单独做一下总结。

1. IPO 退出

首次公开发行（initial public offering，IPO），是指在被投资公司经营达到一定规模时，向非特定社会公众进行首次公开发行股票的行为。通常而言，IPO 是投资机构最理想的退出方式，对于投资机构而言，IPO 可以将私募股权基金所持有的不可流通的公司股份转变为可以上市流通的股票。

IPO 在股权投资基金退出的渠道中具有很大的优势：

（1）在实践中 IPO 往往是所有退出方式中收益较高的。

（2）对于股权投资机构来说，IPO 有助于提高股权投资机构的知名度、市场声誉与社会形象。股权投资机构所投资的公司成功实现上市，不仅能够帮助公司顺利募集资金，而且良好的投资业绩也会使股权投资机构受到创业公司的青睐。

（3）公司上市通过直接融资平台进行融资，不会影响公司的管理和运营，有助于保持公司的独立性和管理的连续性。

（4）上市可以为公司长期发展筹集资金保持持续的融资渠道。

（5）IPO 上市前，公司会进行准备和宣传，有助于提升市场对公司的投资热情和关注度，为公司继续发展创造条件。

2. 新三板退出

新三板全称"全国中小企业股份转让系统"，是我国多层次资本市场的一个重要组成部分，是继上海证券交易所、深圳证券交易所之后第三家全国性证券交易场所。目前，新三板的转让方式有做市转让和竞价转让两种。相对于其他退出方式，新三板主要有以下优点：

（1）新三板市场的市场化程度相对比较高且发展非常快。

（2）新三板市场的机制相对比较灵活。

（3）相对主板来说，新三板挂牌条件宽松，挂牌时间短，挂牌成本低。

（4）国家政策的大力扶持。

但是目前受制于交易制度、流动性、投资者门槛等各种因素的限制，目前新三板的流动性尚存在较大的局限性，不是非常活跃，退出渠道不是非常通畅。

3. 股权转让退出

股权转让退出是除IPO退出、新三板退出之外，投资机构实现退出的另一个重要途径。股权转让指的是投资机构依法将自己的股权有偿转让给他人，套现退出的一种方式。另外，如果私募股权基金的存续期届满，或者出于某种原因必须使收益变现，股权投资机构可以将所持股份转让给另一家私募股权投资公司，从而实现退出。

4. 并购（M&A）退出

并购是指企业兼并和收购，是一家企业用现金或者有价证券获得对另一家企业的控制权。对于企业来说，并购可以通过企业间的协同效应，有效降低成本，整合各种资源，分散投资风险，使企业规模扩大，增强企业的整体竞争力。并购一般有三种形态：横向并购、纵向并购和混合并购。横向并购是企业的横向一体化，是行业集中度提高的体现。纵向并购就是通常所说的纵向一体化，即上下游企业的并购，可以有效提高企业对市场的控制能力。混合并购是指企业在不同行业间的并购，以满足企业多元化发展，打破进入新行业的壁垒的需求。

虽然理论上IPO是股权投资机构的最佳退出方式，但是实践中并购是一个更实际、被普遍采用的退出渠道，因为在实际操作中，并购具有一定的优势。

（1）相对于IPO，并购操作简单，时间和资金成本都较低，只要与收购方达成收购协议，股权投资机构就可以顺利退出。

（2）交易方式灵活，一旦确定要对所投资项目进行出售，股权投资机构可以在较短的交易周期内将资本变现，实现退出。

（3）并购可以协议价格，短期内出售，避免宏观经济环境、市场周期等对收购价格产生影响，获得收益较为确定。

（4）对于达不到IPO上市规模的公司，并购是股权投资机构较好的退出方式之一。

5. 股权回购退出

回购主要分为管理层收购和股东回购。股权回购是指创业公司或创业公司的管理层通过现金、票据等有价证券向股权投资机构回购公司股份，从而使股权投资机构实现退出的行为。当公司发展到一定程度，资产规模、产品销路、财务状况都较好，但未达到公开上市要求，管理层对公司未来的潜力看好，考虑到并购可能带来的丧失公司独立性问题，这种情况下可以通过管理层回购私募股权投资基金持有的股权而使其实现退出。在实践中，一般早在投资机构签订投资协议时，就约定了关于股权回购的有关条款，回购价格在合同中已经规定好了计算方法。同时，如果股权投资机构认为所投资公司效益欠佳，没有达到预期的收益，也可以根据协议要求管理层回购，实现退出。

回购具有的优势是由于公司股东及管理层与投资机构相互熟悉，信息较为对称，在谈判过程中可以节约大量的时间、经济成本，而出售的价格一般也较为公平合理，私募股权机构也可以很快地实现退出。

6. 破产清算退出

在实际操作中，很多投资项目并不能达到预期收益，或投资机构认为公司失去了发展的可能性或成长速度过慢、回报过低，甚至可能投资项目失败、面临破产。在这种情况下，破产清算成为股权投资基金最不得已的退出方式。破产清算可以减少继续经营带来的风险和损失，及时止损，保证收回现有的资本余额，以便尽快发掘新的市场机会。破产清算是股权投资机构投资失败后采取的最后的策略，通过破产清算退出，股权投资机构往往要承担一定的经济损失。

7. 借壳上市退出

所谓借壳上市，是指一些非上市公司通过收购一些业绩较差，筹资能力较弱的上市公司，剥离被购公司资产，注入自己的资产，从而实现间接上市的操作手段。机构可利用自身资源帮助被投资公司寻找合适的"壳"，使其上市后在二级市场套现退出。相对于排队等候 IPO 而言，借壳的平均时间大大减少。

五、预设退出的机制

（一）股东退出的影响

无论是何种方式的股东退出都可能会产生多方面的影响，这些影响可能涉及公司治理、财务状况、经营策略以及市场情绪等。以下是一些主要的影响，如图 4–31 所示。

1. 公司治理与控制权变动

股东退出可能导致公司股权结构发生变化，进而影响公司的控制权和决策机制。如果退出的股东持有大量股份，可能会使公司的控制权发生转移。

退出股东的身份和地位在公司中的丧失，可能导致公司治理结构的调整，如董事会成员的变更。

2. 财务状况与资本结构调整

股东退出通常涉及股份的转让或回购，这可能会影响公司的现金流和财务状况。如果公司需要支付大量资金来回购股份，可能会增加财务负担。

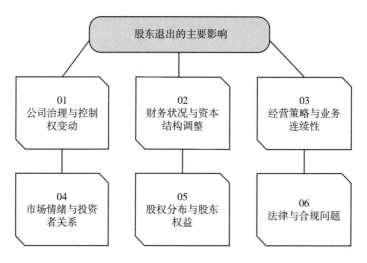

图 4-31　股东退出的主要影响

退出可能导致公司资本结构发生变化，如股本减少或债务增加，进而影响公司的财务杠杆和偿债能力。

3. 经营策略与业务连续性

股东退出可能影响公司的经营策略和业务连续性。如果退出的股东在公司中担任关键角色，如管理层成员或拥有特定技术或资源的股东，他们的离开可能对公司运营产生负面影响。

退出事件可能引发公司内部和外部的不确定性和担忧，影响员工士气、客户关系以及供应链稳定性。

4. 市场情绪与投资者关系

股东退出消息公布后，可能会影响市场情绪和投资者对公司的信心。这可能导致公司股价波动或市值下降。

退出事件可能损害公司的声誉和品牌形象，进而影响公司在市场上的竞争地位。

5. 股权分布与股东权益

股东退出可能导致公司的股权分布发生变化，其他股东的持股比例可能会相应调整。这可能影响其他股东在公司中的权益和话语权。

如果退出的股东以低价出售股权，可能会导致公司的市值下降，从而影响其他股东的利益。此外，退出股东的股份如果被竞争对手或敌意收购者获得，可能对公司的竞争地位产生不利影响。

6. 法律与合规问题

股东退出需要遵循公司章程、股东协议以及相关法律法规的规定。如果退出过程存在违规或不当行为，可能引发法律纠纷和监管调查。

退出后，公司需要确保剩余股东的权益得到保障，并遵守相关法规关于公司治理和股权变动的规定。

综上所述，股东退出公司是一个复杂的过程，可能对公司产生多方面的影响。因此，在制定和执行退出机制时，公司需要谨慎考虑各种因素，确保过渡期的顺利进行，并最大限度地减少对各方的影响。

（二）预设股东退出的机制

正因为股东退出会对公司治理、财务状况、经营策略以及市场情绪等造成一定影响，因此在任何一个股东进入的时候，都要预设股东退出机制，防范不必要的争议和麻烦、尽量减少股东退出带来的影响。

预设股东退出机制是在公司成立之初或股东加入公司时，通过公司章程、股东协议或其他相关文件明确规定的，用于规范股东在未来可能退出公司时的一种机制。这种机制有助于确保公司在股东退出时能够保持稳定，并最大限度地减少对各方的影响。

以下是一些常见的预设股东退出机制的内容，如图 4-32 所示。

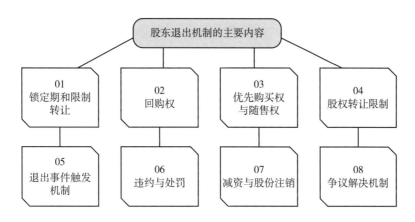

图4-32 股东退出机制的主要内容

1. 锁定期和限制转让

设定一定的锁定期，在此期间股东不得转让其股份。

锁定期结束后，股东可能需遵循特定的程序和条件进行股份转让。

2. 回购权

公司保留在特定情况下回购股东股份的权利，如股东离职、违反竞业禁止等。

回购价格可以事先约定，也可以根据特定公式或评估方法确定。

3. 优先购买权与随售权

当股东打算出售其股份时，其他股东可能享有优先购买权。

在某些情况下，股东可能需要将其股份随同其他股东的股份一同出售，即随售权。

4. 股权转让限制

对股东转让股份设置一定的条件，如转让对象须经过公司或其他股东的同意。

设定股份转让的最低价格或最高价格限制。

5. 退出事件触发机制

明确特定事件（如股东死亡、丧失行为能力、达到退休年龄等）发生时股东股份的处理方式。

这些事件可能自动触发股份回购、转让给其他股东或由继承人继承等。

6. 违约与处罚

股东违反公司章程、股东协议或相关法律法规时，可能面临股份被强制转让、被公司回购或承担违约责任等后果。

7. 减资与股份注销

在公司减资时，按照既定规则减少股东的股份。

在特定情况下，公司有权注销股东的股份。

8. 争议解决机制

设定股东之间或股东与公司之间发生争议时的解决方式，如协商、仲裁或诉讼。

为确保预设股东退出机制的有效性和可执行性，建议在制定这些机制时咨询专业律师或法律顾问的意见，并确保所有相关文件均符合当地法律法规的要求。此外，随着公司发展和市场环境的变化，这些机制可能需要定期审查和调整。

案例 4-9 ▷▷▷▷▷▷▷▷▷▷▷▷▷▷▷▷▷▷▷▷▷▷▷▷▷▷▷▷▷▷▷

XX 公司股权激励的调整机制（节取第十七条至第十九条）

第十七条　股票赎回

1. 在约定的服务期内，股权激励对象离职的，需要将持有的公司股份转让给持股平台 GP；自股权激励实施之日起不满五年的，按实际投资额转让；超过五年，按最近一期报表的每股净资产 × 股权激励对象对应的实际投资额转让给持股平台 GP。

2. 工作期间内，因违法违规、严重违反公司制度受到开除处分的，需要将持有的公司股份按实际投资额转让给持股平台 GP。

3. 工作期间内，因工作不称职、考核不合格被公司辞退的，需要将持有的公司股份按实际投资额转让给持股平台 GP。

4. 本股权激励的股份不可继承，当股权激励对象死亡时，持股平台GP（或显名股东）需要回购股权激励对象持有的公司股份；自股权激励实施之日起不满五年的，按实际投资额转让；超过五年，按最近一期报表的每股净资产×股权激励对象对应的实际投资额转让给持股平台GP。

5. 本股权激励的股份不可分割，当股权激励对象因离婚进行财产分割时，需要将持有的公司股份转让给持股平台GP；自股权激励实施之日起不满五年的，按实际投资额转让；超过五年，按最近一期报表的每股净资产×股权激励对象对应的实际投资额转让给持股平台GP。

6. 自公司上市之日起，股权激励方案终止，有关上述股份回售的条款自动终止。激励对象已经获得的股份参照上市后的相关规则按照个人意愿卖出股票。

第十八条　股票回售

1. 本股权激励实施完毕之日起满十年，公司仍未实现上市的，股权激励对象有权将股份回售给持股平台GP，持股平台GP应该按照每股净资产×股权激励对象对应的实际投资额予以回购。

2. 本股权激励实施完毕之日起至公司上市前，股权激励对象因家庭变故或其他特殊原因需要动用资金时，经持股平台GP同意可以将股份回售给持股平台GP；自股权激励实施之日起不满五年的，按实际投资额转让；超过五年，按最近一期报表的每股净资产×股权激励对象对应的实际投资额转让给持股平台GP。

3. 因公司发生经营困难等重大问题导致无法继续经营的或者公司提前终止本股权激励方案的，股权激励对象有权将股份回售给持股平台GP；自股权激励实施之日起不满五年的，按实际投资额转让；超过五年，按最近一期报表的每股净资产×股权激励对象对应的实际投资额转让给持股平台GP。

第十九条　其他调整

1. 股权激励对象内部工作岗位的变动不影响股份的调整，股权激励实施后股权激励对象因升职等原因导致调整系数变动、已实施的股权激励数量不再调整。

2. 股权激励对象因公丧失劳动能力的，股权激励的股份可以不予调整，股权激励对象有要求的按照第十八条处理；股权激励对象非因公丧失劳动能力的，按照第十七条第一款处理。

3. 因公司发生转增股本等事宜，股权激励的股份同比例增加，但对初始投资额没有影响。

第五章

合伙顶层设计

——运筹帷幄、决胜千里

股权顶层设计事关公司的稳定与健康，直接影响公司未来的融资、发展与上市等，公司创始人及企业家需要予以高度重视。当然股权顶层设计也不是一概而论的，也需要因人而异、因地制宜，但是股权顶层设计的原则、理论和有些共同的特质是相通的，只有掌握股权顶层设计的理论和方法，方能运筹帷幄、决胜千里。

本章总共包含五个方面的内容：一是股权设计的理论体系；二是顶层设计的原则，主要包含六个内容；三是顶层设计的五个层级及各个层级如何设计；四是顶层设计的四维模型；五是探讨理想的股权结构类型。通过本章，中小企业能够学会做自己的顶层设计，能够找到最适合自己的股权架构。

第一节　股权设计的理论体系

股权设计是公司的顶层股权架构设计以及一系列相关约定的安排，事关公司的稳定与健康，直接影响公司未来的融资、发展与上市等，股权设计应上升到公司顶层设计的高度，公司创始人及企业家需要予以高度重视。只有掌握股权设计的原则和理论，才能夯实基础，为公司进行股权顶层设计做好准备。

一、股权设计八大体系

（一）股权设计的概念

股权设计就是公司组织的顶层设计，主要解决谁投资、谁来做、谁收益的问题。具体而言，股权设计是通过科学合理的安排，确定企业股东的权益在股本规模、持股比例、表决权行使等方面的组合，以及明确股东之间的责、权、利关系。它也被称为股权架构设计或股权结构设计，其内容包括确定股份分配、股权结构、行使股东权利的规定、股东协议和薪酬计划等。

股权设计，包含了公司的股权架构整体设计、股权架构动态调整以及各股东之间相互制衡与约束的整体安排，股权设计属于公司组织的顶层设计，事关公司的稳定、发展与未来。传统企业的战略和商业模式解决做什么、怎么做的问题，解决的是企业自身的问题，归根结底还是企业内部问题。但是股权设计解决的是谁投资、谁来做、谁收益的问题，属于公司顶层设计的范畴，主要解决的是公司股东之间利益分配、约束制衡的问题，超越了企业内部的范畴。

股权关系随着公司的出现而出现，随着公司的消亡而消失，股权关系伴随着企业生命周期的每一个阶段。只要存在股权关系，就需要进行合理的股权设计，以保证公司的稳定和发展，随着很多股权问题争端案例的出现，中小企业也越来越意识到股权设计的重要性。现代企业发展越来越离不开外部投资人、职业经理人以及核心人员，职业经理人和核心人员越来越不满足于赚取单一的工资，股权成为大家越来越关注的共同问题。现代企业的成功离不开善用股权，只有良好的股权设计，才能将创始人、合伙人、投资人、职业经理人的利益紧紧地绑定在一起，进而保障公司的稳定与快速发展。

（二）股权设计的八大体系

股权设计，不单单是股东之间股权比例的问题，股权比例只是股权设计的外在表现，是综合众多因素之后股东之间比例关系的外在体现。

股权设计需要综合考虑的因素很多，既包括公司内部问题，也涉及公司外部问题，股权设计的体系是一个复杂且多方面的构造，它涉及了公司内部的权力分配、股东权益、管理层激励以及公司的长期发展等多个方面。以下是这个体系中的一些核心组成部分。

股权设计的体系如图 5-1 所示。

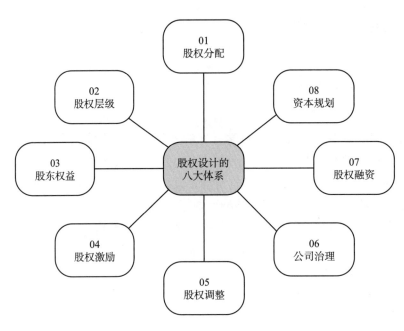

图 5-1　股权设计的八大体系

1.股权分配

股权分配设计,应该是股权顶层设计的最重要的一环,无论怎么进行股权设计,最终都要落脚到股权比例上,因此股权分配是股权顶层设计的第一步,也是至关重要的一步。

股权分配实际上是横向维度问题,股权分配设计是一个复杂且关键的过程,它涉及公司所有权、控制权、收益权等多方面的分配,决定了股东们的权利和责任。通常,大股东会拥有更多的决策权,而小股东可能只享有分红权等。设计股权结构时,需要考虑的因素包括公司的发展阶段、业务规模、股东的出资比例和贡献等。

2.股权层级

股权层级是指在一个公司或企业集团中,不同层级的股东所持有的股权比例和相互关系。这些层级通常反映了公司内部的权力结构、控制权、税务筹划和所有权分配等一系列问题。

股权层级是纵向维度的问题,需要关注搭建几层股权架构,每一层股权架构有何用途、如何搭建、采用什么组织形式等一系列问题。股权层级太少、不利于各种问题的筹划和权利的制衡,但股权层级又不是越多越好,股权层级也是一个需要规划的重要问题。

3.股东权益

除了基本的股份之外,股东们还可以享有一些特殊的权益,如优先股、特殊股等。这些权益可能会影响股东的投票权、分红权以及其他利益。在设计这些权益时，需要平衡不同股东的需求和期望。

股权结构设计仅仅是最重要的一环，持股比例有时候不等于表决权比例，因此在股权比例固定之后，还需要进一步权衡各种其他权益问题。例如，投票权设计，投票权是股东提出意见和参与公司治理的重要手段；投票权的设计包括股东决议的表决权、股东大会的召开、股东提案的程序等，需要确保所有股东的权益得到充分保障。

4. 股权激励

为了激励管理层为公司创造更多的价值，可以给予他们一定的股权激励。这样可以将管理层的利益与公司的长期发展紧密地联系在一起。

在进行管理层股权激励时，激励哪些对象、分配多少额度、每人分配多少比例、如何持股、如何约束、如何退出等一系列问题都需要进行设计和规划。

5. 股权调整

股权比例和股权结构也不是一成不变的，需要提前规划好动态调整机制。股权调整机制是指在公司运营过程中，根据股东贡献、公司发展需要等因素，对股权结构进行动态调整的一种机制。这种机制有助于平衡股东之间的权益，激发股东的积极性，促进公司的长期稳定发展。

例如，在某些情况下，股东可能需要退出公司，这时就需要一个明确的退出机制来处理股权转让、回购等问题。设计退出机制时，需要考虑公司的财务状况、市场前景以及股东之间的利益平衡。

6. 公司治理

股权设计还需要与公司的治理结构相适应。这包括股东会构成、董事会的组成、监事会的职责、高级管理人员的任命等。一个良好的治理结构可以确保公司的决策效率和透明度，从而维护股东的利益。

关于公司治理结构将会在《合伙人制度》系列丛书的第二本中进行详细讲述。

7. 股权融资

股权融资设计是指公司为了筹集资金、扩大规模、优化股权结构等目的，通过向投资者出售公司股份的方式来获得融资的一种策略和方法。在进行股权融资设计时，公司需要考虑多个因素，包括融资需求、投资者选择、股权结构、估值等，这一系列问题都需要提前设计以防范风险。

股权融资设计也是一个复杂且多维度的过程，需要公司综合考虑多个因素。通过明确融资需求、选择合适的投资者、设计合理的股权结构、确定估值和融资条件以及制订详细的融资计划等步骤，公司可以有效地进行股权融资设计并实现融资目标。

8. 资本规划

公司选择上市或者新三板挂牌等一系列资本运作的规划时，更要对股权进行有效地设计；各个上市板块对于股权问题都有规范性的要求，虽然没有具体的标准，但是股权问题是公司上市必然关注的重点问题，因为股权问题而上市失败的案例也数见不鲜。

但是任何一个公司不能等到上市的前一刻再来规划和设计股权问题，一是有些问题可能根深蒂固、不好修复；二是有些问题的修复可能带来较高的纠错成本，例如，税务成本、股权支出成本等。因此有助于公司上市的良好股权架构，都是事先规划、提前设计的，绝对不是临时抱佛脚、仓促上阵临时搭建的。

总的来说，股权设计的体系是一个多维度的构造，需要综合考虑多个方面的因素。在设计过程中，还需要遵循相关的法律法规和市场规则，确保设计的合法性和有效性。同时，还需要根据实际情况进行调整和优化，以适应公司的发展需求和市场的变化。

以上关于股权顶层设计的八大体系，除公司治理结构单独出书予以解答外，另外七个体系本书都会涉及，并有专门章节予以答疑解惑。

二、股权设计的必要性

对于广大中小企业而言，股权设计是公司生命周期中的必修课，股权设计贯穿公司从初创到终止的每一个过程，在公司的发展的过程中，股权设计具有极大的必要性，股权设计的必要性如图 5-2 所示。

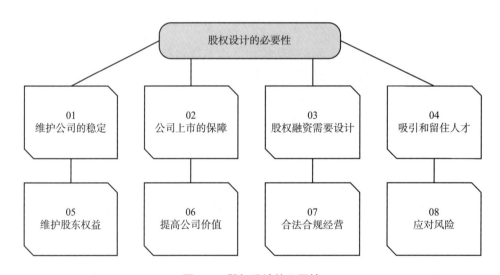

图 5-2　股权设计的必要性

1. 维护公司的稳定

一个合理的股权结构能够在公司发展的各个阶段都起到稳定器和指南针的作用。良好的股权设计能够以很少的股权掌控公司的控制权，股权设计不好，即使持股比例再高，也有失控的风险。

从"真功夫股权之争"这样的案例中，我们可以看到股权设计不当可能带来的严重后果。即使是大股东，如果股权设计不合理，也可能面临失去控制权的风险。这不仅会影响公司的日常运营，还可能导致公司战略方向的迷失，甚至引发法律纠纷，对公司的声誉和长期发展造成不可逆转的损害。

很多企业在创业的时候，股东都是同学、兄弟，往往股权比例没有想好，就开始启动了，这种情况经常会导致很多问题。如果在刚开始关系好的时候，不能将股权谈好、设计好，后期出现问题将更难谈妥，最终的结果是创业公司受到影响。因此股权设计对于保障公司的控制权、维护公司的稳定具有重要的作用。

案例 5–1 ▶▶▶▶▶▶▶▶▶▶▶▶▶▶▶▶▶▶▶▶▶▶▶▶▶▶▶▶▶▶▶

任正非如何用不到 1% 的股权控制华为

根据企业信用信息公示显示，华为技术有限公司为华为投资控股有限公司100% 持股的全资子公司，华为投资控股有限公司的股东为任正非，持股 0.65%、华为投资控股有限公司工会委员会持股 99.35%。

华为的股权结构如下图所示。

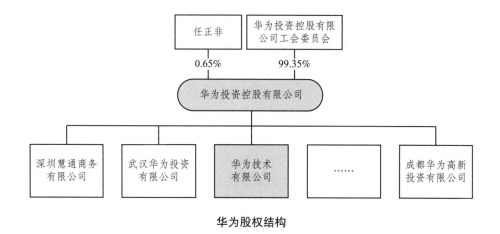

华为股权结构

因未能查阅到华为的具体公司章程、工会章程及其他辅助资料，根据华为现有的股权架构和目前我国的法律框架，任正非持股 0.65%，但可以合法控制公司的方式有很多种，具体探讨如下：

（1）有限公司的同股不同权。

根据《中华人民共和国公司法》第六十五条的规定：股东会会议由股东按照出

资比例行使表决权；但是，公司章程另有规定的除外。因此根据本条规定，华为投资控股有限公司公司章程中可以提高任正非的表决权比例，因此无须过高的持股比例，可以通过提高表决权比例控制公司。

（2）华为技术有限公司的股东只有华为投资控股有限公司，华为控股可以决定由任正非1人代为行使在华为技术有限公司的股东权利。

（3）华为工会还可以通过工会章程，规定由任正非代为行使工会在华为控股的股东权利。

（4）华为工会也可通过签协议或委托书，委托任正非代为行使工会在华为控股的股东权利。

（5）其他一些可能措施，如虚拟股权（没有实际表决权）等。

资料来源：国家企业信用信息公示系统。

2. 公司上市的保障

公司发展到一定程度，必然要敞开胸怀拥抱资本市场，进入资本市场是公司快速发展的重要保障，相信每个创业者心中都有一个上市梦，但是只要涉及公司上市，资本市场要求公司的股权结构要明晰、合理，不得存在重大不确定性。股权设计在公司上市过程中起着至关重要的保障作用。一个合理且符合法规的股权结构，不仅有助于公司顺利通过上市审核，还能为公司的长期发展奠定坚实基础。

股权设计能够确保公司的股权结构清晰、合规。在上市过程中，监管部门会对公司的股权结构进行严格的审查。因此，公司必须确保其股权结构符合相关法规要求，不存在任何违规持股或股权纠纷等问题。通过合理的股权设计，公司可以明确各股东的权益和义务，规范股东行为，从而顺利通过上市审核。

例如，《首次公开发行股票注册管理办法》第十二条第（二）项第二款规定：发行人的股份权属清晰，不存在导致控制权可能变更的重大权属纠纷，首次公开发行股票并在主板上市的，最近三年实际控制人没有发生变更；首次公开发行股票并在科创板、创业板上市的，最近二年实际控制人没有发生变更。

无论公司申请哪个板块上市，都会涉及股权规范的问题，因此公司都需要进行良好的股权设计，而很多创业公司往往忽略股权设计的重要性，在公司发展到一定阶段面临改制上市时，往往需要花费更大的代价去处理股权问题带来的后遗症，有些甚至造成了上市失败的局面。

总之，股权设计在公司上市过程中发挥着重要的保障作用，通过确保股权结构清晰、合规、规范，可以为公司顺利完成上市提供一层保障。

3. 股权融资需要设计

股权设计有助于公司筹集资金，吸引外部投资者，增强公司的融资能力，为公司的扩张和发展提供资金支持。

公司进行股权融资必然要稀释原有的股权比例，同时新来的投资人往往会委派董事会成员等，可能还会对公司治理带来一定的影响。因此，公司进行股权融资时必然要涉及股权设计的问题，包括但不限于何时进行融资、融资额度、融资价格（涉及稀释的股权比例）、对赌条款如何博弈以及公司治理如何调整等因素都需要进行有效的设计，才能够保障融资的通畅和公司的稳定。

股权融资是把"双刃剑"，公司在获取资金的时候，同时会带来很多限制或束缚，因此只有进行有效的股权设计，防范可能发生的风险和纠纷，才能让股权资金发挥最大的作用，助推公司快速成长；否则，股权融资可能会带来很多负面的影响，甚至会阻碍公司的发展。

4. 吸引和留住人才

通过股权激励计划，公司可以将股权作为激励手段，吸引和留住核心人才，激发其积极性和创造力，促进公司的长期发展。

目前股权激励在国内已经比较流行，上市公司实施股权激励已非常普遍；越来越多的中小企业、非上市公司也越来越重视股权激励的实施。股权激励已深入人心，在公司的发展过程中，股权激励越来越普及。但是股权激励涉及的问题非常多，如果设计不好，非但不能起到激励效果，而且可能会产生负面因素，进而会影响公司的健康发展，因此股权激励需要认真设计。

股权激励是股权设计必须要考虑的重要因素，股权激励预留多少股份、何时进行激励、对哪些人进行激励、激励对象如何退出等都是股权设计需要考虑的因素。[①]

5. 维护股东权益

股权设计在维护股东权益方面起着至关重要的作用。一个合理且精心设计的股权结构可以确保股东在公司中的利益得到充分保障，同时也有助于维护公司的稳定与长期发展。

首先，股权设计明确了股东的权利和地位。通过在公司章程或相关协议中详细规定股东的权益，如分红权、决策权、知情权等，可以确保股东在公司运营过程中享有相应的权益。这些规定不仅有助于保护股东的合法权益，还能增强股东对公司的信任感和归属感。

其次，股权设计有助于防止大股东或管理层滥用权力。通过设立合理的股权制衡机制，如引入独立董事、设立监事会等，可以确保公司的决策过程公正透明，防止大股东或管理层损害其他股东的利益。这有助于维护公司的整体利益和股东之间

---

① 李善星，武元政，周敬芳. 股权激励密码［M］. 北京：清华大学出版社，2022.

的公平关系。

再次，股权设计还可以为股东提供有效的退出机制。当股东需要退出公司时，他们可以通过股权转让、股份回购等方式实现自己的权益。一个合理且流动性良好的股权市场可以为股东提供更多的退出选择，降低他们的投资风险。

最后，股权设计也有助于激励股东积极参与公司事务。通过设立股权激励计划或其他形式的股东回报机制，可以激励股东更加积极地参与公司的决策和运营活动。这将有助于提升公司的治理水平和运营效率，进而促进公司的长期发展。

综上所述，股权设计在维护股东权益方面具有重要作用。一个合理且完善的股权结构可以确保股东的权益得到充分保障，防止大股东或管理层滥用权力，为股东提供有效的退出机制，并激励股东积极参与公司事务。这对于公司的稳定与长期发展具有重要意义。

6. 提高公司价值

股权设计在提高公司估值方面扮演着重要角色。一个合理且精心设计的股权结构不仅可以吸引投资者，还能提升公司的市场价值和整体竞争力。以下是一些股权设计如何提高公司估值的途径。

（1）吸引战略投资者。

通过合理的股权设计，公司可以吸引具有行业背景、资源优势和战略眼光的投资者。这些战略投资者的加入不仅为公司带来资金，还能提供业务合作、市场拓展和技术支持等方面的帮助，从而提升公司的盈利能力和市场地位。

（2）激励管理层和核心员工。

股权设计可以包括股权激励计划，通过向管理层和核心员工授予股份或股票期权，使他们的利益与公司的长期发展紧密绑定。这种激励机制能够激发管理层和员工的积极性和创造力，推动公司业绩的提升，进而提高公司估值。

（3）提升公司信誉度和知名度。

一个合理且透明的股权结构有助于提升公司的信誉度和知名度。当投资者和市场看到公司内部股权分布合理、治理结构健全时，他们会对公司产生更高的信任感，从而愿意给予更高的估值。

（4）促进资源整合和协同效应。

通过股权设计，公司可以与其他企业或机构建立战略合作关系，实现资源共享、优势互补和协同发展。这种整合效应有助于提升公司的整体实力和市场竞争力，进而推动公司估值的提高。

（5）增强投资者信心。

一个清晰、稳定的股权结构能够增强投资者的信心。投资者在评估公司价值时，会考虑公司的股权结构、股东背景和管理团队等因素。一个合理的股权设计能够向投资者传递出公司稳定、可持续发展的信号，从而提高他们对公司的估值预期。

综上所述，股权设计在提高公司估值方面具有重要作用。通过吸引战略投资者、激励管理层和核心员工、提升公司信誉度和知名度、促进资源整合和协同效应以及增强投资者信心等途径，一个合理且精心设计的股权结构可以为公司创造更大的价值并提升市场地位。

7. 合法合规经营

股权问题涉及法律法规，过去很多中小企业往往忽略或者轻视股权问题，从而导致了很多的纠纷。股权设计在公司合法合规经营方面起着至关重要的作用，一个合理且符合法律法规的股权结构可以确保公司的经营活动在法律框架内进行，避免潜在的法律风险和纠纷。

首先，股权设计必须遵守相关的法律法规。这包括公司法、证券法、税法等，确保公司的股权结构和相关交易符合法律要求。例如，在股份发行、转让和回购等方面，公司必须遵循法定程序，确保所有股东的权益得到合法保护。

其次，股权设计应明确股东的权利和义务。公司章程或股东协议中应详细规定股东的权益、决策机制、分红政策等，以确保所有股东在公司运营过程中享有相应的权益，并履行相应的义务。这有助于维护公司的稳定运营，并防止因股东权益纠纷而引发的法律风险。

再次，股权设计还应考虑公司的治理结构。一个合理的治理结构可以确保公司的决策过程公正、透明，有效防止内部人控制和利益输送等问题。通过设立独立董事、监事会等机构，可以加强对公司管理层的监督，确保公司的经营活动符合法律法规和股东利益。

最后，股权设计应关注税务合规问题。公司在股权交易过程中可能涉及多种税务问题，如资本利得税、企业所得税等。因此，在股权设计时，公司应充分考虑税务因素，合理规划股权交易结构和方式，以降低税务风险并确保合规经营。

综上所述，股权设计在合法合规经营方面具有重要意义。一个合理且符合法律法规的股权结构可以确保公司的经营活动在法律框架内进行，维护公司的稳定运营，并降低潜在的法律风险和税务风险。因此，在公司设立和运营过程中，应充分重视股权设计工作，确保公司的合法合规经营。

8. 应对风险

股权设计在公司应对风险方面起着重要作用。一个合理且精心设计的股权结构可以帮助公司有效应对各种内部和外部风险，确保公司的稳定运营和持续发展，如图5-3所示。

首先，股权设计可以帮助公司应对股东之间的冲突和纠纷。通过明确股东的权利和义务，以及设立合理的股权制衡机制，可以平衡不同股东之间的利益，减少冲突和纠纷的发生。这有助于维护公司的和谐与稳定，为公司应对其他风险提供有力支持。

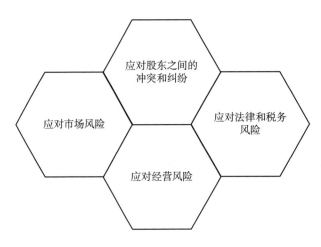

图 5-3　股权设计可以应对的风险

其次，股权设计有助于公司应对市场风险。通过引入战略投资者或合作伙伴，公司可以共同承担市场风险，实现资源共享和优势互补。此外，合理的股权结构还可以提高公司的决策效率和灵活性，使公司能够更快速地应对市场变化，降低市场风险对公司的影响。

再次，股权设计还可以帮助公司应对经营风险。通过设立股权激励计划，将员工的利益与公司的长期发展紧密绑定，可以激发员工的积极性和创造力，提高公司的经营绩效。同时，合理的股权结构还可以吸引和留住优秀人才，为公司的持续发展提供人才保障。

最后，股权设计在应对法律风险和税务风险方面也发挥着重要作用。确保公司的股权结构和相关交易符合法律法规的要求，可以避免因违法行为而引发的法律风险和税务风险。通过合理规划股权交易结构和方式，降低税务成本，提高公司的合规经营水平。

总之，股权设计在应对公司风险方面具有重要作用。一个合理且精心设计的股权结构可以帮助公司有效应对股东冲突、市场风险、经营风险以及法律风险和税务风险等各种挑战，确保公司的稳定运营和持续发展。因此，在公司设立和运营过程中，应充分重视股权设计工作，以提高公司的抗风险能力。

综上所述，股权设计对于公司的稳定发展、人才激励、资金筹集、股东权益维护、风险应对、公司价值提升以及合法合规等方面都具有重要意义。因此，对于任何一家公司来说，进行科学合理的股权设计都是十分必要的。

三、股权设计的主要载体

（一）主要载体

股权设计除了要形成股权设计的方案之外，关于股权设计的各种约定最终要落实到具体的文件协议上，即股权设计的载体，股权设计载体的形式包括但不限于方案、协议及公司章程等各种形式。

股权设计所涉及的文件载体比较多，不同的环节涉及不同的文件，有些是法律法规有约定的，有些是基于双方自愿订立的，无论是否法定，都必须落实到纸面的股权设计载体上，避免将来出现潜在的纠纷。

股权设计各个环节对应的主要载体如表 5-1 所示。

表 5-1　　　　　　　　　　股权设计各环节及对应的文件载体

序号	阶段	主要的文件载体	是否法定
1	公司设立时	股东协议	否，可以不签
		公司章程	是，具有自治空间
2	持股平台时	公司制，公司章程	是，具有自治空间
		合伙制，合伙协议	是，具有弹性空间
3	引进投资时	投资对赌协议	否，一般都签
4	股权激励时	股权激励方案、股权激励协议及其他有关文件	否，自行约定
5	一致行动人	一致行动人协议	否，自行约定
6	投票权委托	投票权委托协议	否，自行约定
7	股权代持时	股权代持协议	否，自行约定
8	股权转让时	股权转让协议	否，二级市场转让一般不用
9	其他退出时	不同方式有不同文本	一般不是

股权设计各个环节需要用到不同的文件载体，一是起到约束作用，二是避免后续的法律风险。

（二）股东协议

1. 股东协议的概念

在公司设立的时候，所有股东往往都会签一份股东协议，股东协议往往也是股权设计的第一个载体，在股权设计中，股东协议是一个非常重要的法律文件。

股东协议是股东之间就公司管理、股权分配、股东权利与义务等关键事项所达成的共识，并以书面形式固定下来的协议。它有助于确保股东之间的利益得到平衡和保护，并为公司未来的治理和发展奠定基础。在协议中，股东们可以就如何行使股东权利、处理股东关系、解决股东纠纷等问题进行明确规定，从而避免未来可能出现的争议和冲突。

在签署股东协议时，需要注意以下几点。

（1）协议内容要合法合规。

股东协议的内容必须符合相关法律法规的规定，不得违反法律法规的强制性规定。

（2）协议条款要明确具体。

股东协议的条款必须明确具体，尽量避免使用模糊、不确定的表述，以免产生歧义。

（3）协议要经过合法程序。

股东协议的签署必须经过合法的程序，如经过全体股东审议，并在法律规定的范围内进行公示和备案。

总之，股东协议是股权设计中不可或缺的一部分，它有助于确保公司的稳定运营和股东之间的和谐关系。在签署股东协议时，务必谨慎对待，并咨询专业律师的意见，以确保协议的合法性和有效性。

2. 股东协议的主要作用

股东协议在公司管理和股东关系中具有核心作用，主要表现在以下几个方面。

（1）保护股东利益。

通过协议的订立，股东之间可以明确各自的权利、义务和责任，这有助于避免股东之间的权益冲突和纠纷，进而保护每位股东的利益。

（2）明确公司治理结构。

股东协议可以详细规定公司的决策程序、管理方式以及股东在公司管理中的权力和职责等，有助于建立清晰、有效的公司治理结构。

（3）确保公司稳定发展。

通过规范股东的行为和决策程序，股东协议有助于减少公司内部的不稳定因素，促进公司的持续稳定发展。

（4）预防潜在争议。

由于股东协议对各方权益、义务和决策程序等都进行了明确规定，因此当出现争议时，可以依据协议内容进行协商或诉讼，有效预防潜在的法律纠纷。

（5）提升公司价值。

良好的股东协议可以明确公司的业务发展方向和策略，优化公司资源配置，从而有助于提升公司的整体价值。

3.股东协议的主要内容

股东协议是股东之间达成的一种契约，股东协议通常包括出资额、股份比例、股东会及董事会的组成和职权、利润分配、股权转让、公司管理、争议解决等重要条款。股东协议的主要内容通常包括以下几个方面。

（1）公司及项目概况。

概述公司的成立背景、准备成立的公司及合作项目的相关情况，使全体股东了解项目的定位和资源情况，以及需要实现的战略目标。

（2）出资、股权结构和比例。

明确各股东的出资方式、出资额、所占股权比例，以及股权结构等，这是股东协议的核心部分之一。

（3）盈亏承担。

约定公司盈亏的承担方式，包括分配方式、承担比例等。

（4）财务管理及知情权。

规定公司的财务管理制度，包括财务报告的编制和审计、财务决策的程序等，并保障股东的知情权。

（5）分工及职责、薪资。

明确各股东的分工和职责，以及在公司中的职位和薪资等。

（6）表决权约定。

对股东在股东会中的表决权进行约定，包括表决权的行使方式、程序、效力等。

（7）股东权利与义务。

详细列出股东的权利和义务，如分红权、决策权、监督权等，以及应当承担的义务和责任。

（8）股份转让条款。

规定股东之间股份转让的条件、程序和限制等，包括优先购买权、转让价格、转让方式等。

（9）竞业禁止。

对股东在公司存续期间和离职后一定期限内的竞业行为进行限制，以保护公司的商业利益。

（10）保密条款。

约定股东对公司商业秘密和机密信息的保密义务和责任。

（11）争议解决方式。

约定在股东之间发生争议时的解决方式，如协商、调解、仲裁或诉讼等。

（12）协议的变更和终止。

规定协议的变更和终止条件、程序和效力等。

需要注意的是，以上内容并非必须全部包含在股东协议中，具体的内容应根据公司的实际情况和股东的需求进行协商和确定。同时，股东协议的条款应当合法、合规，并遵循公平、公正、诚实信用的原则。在签署股东协议前，建议咨询专业律师的意见，以确保协议的合法性和有效性。

（三）公司章程

1.公司章程的基本概念

公司章程是指公司依法制定的、规定公司名称、住所、经营范围、经营管理制度等重大事项的基本文件。它也是公司必备的规定公司组织及活动基本规则的书面文件，是公司成立的基础和重要依据。

公司章程不仅是股东共同一致的意思表示，还载明了公司组织和活动的基本准则，具有法定性、真实性、自治性和公开性的基本特征，相当于公司的宪章。在公司设立时，制定公司章程是必需的步骤，且该章程对公司、股东、董事、监事、高级管理人员均具有约束力。

公司章程的基本特征如图5-4所示。

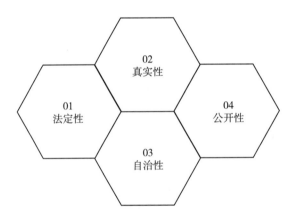

图5-4　公司章程的基本特征

（1）法定性。

公司章程具有法定性的特征，它的制定和修改必须符合法律法规的规定，且在公司设立时必须提交给相关登记机关进行备案。

（2）真实性。

公司章程具有真实性的特征，公司章程的内容必须真实、客观，并与公司的实际情况相符。

（3）自治性。

公司章程具有自治性的特征，自治性体现在公司章程是公司依法自行制定的，它是股东意思表示的一致结果，股东可以通过公司章程来规定公司的管理方式、经营策略等。

（4）公开性。

公司章程具有公开性的特征，公开性则是指公司章程的内容应当对投资人、债权人以及一般社会公众公开，以保障各方的知情权和利益。

2. 公司章程的重要性

作为公司组织与行为的基本准则，公司章程对于公司的成立及运营具有十分重要的意义，它既是公司成立的基础，也是公司赖以生存的灵魂。公司章程的重要性主要体现在以下几个方面。

（1）公司章程是公司设立的最基本条件和最重要的法律文件。

各国公司立法均要求设立公司必须订立公司章程，公司的设立程序以订立章程开始，以设立登记结束。公司章程是公司向政府作出的书面保证，也是国家对公司进行管理的依据。没有章程，公司就不能获准成立。

（2）公司章程是确定公司权利、义务关系的基本法律文件。

公司章程一经有关部门批准即对外产生法律效力。公司依章程享有各项权利，并承担各项义务，符合公司章程的行为受国家法律保护，违反章程的行为，就要受到干预和制裁。

（3）公司章程是公司实行内部管理和对外进行经济交往的基本法律依据。

公司章程规定了公司组织和活动的原则及细则，它是公司内外活动的基本准则。它规定的股东的权利义务和确立的内部管理体制，是公司对内进行管理的依据。同时，公司章程也是公司向第三者表明信用和相对人了解公司组织和财产状况的重要法律文件。

（4）公司章程是明确股东之间权利义务关系的基本依据。

由于 2024 年 7 月 1 日起施行的《公司法》允许股东自由约定出资时间（有限公司，最长不超过 5 年）、分红办法、股权转让方式、表决权方式、公司解散事由等诸多重要事项，如果股东之间没有事先约定好这些事项，一旦股东之间或股东与管理层之间出现分歧，则极易形成僵局，导致公司无法正常经营，甚至解散。而如果股东事先在公司章程中明确约定了相关内容，则可以大大减少股东之间的争议，使公司得以正常运转。

（5）公司章程是公司的自治规范。

公司章程作为公司的自治规范，是由以下内容所构成的文件：其一，公司章程不是一种组织，而是组织据以成立的规则，并且只是一项法律文件或书面协议；其二，公司章程不是一种权利，而是对公司内部事务作出明确肯定、否定或允许的选择约定；其三，公司章程是作为内设的、必备的、正式的规范文件而存在，不能只以口头协议或非正式的文件方式表现；其四，公司章程是公司存在和活动的基本依据，是公司行为的根本准则；其五，公司章程不是公开的规范文件，它只对内部成员有效，不具有普遍约束力。

（6）在公司运营过程中，公司章程也起着至关重要的作用。

它不仅是公司内部管理和决策的依据，还是公司与外部合作和交易的基础；同时，公司章程也是解决公司内部纠纷和冲突的重要依据之一。

总的来说，公司章程是公司设立、运营、管理的基础和重要依据，对于公司的健康发展和股东权益的保护具有重要意义。因此，股东在进行公司注册时，必须对公司章程的约定内容格外重视，在制定公司章程时必须充分考虑公司的实际情况和需求，并遵循相关法律法规的规定和公平、公正、诚实信用的原则。

3. 如何制定一个好的公司章程

公司章程对于一个公司而言是至关重要的股权设计载体，是公司的"宪法"，那么制定一个好的公司章程将是十分必要的。如何制定一个好的公司章程呢？制定公司章程时，需要考虑五个方面、遵循六个步骤。

制定公司章程需要考虑的五个方面如图 5-5 所示。

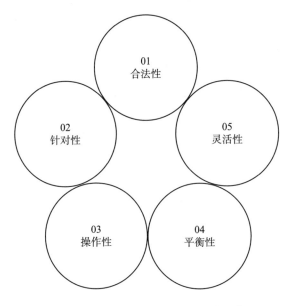

图 5-5　制定公司章程需要考虑的因素

（1）合法性。

公司章程必须符合《公司法》和其他相关法律法规的规定，不能违反法律法规的强制性规定。在制定公司章程前，建议咨询专业律师的意见，以确保章程的合法性。

（2）针对性。

公司章程应根据公司的实际情况和需求进行制定，具有针对性。不同公司的情况不同，章程内容也应有所不同。因此，在制定公司章程时，应充分考虑公司的经营目标、股东结构、管理方式等因素。

（3）操作性。

公司章程应具有可操作性，能够为公司内部管理和决策提供明确的依据。章程中的条款应具体、明确，避免使用模糊、不确定的表述。同时，章程中的规定应与公司的实际情况相符，便于执行和操作。

（4）平衡性。

公司章程应平衡各方利益，保护股东、董事、监事和高级管理人员的权益。在制定章程时，应充分考虑各方利益的平衡，避免出现一方利益受损的情况。

（5）灵活性。

公司章程应具有一定的灵活性，能够适应公司发展的变化和需求。章程中可以设置一些弹性条款，以便在公司发展过程中根据实际情况进行调整和修改。

4. 制定公司章程的步骤

具体制定公司章程时，需要遵循六个步骤，如图 5-6 所示。

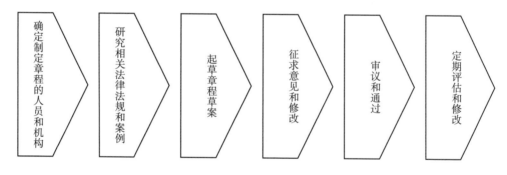

图 5-6　制定公司章程的六个步骤

（1）确定制定章程的人员和机构。

一般由公司股东或发起人负责制定公司章程，也可以委托专业律师或法律服务机构协助制定。

（2）研究相关法律法规和案例。

在制定公司章程前，应仔细研究《公司法》和其他相关法律法规，了解法律法规对公司章程的要求和限制。同时，可以查阅相关案例，借鉴其他公司的经验和做法。

（3）起草章程草案。

根据公司的实际情况和需求，起草公司章程草案。草案应包括公司名称、住所、经营范围、股东权利和义务、组织机构、财务管理、利润分配、解散和清算等基本内容。

（4）征求意见和修改。

将章程草案提交给公司股东、董事、监事和高级管理人员征求意见，并根据反馈意见进行修改和完善。

（5）审议和通过。

将修改后的章程提交给公司股东会进行审议和表决。章程获得通过后，应报经相关登记机关备案。

（6）定期评估和修改。

在公司运营过程中，应定期评估公司章程的适用性和有效性，并根据公司发展的变化和需求进行修改和完善。

5.公司章程的主要内容

公司章程的主要内容通常包括但不限于以下几个方面。

（1）公司的名称和住所。

明确公司的法定名称和注册地址。

（2）公司经营范围。

详细描述公司可以从事的业务活动范围。

（3）公司注册资本、股份总数及每股金额。

注明公司的注册资本总额，股份的总数以及每股的面值或金额。

（4）股东的姓名或者名称、缴纳的出资额和出资日期。

列明公司股东的基本信息，包括其出资额和出资时间。

（5）公司的机构及其产生办法、职权、议事规则。

规定公司的组织架构，包括股东会、董事会、监事会等机构的组成、职责以及工作程序和决策机制。

（6）公司法定代表人。

明确公司的法定代表人，通常由董事长、执行董事或经理担任。

（7）股东的权利和义务。

阐述公司股东享有的权利和应承担的义务，如利润分配、股份转让、公司管理权等。

（8）财务、会计、利润分配及劳动用工制度。

规定公司的财务管理制度、会计核算原则、利润分配政策以及劳动用工等方面的规章制度。

（9）公司的解散事由与清算办法。

列明导致公司解散的原因，并规定公司在解散时的清算程序和办法。

（10）公司的通知和公告办法。

明确公司发布通知和公告的方式和程序。

（11）公司章程修改程序。

规定修改公司章程时应遵循的程序和要求。

根据公司性质和具体需求，还可能包含其他相关内容，如党建工作、对外担保的议事规则、独立董事制度等。这些内容在公司章程中都应当有明确规定，以确保公司的正常运营和管理。同时，公司章程的内容应当合法合规，不违反国家法律法规的强制性规定。在制定公司章程时，应充分考虑各方利益，平衡股东与管理层之间的权利义务关系，为公司的长远发展奠定基础。

此外，还有两个方面需要注意：一是《公司法》赋予了公司更多的自治空间，《公司法》中但凡出现"公司章程另有规定的除外"的情形的，在公司章程中一般都可以做一些特殊的设计和约定；二是上市公司或者新三板挂牌的公司，都有针对其公司章程的特殊规定，因此在制定公司章程时除满足《公司法》的一般要求外，还需要满足上市的相关要求。

关于公司章程的详细内容本节不再赘述，会在《合伙人制度》系列后续的书籍当中进行详细介绍。

6. 公司章程与股东协议

公司章程和股东协议在公司治理中各自扮演着重要角色，它们之间既有区别也有联系。

公司章程和股东协议的主要区别如表5-2所示。

表5-2　　　　　　　　　　　公司章程和股东协议的主要区别

对比项目	公司章程	股东协议
性质与法定要求	公司章程是公司设立与存续的必备法定文件，必须依法制定并经过相关程序审核备案。它明确了公司的基本组织架构、经营范围、股东权利义务等核心内容	股东协议则是股东之间自愿达成的契约，用于约定特定事项，如股份转让、利润分配等，它并不具备公司章程的法定性和强制性
效力范围	公司章程对公司、股东、董事、监事、高管均具有约束力，其效力范围涉及整个公司内部组织和管理	股东协议仅对签署协议的股东具有约束力，其效力范围相对较窄
制定与修改程序	公司章程的制定和修改主要依据《公司法》的规定，公司章程的制定和修改需遵循严格的法定程序，如股东会决议等，并需要遵循多数决原则，一般无须全体股东一致同意	股东协议的制定和修改则相对灵活，一般只需要签署协议的股东协商一致即可
重要程度	公司章程是公司设立存续的必备法律文件，也是公司制定其他规章制度的基础	股东协议并非公司设立存续的必备法律文件，其重要性相对较低

对比项目	公司章程	股东协议
公开性与保密性	公司章程作为公司的公开文件，对外具有一定的透明度，利益相关者可以依法查阅	股东协议则具有较强的保密性，通常只在签署协议的股东之间流传，协议内容一般不对外公开
体现的意志	公司章程是公司全体股东共同意志的体现，对于未签署股东协议的股东也具有约束力	股东协议则完全体现了当事股东的意志，仅代表签约股东之间的共同意愿

虽然公司章程和股东协议具有较大的差异，但是两者也具有密切的联系，在公司治理中都扮演着重要的角色。股东协议可以对公司章程进行补充和细化，为公司的稳定运营和股东关系的和谐提供有力支持。同时，在制定和修改公司章程时，也需要充分考虑股东协议的内容和影响，以确保公司内部规则的一致性和协调性。

（1）互补性。

公司章程和股东协议在公司治理中相辅相成，共同构成了公司的内部规则体系。公司章程作为法定文件，奠定了公司的基本框架；而股东协议则针对特定事项进行约定，为公司章程提供补充和细化。

（2）协同作用。

在公司运营过程中，公司章程和股东协议相互配合，共同维护公司的稳定运营和股东关系的和谐。当公司章程与股东协议发生冲突时，一般应以公司章程为准，但也可以根据具体情况和协议条款进行协商解决。

总之，公司章程和股东协议在公司治理中各自发挥着不可替代的作用。了解它们的区别和联系有助于更好地理解公司治理结构，为公司的稳定发展和股东权益保障提供有力支持。

（四）合伙协议

合伙企业在实务中也是经常用到的组织形式，尤其是很多上市公司，都会增加一些有限合伙企业的持股平台，用来实现股权控制、税收筹划等各种目的，成立合伙企业，必然需要用到合伙协议。

合伙企业没有公司章程的概念，但是合伙协议是必然需要用到的文件载体，此处将合伙协议略作介绍，以便于了解之用。

1.合伙协议的概念

设立合伙企业，应当有书面的合伙协议。合伙协议书是合伙人之间共同设立、经营、管理合伙企业的基本文件，是规定合伙人权利与义务、合伙企业的经营范围、出资方式、利润分配、债务承担等重要事项的书面协议。

2. 合伙协议的主要作用

合伙协议是合伙企业成立和运营的基础，具有多种重要作用，如图 5-7 所示。

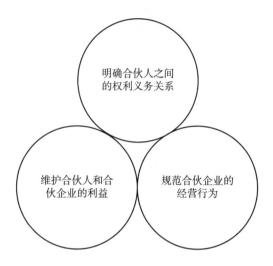

图 5-7　合伙协议的主要作用

首先，合伙协议可以明确合伙人之间的权利义务关系。它详细规定了各合伙人的出资方式、数额和期限，以及分配利润和承担亏损的方式等，这有助于避免因为出资不明确或权益分配不均而引发的纠纷。同时，合伙协议还可以明确各合伙人在合伙企业中的角色和职责，如执行事务合伙人的权限和责任等，这有助于确保合伙企业的日常运营和管理得到有效执行。

其次，合伙协议可以维护合伙人和合伙企业的利益。通过明确各方的权益和责任，合伙协议可以保护合伙人的利益不受损害，同时也有助于维护合伙企业的稳定和发展。如果合伙人之间发生争议或纠纷，可以依据合伙协议进行协商或诉讼，维护自身的合法权益。

最后，合伙协议还可以规范合伙企业的经营行为。它详细规定了企业的经营目的、范围和方式等，这有助于确保合伙企业的业务活动符合法律法规和政策要求，避免因违规经营而引发的风险和损失。同时，合伙协议还可以约定合伙事务的决策方式和程序等，这有助于确保决策的科学性和合理性，提高合伙企业的运营效率和竞争力。

总的来说，合伙协议在合伙企业中发挥着至关重要的作用，它是合伙人之间合作的基础和保障，也是合伙企业运营和管理的法律依据。因此，在成立合伙企业时，各合伙人应认真协商和制定合伙协议，确保其内容的合法性和有效性，并在合伙协议中明确规定违约责任和解决争议的方式等，以便更好地维护合伙人和合伙企业的利益。

3. 合伙协议的主要内容

合伙协议是合伙企业成立和运营的基础文件，它详细规定了合伙人之间的权利、义务和责任，以及合伙企业的经营和管理方式。合伙协议的主要内容通常包括以下几个方面。

（1）合伙企业的基本信息。

包括企业名称、主要经营场所、经营目的和范围等。这些信息是合伙企业对外开展业务活动的基础。

（2）合伙人的基本信息。

包括合伙人的姓名或名称、住所、出资方式、数额和缴付期限等。这些信息有助于明确合伙人的身份和出资情况，是确定合伙人权益和责任的重要依据。

（3）利润分配和亏损分担方式。

合伙协议应明确规定利润分配的比例和方式，以及亏损的分担方法。这有助于避免合伙人之间因利益分配不均而产生的纠纷。

（4）合伙事务的执行。

合伙协议应明确合伙事务的执行方式、执行人的权限和责任等。这有助于确保合伙企业的日常运营和管理得到有效执行。

（5）入伙与退伙。

合伙协议应规定新合伙人入伙的条件和程序，以及合伙人退伙的方式和后果。这有助于维护合伙企业的稳定性和持续发展。

（6）争议解决方式。

合伙协议应明确合伙人之间发生争议时的解决方式，如协商、调解、仲裁或诉讼等。这有助于及时有效地解决合伙人之间的纠纷，维护合伙企业的正常运营。

（7）合伙企业的解散与清算。

合伙协议应规定合伙企业解散的条件和程序，以及清算的方式和后果。这有助于在合伙企业无法继续运营时，妥善处理企业的财产和债务，保护合伙人的合法权益。

此外，合伙协议还可以包括其他合伙人认为需要约定的内容，如违约责任、保密义务、知识产权归属等。这些内容可以根据合伙企业的具体情况和需要进行调整和补充。

请注意，以上信息仅供参考，具体内容和条款应根据合伙企业的实际情况和需要进行调整和补充。在签署合伙协议之前，请务必咨询专业律师或法律顾问的意见，以确保合伙协议的合法性和有效性。

四、股权设计相伴终生

股权设计伴随着公司的成立而产生、公司的消失而结束，可以说公司从成立到消失的各个阶段，只要涉及股权问题，都会涉及股权设计问题，都需要对股权进行调整、设计和优化。因此股权设计是一个动态调整、不断优化的过程，涉及的阶段比较多，如公司初创时、引进投资时、股权激励时、股东退出时；等等。

设计公司股权结构的时候，首先要思考两个问题：一是创始人对公司的控制权，无论如何设计股权结构，控制权不能出现问题，否则将会导致公司失控；二是出让股权的目的，出让股权的主要目的无非以下几个方面：首先是获得资本及先进的管理理念；其次是获得人才；最后是获得对公司具有重大战略意义的资源。在公司发展的不同阶段，创业者都会面临公司股权架构设计问题。

（1）合伙人合伙创业第一天，就会面临股权设计问题（合伙初创设计）；

（2）公司要引入外部投资时，会面临股权结构设计问题（股权融资设计）；

（3）公司发展到一定程度进行股权激励时，也会面临股权结构设计问题（员工股权激励设计）；

（4）当发展到一定阶段股东退出时，或者公司发展过程中，因某些原因部分股东需要退出时，也会面临股权设计问题（股东退出设计）；

……

从理论上讲，只要涉及股权变动都需要进行股权设计，股权变动是指公司股权归属发生转移的事实状态。引起股权变动的原因很多，例如，上面提到的公司初创设立时、引进股权投资时、进行股权激励时，以及发生继承、离婚分割、股权转让、减资、公司解散等时刻都会涉及股权变动。

对于有些环节股权设计的必要性不大，例如，继承财产时，按照相关的法律法规、遗嘱或者判决办理即可；又如上市公司散户股东在二级市场出售股票，这属于正常的交易，完成交割即可生效，本身不存在太多股权设计的必要性。

股权结构也没有绝对的最优，只能是根据目前的法律框架、结合失败的案例，为企业家提供更多的合理建议，避免出现麻烦。

第二节　顶层设计的六大原则

股权顶层设计是高于公司治理结构的公司核心问题，它涉及公司权力分配、利益关系、决策机制等核心问题。每个公司的股权架构都不一样，每个公司也都会面临不同的股权问题，因此股权设计具有较大的复杂性，每个公司的股权设计也千差万别，股权设计遇到更多的往往是个性问题，往往没有标准答案。

虽然股权设计因公司不同而千差万别，但是有些共性的原则基本是一致的，或者说有很多共性的原则对公司股权设计很有帮助，需要公司在进行股权顶层设计时予以重视。在进行股权顶层设计时，需要遵循一些基本原则，以确保设计的合理性和有效性。

股权设计的基本原则包含以下六大方面，如图 5-8 所示。

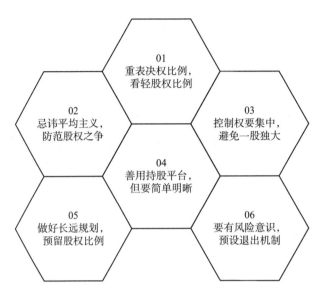

图 5-8　顶层设计的六大原则

一、重表决权比例，看轻股权比例

在股权顶层设计中，"重表决权比例，看轻股权比例"是一个重要的原则。这一原则强调的是，在公司决策过程中，表决权的重要性往往超过了单纯的股权比例。虽然，股权比例和表决权比例都很重要，很多时候公司为了融资需要释放股权、稀释股权比例，但是只要控制住表决权比例，就能够对公司进行有效的掌控。在某种程度上，表决权比例比股权比例更重要，鱼和熊掌不可兼得，需要在两者之间作出抉择时，重表决权比例、轻股权比例。

表决权是股东参与公司决策的核心权利，它决定了股东在股东大会上的发言权和投票权。在股权分散的公司中，即使某个股东持有的股权比例不高，但如果他们能够通过其他方式（如一致行动协议、投票权委托等）获得足够的表决权，也能对公司的决策产生重大影响。

相比之下，股权比例更多地反映了股东在公司中的经济利益，即按照持股比例分享公司的利润和承担风险。然而，在实际的公司运营中，经济利益并不总是与决策权完全对应。有些股东可能更看重公司的长期发展而非短期利益，因此他们可能愿意放弃部分经济利益以换取更大的决策权。

表决权比例往往等于股权比例，在公司章程、相关法律法规等没有特殊约定的情况下，持股比例和表决比例应该是一致的，股东按照持股比例行使表决权；但是由于可以通过公司章程、投资协议等作出特殊约定，在一些特殊情况下法律法规也存在一些特殊约定（如关联方回避表决等），因此某些情况下持股比例不一定等于表决权比例。公司在进行股权设计时，一定要控制好表决权比例，只有控制好表决权比例，才能掌控公司，保障公司的控制权。

案例 5-2

▶▶▶▶▶▶▶▶▶▶▶▶▶▶▶▶▶▶▶▶▶▶▶▶▶▶▶▶▶▶▶▶▶▶▶▶▶

关联方回避表决，格力电器 130 亿定增收购方案被否

根据格力电器公告，格力电器 130 亿元发行股份购买资产方案及股东大会表决情况如下：

一、发行股份购买资产并配套募集资金方案

2016 年 8 月，格力电器公告《珠海格力电器股份有限公司发行股份购买资产并募集配套资金暨关联交易报告书（草案）摘要》，方案概要如下：

（一）方案概要

本公司拟以 130.00 亿元的价格向珠海银隆全体 21 名股东发行股份购买其持有的珠海银隆合计 100% 股权；同时，公司拟向格力集团、格力电器员工持股计划、银通投资集团、珠海拓金、珠海融腾、中信证券、孙国华和招财鸿道，共计 8 名特定投资者非公开发行股份募集不超过 100 亿元，募集配套资金总额不超过拟购买资产交易价格的 100%。本次募集配套资金拟全部用于珠海银隆的建设投资项目，包括河北银隆年产 14.62 亿安时锂电池生产线项目、石家庄中博汽车有限公司搬迁改造扩能项目（二期）、河北银隆年产 200MWh 储能模组生产基地建设项目、河北广通年产 32 000 辆纯电动专用车改装生产基地建设项目、珠海银隆总部研发中心升级建设项目。如募集配套资金未获核准实施或虽获核准实施但募集金额不足 100 亿元，则不足部分由公司以自筹资金补足。

（二）标的资产情况

1. 交易标的

本次交易上市公司拟购买的标的资产为珠海银隆 100% 股权。

2. 定价依据

标的资产的交易对价以具有相关证券业务资格的资产评估机构出具的资产评估报告结果为基础，由交易双方协商确定。根据中同华出具的《资产评估报告》，以 2015 年 12 月 31 日为评估基准日，珠海银隆 100% 股权的评估值为 1 296 600.00 万元，截至评估基准日经审计的账面净资产值（母公司口径）为 387 777.85 万元，评

估增值率为234.37%。考虑到评估基准日后，珠海银隆收到股东缴付的投资款人民币9 000万元，珠海银隆的股东全部权益价值应增加9 000万元至130.56亿元。参考珠海银隆的股东全部权益价值，经公司与珠海银隆股东协商，公司收购珠海银隆全部股权的作价为130.00亿元。

二、股东大会表决情况

2016年10月31日，格力电器公告股东大会审议结果。

（一）议案否决情形

1. 本次股东大会出现否决议案的情形，否决的议案如下：

议案1：《关于公司本次发行股份购买资产并募集配套资金暨关联交易符合法律、法规规定的议案》；

议案4：《关于公司募集配套资金的议案》

议案5：《关于补充调整公司募集配套资金方案的议案》

议案6：《关于公司募集配套资金构成关联交易的议案》

议案7：《关于〈珠海格力电器股份有限公司发行股份购买资产并募集配套资金暨关联交易报告书（草案）修订稿〉及其摘要的议案》

议案8：《关于本次发行股份购买资产及募集配套资金不构成重大资产重组及借壳上市的议案》

议案11：《关于与特定对象签署附条件生效的〈股份认购协议〉的议案》

议案12：《关于与特定对象签署附条件生效的〈股份认购协议之补充协议〉的议案》

议案13《关于与公司员工持股计划签署附条件生效的〈股份认购协议之补充协议〉的议案》

议案15：《关于公司符合实施本次发行股份购买资产并募集配套资金有关条件的议案》

议案18《关于本次发行股份购买资产并募集配套资金暨关联交易履行法定程序的完备性、合规性及提交法律文件的有效性的说明》

议案19：《关于提请股东大会授权公司董事会全权办理本次发行股份购买资产并募集配套资金相关事宜的议案》

议案20：《关于修订〈珠海格力电器股份有限公司员工持股计划（草案）〉及其摘要的议案》

议案21：《关于授权董事会及其授权人士全权办理公司员工持股计划相关事宜的议案》

议案25：《关于本次募集配套资金投资项目可行性研究报告的议案》

2. 本次股东大会未涉及变更以往股东大会已通过的决议。

（二）股东大会表决情况总结

1. 上述议案 2、3、9、10、14、16、17、22、23、24 获得出席本次股东大会的股东所持有效表决权 2/3 多数通过，议案 1、4、5、6、7、8、11、12、13、15、18、19、20、21、25 未获得出席本次股东大会的股东所持有效表决权 2/3 多数通过，议案 26 获得出席本次股东大会的股东所持有效表决权过半数通过。

2. 涉及关联股东须回避表决的议案：上述议案 1 至议案 21 以及议案 25 二十二项议案（包括议案 2 至议案 5 的所有子议案）均为涉及关联股东须回避表决的议案，按照相关规定所涉及的如下关联股东对相关议案回避了表决：

关联股东名称	存在的关联关系	所持表决权股份数量（股）	回避表决情况
阳光人寿保险股份有限公司、上海敦承投资管理中心（有限合伙）、珠海横琴永恒润企业管理咨询合伙企业（有限合伙）、中信证券股份有限公司	于股权登记日持有公司股票且为本次发行股份购买资产的交易对方或其关联方的公司股东	6 429 142	就议案 2、议案 3、议案 9、议案 10、议案 14、议案 16、议案 17 七项议案回避表决
公司高管及普通员工共 498 人	于股权登记日持有公司股票且为公司员工持股计划参与对象的公司股东	62 475 048	就议案 20、议案 21 和议案 13 等三项议案回避表决
公司高管及普通员工共 498 人、珠海格力集团有限公司、中信证券股份有限公司、宁波梅山保税港区招财鸿道投资管理有限责任公司	于股权登记日持有公司股票且为本次募集配套资金的认购对象或其关联方	1 164 783 394	就议案 4、议案 5、议案 6、议案 11、议案 12 和议案 25 六项议案回避表决
阳光人寿保险股份有限公司、上海敦承投资管理中心（有限合伙）、珠海横琴永恒润企业管理咨询合伙企业（有限合伙）、珠海格力集团有限公司、中信证券股份有限公司、宁波梅山保税港区招财鸿道投资管理有限责任公司、公司高管及普通员工共 498 人	于股权登记日持有公司股票且具有如下情形之一的公司股东须回避表决：(a) 为本次发行股份购买资产的交易对方或其关联方；(b) 为本次募集配套资金的认购对象或其关联方	1 165 179 814	就议案 1、议案 7、议案 8、议案 15、议案 18 和议案 19 六项议案回避表

资料来源：东方财富网。

格力电器上述方案，因为关联方回避表决的限制而被中小股东否决，由此可见，中小企业在遇到类似问题时，需要提前设计好方案，与中小股东做好沟通，才能避免类似的尴尬。

"重表决权比例，看轻股权比例"的原则在实践中有多种应用方式。例如，一些公司会通过设置不同类型的股份（如普通股和优先股），使某些股东在特定事项上拥有更大的表决权。或者，股东之间可以通过签订一致行动协议等方式，形成表决权上的联盟，共同影响公司的决策。

当然，这一原则的应用也需要根据公司的具体情况进行权衡。过高的表决权集中可能导致决策过于集中，缺乏多元化和制衡机制；而过低的表决权分散则可能导致决策效率低下，难以形成有效的公司战略。

综上所述，"重表决权比例，看轻股权比例"是一个在股权顶层设计中需要关注的重要原则。它提醒我们，在设计公司股权结构时，不仅要考虑股东的经济利益，更要关注他们在公司决策中的实际影响力。

二、忌讳平均主义，防范股权之争

在进行股权顶层设计时，需要忌讳平均主义并防范股权之争。

1. 忌讳平均主义

最差的股权结构是平均分配，无论是创始人之间、还是激励对象之间进行股权分配时，都要避免平均主义。平均主义可能导致股东之间缺乏明确的领导和责任分工，降低决策效率，甚至引发内部矛盾。

股权设计要综合考虑公司的发展规划，同时要兼顾谁的能力强、未来谁的贡献大，所以在股权分配上要均衡所有因素，避免平均分配、进行差异化分配，平均主义难以有效体现人力资本的价值，长期下去只会阻碍公司发展。"真功夫股权之争"便是因为最初 50%：50% 的最差股权结构引起的；而股权之争则可能对公司造成严重的损害，包括管理层动荡、业务受阻、市值下跌等。

差异化分配也可以确保关键股东在公司中拥有足够的发言权和决策权，从而推动公司的快速发展；同时，差异化股权分配也有助于吸引和留住优秀人才，激发员工的积极性和创造力。

2. 防范股权之争

真功夫过往股权之争固然很大程度上是因为人为道德问题，但其失败的股权结构（50%：50%，后来 47%：47%）也是导火索或者诱因之一。在公司创业之初，由于公司估值不高，各 50% 的比例暂且能够维持平衡，但是当公司发展壮大甚至上市之后，由于股权价值极大，难免会出现类似"真功夫股权之争"的问题。因此当公司发展到一定程度时，道德约束远远不够，只有设计好股权关系才能避免类似事件的发生。

此外，为了防范股权之争，公司可以采取以下措施：

（1）设立明确的股东协议和公司章程。

在股东协议和公司章程中明确规定股东的权利和义务、股权转让和退出的规则、决策机制等，确保所有股东对公司的期望和规则有清晰的认识。

（2）建立有效的沟通机制。

定期召开股东会议，就公司的经营情况、发展战略、股权变动等重大事项进行充分沟通和讨论，确保所有股东对公司的运营情况有充分的了解。

（3）引入独立董事和监事会。

通过引入独立董事和监事会等机构，加强对公司管理层的监督，确保公司的决策过程公正、透明，有效防止内部人控制和利益输送等问题。

（4）预留股权调整空间。

在设计股权结构时，可以预留一定的股权调整空间，以便在未来根据公司的发展情况和股东的表现进行适时调整。

综上所述，忌讳平均主义和防范股权之争是股权顶层设计中需要重点关注的问题。通过差异化股权分配、设立明确的股东协议和公司章程、建立有效的沟通机制以及引入独立董事和监事会等措施，可以有效避免这些问题对公司造成的不利影响。

三、控制权要集中，避免一股独大

在股权顶层设计中，控制权集中与避免一股独大是两个需要平衡的关键点。一股独大可能导致其他股东的意见被忽视，增加决策失误的风险，而控制权过于分散则可能导致决策效率低下，影响公司的快速发展。因此，设计合理的股权结构至关重要。

股权结构也不能过于分散，要有核心股东。如果股权过于分散、没有带头人，很多股东会逐步失去积极性，难以避免"搭便车"现象。因此，良好的股权结构，需要一定的股权集中度，需要有一个核心股东，起到"带头大哥"的作用，在其他股东意见不统一时能够拍板做决定、敢于承担责任；其他中小股东都围绕着核心股东进行有效的制约和权衡，这样才是比较理想的股权结构。

控制权集中有助于确保公司战略的一致性和决策的迅速性。在关键时刻，能够迅速作出决策并付诸行动是公司成功的关键。控制权集中意味着主要股东或管理层能够在关键时刻发挥领导作用，引领公司朝着既定目标前进。

然而，控制权集中并不等同于一股独大。一股独大可能导致其他股东的利益被忽视，甚至可能滋生腐败和滥用权力的风险。因此，在集中控制权的同时，必须确保其他股东的权益得到充分保障。这可以通过设立制衡机制、加强信息披露和透明度等方式实现。

具体来说，制衡机制可以包括独立董事制度、监事会制度等，这些制度可以确保公司的决策过程公正、透明，防止内部人控制和利益输送等问题。加强信息披露和透明度则有助于所有股东了解公司的运营情况和财务状况，从而更好地参与公司的决策和监督过程。

此外，为了平衡控制权集中和避免一股独大的关系，还可以考虑引入战略投资者、员工持股计划等多元化股权结构。战略投资者可以为公司带来资金、资源和管理经验，增强公司的竞争力；员工持股计划则可以激发员工的积极性和创造力，提高公司的凝聚力和向心力。

综上所述，控制权集中是股权顶层设计中的重要原则之一，但必须在避免一股独大的前提下进行。通过设立制衡机制、加强信息披露和透明度以及引入多元化股权结构等方式，可以确保公司的股权结构既集中又均衡，为公司的长期健康发展奠定坚实基础。

四、善用持股平台，但要简单明晰

在股权顶层设计中，善用持股平台是一种有效的策略，可以实现股权的集中管理、激励员工、引入战略投资者等多重目标。然而，为了确保股权结构的简单明晰，避免过于复杂的架构带来的管理难题和法律风险，持股平台的设计应遵循简单、透明、高效的原则。

1.持股平台的作用

首先，持股平台可以为公司提供一个集中的股权管理平台，便于统一行使股东权利，提高决策效率。通过持股平台，公司可以更好地控制子公司的股权，实现资源的优化配置和战略协同。

其次，持股平台可以作为员工股权激励的载体，将员工的利益与公司的长期发展紧密绑定。通过员工持股计划，激发员工的积极性和创造力，提高公司的凝聚力和竞争力。

再次，持股平台还可以用于引入战略投资者，为公司带来更多的资金和资源支持。战略投资者可以通过持股平台参与公司的决策和管理，推动公司的快速发展。

最后，持股平台在税收筹划、税收地区转移等方面具有积极的作用。

2.持股平台的设计原则

在设计持股平台时，需要注意保持股权结构的简单明晰。过于复杂的股权架构可能导致管理成本上升、决策效率降低，甚至引发法律纠纷。因此，持股平台的设计应遵循以下原则。

（1）简洁明了。

持股平台的架构应简单易懂，避免过多的层级和交叉持股，确保股东关系清晰明确。

（2）透明度高。

持股平台的运作应公开透明，及时向相关股东披露持股信息、财务状况和重大决策，保障股东的知情权。

（3）高效运作。

持股平台应建立高效的决策机制和监督机制，确保公司的决策迅速、准确，同时防止内部人控制和利益输送等问题。

善用持股平台，可以起到事半功倍的作用，持股平台在税收筹划、保持控制权等方面具有极大的益处，在第二章已经论述。中小企业在进行股权设计的时候，一定要学会使用持股平台。

在善用持股平台的同时，不要盲目地嵌套太多的持股平台，增加股权层级，满足自身的需要即可。股权结构要简单明晰，外部投资机构在投资公司时，除了要考察创业团队、管理层、行业与技术等因素之外，股权结构也是他们需要考虑的重要因素，过于复杂神秘的股权结构往往会将投资人拒之门外。因此股权结构不是越复杂越好，简单明晰、满足需要即可。

综上所述，善用持股平台是股权顶层设计中的重要策略之一，但必须在保持股权结构简单明晰的前提下进行。通过遵循简洁明了、透明度高、高效运作等原则，可以确保持股平台发挥最大的效用，为公司的长期发展提供有力支持。

五、做好长远规划，预留股权比例

股权结构随着公司的变化而变化，永远是一个不断调整的过程，每一个时点都有可能有差异，但是有些时候小的变动并不影响大的架构稳定性。因此，公司在进行股权顶层设计的时候，要有一个长远规划，例如，提前规划好融资轮次、释放的股权比例，提前设计好股权激励的阶段和预留的比例及退出方式等。

在股权顶层设计过程中，做好长远规划并预留一定比例的股权是至关重要的。这种策略不仅有助于应对公司未来发展中的不确定性，还可以为引入新的投资者、合作伙伴或激励关键员工预留空间。

首先，长远规划能够确保公司的股权结构与公司战略目标保持一致。在设计股权结构时，公司应充分考虑未来的市场变化、业务拓展、技术创新等因素，制定适应公司长远发展的股权规划。这包括确定合理的股权分配比例、设置股权调整机制以及明确股东的权利和义务等。

其次，预留股权比例可以为公司未来引入新的投资者或合作伙伴提供便利。随着公司的发展，可能需要更多的资金、资源或专业技能来支持业务增长。通过预留股权，公司可以灵活地与新的投资者或合作伙伴进行股权合作，共同推动公司的发展。

最后，预留股权还可以用于员工股权激励计划。通过将部分股权预留用于员工激励，公司可以激发员工的积极性和创造力，提高员工的归属感和忠诚度。这有助于吸引和留住优秀人才，为公司的长期发展提供人才保障。

在实施长远规划和预留股权比例策略时，公司应注意以下几点。

（1）明确规划目标。

公司应明确股权规划的目标和原则，确保规划与公司的战略目标相一致。

（2）合理分配股权。

根据股东的出资额、贡献、风险承担等因素，合理分配股权比例，确保股权结构的公平性和合理性。

（3）灵活调整机制。

设置股权调整机制，以便在公司发展过程中根据实际情况对股权结构进行适时调整。

（4）加强沟通与协作。

与股东保持良好的沟通与协作关系，确保股权规划的顺利实施并得到各方的支持。

长远规划和预留股权比例是结合在一起的，规划的主要内容也是股权比例的分配和预留问题，下面提到的"股权比例四维分配模型"，会将股东类型划分为几个大类，每个大类分配多少股权比例比较合适，都会做详细的介绍。中小企业在进行股权设计的时候，要做好长远规划，预留好各部分的股权比例，并坚持既定原则，才能保证公司股权的稳定和控制权的稳定。

综上所述，做好长远规划并预留一定比例的股权是股权顶层设计中的关键环节。通过制定适应公司长远发展的股权规划和预留股权策略，公司可以更好地应对未来的挑战和机遇，为公司的持续健康发展奠定坚实基础。

六、要有风险意识，预设退出机制

在为中小企业服务的过程中，我们发现很多中小企业，缺乏风险意识、法律意识淡薄，股权比例分配比较随意，有时候企业老板随意承诺股权比例，最后导致很多纠纷；此外，股权分配的时候，协议约定不到位，或者干脆没有协议，导致后续难以维权，有时候"小鬼"难缠，我们也遇到过小股东不依不饶、大股东无以应对的情形。

中小企业一定要有风险意识，提前防范未来可能发生的纠纷，尽量明确到协议当中。对于各类股东的股权，要提前约定好可能的退出方式，发生退出情形时要及时解决，以免没有协议约定或者协议约定不明，导致小股东难以清退的现象发生。在股权顶层设计中，具备风险意识并预设退出机制是非常重要的。因为在实际的商业环境中，各种不确定性和风险因素都可能影响到公司的运营和股东的利益。

此外，一定要预设退出机制，一个合理且完善的退出机制可以确保在面对不利情况时，股东能够有序地退出，减少损失，并维护公司的稳定。

1. 预设退出机制的好处

（1）为股东提供安全保障。

当公司面临困境或股东个人遭遇风险时，退出机制可以为股东提供一个明确的退出路径，避免其利益受到进一步损害。

（2）维护公司的稳定运营。

如果股东因为某种原因需要退出，而没有合适的退出机制，可能会对公司的运营造成干扰。通过预设退出机制，可以确保公司的股权结构在股东退出时依然保持稳定。

（3）吸引潜在投资者。

一个明确的退出机制可以增强潜在投资者对公司的信心。因为这表明公司在面对风险时有完善的应对策略，能够保护投资者的利益。

2. 预设退出机制的考虑因素

在预设退出机制时，需要考虑以下因素。

（1）法律法规的遵守。

在设计退出机制时，必须确保遵守相关的法律法规，特别是要遵守《公司法》《证券法》等相关的规定。

（2）股东的权益保护。

退出机制应当充分考虑到股东的权益，确保他们在退出时能够获得公平对待。

（3）公司的战略和长期发展。

退出机制的设计应当与公司的战略目标和长期发展计划相一致，避免因为股东的退出而对公司的未来产生不利影响。

具体的退出机制可以包括回购条款、股权转让条款、解散和清算条款等。这些条款可以在公司章程或股东协议中明确规定，确保在需要时能够顺利实施。

综上所述，具备风险意识并预设退出机制是股权顶层设计中不可或缺的一部分。它能够为股东提供安全保障，维护公司的稳定运营，并增强潜在投资者的信心。在设计退出机制时，需要充分考虑到法律法规、股东的权益以及公司的战略和长期发展等因素。

第三节　顶层设计的五个层级

顶层设计的层级实际上是股权结构纵向维度的问题，从理论上讲，股权结构可以向上无限层级地嵌套，但是越复杂的层级就会带来越大的管理难度；股权层级并不是越多越好，当然股权层级太少可能也难以满足有些特殊需要。因此要根据企业的实际情况，合理地设置恰到好处的股权层级是十分必要的。

假设创始人 A 创立了一家企业，经过几年的经营和运作后逐渐成熟，股权架构逐步趋向合理；经过设计后，一个较为合理的顶层设计的股权层级往往包含五个层级，具体如图 5-9 所示。

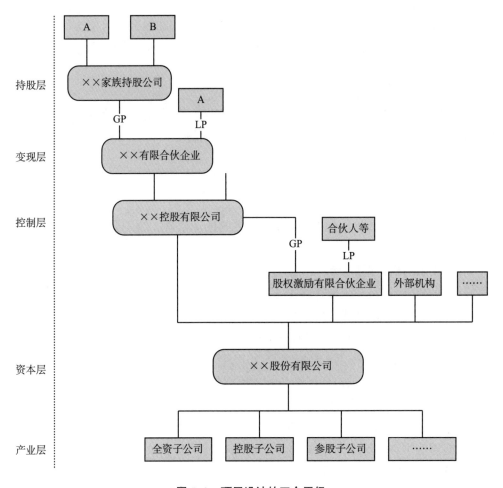

图 5-9 顶层设计的五个层级

在图 5-9 中，资本层实际是指未来资本运作、上市的主体公司，以该主体为基准，往上增加三层股权结构一般能够满足需要；加上下面的产业层，一般五个层级能够满足大多数公司的需求。

最后需要强调的是，顶层设计的持股层级设计并不是一成不变的，随着市场环境、经营情况和公司发展等因素的变化，持股层级也需要进行相应的调整和优化。

一、持股层：家族公司的持股平台

（一）家族公司的概念

持股层是指最终拥有主体公司控制权和所有权的公司，这个公司一般由家族成员持有，也经常被称为"家族公司"。

家族公司，又称家族企业，是指由同一家族的成员持有公司的大部分股权，并且企业的创始者及其最亲密的合伙人（通常也是家族成员）掌握着大部分股权。这种企业组织形式在全球范围内都非常普遍，尤其是在中小企业和初创企业中更为常见。

家族公司往往不做实际的经营，或者经营一些与主体公司不存在同业竞争关系的业务；家族公司在经营和管理方面具有一定的优势，例如，家族成员之间的信任和忠诚度较高，可以更快地作出决策，并且在面对困难时更容易团结一致。此外，家族公司通常更注重长期发展和家族声誉，因此在经营决策上可能更加稳健和谨慎。

（二）家族公司的设计

1. 关于组织形式

家族公司的组织形式建议采用公司制，有限责任公司即可，主要是基于以下原因的考虑。

（1）家族公司会作为下属有限合伙企业的 GP，GP 有可能会承担无限连带责任，因为有限责任公司的股东以其认缴的出资额为限对公司承担责任，因此家族公司的组织形式适宜采用公司制。

（2）便于股权传承，在家族成员交接班时，提前将家族公司的股权分配、交接给下一代即可。

2. 关于注册资本

家族公司的注册资本不宜太大，一般 10 万 ~100 万元即可，主要是基于以下原因的考虑。

（1）注册资本越大，承担的有限责任越大，因此注册资本不需要太大；

（2）注册资本较小，将来股权变动的时候，税收成本也会较低。

（3）这一层也主要是起到防火墙作用，所以注册资本无须过大。

3. 关于股权结构

家族公司一般是由家庭成员持股，建议两个股东以上即可，其中核心家庭成员占据绝大多数股份。

根据《公司法》，只有一个股东的公司，股东不能证明公司财产独立于股东自己的财产的，应当对公司债务承担连带责任。因此家族公司的股东人数宜两人以上。

4. 关于经营范围

对于经营范围并没有特殊的要求，很多家族公司只是一个持股平台，并不实际经营业务。

如家族公司也经营业务，经营范围应该与主体公司有所区别，不宜经营与主体公司形成同业竞争的业务，因为同业竞争是公司上市时的审查重点。

 知识拓展

同业竞争的相关问题

1. 什么是同业竞争

同业竞争业务是指公司与控股股东（包括绝对控股股东和相对控股股东）、实际控制人及其所控制的企业所从事的业务相同或近似，双方构成或可能构成直接或间接的竞争关系。这种竞争关系可能对公司的业务独立性、利益分配和长期发展产生不利影响。

2. 同业竞争的隐患

具体来说，同业竞争的存在可能导致公司与控股股东或实际控制人之间产生利益冲突，使得公司的独立性受到损害。同时，同业竞争也可能导致控股股东或实际控制人利用对公司的控制地位，转移公司利益，损害公司股东的利益，从而阻碍公司的发展。

3. 同业竞争的判断

同业竞争的判断不仅基于经营范围的相似性，还需要考虑业务的性质、业务的客户对象、产品或劳务的可替代性、市场差别等多个方面。同时，应充分考虑对公司的客观影响，如是否存在利益冲突、是否有利于公司的独立性等。

4. 避免同业竞争的措施

为了避免同业竞争对公司的不利影响，通常可以采取以下措施：

（1）通过业务重组避免同业竞争。这包括将竞争业务集中到公司或转让给无关联的第三方等。

（2）选择合适的控股股东以避免同业竞争。在选择控股股东时，应考虑其业务背景和公司业务的互补性，以避免未来可能出现的同业竞争。

（3）由控股股东作出避免或尽量避免同业竞争的承诺。这种承诺可以在一定程度上保障公司的独立性和股东的利益。

（4）同业竞争的一方不再从事相关的竞争业务，将竞争业务关停或者转让出去。

5. 关于注册地点

关于注册地点并没有特殊的要求，注册在家族成员方便管理的地点即可。

此外，为了防范一些风险，不建议将所有公司都注册在一个区域，可以做一些适当的分散。

有些家族公司会注册在一些所谓的"税收洼地"，笔者认为并没有实际的太大意义，第一，税收政策随时会变，今天有税收优惠，明天是否还有是个未知数；第二，家族公司的主要目的也并不是变现避税。

（三）家族公司的挑战与预防

家族公司也存在一些挑战和问题。

首先，随着家族企业的发展和家族成员的增加，家族成员之间的利益冲突和意见分歧可能逐渐加剧，甚至导致股权的争夺等。

其次，家族公司可能面临人才短缺的问题，因为家族成员可能不具备企业所需的专业技能和经验。

最后，家族公司在传承和接班人问题上也需要特别关注，以确保企业的持续发展和家族财富的传承。

因此，家族公司需要在经营和管理上采取一系列措施来应对这些挑战和问题。例如，可以建立完善的治理结构和决策机制，引入外部专业人才和顾问团队来提升企业管理和决策水平，制订明确的传承计划和接班人培养计划等。同时，家族成员也需要注重自身素质和能力的提升，以适应企业发展的需要。

二、变现层：灵活提现的开放平台

（一）变现层的概念

"变现层"通常指的是股东个人实现投资回报的重要途径，股东可以通过股息、股份出售（如二级市场交易）、公司回购股份等方式从公司的变现活动中获得收益，这些收益最终反映了公司变现层的有效性和整体盈利能力。

（二）变现层的设计

1. 关于组织形式

变现层通常设置在控制层的上一层，控制层获得的股息、股份出售等收益通过分红等方式直接变现到股东手里。变现层通常采用有限合伙的模式，主要是基于以下原因。

（1）有限合伙企业不用缴纳企业所得税，整体税负理论上相对较低。

（2）有限合伙企业个人作为LP，有限合伙企业在向个人分配时，扣除个人所得税后，直接可以到个人账户，这也是个人获得现金比较好的直接方式。

2. 关于出资额

有限合伙企业的出资额也无须过大，总体出资额在 100 万元左右即可，也可以根据自己的需要进行上下调整。

3. 关于份额构成

份额构成，以 LP 构成为主，LP 通常为家族成员，LP 可以不止一个人。

LP 份额可以占比在 90% 以上，GP 不到 10% 即可。

4. 关于经营范围

对于经营范围并没有特殊的要求，有限合伙企业只是一个持股平台，并不实际经营业务。

经营范围可以增加一些通用的比如咨询类、贸易类、技术服务类的无须前置审批的经营业务即可。

5. 关于注册地点

注册地点的建议参照持股层即可。

（三）变现层是一个开放的平台

根据《公司法》，公司弥补亏损和提取公积金后所余税后利润，有限责任公司按照股东实缴的出资比例分配利润，全体股东约定不按照出资比例分配利润的除外。该规定实际上就是有限公司可以同股不同利的规定。

因此变现层可以设置成一个开放的平台，控制层的公司将来可以根据需要增加变现层的平台，通过设置同股不同利实现分红纳税的地区转移，图 5-9 中的变现层增加两个平台后的结构如图 5-10 所示。

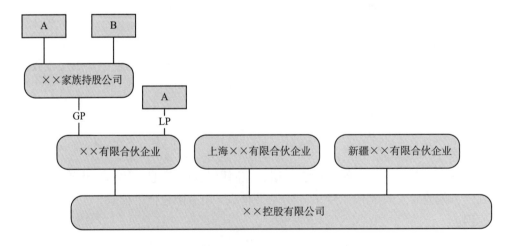

图 5-10　变现层公司增加两个平台后的结构

需要注意的有以下几点。

一是变现层公司做成一个开放的平台即可，无须提前在很多地方布局设置有限合伙企业，因为每个地区的税收政策会发生变化。

二是在需要的时候，控制层公司再去增加变现层企业即可，可以根据需要的时候再去了解哪个地区有税收政策，之后再注册有限合伙企业就来得及。

三是控制层公司，可以根据需要设置同股不同利，在多个变现层有限合伙企业之间进行税收的划分，尽量减少税收成本。

四是变现层企业也可以采用有限责任公司等形式，不一定必须全部采用有限合伙的结构，假如有个有限责任公司正好大额亏损，完全可以让他嫁接到控制层公司上面，利用好他的亏损额度，完全可以实现低于有限合伙企业的税负。

五是变现层也可以用来融资，类似联想股权架构中的十几个有限合伙企业一样；当然作为融资的有限合伙企业，也可以跟控制层平级，一样能够实现其效果。

三、控制层：控制权集中与融资层

（一）控制层的概念

"控制层公司"并不是一个标准的法律或商业术语，指的是一个在公司集团或企业架构中处于控制地位的公司。这样的公司通常通过持有其他公司的股权、签订控制协议、任命关键管理人员或其他方式来实现对下层公司或子公司的控制。

在实际的商业环境中，控制层公司可能是一个控股公司、母公司或其他形式的实体，其主要目的是管理和控制其下属的一个或多个公司。这种架构允许控制层公司有效地集中决策权、资源分配和风险管理，从而实现整个企业集团的战略目标。

（二）控制层的作用

控制层公司主要的核心作用有两个，如图 5-11 所示。

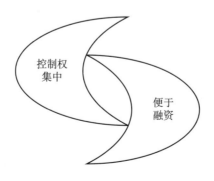

控制权集中

便于融资

图 5-11　控制层公司的核心作用

1.控制权集中

控制层公司可能通过以下方式行使其控制权的集中。

（1）股权控制。

通过持有足够数量的股份来控制子公司的决策权。

（2）协议控制。

通过与其他股东或公司签订控制协议来获得控制权，如一致行动协议、投票权委托协议等。

（3）任命关键管理人员。

通过任命子公司的董事、高级管理人员或其他关键职位来控制子公司的运营和管理。

（4）有限合伙持股平台等方式。

控制层公司通过担任有限合伙企业的GP等方式，实现对下属公司的控制。

（5）其他方式。

其他一些可能的方式，如AB股模式等。

需要注意的是，控制层公司的存在和运作方式可能受到不同国家和地区的法律、法规和会计准则的约束和影响。因此，在实际操作中，需要仔细考虑并遵守相关法律法规和准则的要求。

2.便于融资

未来主体公司上市后，控制层公司为上市公司的直接股东，可以通过股票质押、发行可交换公司债券方式来直接融资；如果是个人直接持股的话，是行不通的。

控制层公司也可以从事一些与主体公司不存在竞争关系的业务，由于是公司制主体，也可以便捷地从银行融到资金。

（三）控制层的设计

1.关于组织形式

控制层公司的组织形式建议采用公司制，有限责任公司即可，主要是基于以下原因的考虑。

（1）控制层公司可以作为股权激励有限合伙企业的GP，GP有可能会承担无限连带责任，因为有限责任公司的股东以其认缴的出资额为限对公司承担责任，因此控制层公司的组织形式适宜采用公司制。

（2）便于融资，不再赘述。

2.关于注册资本

控制层公司的注册资本不宜太小，一般1 000万元上下即可，主要是基于未来融资等方面的考虑，注册太小不利于融资，但是也没必要太大、增大经营风险。

当然，注册资本是可以变动的，根据后面的需要也可以增减。

3. 关于股权结构

持股层公司一般是变现层平台企业持有，可以设置一个或者多个有限合伙或者有限责任公司来全资持有控制层公司即可。

4. 关于经营范围

对于经营范围并没有特殊的要求，建议参照持股层即可。

5. 关于注册地点

注册地点的建议参照持股层即可。

四、资本层：资本运作的主体公司

"资本层公司"指的是未来用作资本运作的公司，也是未来公司上市的主体公司，资本层公司一定是公司制的，创立之初可以是有限责任公司，但是未来走到上市的一步必须改制为股份有限公司。

关于资本层公司的规划和设计，参见本书第六章"合伙资本规划"，此处不作详述。

五、产业层：经营业绩的保障平台

（一）产业层的概念

1. 产业层公司的概念

很多主体在创业初期可能都是一个独立公司，业务较少，无须设置下属公司，但是发展一定阶段、一定规模后，集中在一个独立公司里可能难以满足发展和管理的需要，这时候就需要对外扩张、成立下属公司等，每一家下属公司专门从事某一特定类型的业务，这些层级我们称之为产业层。

"产业层公司"通常指的是专注于特定产业领域运营和发展的公司，这些公司一般在其所在的产业内拥有深厚的专业知识、技术能力和市场经验，致力于提供该产业所需的产品、服务或解决方案。

2. 产业层公司的特点

产业层公司通常具有以下特点，如图5-12所示。

（1）专业性。

产业层公司往往专注于某一特定产业或领域，拥有深厚的专业知识和技术积累。这种专业性使它们能够在该领域内提供高质量、高效率的产品或服务。

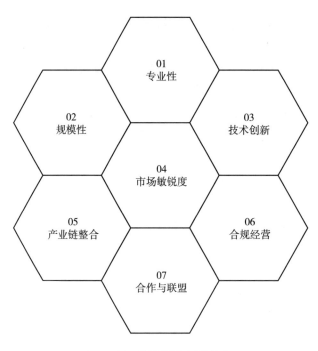

图 5-12 产业层公司的特点

（2）规模性。

由于专注于特定产业，产业层公司通常能够在该产业内实现较大的规模经济。这有助于降低成本、提高效率，并在市场上获得竞争优势。

（3）技术创新。

为了在竞争激烈的市场中保持领先地位，产业层公司通常注重技术创新和研发投入。它们可能拥有大量的专利、专有技术和其他知识产权，以支持其产品或服务的创新性和独特性。

（4）市场敏锐度。

产业层公司需要密切关注市场动态、消费者需求以及竞争对手的战略和行动。它们通常具有较强的市场分析和预测能力，能够及时调整战略和业务模式以应对市场变化。

（5）产业链整合。

在产业链中，产业层公司可能处于不同的位置，如上游的原材料供应商、中游的制造商或下游的分销商。为了实现更高效的运营和更大的利润空间，它们可能会进行产业链整合，通过垂直或水平一体化来扩大业务范围、提高市场控制力。

（6）合规经营。

由于不同产业受到不同程度的政府监管和法规约束，产业层公司需要确保其业务活动符合相关法规要求。它们通常具有完善的合规管理体系，以确保在遵守法规的前提下开展业务活动。

（7）合作与联盟。

为了增强竞争力、降低成本或进入新市场，产业层公司可能与其他公司建立合作关系或参与产业联盟。这些合作可能涉及供应链协作、研发合作、市场营销合作等多个方面。通过合作与联盟，它们可以共享资源、分担风险并实现互利共赢。

总之，"产业层公司"是指专注于特定产业领域并致力于在该领域内实现长期成功和发展的公司。它们通过提供高质量的产品和服务、持续的技术创新、有效的市场竞争策略以及合规的经营活动来推动产业的进步和繁荣。

（二）产业层的必要性

当主体公司发展到一定程度的时候，产业层公司的出现是十分必要的。产业层公司的必要性主要体现在以下几个方面，具体如图 5-13 所示。

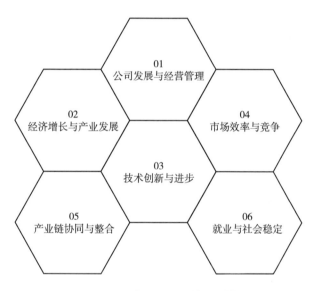

图 5-13　产业层公司的必要性

1. 公司发展与经营管理

当主体发展到一定程度上，过去单一主体的模式已不再适应公司发展和经营管理的需要，另外公司发展过程中可能会发生一系列并购等操作，都会导致产业层公司的出现。将产业层公司做成独立公司，也可以有助于公司更好地管理和考核。

2. 经济增长与产业发展

产业层公司作为特定产业的主要参与者，其运营和发展直接推动相关产业的增长。通过提供就业、创造产值、缴纳税金等方式，产业层公司对经济增长作出重要贡献。

3. 技术创新与进步

产业层公司通常是技术创新的重要源泉。为了在竞争中保持优势，它们需要不断投入研发，推动技术进步，从而带动整个产业的技术水平提升。

4. 市场效率与竞争

产业层公司的存在促进了市场的有效竞争。多家公司在同一产业内竞争，有助于推动产品质量的提升、价格的合理化以及服务的提高，从而提高市场效率。

5. 产业链协同与整合

在产业链中，产业层公司扮演着各自的角色，通过协同合作实现产业链的顺畅运转。同时，一些具备实力的产业层公司可能会通过整合上下游资源，优化产业链结构，提高整体效率。

6. 就业与社会稳定

产业层公司提供了大量的就业机会，有助于缓解就业压力，维护社会稳定。同时，它们的良好发展也为员工提供了职业成长的空间和机会。

（三）产业层的来源

与其他层级的公司不一样，产业层公司的来源具有复杂性，可能来源方式比较多样化，主要有以下几种方式，如图5-14所示。

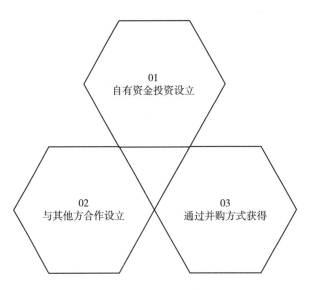

图5-14 产业层公司的来源

1. 自有资金投资设立

在以下情形下，有时候需要利用自有资金设立产业子公司：

（1）当公司的某一项目发展到足够壮大的时候，有时候需要将该项业务独立出

来作为一个单独的子公司;

（2）新投资某项业务，该业务与现有业务具有一定的独立性，适宜作为一个独立公司来管理或者经营，这时候也需要设立一个独资的子公司;

（3）在某个新的地区投资建厂，因当地需要设立独立的子公司;

（4）其他一些原因，如考核需要、独立核算的需要等，也可能会涉及设立一个子公司。

2. 与其他方合作设立

合作设立公司的可能原因有多种，这些原因通常与资源获取、风险分担、市场进入、技术创新以及政策优势等相关，在以下情形下，有时候需要和其他方合作设立子公司，合作设立产业层公司的情形如图 5-15 所示。

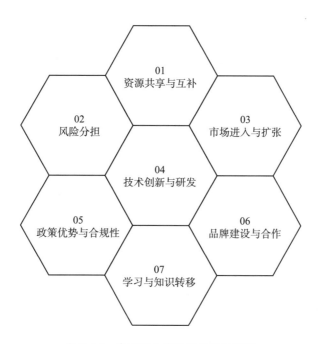

图 5-15　合作设立产业层公司的情形

（1）资源共享与互补。

合作方可能各自拥有不同的资源，如资金、技术、品牌、渠道等。通过合作设立公司，各方可以共享和互补彼此的资源，从而提高整体竞争力和市场地位。

（2）风险分担。

某些项目或业务可能面临较高的风险，如市场风险、技术风险、政策风险等。合作设立公司可以让各方共同承担这些风险，减轻单一实体承受的压力。

（3）市场进入与扩张。

一家公司可能希望进入另一个公司的市场或地区，但缺乏必要的资源或经验。

通过合作设立公司，可以利用合作伙伴的本地知识、网络和资源，更顺利地进入新市场并实现扩张。

（4）技术创新与研发。

在某些高科技或创新领域，合作设立公司可以汇聚各方的研发力量和技术优势，共同进行技术创新和产品研发。这有助于缩短研发周期、降低研发成本，并加速新技术的商业化进程。

（5）政策优势与合规性。

在某些国家或地区，政府可能提供对合作设立公司的税收优惠、补贴或其他政策支持。此外，合作设立公司也有助于满足某些行业的合规性要求，如金融、电信等受监管行业。

（6）品牌建设与合作。

通过合作设立公司，各方可以共同打造一个新的品牌或提升现有品牌的影响力。这有助于提升市场份额、增强顾客忠诚度并实现更高的品牌溢价。

（7）学习与知识转移。

合作设立公司为各方提供了一个学习和知识转移的平台。在这个过程中，各方可以相互学习彼此的管理经验、业务模式和技术知识，从而提升自身的能力和竞争力。

总之，合作设立公司的原因多种多样，取决于各方的战略目标、资源状况和市场环境等因素。通过合作设立公司，各方可以实现资源共享、风险分担、市场进入、技术创新等多重目标，从而提升整体竞争力和市场地位。

3. 通过并购方式获得

并购（mergers and acquisitions，M&A）是企业发展、扩张和重组的一种重要方式，涉及两个或更多企业的合并与收购活动。并购通常包括兼并（merger）和收购（acquisition）两种形式。

（1）兼并。

兼并指两家或更多独立的企业合并组成一家企业，通常由一家占优势的公司吸收其他公司。兼并完成后，被吸收的企业法人地位消失，成为兼并企业的一部分，不再作为一个独立的经营实体存在。兼并可以分为吸收合并与新设合并两类，吸收合并是指一家企业吸收其他企业，被吸收方解散；新设合并则是指两个或两个以上的企业合并成一个新的企业，合并各方解散。

（2）收购。

收购指一家企业通过购买另一家企业的资产、股权或经营权，从而获得对该企业的控制权。收购方可以是外部投资者、同行业企业或其他类型的企业。收购完成后，被收购方通常保留其法人地位，但其控制权已经转移到收购方手中。收购可以分为资产收购和股权收购两种形式。

并购是企业快速做大的一个重要方式，在企业的发展过程也会经常出现，通过并购其他公司的控制权，能够将其他公司的财务报表和经营情况进行合并，实现公司的快速扩张。通过并购方式往往也会获得一些产业层的子公司，特殊方式的并购除外（如只是资产或者业务的并购等）。

（四）产业层的设计

1. 关于组织形式

产业层往往是以公司制的形式出现的，下设几个公司，主体公司进行报表合并，达到一定的规模和条件将来就有机会实现上市。

2. 关于注册资本

产业层公司的注册资本往往是根据项目的需要来定的，没有统一的标准，可以参照第三章第三节的原则来定。

3. 关于股权结构

产业层公司一般是主体公司持股。如果是全资子公司则 100% 持股；如果控股子公司，则一般持股比例超过 51%，能够实现合并报表；如果只是参股公司，则往往是不能合并报表的。

全资、控股和参股的情况都会出现，根据子公司的来源和设立情况具体确定即可。

4. 关于经营范围

经营范围一般从事跟主体公司主营业密切相关的业务，或者上下游产业等，保持主体公司主营业务的突出性；经营范围不能太复杂，这样有可能导致主营业务不突出，进而影响上市。

公司上市时会对主营业务具有一些要求，例如：

（1）主营业务应具备一定的规模和较长的发展历史，并与公司的战略目标相符。这意味着公司的主营业务不能是短期内的投机行为，而应该是长期稳定的收入来源。

（2）主营业务的收入比重应占公司总收入的较大部分，要求在 50% 以上。这是为了确保公司的收入和利润主要来自主营业务，而不是其他非核心业务。

（3）主营业务需保持良好的增长势头，具备一定的盈利能力和持续增长潜力。这要求公司的主营业务在市场上具有竞争力，并且有望在未来继续保持增长。

（4）主营业务应具备合理的盈利模式，并能够持续保持利润增长。这意味着公司的主营业务需要能够为公司带来稳定的现金流和利润，以支持公司的长期发展。

（5）主营业务应有较好的风险管理机制和控制能力，以应对市场变化和竞争风险。这要求公司在主营业务领域具备专业的管理团队和完善的风险管理体系，以确保业务的稳定发展。

具体的要求可能会因地区、交易所和监管机构的不同而有所差异。公司在考虑上市时，应仔细了解并遵守相关法规和规定，以确保满足上市要求。

5. 关于注册地址

产业层公司的注册地址，可能比较多样性，根据实际经营需要即可。

并购来的公司自带注册地址，一般无须迁址；投资设立的公司，根据公司的投资规划、地区招商政策等因素确定即可。

在实际的股权架构顶层设计中，这些层级可能会相互交织和重叠，同一个股东可能在不同层级的企业中多次出现；不同层级的股东在公司中的地位和影响力取决于其持有的股权比例、投票权以及其他相关协议和安排。因此，在设计股权层级时，需要综合考虑公司的战略目标、治理结构、市场需求、税收筹划以及法律法规等因素，并根据实际情况进行增减调整。

第四节　顶层设计的四维模型

顶层设计的四维模式实际上是股权结构横向维度的问题，以主体公司为基准，针对不同类型的股东，如何划分其股权比例，无论顶层设计如何处理，最终都要落脚到股权比例上（虚拟股权也有比例问题，本书暂不涉及），股权比例的分配是股权顶层设计的核心问题之一。

一、主要股东类型的画像

（一）股东类型的划分

为了便于后面的股权分配，我们将一家公司从创建、成长到上市的过程中，可能实名出现的股东类别（不考虑虚拟股东等），做以下归类划分，大致可以分为以下五类，如图 5-16 所示。

1. 创始人（大股东）

创始人（大股东）是指早在公司成立初期就投入资金、参与公司的创立活动，并因此获得公司股份的股东，这些股东（有可能不是一个人、比如签了一致行动协议的几个人，同意合并为创始人）通常是公司的创始人或共同创始人，他们在公司成立之初就承担了较大的风险，并对公司的愿景、使命和价值观有深刻的理解和坚定的信念。

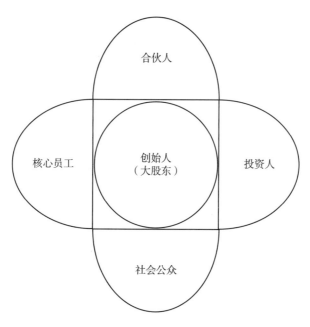

图 5-16 股东类型的划分

　　创始人一般也是公司的控股股东、实际控制人，由于他们在公司成立初期的特殊贡献和风险承担，创始人股东通常在公司中拥有更高的地位和影响力。他们可能会担任公司的重要职务，如董事长、首席执行官等，参与公司的日常管理和决策。

　　控股股东是指股权占比大到足以影响公司的日常经营运作和重大事情决策的股东。控股股东、实际控制人通常为公司的创始人，但是也有些公司创始人后来退出公司，由后进入股东控股的情况。控股股东一定是大股东，但大股东却并不一定是控股股东。控股股东还分为绝对控股（占比超过 50%）和相对控股（低于 50%，但大于 30%）。

　　实际控制人，是指虽不一定是公司的股东，但通过投资关系、协议或者其他安排，能够实际支配公司行为的人，简而言之，实际控制人就是实际控制公司的自然人、法人或其他组织。

　　一个公司，在自然人直接持股的情况下，控制股东即实际控制人；通过持股平台持股的情况下，持股平台为控股股东，实际控制人为持股平台最终的持股自然人（不考虑国有企业或者国有控股企业）。

　　为便于表述，创始人无论是一个股东还是几个股东，个别公司会存在由几个股东共同控制的情形，则合并起来同意用大股东表示，大股东代表这一个人或者这几个人的股权的合计。

　　2. 合伙人

　　合伙人的种类有很多种，此处没有做细化分类，是一个特殊群体的概念。此处的合伙人是指在创始人之外，跟随控股股东一起创业的其他主要创始人、主要合伙人或者核心管理层，统一归类到合伙人类别里。

合伙人可能在公司成立早期就参与公司的创立活动，并与创始人一起共同承担风险和责任，他们通常是与创始人有着共同愿景和价值观的人，愿意投入时间、精力和资金来实现公司的目标。

合伙人在公司中扮演着重要的角色，他们不仅参与公司的决策和管理，还为公司提供关键的资源和支持。他们可能与创始人一起制订公司的战略计划，推动公司的创新和发展，并共同承担公司的经营风险。

需要注意的是，合伙人的角色和责任可能会随着公司的发展和变化而有所调整。有些合伙人可能会在公司成熟后逐渐退出或转换角色，而有些则可能会继续留在公司中发挥重要作用。此外，合伙人与创始人之间可能存在一些差异，这主要取决于他们在公司中的角色、职责和贡献。但无论如何，他们都是公司成功的重要因素之一。

合伙人在精不在多，通常有个 3~5 人足矣。

3. 核心员工

大部分公司都会实施股权激励，奖励公司的核心员工，将股权激励对象持股群体归类到核心员工类。

核心员工股东是指在公司中持有股份的核心员工。这些员工通常是公司中的关键人物，他们在公司的日常运营、业务发展、技术创新等方面发挥着重要作用，并对公司的长期成功和业绩增长作出重要贡献。

将核心员工转化为股东的做法，是公司实施股权激励计划的一种方式。通过赋予核心员工一定的股份，公司可以激励他们更加积极地投入工作，提高工作效率和业绩，同时也能够增强他们的归属感和忠诚度。对于核心员工来说，成为公司的股东意味着他们有机会分享公司的成长和成功，并从公司的价值提升中获益。

核心员工股东在公司中的角色和地位可能因公司的股权结构和治理机制而有所不同。但是在大多数情况下，核心员工股东可能只持有少量的股份，他们的主要角色仍然是作为员工为公司的运营和发展作出贡献。

4. 投资人

投资人股东是指那些向公司投资并成为公司股东的投资者。这些投资者购买公司的股份或股权，成为公司的部分所有者，并享有相应的股东权益。

投资人股东可以是个人或机构，他们通过向公司注入资金来获得股份，并期望从公司的盈利和增长中获得回报。他们的投资可以是为了长期持有并分享公司的价值提升，也可以是为了短期交易获利。

投资人股东在公司中的角色和地位取决于其持有的股份比例和公司的股权结构。一些大型的投资人股东可能持有较多的股份，能够在公司的决策中发挥重要影响，甚至可能参与公司的管理和监督。而较小的投资人股东则可能更关注公司的财务状况和业绩表现，通过股息和股价上涨获得投资回报。

除以上三类外，在公司上市前，公司一般会吸引投资，引进投资机构等外部投资者，此处统一归类到投资人类别里。

5. 社会公众

公司上市后需要公开发行股票，公开发行的部分称为社会公众股。

社会公众股东是指公司上市后通过公开发行股份吸引的广大中小投资者，这些投资者通常持有公司较少的股份，但人数众多，构成了公司股东群体中的重要一部分。

社会公众股东是证券市场的重要组成部分，他们的存在增加了市场的流动性和活跃度。他们通过购买公司的股票成为公司的股东，享有相应的股东权益，如参与公司的利润分配、享有公司的资产增值等。然而，由于社会公众股东通常持有的股份较少，他们在公司的决策中的影响力相对较小。

为了保护社会公众股东的权益，证券市场和监管机构制定了一系列的法律法规和规章制度，如信息披露制度、股东大会制度等，以确保他们能够获得充分的信息和参与公司的决策过程。同时，投资者教育和保护工作也得到了广泛的重视，旨在提高社会公众股东的投资意识和风险意识，促进市场的健康发展。

总之，社会公众股东是公司股东群体中的重要部分，他们的存在和权益保护对于证券市场的稳定和发展具有重要意义。对于大多数中小企业而言，还没有实现上市，社会公众持股部分一般还不会涉及到；即使涉及上市，由于上市公开发行比例基本都是固定的，而且是公开募集的，只要符合条件就可以申购，无须做过多的股权设计和考虑。

（二）各类股东的诉求

根据上述划分，一家公司从创立之初到发展到上市之前，主要的股东可以划分为四类人：大股东、合伙人、核心员工、投资人。股权设计、股权分配和股权架构搭建也主要是围绕着这四类股东来进行的，因此一个科学的股权架构首先要基本满足这四类股东的诉求，或者能够基本达到这四类股东的预期，只有这样的股权架构才是相对比较合理的，才能够发挥其积极的作用。

四类股东的基本预期或诉求可以总结如下。

1. 大股东的诉求

大股东在公司中的常见诉求有以下几个，如图 5-17 所示。

（1）控制权。

大股东往往寻求对公司的控制或重大影响，以确保公司的战略方向和日常运营符合其利益。他们可能通过在公司董事会中占据席位、提名关键管理人员或参与重大决策来实现这一点。

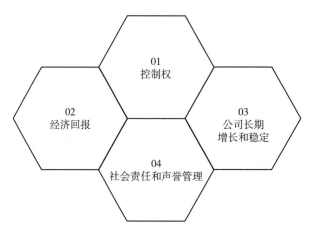

图 5-17　大股东的主要诉求

（2）经济回报。

大股东投资公司的最终目的是获得经济回报。他们期望通过股息、股份出售时的资本增值或公司被收购时的溢价等方式实现盈利。

（3）公司长期增长和稳定。

大股东通常关注公司的长期增长潜力和稳定性。他们可能更倾向于支持那些能够提升公司长期竞争力和市场份额的战略决策。

（4）社会责任和声誉管理。

随着对企业社会责任的日益重视，大股东可能也会关注公司在环境、社会和公司治理（ESG）方面的表现，他们可能希望公司积极参与社会责任活动，以维护公司声誉并吸引更多投资者。

大股东的诉求并非一成不变，而是随着公司内外部环境的变化而调整，同时，大股东在追求自身诉求时也需要平衡与其他股东、管理层以及公司整体利益之间的关系。总体而言，大股东最核心的诉求有两个，首先是对公司的控制权；其次是分红收益，因为他的持股比例肯定是最大的，掌握公司的经营发展、决定公司的未来方向，确保自己在公司的核心位置。

在创业之初，大股东往往拥有绝对的控股权、持股比例会非常高，随着公司的发展，到后期大股东的持股比例会有所降低，但是一般也会保持较高的份额。虽然大股东可以通过各种控制表决权的方式来实现对公司的控制，但是持股比例往往也还是大部分中小企业老板非常看重的，一是大股东也会追求一定的经济效益和分红收益；二是只有实实在在的股权掌握在自己手里才让人感觉踏实，像华为创始人任正非持股不到1%的案例毕竟是罕见的。

2. 合伙人的诉求

合伙人对公司的创立、发展或者成长付出了较多的贡献，他们作为大股东坚定的追随者和支持者，对公司的发展至关重要，团队的稳定也非常有助于公司后续的发展、融资和上市。合伙人在公司中的一般诉求可以包括以下几个方面，如图5-18所示。

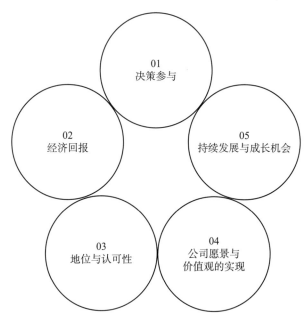

图5-18　合伙人的主要诉求

（1）决策参与。

合伙人通常希望在公司中拥有一定决策权，他们希望自己的意见和决策能够对公司的发展方向和战略产生重要影响。

（2）经济回报。

作为公司的早期投资者和贡献者，合伙人期望从公司的成功中获得相应的经济回报，这可能包括股份增值、利润分红或其他形式的财务激励。

（3）地位与认可性。

作为公司的核心成员之一，合伙人渴望在公司内部和外部获得一定的地位和认可，他们希望自己的贡献和成就能够得到其他股东、员工和行业的尊重。

（4）公司愿景与价值观的实现。

合伙人通常与创始人共享公司的愿景和价值观，他们希望看到公司的使命和目标得以实现，并愿意为此付出努力。

（5）持续发展与成长机会。

合伙人通常希望公司能够持续发展和成长，为自己提供更多的机会和挑战。

这些诉求可能会随着公司的发展阶段和具体情况而有所变化，总体而言，合伙人往往都具有一定的经济实力，首先他们的诉求是在公司的决策中，具有一定的话语权和参与权，能够得到大股东和公司的认可和重视；其次是希望与公司共同成长、共同进步、分享成长收益，因此给予他们适当的股权比例是非常必要的，这也是大股东对合伙人价值认可与肯定的最好体现。

3. 核心员工的诉求

核心员工是公司发展的基础，是公司稳定成长的重要群体，虽然他们发挥的作用与合伙人不同，但是对于公司而言也是至关重要的。核心员工的诉求通常涉及多个方面，这些方面反映了他们对工作环境、职业发展、薪酬福利以及个人成长等方面的期望和需求，了解并满足这些诉求对于激发核心员工的工作积极性、提升组织绩效和保留关键人才至关重要。以下是一些核心员工常见的诉求，如图5-19所示。

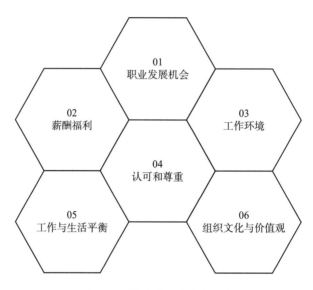

图 5-19　核心员工的主要诉求

（1）职业发展机会。

明确的晋升通道：核心员工期望看到在组织内部有明确的晋升通道和职业发展路径。

学习和培训：他们渴望获得持续的学习和培训机会，以提升自身技能和知识。

挑战性任务：赋予核心员工更具挑战性和复杂性的任务，以激发他们的创造力和成就感。

（2）薪酬福利。

公平合理的薪酬：核心员工期望自己的薪酬能够与同行和市场水平相匹配，体现其价值和贡献。

激励性奖金：设置与绩效挂钩的奖金制度，以激励核心员工创造更好的业绩。

福利待遇：提供完善的福利待遇，如健康保险、退休计划、带薪休假等，以增强员工的归属感和满意度。

（3）工作环境。

良好的物理环境：提供舒适、安全、现代化的工作场所，有助于提升核心员工的工作效率和满意度。

积极的组织氛围：营造开放、包容、创新的组织氛围，鼓励核心员工发表意见、参与决策。

灵活的工作安排：为核心员工提供灵活的工作时间和远程工作等选项，以满足他们的工作生活平衡需求。

（4）认可和尊重。

工作成果认可：定期对核心员工的工作成果给予正式和非正式的认可，以增强他们的自尊心和成就感。

尊重个人差异：尊重核心员工的个性、文化背景和价值观，避免歧视和偏见。

给予决策参与权：让核心员工参与重要决策的制定过程，体现他们的价值和影响力。

（5）工作与生活平衡。

支持家庭责任：为核心员工提供适当的支持，如家庭照顾假、弹性工作安排等，以帮助他们更好地平衡工作与家庭责任。

健康与福祉计划：提供健康促进计划和心理健康支持，关注核心员工的身心健康。

休闲与放松空间：在工作场所设置休息区或提供休闲活动，帮助核心员工在紧张工作之余放松身心。

（6）组织文化与价值观。

强大的组织文化：建立积极向上、富有吸引力的组织文化，激发核心员工的归属感和自豪感。

共同的价值观：确保组织的核心价值观与核心员工的个人价值观相契合，形成共同的使命感和目标追求。

社会责任感：强调组织的社会责任和可持续发展理念，鼓励核心员工参与社会公益活动。

总体而言，对于大多数核心员工来说，有个稳定增长的收入是他们的首要期望，然后是能够获得一定的股权激励，持有股份上市后能够获得自己几倍甚至是十几倍年收入的股本溢价，对于他们来说已经非常知足和自豪。因此，一般建议公司在上市的时候预留一部分股权激励股票，这也是大部分核心员工期望得到的，否则容易造成人才流失，可能不利于公司的发展。

4. 投资人的诉求

投资人的诉求通常涉及多个方面，这些方面反映了他们对投资回报、风险控制、企业管理和市场前景等方面的期望和需求。以下是一些投资人常见的诉求，如图 5-20 所示。

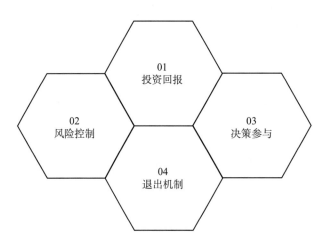

图 5-20 投资人的主要诉求

（1）投资回报。

资本增值：投资人期望通过投资实现资本的增值，获得超过原始投资的收益。

定期收益：对于某些投资，如股票分红、债券利息等，投资人期望能够定期获得一定的收益。

（2）风险控制。

风险管理：投资人希望企业能够采取有效的风险管理措施，降低投资风险。

信息透明度：提高信息披露的透明度和及时性，以便投资人更好地评估风险和作出决策。

（3）决策参与。

治理结构：期望公司建立合理的公司治理结构，保护投资人权益，防止内部人控制等问题。

参与管理：投资人期望适当地派遣董事、监事或者财务负责人等参与公司的管理，甚至在某些重大方面希望拥有一票否决权，以维护自己的利益。

（4）退出机制。

上市或被并购：对于风险投资或私募股权投资等，投资人期望在未来能够通过企业上市或被并购等方式实现资本退出，获得投资回报。

股权转让：在某些情况下，投资人可能希望通过股权转让的方式退出投资。

总而言之，投资人是追求投资收益最大化的，因此对于优质项目，他们期望的价格越低越好、持股比例越高越好、投资周期越短越好，这样他们获取的收益越高。此外，投资人为了保障自己的资金安全，通常会在股东（大）会、董事会或经营管理层面要求一定的话语权，还会设置优先清算权、反稀释条款等诸多对赌条款，大股东面对这些诉求的时候，首先需要予以理解，其次投资过程也是双方的博弈过程。

二、股权分配的四维模型

（一）股权分配的四维模型

社会公众股的发行比例通常是固定的，公司上市前，持股比例的分配主要在大股东、合伙人、核心员工和投资人之间进行。

公司发行上市前，股权比例在大股东、合伙人、核心员工和投资人之间的四维分配模型如图 5-21 所示。

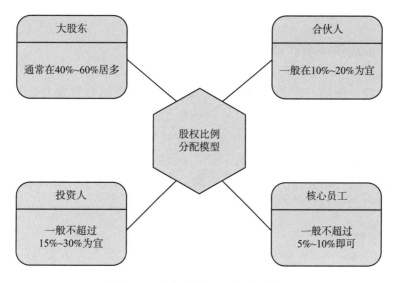

图 5-21　股权比例的四维分配模型

（二）股权比例分配的基本原则

1. 大股东的分配原则

大股东的持股比例一般要远远超过合伙人的持股比例之和，根据已上市公司的案例统计，发行上市前，大股东持股比例在 40%~60% 之间的占据大多数。

2. 合伙人的分配原则

合伙人的持股比例一般要超过核心员工的持股比例，即大股东持股比例＞合伙人持股比例＞核心员工持股比例。合伙人持股比例，不宜太寒酸，通常在

10%~20% 之间比较适宜，太多了会影响大股东占比，太少了对合伙人起不到激励作用，反而会让合伙人觉得心寒和不被尊重。

3. 核心员工的分配原则

核心员工持股比例，一般不超过 5%~10% 即可，对于大多数员工足以起到明显的股权激励作用。

4. 投资人的分配原则

对于投资人的持股比例也没有统一的标准，有些公司完全依靠自身积累没有外部投资者；有些公司在发展过程中，需要大量资金而引进了大量的投资人。投资人的持股比例在公司上市前一般以不超过 15%~30% 为宜，根据公司的行业特性和实际经营发展的需要而定。

关于各部分的具体分配比例，每家公司都不一样，也没有绝对统一的标准。上述建议的分配比例，是根据案例统计出来的大多数公司的分配状态，能够给中小企业提供一些参考和指导意见。

三、持股比例动态计算模型

关于持股比例的分配没有绝对的对错，没有所谓的最优股权比例，股权比例也需要动态地调整和优化，实际对于公司大股东而言，表决权比例才是最核心的，然后才是持股比例。在公司上市前，除了投资人的持股部分，在没有特殊约定的情况下，其他各部分的持股比例，实际上大股东都是可以控制的，如通过持股平台等很多方式可以实现。基于以上原则，我们可以动态地计算持股比例的分配问题。

（一）变量设置

设定两个变量：一是大股东期望上市后控制的表决权比例 X_1；二是上市前核心员工持股比例 X_2，MAX 代表大股东持股比例最大，MIN 代表大股东持股比例最小。上述提到了一个原则，即大股东持股比例 > 合伙人持股比例 > 核心员工持股比例，此处的 ">" 在实际计算时，以至少多 1% 代替。

（二）动态计算

根据设置的变量，通过在 Excel 中建立股权比例计算的动态模型，便可以随时计算出自己需要的股权比例分配情况。股权比例的动态计算过程如下：

1. $X_1 = 67\%$，$X_2 = 8\%$

当 $X_1 = 67\%$，$X_2 = 8\%$ 时，股权比例分配如表 5–3 所示。

表 5-3　　　　　　　　　　$X_1=67\%$ 时股权比例分配情况　　　　　　　　单位：%

持股比例类型	上市前		上市后	
	MAX	MIN	MAX	MIN
大股东	72.33	41.17	54.25	30.88
合伙人	9.00	40.17	6.75	30.13
核心员工	8.00	8.00	6.00	6.00
控制表决权比例小计	89.33	89.33	67.00	67.00
投资人	10.67	10.67	8.00	8.00
社会公众持股	—	—	25.00	25.00
合计	100.00	100.00	100.00	100.00

2. $X_1=60\%$，$X_2=8\%$

当 $X_1=60\%$，$X_2=8\%$ 时，股权比例分配如表 5-4 所示。

表 5-4　　　　　　　　　　$X_1=60\%$ 时股权比例分配情况　　　　　　　　单位：%

持股比例类型	上市前		上市后	
	MAX	MIN	MAX	MIN
大股东	63.00	36.50	47.25	27.38
合伙人	9.00	35.50	6.75	26.63
核心员工	8.00	8.00	6.00	6.00
控制表决权比例小计	80.00	80.00	60.00	60.00
投资人	20.00	20.00	15.00	15.00
社会公众持股	—	—	25.00	25.00
合计	100.00	100.00	100.00	100.00

3. $X_1=51\%$，$X_2=8\%$

当 $X_1=51\%$，$X_2=8\%$ 时，股权比例分配如表 5-5 所示。

表 5-5　　　　　　　　　　$X_1=51\%$ 时股权比例分配情况　　　　　　　　单位：%

持股比例类型	上市前		上市后	
	MAX	MIN	MAX	MIN
大股东	51.00	30.50	38.25	22.88
合伙人	9.00	29.50	6.75	22.13

持股比例类型	上市前		上市后	
	MAX	MIN	MAX	MIN
核心员工	8.00	8.00	6.00	6.00
控制表决权比例小计	68.00	68.00	51.00	51.00
投资人	32.00	32.00	24.00	24.00
社会公众持股	—	—	25.00	25.00
合计	100.00	100.00	100.00	100.00

只要对参数 X_1、X_2 进行调整，便可以自动计算出基于该参数的股权比例的分配情况，大股东可以在最大与最小区间内，寻找符合自身公司特点、满足自身目标需求的股权分配比例。

（三）股权比例分配小结

在实际操作中，公司大股东首先要规划好未来上市时，自己期望可以控制多少表决权比例或保留多少持股比例，大股东的目标和需求是第一前提；其次基于该前提，再分配剩余几个部分的持股比例；最后预估出上市前的股权比例分配状态，即各类股东的持股比例分配情况。

按照这个预计的股权比例分配情况，提前做好规划，预留好各部分股权比例。在公司的发展过程中，虽然各类股东持股比例会有所变化，但是只要坚持预定的目标和原则不变，公司就不会出现控制权风险，就能保障公司的稳健运行。最终在保障大股东控制权的前提下，兼顾各方的持股比例和利益，促进公司的健康发展是股权顶层设计的最终目标。

第五节　理想的股权结构类型

理想的股权结构因公司类型、业务规模、发展阶段、战略目标和股东需求等因素而异。一般而言，一个理想的股权结构应具备某些共同的特质，这些特质是值得我们挖掘、学习和借鉴的。

一、理想股权结构的特质

股权架构设计不合理，肯定会影响公司的发展，甚至会给公司带来纠纷，这是毋庸置疑的，但是因为各个公司的情况千差万别，很难有一个最优的股权结构，放之四海而皆准。但是根据我们研究的诸多上市公司以及非上市公司的相关案例，可以总结出一个相对理想的股权结构的基本特点，进而设计一套相对理想的股权结构类型，为中小企业提供参考，可以有效地帮助中小企业做大做强、吸引投资人，防止出现相应的风险。

前面章节中提到的重视表决权比例、避免平均主义、要有核心股东、股权简单明晰等，其实也是理想股权结构类型的一些特点。根据案例总结和统计，一个理想的股权结构类型，应该具备以下几个特质，如图 5-22 所示。

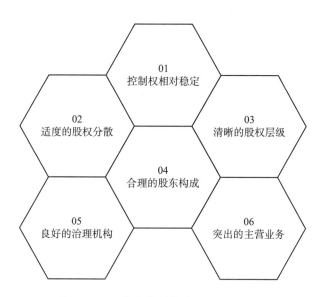

图 5-22　理想股权结构类型的六大特质

1. 控制权相对稳定

大股东能够掌控公司，控制权不会出现风险。随着公司的扩张和发展，公司可能要不断引进新的投资人，这时要设计好股权架构、保持公司的控制权不会受到威胁。股权比例可以不断被稀释，但是控制权必须稳定，公司需要稳定的核心，需要有掌舵人。否则，公司控制权不稳定，必然会带来管理层的不稳定，影响公司的稳定和健康发展。

控制权相对稳定对于公司的长期发展至关重要。稳定的控制权意味着公司的核心决策和管理层能够持续、连贯地推动公司的战略和目标，而不受频繁的权力更迭或内部纷争的影响。以下是一些有助于实现控制权稳定的关键因素。

（1）明确的股权结构。

公司应建立清晰、明确的股权结构，确保股东之间的权益和义务得到平衡。在股权分散的情况下，通过设立持股平台、引入战略投资者等方式，可以增强控制权的稳定性。

（2）强有力的领导核心。

一个有能力、有威信的领导核心对于维护控制权的稳定至关重要。公司的创始人、CEO或其他关键管理者应在公司治理中发挥积极作用，确保公司的战略和方向得到贯彻执行。

（3）完善的公司治理机制。

建立健全的公司治理机制，包括董事会、监事会、股东大会等，可以确保公司的决策和管理符合法律法规和股东利益。这些机制有助于平衡各方利益，减少内部纷争，从而维护控制权的稳定。

（4）良好的沟通与协作。

股东之间、管理层与员工之间应保持良好的沟通与协作。通过定期召开股东大会、董事会会议以及加强内部沟通渠道等方式，可以增进彼此的了解和信任，有助于化解潜在的矛盾和冲突。

（5）应对外部挑战的能力。

公司应具备应对外部挑战的能力，如市场竞争、行业变革、政策调整等。通过加强市场研究、技术创新、风险管理等措施，可以提高公司的竞争力和抗风险能力，进而维护控制权的稳定。

总之，控制权的稳定对于公司的长期发展具有重要意义。通过明确股权结构、建立强有力的领导核心、完善公司治理机制、加强沟通与协作以及应对外部挑战的能力等措施，可以有助于实现控制权的稳定。

2. 适度的股权分散

大股东在保障公司控制权的同时，需要对其他股东出让适当的股权比例，现在是分享社会，一个好汉三个帮、一个篱笆三个桩，任何一个公司的成功都离不开团队。要保持团队持续积极的战斗力，股权激励是最佳的方式之一，但股权激励又是一门学问，只有做好股权设计和股权激励，才能保证各方股东的积极性。

适度的股权分散与控制权集中相结合，股权应适度分散，这种股权结构有助于避免单一股东对公司的过度控制，同时也能激发更多股东参与公司治理的积极性。以下是适度股权分散的一些优点。

（1）降低决策风险。

股权适度分散，这有助于减少因个人决策失误而给公司带来的风险。

（2）促进民主决策。

股权适度分散使得更多股东有机会参与公司的决策过程，这有助于形成更加民主、透明的决策机制。

（3）防止内部人控制。

在股权适度分散的情况下，管理层和内部人难以通过控制少数大股东来操纵公司。这有助于保护公司和股东的利益。

（4）吸引外部投资。

适度的股权分散有助于提升公司的市场形象和信誉，从而吸引更多外部投资者。

总之，适度的股权分散对于提升公司治理水平、降低决策风险、保护股东利益以及吸引外部投资都具有积极意义。但具体的股权分散程度应根据公司的实际情况和需求进行权衡和确定。

3. 清晰的股权层级

股权结构的层级应当清晰明了、避免过度嵌套太多层级的情形；同时，各层级之间的权利和义务关系应明确，交叉持股的情况不要过于复杂，避免出现混乱和纠纷。清晰的股权层级的具有以下重要性。

（1）明确权益分配。

清晰的股权层级能够明确各个股东在公司中的持股比例，进而确定其享有的权益，如分红权、决策权等。

（2）减少纠纷。

明确的股权结构可以减少股东之间的权益纠纷，有助于维护公司内部的和谐稳定。

（3）提高上市成功率。

股权层级过于复杂会增加股权核查的难度、也有可能会存在导致上市失败的风险，但是清晰的股权层级能够更有助于上市的成功。

（4）吸引投资。

对于外部投资者而言，一个清晰、透明的股权结构是评估公司投资价值的重要因素之一，也会使投资人更为放心投资。

总之，清晰的股权层级是公司健康发展的重要保障之一，也是企业上市成功的重要条件之一。

4. 合理的股东构成

合理的股东构成是公司成功和稳定发展的关键因素之一，一个合理的股东构成能够为公司带来多样化的资源、知识和经验，有助于提升公司的竞争力、创新能力和风险抵御能力。以下是一些关于合理股东构成的建议，如图 5-23 所示。

（1）多样性。

资金型股东：提供公司所需的资金，支持公司的运营和发展。

资源型股东：拥有与公司业务相关的关键资源，如渠道、客户、供应商等。

能力（技术）型股东：具备公司所需的专业技能、技术或行业经验，能够推动公司的技术创新和业务发展。

顾问型股东：通常是有丰富行业经验或管理经验的个人，能够为公司提供战略指导和建议。

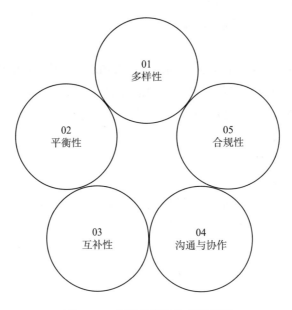

图 5-23 合理的股东构成的建议

（2）平衡性。

股权比例：避免单一股东持股过高，以免出现"一股独大"的情况。股权应在股东之间合理分配，确保决策的平衡和公正。

权力与责任：股东的权利和责任应与其持股比例相匹配，避免出现权力与责任不对等的情况。

（3）互补性。

技能互补：不同股东应具备互补的技能和知识，以便在公司运营和决策中相互支持、相互补充。

行业互补：如果可能，引入来自不同行业或领域的股东，可以为公司带来新的视角和思维方式。

（4）沟通与协作。

共同愿景：确保所有股东对公司的愿景、使命和核心价值观有共同的理解和支持。

有效沟通：建立有效的沟通机制，确保股东之间能够及时、准确地传递信息和意见。

协同决策：在重大决策上，股东应共同参与、充分讨论，确保决策的科学性和合理性。

（5）合规性。

股东资格审核：对潜在股东进行严格的资格审核，确保其符合《公司法》和相关法规的要求。

避免利益冲突：确保股东之间不存在利益冲突或潜在的利益冲突，以维护公司的整体利益。

总之，一个合理的股东构成应具备多样性、平衡性、互补性、沟通与协作以及合规性等特点。通过精心选择和配置股东资源，可以为公司打造一个稳定、高效和有竞争力的股东团队。

5. 良好的治理机构

公司应建立完善的公司治理机制，包括股东会、董事会、监事会等，确保公司的决策和管理符合法律法规和股东利益。良好的治理机构是公司成功和持续发展的基石。它确保了公司决策的科学性、透明性和有效性，同时能够平衡各方利益，维护公司的长期利益。以下是一个良好治理机构的特点。

（1）平衡各方利益。

治理机构应平衡股东、管理层、员工、客户、供应商等利益相关者的利益，确保公司的长期稳定发展。

（2）高效运作。

治理机构应能够迅速应对市场变化和公司内部的挑战，确保公司的高效运作。

（3）风险管理。

建立完善的风险管理机制，识别、评估和管理公司面临的各种风险，确保公司的稳健发展。

（4）持续改进。

治理机构应定期评估自身的运作效果，及时发现问题并进行改进，以适应公司发展的需要。

（5）遵守法律法规。

治理机构应确保公司的运作符合相关法律法规的要求，避免违法违规行为给公司带来损失。

总之，一个良好的治理机构是公司成功的重要保障。通过明确股权结构、组织架构、规范决策流程、建立有效监督机制和透明信息披露等措施，公司可以建立一个平衡各方利益、高效运作、风险管理、持续改进并遵守法律法规的治理机构。

6. 突出的主营业务

随着公司的发展，大股东可能涉足很多产业，建议把核心产业或者最适合未来进行资本运作的产业，整合到一个主体之内，并保持主营业务的稳定；应将非核心业务、与上市无关的业务或者不适合进行资本运作的业务，从这个主体剥离，剥离到其他公司体系中。只有保持核心主体的业务突出、发展健康、业绩良好，未来才能进行有效的资本运作。

突出的主营业务也是公司成功和持续发展的核心，一个清晰、有力且专注于特定领域的主营业务，有助于公司在市场上建立品牌认知度、形成竞争优势，并吸引和保留客户。以下是一些关于如何突出公司主营业务的建议。

（1）确定主营业务。

公司首先需要明确其主营业务是什么。这通常涉及对市场趋势、客户需求、竞争状况和公司自身能力的深入分析。主营业务应该是公司最擅长、最有经验且最能为客户创造价值的领域。

（2）聚焦和专业化。

一旦确定了主营业务，公司就应该专注于此，并努力实现专业化。这意味着将大部分资源和精力投入到主营业务的发展上，包括研发、市场营销、人才培养等。通过专业化，公司可以在特定领域内积累更多知识和经验，从而提供更高质量的产品或服务。

（3）品牌建设。

品牌建设是突出主营业务的重要手段之一。公司应该通过有效的品牌传播策略，如广告、公关活动、社交媒体营销等，提升主营业务的知名度和美誉度。一个强大的品牌可以帮助公司在市场上脱颖而出，吸引更多潜在客户。

（4）不断创新。

即使在主营业务领域内，公司也需要不断创新以保持竞争力。这可以涉及产品创新、服务创新、营销策略创新等多个方面。通过持续创新，公司可以满足客户不断变化的需求，并在市场上保持领先地位。

（5）与客户保持紧密联系。

突出主营业务还需要与客户保持紧密联系。公司应该定期收集客户反馈，了解他们对主营业务的满意度和改进意见。同时，通过提供优质的客户服务，如售前咨询、售后服务等，增强客户对主营业务的信任和忠诚度。

总之，突出的主营业务是公司成功和持续发展的关键，这就要求在搭建股权结构时，围绕主营业务这条主线展开和设计，非主业相关的业务和公司不要放在主体公司下面。

此外，具体到某个公司，理想的股权结构还需考虑以下因素。

（1）公司的行业特点和竞争环境。

不同行业和竞争环境下的公司，对股权结构的需求可能不同。例如，高科技行业可能需要更多的风险投资和股权激励，而传统行业可能更注重家族控制和长期稳定。

（2）公司的发展阶段和战略目标。

初创期、成长期、成熟期和衰退期的公司，对股权结构的需求也会有所不同。同时，公司的战略目标也会影响股权结构的设计，如是否需要引入战略投资者、是否需要上市等。

（3）股东的需求和期望。

不同股东对公司的需求和期望不同，包括投资回报、控制权、声誉等。因此，在设计股权结构时，需要充分了解股东的需求和期望，并尽可能满足他们的合理诉求。

总之，一个理想的股权结构应该是能够平衡各方利益、促进公司发展、维护股东权益的结构。在实际操作中，需要根据公司的实际情况和股东需求进行具体设计。

二、理想的股权结构类型

基于以上的论述，假定某股份有限公司的实际控制人为 A，公司各个类型的股东均包含，一般来说，比较合理的股权架构如下。

1. 发行上市前的股权结构

公司发行上市前，理想的股权结构如图 5–24 所示。

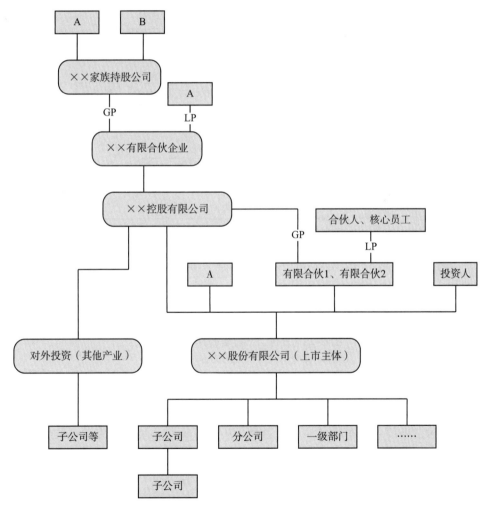

图 5–24　发行上市前理想的股权结构

2.发行上市后的股权结构

公司发行上市后，理想的股权结构如图5-25所示。

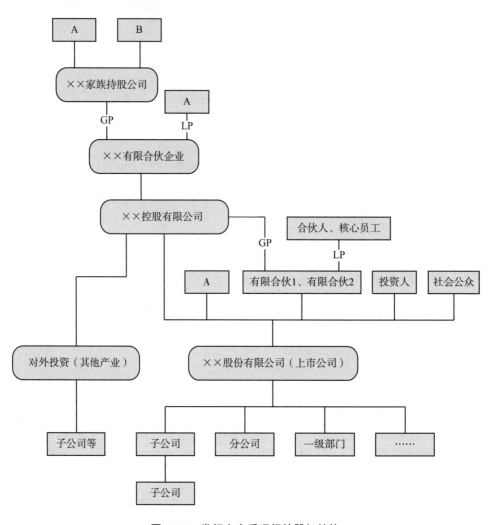

图5-25 发行上市后理想的股权结构

（1）实际控制人的股份一般会通过间接控股的形式来持股，同时在很多情况下，实际控制人也会通过自然人直接持股的形式，直接持有主体公司一小部分股权；直接持股部分，上市解禁后可以直接卖出、资金回流到个人账户，解决个人资金问题，比较方便。

（2）合伙人和核心员工股权激励部分的股份，通常都采用有限合伙的形式间接持股。控制层公司做有限合伙企业的GP，有利于保持对主体公司的控制权、保持公司的稳定性。也有很多企业，让合伙人和核心员工直接自然人持股的，在该部分占比较高、人数较多或者人员不够稳定的情况下，建议增加持股平台。

（3）投资人的股份一般都是由他们自己直接持股，投资人一般都有自己的投资机构或者通过私募基金等形式入股，也存在外部投资者个人直接持股的情形。

（4）公开发行部分，一般为25%（股本超过4亿股的时候，一般公开发行10%），股东数量众多、持股形式也多样化，这部分股票上市之后便可以自由流通，所以股东每天都会在变动之中，但这些股东的变动，对公司并没有什么影响，只有股份流动才能真正体现公司的价值。

（5）至于各部分股权比例的分配，根据本章第四节提到的股权比例四维分配模型进行划分即可。

三、适合自己才是最好的

每个公司都有其独特的业务背景、发展阶段、市场环境和股东构成，因此并不存在一种适用于所有公司的通用股权结构；此外，股权结构是经常变化的，也不是一成不变的。因此，在设计股权结构时，公司需要充分考虑自身的实际情况和需求，确保股权结构能够支持公司的长期发展目标。

第三章股权结构的八大类型，以及本章顶层设计的六大原则、顶层设计的五个核心以及理想股权结构类型的探讨，都是为中小企业提供一些参考意见和原则性的指导，原则性的理论和实践的总结是通用的，对各个公司都具有适用价值。

以下是一些通用的建议，可以帮助公司找到适合自己的股权结构。

1. 了解公司的业务需求

公司需要明确自身的业务需求，包括资金需求、技术支持、市场渠道等。这有助于确定哪些类型的股东对公司最有价值，以及他们应持有的股权比例。

2. 分析股东背景和贡献

评估现有股东和潜在股东的背景、资源和能力，以及他们过去对公司的贡献。这有助于确定股东在公司中的地位和影响力，进而制定合理的股权分配方案。

3. 平衡控制权与激励

在股权结构设计中，需要平衡控制权和激励机制。确保核心团队和管理层持有足够的股权以保持对公司的控制力，同时给予其他股东适当的激励，促进他们为公司创造价值。

4. 考虑未来融资和退出策略

公司在设计股权结构时，应考虑未来的融资需求和退出策略。例如，为吸引风险投资或私募股权投资，可能需要预留一定的股权比例。同时，为实现上市或被并购等退出目标，也需要对股权结构进行相应调整。

5. 建立良好的治理机制

无论采用何种股权结构，公司都需要建立良好的治理机制，确保各股东之间的利益得到平衡和保护。这包括设立董事会、监事会、股东会等机构，制定完善的决策和管理流程。

总之，适合自己的股权结构应基于公司的实际需求、股东背景和贡献、控制权与激励平衡、未来融资和退出策略以及良好的治理机制等因素进行综合考虑。通过不断优化和调整股权结构，公司可以更好地实现长期发展目标。

中小企业在公司的发展过程中，可以结合股权结构和顶层设计的相关理论、模型及总结，根据自身的发展阶段和公司经营管理的实际需要，不断调整、完善自身的股权结构，达到自己的目的，只有适合自己的股权结构才是最佳的股权结构，只有选择最适合自己的股权结构类型，才能"决胜千里"。

第六章

合伙资本规划
——看见未来、才有未来

在现实生活中，每个企业都怀揣着一个共同的梦想——那就是上市。上市不仅意味着企业能够获得更多的资金支持，实现快速扩张，还代表着企业已经迈入了规范化、现代化管理的轨道，得到了市场和投资者的认可。但是很多企业却徘徊在资本市场大门之外，笔者认为最核心的问题是缺少认知、规划和设计，尤其股权的规划和设计便是一个重要的方面。

本章主要包括四个方面内容：一是资本市场的体系、了解资本市场；二是上市前股权如何规范和设计；三是资本规划的基本步骤，轻松实现从初创到上市；四是公司上市不是梦，"看见未来、才有未来"，只要中小企业坚定上市的信念，做好上市前的规划和设计，就一定能够成功跨越障碍，实现上市的梦想。

第一节 资本市场的体系：各有千秋、量体裁衣

一、全面注册制推进之路

（一）注册制的概念

注册制，即股票发行注册制，主要是指发行人申请发行股票时，必须依法将公开的各种资料完全准确地向证券监管机构申报，证券监管机构的职责是对申报文件的全面性、准确性、真实性和及时性作形式审查，而不对发行人的资质进行实质性

审核和价值判断，从而将发行公司股票的良莠留给市场来决定。

注册制的核心是只要证券发行人提供的材料不存在虚假、误导或者遗漏，就可以进行股票发行。这种制度的市场化程度比较高，要求企业充分披露信息，提高了企业上市的透明度，有助于投资者更好地了解企业的经营状况和风险，从而作出更明智的投资决策。

（二）全面注册制的推进之路

目前我国资本市场的所有上市，包括主板、创业板、科创板和北京证券交易所（以下简称"北交所"）已经全面实施注册制。全面注册制的推进之路是一个渐进式的改革过程，旨在增强资本市场服务实体经济的能力，提升对科技创新企业的服务能力，以及优化市场生态。

我国首先在科创板进行了注册制的试点，科创板是增量市场，增量市场的改革试点为全面注册制的实施提供了宝贵的经验和参考。通过试点，验证了注册制改革的可行性和有效性，为全面推广奠定了基础。

全面注册制的推进采取了分阶段、分步骤的策略。从科创板到创业板，再到全市场，逐步扩大了注册制的适用范围。这种渐进式的改革路径有助于平稳过渡，减少市场波动。

1. 科创板注册制：增量市场的改革

2018 年 11 月 5 日，国家主席习近平在首届中国国际进口博览会开幕式上宣布设立科创板并试点注册制。这是我国资本市场改革的重要一步，旨在提升服务科技创新企业的能力，增强市场包容性，强化市场功能。

2019 年 1 月 23 日，习近平总书记主持召开中央全面深化改革委员会第六次会议并发表重要讲话，会议审议通过了《在上海证券交易所设立科创板并试点注册制总体实施方案》《关于在上海证券交易所设立科创板并试点注册制的实施意见》。会议指出，在上海证券交易所设立科创板并试点注册制是实施创新驱动发展战略、深化资本市场改革的重要举措。要增强资本市场对科技创新企业的包容性，着力支持关键核心技术创新，提高服务实体经济能力。要稳步试点注册制，统筹推进发行、上市、信息披露、交易、退市等基础制度改革，建立健全以信息披露为中心的股票发行上市制度。

制定并发布相关规则：为了保障科创板注册制的顺利实施，中国证监会和上海证券交易所制定并发布了一系列相关规则，包括《关于在上海证券交易所设立科创板并试点注册制的实施意见》《科创板首次公开发行股票注册管理办法（试行）》等。这些规则明确了科创板的定位、发行条件、审核程序、信息披露要求等方面的内容。

2019 年 1 月 30 日，中国证监会发布《关于在上海证券交易所设立科创板并试点注册制的实施意见》，并就《科创板上市公司持续监管办法（试行）》和《科创板首次公开发行股票注册管理办法（试行）》公开征求意见；同日，上海证券交易所就设立科创板并试点注册制相关配套业务规则公开征求意见。

2019 年 6 月 13 日，科创板正式开板，中国资本市场迎来了一个全新板块。

2019 年 6 月 19 日凌晨，上海证券交易所（以下简称"上交所"）官网披露华兴源创招股意向书、上市发行安排及初步询价公告等，该公司拟公开发行不超过4 010 万股，拟登录科创板募集资金 10.09 亿元，并在 6 月 27 日进行网上申购。根据招股书，发行人股票简称"华兴源创"，股票代码为 688001，同用于此次发行的初步询价及网下申购，此次发行网上申购代码为 787001。

2019 年 7 月 22 日，科创板鸣锣开市，其中 25 只股票于该日上市。

设立科创板是落实创新驱动和科技强国战略、推动高质量发展、支持上海国际金融中心和科技创新中心建设的重大改革举措；是完善资本市场基础制度、激发市场活力和保护投资者合法权益的重要安排；在这样的市场定位下，科创板要顺利落地生根、茁壮成长，很关键的一点是要打好"创新牌"。

科创板是资本市场的增量改革，这一点非常重要。增量改革可以避免对庞大存量市场的影响，而在一片新天地下"试水"改革举措，快速积累经验，从而助推资本市场基础制度的不断完善。注册制的试点有严格标准和程序，在受理、审核、注册、发行、交易等各个环节会更加注重信息披露的真实全面、上市公司质量，更加注重激发市场活力、保护投资者权益。在科创板试点注册制，可以说是为改革开辟了一条创新性的路径。

2. 创业板注册制：存量市场的改革

我国的创业板成立于 2009 年 10 月，上市地点为深圳证券交易所（以下简称"深交所"），创业板的成立，旨在为中小创新型企业提供融资平台，推动其成长和发展，同时也为投资者提供了更多的投资选择。创业板经过十年的发展，于 2019年开始实施注册制度改革，在吸取增量市场注册改革经验的基础上，对存量市场进行注册制改革。

2019 年 8 月 9 日，《中共中央 国务院关于支持深圳建设中国特色社会主义先行示范区的意见》提出：研究完善创业板发行上市、再融资和并购重组制度，创造条件推动注册制改革。

2019 年 9 月 10 日，证监会会议提出全面深化资本市场改革的 12 个方面重点任务，其中第三点要求补齐多层次资本市场体系的短板，推进创业板改革，加快新三板改革，选择若干区域性股权市场开展制度和业务创新试点。

2020 年 2 月 29 日，《国务院办公厅关于贯彻实施修订后的证券法有关工作的通知》要求：研究制定在深圳证券交易所创业板试点股票公开发行注册制的总体方案，并及时总结创业板、创业板注册制改革经验，积极创造条件，适时提出在证券交易所其他板块和国务院批准的其他全国性证券交易场所实行股票公开发行注册制的方案。相关方案经国务院批准后实施。

2020 年 3 月 23 日，证监会国新办新闻发布会答问实录中称：创业板改革，我们已经做了认真研究论证，包括在一定范围内征求意见。创业板改革会重点抓好注册制这条主线，同时会在其他一些方面，包括发行、上市、信息披露、交易、退市等一系列基础制度方面，作出改革安排。目前，相关工作正在有序推进。

2020 年 4 月 27 日，中央全面深化改革委员会第十三次会议审议通过了《创业板改革并试点注册制总体实施方案》，证监会发布《创业板首发注册办法》《创业板再融资注册办法》等规则的征求意见稿，深交所发布《深交所就创业板改革并试点注册制配套业务规则公开征求意见》，创业板改革大幕正式拉开。

2020 年 6 月 12 日，深交所发布创业板改革并试点注册制相关业务规则及配套安排。

2020 年 8 月 24 日，创业板注册制首批 18 家企业上市。从 2020 年 4 月 27 日中央全面深化改革委员会会议审议通过创业板改革方案，到 8 月 24 日创业板注册制首批 18 家企业上市，仅仅历时 119 天，以注册制为核心的一系列基础制度开始紧锣密鼓落地。

创业板注册制是承前启后的关键一环，它的落地，意味着注册制正从科创板"试验田"迈向"深水区"。

3. 北交所注册：新增的证券交易所

2021 年 9 月 2 日，习近平总书记在 2021 年中国国际服务贸易交易会全球服务贸易峰会上的致辞中宣布："我们将继续支持中小企业创新发展，深化新三板改革，设立北京证券交易所，打造服务创新型中小企业主阵地。"[①] 这是对资本市场更好服务构建新发展格局、推动高质量发展作出的新的重大战略部署，是实施国家创新驱动发展战略、持续培育发展新动能的重要举措，也是深化金融供给侧结构性改革、完善多层次资本市场体系的重要内容，对于更好发挥资本市场功能作用、促进科技与资本融合、支持中小企业创新发展具有重要意义。

北京证券交易所（以下简称"北交所"）于 2021 年 9 月 3 日注册成立，是经国务院批准设立的我国第一家公司制证券交易所，受中国证监会监督管理。经营范围为依法为证券集中交易提供场所和设施、组织和监督证券交易以及证券市场管理服务等业务。

2021 年 9 月 3 日，证监会召开新闻发布会，新闻发言人高莉主持，公众公司部主任周贵华、副主任杨喆，全国中小企业股份转让系统有限责任公司党委书记、董事长徐明出席，发布了 1 项内容：证监会就北交所有关基础制度安排向社会公开征

---

① 习近平外交演讲集：第二卷［M］.北京：中央文献出版社，2022：366.

求意见（以上详见官网要闻和公开征求意见栏目），并回答了记者提问。

2021 年 10 月 30 日，北交所正式发布《北京证券交易所股票上市规则（试行）》《北京证券交易所向不特定合格投资者公开发行股票并上市审核规则（试行）》等 4 项基本业务规则，以及《北京证券交易所上市委员会管理细则》《北京证券交易所证券发行上市保荐业务管理细则》等 6 项配套细则和指引，上述业务规则自 2021 年 11 月 15 日起施行。

2021 年 11 月 15 日，北交所揭牌暨开市仪式在北京隆重举办，首批上市企业共有 81 家，其中原新三板精选层平移过来的企业 69 家。北交所从宣布设立到正式开市前后仅用 74 天，真正体现了快而稳的速度。

在北交所的建设过程中，始终重点把握好以下原则，如图 6-1 所示。

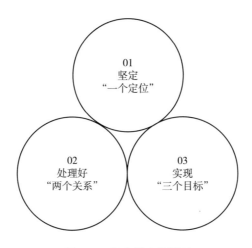

图 6-1　北交所建设原则

（1）坚守"一个定位"。

北交所将牢牢坚持服务创新型中小企业的市场定位，尊重创新型中小企业发展规律和成长阶段，提升制度包容性和精准性。

（2）处理好"两个关系"。

一是北交所与沪深交易所、区域性股权市场坚持错位发展与互联互通，发挥好转板上市功能。二是北交所与新三板现有创新层、基础层坚持统筹协调与制度联动，维护市场结构平衡。

（3）实现"三个目标"。

一是构建一套契合创新型中小企业特点的涵盖发行上市、交易、退市、持续监管、投资者适当性管理等基础制度安排，提升多层次资本市场发展普惠金融的能力。二是畅通北交所在多层次资本市场的纽带作用，形成相互补充、相互促进的中小企业直接融资成长路径。三是培育一批优秀的创新型中小企业，形成创新创业热情高涨、合格投资者踊跃参与、中介机构归位尽责的良性市场生态。

4. 主板注册制：全面注册制的最后一环

主板包含两个部分：深交所主板和上市交所主板。主板市场于 20 世纪 90 年代就已经开板，分别在上海市和深圳市，主板的注册制是全面注册制的最后一环，全面实行注册制是涉及资本市场全局的重大改革。

在各方共同努力下，科创板、创业板和北交所试点注册制总体上是成功的，主要制度规则经受住了市场检验，改革成效得到了市场认可。主板注册制的实施，标志着注册制推广到全市场和各类公开发行股票行为，在中国资本市场改革发展进程中具有里程碑意义。

2020 年 10 月 31 日，国务院金融稳定发展委员会召开专题会议，传达学习党的十九届五中全会精神，研究部署金融系统贯彻落实工作。会议由时任中央政治局委员、国务院副总理、中央财经领导小组办公室主任刘鹤主持。会议强调，要按照五中全会作出的战略部署，扎实做好金融改革开放各项工作。其中也包括"增强资本市场枢纽功能，全面实行股票发行注册制，建立常态化退市机制，提高直接融资比重"。[1]

2023 年 2 月 17 日证监会发布全面实行股票发行注册制相关制度规则，此次发布的制度规则共 165 部，其中证监会发布的制度规则 57 部，证券交易所、全国股转公司、中国结算等发布的配套制度规则 108 部。内容涵盖发行条件、注册程序、保荐承销、重大资产重组、监管执法、投资者保护等各个方面。[2]

2023 年 4 月 10 日，主板注册制首批 10 只新股挂牌上市。从此，中国股市进入一个崭新时代。主板注册制首批 10 家企业分别为陕西能源（001286）、南矿集团（001360）、江盐集团（601065）、柏诚股份（601133）、海森药业（001367）、中电港（001287）、常青科技（603125）、中信金属（601061）、中重科技（603135）、登康口腔（001328），也是全面注册制下主板首批过会企业，其中中电港为深圳企业。

（三）全面注册制的意义

全面注册制的实施对于中国资本市场的发展和壮大非常重要，它可以有效地推动中国资本市场向更加市场化、法治化和国际化的方向发展，提高上市公司的质量和透明度，增强投资者信心，促进资本市场的稳定发展。全面注册制的实施可以带来多方面的好处，主要体现在以下几个方面，具体如图 6-2 所示。

---

[1] 刘鹤主持召开国务院金融稳定发展委员会专题会议［EB/OL］.https：//www.gov.cn/guowuyuan/2020-10/31/content_5556394.htm.

[2] 全面实行股票发行注册制制度规则发布实施［EB/OL］.www.gov.cn/xinwen/2023-02/17/content_5741947.htm.

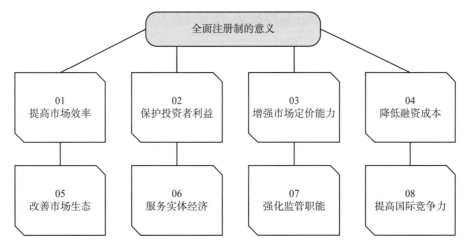

图 6-2　全面注册制的意义

1. 提高市场效率

注册制可以缩短审核周期，加快企业上市速度，使得市场上的资金能够更加有效地配置。同时，它还可以减少政府对市场的干预，有利于形成市场化定价机制，进一步提高市场效率。

2. 保护投资者利益

注册制要求企业充分披露信息，这使得投资者可以根据公开的信息自主决定是否购买某只股票，避免被欺诈或被误导。这种制度还可以促使发行人更加重视信息披露，提高信息的透明度，从而更好地保护投资者的利益。

3. 增强市场定价能力

注册制本质上是以信息披露为核心的发行制度。这有助于深化市场化改革，市场对于证券的定价能力得以增强，资本市场活力和企业竞争力被充分激发。

4. 降低融资成本

注册制由实质审查转变为形式审查，企业即使没有连续三年盈利，甚至是亏损，只要充分信息披露，也能够上市。这使得企业融资成本降低，提升了发行效率。

5. 改善市场生态

全面注册制的实施还伴随着一系列创新改革措施和制度型开放的举措，推动了资本市场发生深刻的结构性变化，包括上市公司结构、投资者结构、估值体系等方面都发生了积极变化，市场生态得以改善。

注册制还加速了市场淘汰机制，市场的优胜劣汰机制更加完善，提高了整个资本市场的质量和竞争力，优化了资源配置，使得资本市场环境得到进一步改善。

6. 服务实体经济

从金融支持实体经济的角度来看，注册制有助于助力中国实体企业实现高质量发展，推进中国产业升级和经济结构调整，更好地服务国家发展战略。

7. 强化监管职能

注册制有助于深化市场化改革，注册制也要求监管机构更加专注于市场监管和投资者保护，强化监管职能。

8. 提高国际竞争力

全面注册制的实施也将吸引更多的国内外优质企业进入资本市场，对中国资本市场的发展和壮大起到重要的推动作用，提高中国资本市场的国际竞争力，助力金融强国的实现。

总的来说，全面注册制的实施，通过提高市场效率、保护投资者利益、增强市场定价能力、降低融资成本以及促进市场发展与防范风险等方面，为资本市场的健康发展提供了有力支持，增强了资本市场服务实体经济的能力，提升了对科技创新企业的服务能力，优化了市场生态，并提升了我国资本市场的国际影响力。

尽管注册制有诸多好处，但也可能存在一些问题，例如，可能导致一些劣质公司上市，出现财务造假、操纵股市、损害投资者的利益等现象。因此，在推行注册制的过程中，需要建立健全的监管机制和法律法规体系来保障其有效性和公平性。

二、多层次资市市场体系

（一）多层次资本市场体系的概念

多层次资本市场体系是指针对不同层次的资金需求方（融资者）与资金供给方（投资者），针对质量、规模、风险程度不同的各类企业，为满足多样化市场主体的资本需求而建立起来的分层次的资本市场体系。

（二）多层次资本市场体系的建设

1. 首次提出

2003年10月14日，中国共产党第十六届中央委员会第三次全体会议通过《中共中央关于完善社会主义市场经济体制若干问题的决定》（以下简称《决定》）。《决定》指出：大力发展资本和其他要素市场。积极推进资本市场的改革开放和稳定发展，扩大直接融资。建立多层次资本市场体系，完善资本市场结构，丰富资本市场产品。

2. 加快发展

2012年11月8日，党的十八大上，胡锦涛作了题为《坚定不移沿着中国特色社会主义道路前进 为全面建成小康社会而奋斗》的报告，报告明确提出，加快发展多层次资本市场。

2013 年 6 月 19 日，李克强主持召开国务院常务会议，会议明确提出：加快发展多层次资本市场，将中小企业股份转让系统试点扩大至全国；鼓励创新、创业型中小企业融资发展。①

2013 年 7 月 1 日，国务院办公厅发布《国务院办公厅关于金融支持经济结构调整和转型升级的指导意见》，第七条提出：加快发展多层次资本市场。进一步优化主板、中小企业板、创业板市场的制度安排，完善发行、定价、并购重组等方面的各项制度。适当放宽创业板对创新型、成长型企业的财务准入标准。②

2013 年 8 月 12 日，国务院办公厅发布《国务院办公厅关于金融支持小微企业发展的实施意见》，提出：加快发展多层次资本市场，是解决小微企业直接融资比例过低、渠道过窄的必由之路。进一步优化中小板、创业板市场的制度安排，完善发行、定价、并购重组等方面的政策和措施。适当放宽创业板市场对创新型、成长型企业的财务准入标准，尽快启动上市小微企业再融资。③

2016 年 3 月 16 日，李克强在十二届全国人大四次会议记者会上答中外记者问时指出不管市场发生怎样的波动，我们还是要坚定不移地发展多层次的资本市场，而且也可以通过市场化债转股的方式来逐步降低企业的杠杆率。④

2016 年 6 月 20 日，李克强考察中国建设银行、中国人民银行并主持召开座谈会强调，提高金融资源配置效率、有效防范金融风险，关键在于深化改革。要深入推进金融领域简政放权、放管结合、优化服务，有序发展民营银行、消费金融公司等中小金融机构，丰富金融服务主体。多渠道推动股权融资，探索建立多层次资本市场转板机制，发展服务中小企业的区域性股权市场，促进债券市场健康发展，提高直接融资比重。⑤

3. 趋于完善

2019 年 7 月，科创板在上交所诞生，科创板市场独立于现有主板市场，各自有不同的市场规则和监管机构，为企业融资和投资者获得收益提供了多元化的选择。

---

① 李克强主持召开国务院常务会议（2013 年 6 月 19 日）［EB/OL］.https：//www.gov.cn/guowuyuan/2013-06/19/content_2591124.htm.

② 国务院办公厅关于金融支持经济结构调整和转型升级的指导意见［EB/OL］.https：//www.gov.cn/gongbao/content/2013/content_2449453.htm.

③ 国务院办公厅关于金融支持小微企业发展的实施意见［EB/OL］.https：//www.gov.cn/gongbao/content/2013/content_2473879.htm.

④ 两会授权发布：在十二届全国人大四次会议记者会上李克强总理答中外记者问［EB/OL］. https：//www.gov.cn/xinwen/2016-03/17/content_5054534.htm.

⑤ 李克强考察中国建设银行、中国人民银行并主持召开座谈会［EB/OL］.https：//www.gov.cn/guowuyuan/2016-06/21/content_5084198.htm.

2021年4月6日，深交所主板与中小板正式合并，这是深交所主板在时隔21年后恢复上市功能的高光时刻，也是中小板在完成探索使命后光荣"退役"的历史性时刻。两板合并是资本市场全面深化改革的一项重要举措，对于完善市场功能、夯实市场基础、提升市场活力和韧性、促进资本要素市场化配置具有重要意义。

2021年9月，北交所诞生，北交所的设立打通了资本市场为企业融资发展的"任督二脉"，各板块已初步形成功能互补、各具特色、各显优势的多层次资本市场格局，形成一个围绕企业生命周期发展而提供不同融资方式的市场体系。

2024年3月15日，证监会发布《关于严把发行上市准入关从源头上提高上市公司质量的意见（试行）》，其中提出，优化多层次资本市场功能衔接。[①]

资本市场最近十年来，发展迅速、改革不断，资本市场先后设立新三板、科创板、北交所，合并深交所主板和中小板，目前已形成涵盖沪深主板、科创板、创业板、北交所、新三板、区域性股权市场、私募股权基金在内的多层次股权市场，以及债券市场和期货衍生品市场。资本市场包容性、适应性和覆盖面大幅提高，多层次资本市场趋于完善。

（三）多层次资本市场体系的分类

1. 按交易的组织形式划分

从交易的组织形式看，资本市场分为交易所市场（场内交易市场/集中交易市场）和场外交易市场。但是随着信息科技发展，电子交易系统渐渐模糊了两者的概念。

场内市场和场外市场是股票交易市场中的两种不同环境。

（1）场内市场，也称为集中交易市场，是指在证券交易所或其他交易机构直接进行的交易，主要交易对象是上市公司的股票、债券等。在这个市场中，交易信息公开，监管规范。例如，在我国，上交所、深交所和北交所就是典型的场内市场。

（2）场外市场，也称为柜台交易市场（OTC），通常指的是场外交易市场，场外市场没有固定交易场所。我国的场外交易市场主要由银行间交易市场、全国中小企业股份转让系统、区域性股权交易市场、券商柜台市场、私募基金市场、机构间私募产品报价与服务系统等几个部分构成。

总的来说，场内市场和场外市场各有其特点，为投资者提供了不同的交易选择。在场内市场，投资者可以享受较高的流动性和信息公开程度；而在场外市场，

---

① 证监会集中发布《关于严把发行上市准入关从源头上提高上市公司质量的意见（试行）》等四项政策文件［EB/OL］.https://www.gov.cn/lianbo/bumen/202403/content_6939720.htm.

投资者可以寻找更多的投资机会和灵活性。这两个市场相互补充，共同构成了多层次资本市场体系的重要组成部分。

2.按交易的进入顺序划分

按交易的进入顺序，资本市场可以划分为一级市场和二级市场。一级市场和二级市场是金融市场中的两个重要组成部分，它们在金融交易和资本流动中发挥着不同的作用。

（1）一级市场。

一级市场，也称为发行市场或初级市场，是筹集资金的公司或政府机构将其新发行的股票和债券等证券销售给最初购买者的金融市场。在这个市场上，投资者可以认购公司发行的股票和债券等证券，从而成为公司的股东或债权人。一级市场的主要特点是发行是一次性的行为，其价格由发行公司决定，并经过有关部门核准。已发行的股票一经上市，就进入二级市场。因此，一级市场主要是为公司或政府机构筹集资金提供渠道，同时也为投资者提供了直接参与公司发展的机会。

（2）二级市场。

二级市场，也称为证券交易市场、证券流通市场或次级市场，是指已经发行的证券进行买卖、转让和流通的市场。在这个市场上，投资者可以买入或卖出已经发行的证券，包括股票、债券、基金等。二级市场的主要功能在于有效地集中和分配资金，促进短期闲散资金转化为长期建设资金，调节资金供求，引导资金流向，以及为投资者提供风险管理和流动性管理的工具。二级市场的交易价格由市场供求关系决定，投资者可以根据自己的判断和风险承受能力自由选择买卖时机。

总的来说，一级市场和二级市场在金融市场中各有其独特的地位和作用。一级市场是证券发行的市场，为公司筹集资金提供了渠道；而二级市场则是证券流通的市场，为投资者提供了买卖证券的平台。这两个市场相互依存、相互影响，共同构成了金融市场的完整体系。

3.按市场主体情况来划分

多层次资本市场体系按市场主体情况来划分，可以分为主板、二板、三板、四板市场，主要是根据企业的质量、规模、风险程度等因素进行划分，以满足不同市场主体的资本需求。

（1）主板市场。

主板市场，也称为一板市场，是传统意义上的证券市场，通常指股票市场。它是一国或地区证券发行、上市及交易的主要场所，为大型、成熟企业提供融资和股权转让服务。这些企业通常具有稳定的盈利能力和良好的市场地位。主板市场往往对上市企业的财务状况、公司治理结构等方面有严格的要求。

（2）二板市场。

二板市场，又称为创业板市场，是地位次于主板市场的二级证券市场。它主要为创新型、高成长性的中小企业提供融资服务，特别是那些处于初创阶段和成长阶段的中小企业。二板市场的上市条件相对于主板市场较为宽松，更注重企业的成长潜力和创新能力。

（3）三板市场。

三板市场即全国中小企业股份转让系统（俗称"新三板"），是经国务院批准设立的全国性证券交易场所。它主要为创新型、创业型、成长型中小微企业提供股权转让和融资服务。新三板市场的定位是为机构投资者和高净值人士提供参与中小微企业投资的机会。

（4）四板市场。

四板市场即区域性股权交易市场，是为特定区域内的企业提供股权、债券的转让和融资服务的私募市场。它通常以省级为单位，由省级人民政府监管。四板市场主要为区域内的中小企业提供融资和股权转让服务，促进区域经济发展。

此外，还有科创板、北交所等独立于现有主板市场的板块，为科技创新型企业以及专精特新等企业提供专门的融资和交易场所。这些市场的设立和发展，有助于构建更加完善、多元化的资本市场体系，满足不同类型、不同发展阶段企业的融资需求。从本质上，科创板和北交所市场可以划分到二板市场当中。

（四）多层次资本市场体系的结构

1. 多层次资本市场体系的结构

随着北交所的建立，我国多层次资本市场基本框架已形成，底层基础设施和监管体系等在符合中国特色的同时，逐渐与国际市场接轨。目前我国资本市场已形成主板、科创板、创业板、北交所、新三板及区域性股权市场等多层次资本市场体系，各板块和市场功能定位明确、突出特色、层层递进，错位发展，市场包容性、适应性和覆盖面大幅提高，形成了支持处于不同成长阶段和不同类型企业创新发展的资本市场体系，多层次资本市场趋于完善。

多层次资本市场体系的结构如图6-3所示。

各板块功能定位明确，主板突出行业代表性，体现稳定回馈投资者的能力；创业板更强调抗风险能力和成长性要求，支持有发展潜力的成长型创新创业企业；科创板凸显"硬科技"特色，强化科创属性要求；北交所持续提升服务创新型中小企业功能；新三板服务具有一定规模的中小企业；区域性股权市场服务广大中小微企业。

2. 多层次资本市场体系与企业生命周期的对应关系

企业的生命周期是指企业从创立到消亡的整个过程，它反映了企业的经营状况、管理策略的有效性以及市场环境的变化。通常，企业的生命周期可以分为四个阶段：初创期、成长期、成熟期和衰退期（或消亡期）。

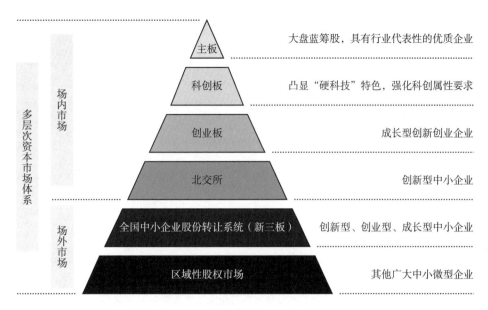

図6-3 多层次资本市场体系的结构

（1）初创期。

这是企业创立和初步发展的阶段。在这个阶段，企业面临着生存的挑战，需要快速找到市场定位，开发出符合市场需求的产品或服务。同时，企业也需要建立起基本的组织架构和管理体系，为未来的发展奠定基础。

（2）成长期。

在初创期的基础上，企业逐渐进入成长期。在这个阶段，企业的产品或服务开始获得市场的认可，销售额和利润快速增长。企业需要不断扩大生产规模，提高市场占有率，同时也需要不断完善内部管理体系，提升企业的核心竞争力。

（3）成熟期。

当企业经过一段时间的快速成长后，会逐渐进入成熟期。在这个阶段，企业的市场份额和盈利能力相对稳定，但同时也面临着市场竞争加剧和增长放缓的挑战。企业需要加强创新，寻找新的增长点，同时也需要优化内部流程，提高运营效率。

（4）衰退期（或消亡期）。

随着时间的推移，一些企业可能会逐渐进入衰退期或消亡期。在这个阶段，企业的市场份额和盈利能力可能会逐渐下降，甚至面临生存危机。企业需要采取积极的措施来应对这些挑战，如开发新产品、拓展新市场、优化成本结构等。如果无法有效应对这些挑战，企业可能会逐渐走向消亡。

而多层次资本市场体系为处于企业生命周期各个阶段的企业都匹配了相应的融资场所和融资工具。多层次资本市场体系与企业生命周期的对应关系如图6-4所示。

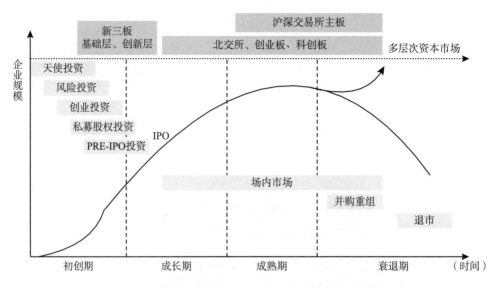

图 6-4   多层次资本市场体系与企业生命周期的对应关系

企业处于初创期时，可以通过天使投资、风险投资（VC）、创业投资等机构为企业发展提供资金支持；企业处于成长初期时，有私募股权投资（PE）、新三板的基础层、创新层等为企业发展提供资金支持，在快速成长期时，有北交所、创业板、科创板等为企业提供发展资金；在成熟期时，有沪深交易所的主板市场为企业发展提供资金支持；在衰退期的企业可以通过并购重组、被借壳等实现二次生命，也有部分企业退市进入新三板系统继续股票的交易。

3. 交易场所及审核制度

在中国资本市场，目前中小企业可以上市的交易场所分布在上海市、北京市、深圳市，各上市（或挂牌）板块及审计制度如表 6-1 所示。

表 6-1   资本市场板块及审核制度

性质	交易场所	板块	审核机制
场内交易市场	上海证券交易所	主板	注册制
		科创板	注册制
	深圳证券交易所	主板	注册制
		创业板	注册制
	北京证券交易所	北交所	注册制
场外交易市场	全国中小企业股份转让系统（新三板）	创新层	符合条件自动进入
		基础层	注册制
	区域性股权市场	各省份大都有一个	多为备案制

三、资本市场的上市门槛

（一）新三板挂牌门槛

全国中小企业股份转让系统深入贯彻创新驱动发展战略，聚焦服务实体经济，主要服务创新型、创业型、成长型中小企业，支持中小企业高质量发展。

为落实全面实行股票发行注册制的有关要求，规范公司股票公开转让并在全国中小企业股份转让系统挂牌相关事项，全国中小企业股份转让系统有限责任公司制定了《全国中小企业股份转让系统股票挂牌规则》，根据该规则新三板挂牌的主要条件如下。

1. 主体资格

申请挂牌公司应当是依法设立且合法存续的股份有限公司，股本总额不低于500万元（人民币，下同），并同时符合下列条件。

（1）股权明晰，股票发行和转让行为合法合规；

（2）公司治理健全，合法规范经营；

（3）业务明确，具有持续经营能力；

（4）主办券商推荐并持续督导；

（5）全国股转公司要求的其他条件。

申请挂牌公司应当持续经营不少于两个完整的会计年度，本规则另有规定的除外。有限责任公司按原账面净资产值折股整体变更为股份有限公司的，持续经营时间可以从有限责任公司成立之日起计算。

2. 业务与经营

（1）特定行业公司的要求。

申请挂牌公司主要业务属于人工智能、数字经济、互联网应用、医疗健康、新材料、高端装备制造、节能环保、现代服务业等新经济领域以及基础零部件、基础元器件、基础软件、基础工艺等产业基础领域，且符合国家战略，拥有关键核心技术，主要依靠核心技术开展生产经营，具有明确可行的经营规划的，持续经营时间可以少于两个完整会计年度但不少于一个完整会计年度，并符合下列条件之一。

①最近一年研发投入不低于1 000万元，且最近12个月或挂牌同时定向发行获得专业机构投资者股权投资金额不低于2 000万元；

②挂牌时即采取做市交易方式，挂牌同时向不少于4家做市商在内的对象定向发行股票，按挂牌同时定向发行价格计算的市值不低于1亿元。

（2）其他行业公司的要求。

除特定行业规定的公司外，其他申请挂牌公司最近一期末每股净资产应当不低于1元/股，并满足下列条件之一，如表6-2所示。

表 6-2 新三板挂牌的条件

序号	指标类型	其他要素
1	盈利	最近两年净利润均为正且累计不低于 800 万元
		或者最近一年净利润不低于 600 万元
2	收入+增长率/经营活动现金流量	最近两年营业收入平均不低于 3 000 万元且最近一年营业收入增长率不低于 20%
		或者最近两年营业收入平均不低于 5 000 万元且经营活动现金流量净额均为正
3	收入+研发投入	最近一年营业收入不低于 3 000 万元，且最近两年累计研发投入占最近两年累计营业收入比例不低于 5%
4	研发投入+股权融资	最近两年研发投入累计不低于 1 000 万元，且最近 24 个月或挂牌同时定向发行获得专业机构投资者股权投资金额不低于 2 000 万元
5	市值+做市	挂牌时即采取做市交易方式，挂牌同时向不少于 4 家做市商在内的对象定向发行股票，按挂牌同时定向发行价格计算的市值不低于 1 亿元

注：（1）以上五套标准满足一个即可申请挂牌。

（2）本节所称净利润以扣除非经常性损益前后的孰低者为准，净利润、营业收入、经营活动产生的现金流量净额均指经审计的数值。本节所称预计市值，是指股票公开发行后按照总股本乘以发行价格计算出来的发行人股票名义总价值，所有板块预计市值的计算方法是一致的。

3. 负面清单

申请挂牌公司所属行业或所从事业务不得存在以下情形。

（1）申请挂牌公司从事学前教育、学科类培训等业务，或属于国务院主管部门认定的产能过剩行业、《产业结构调整指导目录》中规定的淘汰类行业；

（2）除中国人民银行、中国银保监会、中国证监会批准设立并监管的金融机构外，申请挂牌公司主要从事其他金融或投资业务，或申请挂牌公司持有主要从事上述业务企业的股权比例 20% 以上（含 20%）或为其第一大股东；

（3）不符合全国中小企业股份转让系统市场定位及中国证监会、全国股转公司规定的其他情形。

（二）北交所上市门槛

公开发行股票并在北交所上市，应当符合发行条件、上市条件以及相关信息披露要求，依法经北交所发行上市审核，并报中国证监会注册。

1. 北交所定位

北交所充分发挥对全国中小企业股份转让系统的示范引领作用，深入贯彻创新驱动发展战略，聚焦实体经济，主要服务创新型中小企业，重点支持先进制造业和现代服务业等领域的企业，推动传统产业转型升级，培育经济发展新动能，促进经济高质量发展。

2. 发行条件

发行人应当为在全国中小企业股份转让系统（以下简称"全国股转系统"）连续挂牌满十二个月的创新层挂牌公司。

发行人申请公开发行股票，应当符合下列规定。

（1）具备健全且运行良好的组织机构；

（2）具有持续经营能力，财务状况良好；

（3）最近三年财务会计报告无虚假记载，被出具无保留意见审计报告；

（4）依法规范经营。

3. 上市条件

发行人申请公开发行并上市，应当符合下列条件。

（1）发行人为在全国股转系统连续挂牌满 12 个月的创新层挂牌公司；

（2）符合中国证监会规定的发行条件；

（3）最近一年期末净资产不低于 5 000 万元；

（4）向不特定合格投资者公开发行（以下简称"公开发行"）的股份不少于 100 万股，发行对象不少于 100 人；

（5）公开发行后，公司股本总额不少于 3 000 万元；

（6）公开发行后，公司股东人数不少于 200 人，公众股东持股比例不低于公司股本总额的 25%；公司股本总额超过 4 亿元的，公众股东持股比例不低于公司股本总额的 10%；

（7）市值及财务指标符合本规则规定的标准；

（8）北交所规定的其他上市条件。

北交所可以根据市场情况，经中国证监会批准，对上市条件和具体标准进行调整。

4. 上市标准

北交所针对一般企业，构建了以市值为中心的四套上市标准，具体如表 6-3 所示。

表 6-3 北交所的上市标准

序号	指标类型	预计市值	其他要素
1	市值 + 盈利 + 净资产收益率	≥ 2 亿元	最近两年净利润均不低于 1 500 万元且加权平均净资产收益率平均不低于 8%
			或者最近一年净利润不低于 2 500 万元且加权平均净资产收益率不低于 8%
2	市值 + 收入 + 经营活动现金流量	≥ 4 亿元	最近两年营业收入平均不低于 1 亿元，且最近一年营业收入增长率不低于 30%，最近一年经营活动产生的现金流量净额为正

序号	指标类型	预计市值	其他要素
3	市值＋收入＋研发投入	≥8亿元	最近一年营业收入不低于2亿元，最近两年研发投入合计占最近两年营业收入合计比例不低于8%
4	市值＋研发投入	≥15亿元	最近两年研发投入合计不低于5 000万元

注：（1）以上四套标准满足一个即可申请挂牌。

（2）预计市值是指以发行人公开发行价格计算的股票市值。

（3）发行人具有表决权差异安排的，该安排应当平稳运行至少一个完整会计年度，且相关信息披露和公司治理应当符合中国证监会及全国中小企业股份转让系统有限责任公司相关规定。

5. 负面清单

发行人应当结合行业特点、经营特点、产品用途、业务模式、市场竞争力、技术创新或模式创新、研发投入与科技成果转化等情况，在招股说明书中充分披露发行人自身的创新特征。保荐机构应当对发行人的创新发展能力进行充分核查，在发行保荐书中说明核查过程、依据和结论意见。

（1）发行人属于金融业、房地产业企业的，不支持其申报在北交所发行上市。

（2）发行人生产经营应当符合国家产业政策。发行人不得属于产能过剩行业（产能过剩行业的认定以国务院主管部门的规定为准）、《产业结构调整指导目录》中规定的淘汰类行业，以及从事学前教育、学科类培训等业务的企业。

（三）创业板上市门槛

首次公开发行股票并上市，应当符合发行条件、上市条件以及相关信息披露要求，依法经交易所发行上市审核，并报中国证监会注册。

1. 创业板定位

创业板深入贯彻创新驱动发展战略，适应发展更多依靠创新、创造、创意的大趋势，主要服务成长型创新创业企业，支持传统产业与新技术、新产业、新业态、新模式深度融合。

2. 发行条件

（1）发行人是依法设立且持续经营三年以上的股份有限公司，具备健全且运行良好的组织机构，相关机构和人员能够依法履行职责。有限责任公司按原账面净资产值折股整体变更为股份有限公司的，持续经营时间可以从有限责任公司成立之日起计算。

（2）发行人会计基础工作规范，最近三年财务会计报告由注册会计师出具无保留意见的审计报告；发行人内部控制制度健全且被有效执行，能够合理保证公司运行效率、合法合规和财务报告的可靠性，并由注册会计师出具无保留结论的内部控制鉴证报告。

（3）发行人业务完整，具有直接面向市场独立持续经营的能力。

（4）发行人生产经营符合法律、行政法规的规定，符合国家产业政策。

3.上市条件

发行人申请在深交所创业板上市，应当符合下列条件。

（1）符合中国证监会规定的创业板发行条件；

（2）发行后股本总额不低于 3 000 万元；

（3）公开发行的股份达到公司股份总数的 25% 以上；公司股本总额超过 4 亿元的，公开发行股份的比例为 10% 以上；

（4）市值及财务指标符合本规则规定的标准；

（5）深交所要求的其他上市条件。

红筹企业等有特殊的要求，本书不做介绍。深交所可以根据市场情况，经中国证监会批准，对上市条件和具体标准进行调整。

4.上市标准

（1）一般企业的上市标准。

发行人为境内企业且不存在表决权差异安排的，市值及财务指标应当至少符合下列标准中的一项，如表 6-4 所示。

表 6-4　　　　　　　　　　　创业板针对一般企业的上市标准

序号	指标类型	预计市值	其他要素
1	盈利	—	最近两年净利润均为正，累计净利润不低于 1 亿元，且最近一年净利润不低于 6 000 万元
2	市值＋盈利＋收入	≥ 15 亿元	最近一年净利润为正，且营业收入不低于 4 亿元
3	市值＋收入	≥ 50 亿元	最近一年营业收入不低于 3 亿元

（2）有表决权差异的上市标准。

发行人具有表决权差异安排的，市值及财务指标应当至少符合下列标准中的一项，如表 6-5 所示。

表 6-5　　　　　　　　　　有表决权差异安排的创业板公司上市标准

序号	指标类型	预计市值	其他要素
1	市值	≥ 100 亿元	—
2	市值＋收入	≥ 50 亿元	最近一年营业收入不低于 5 亿元

发行人特别表决权股份的持有人资格、公司章程关于表决权差异安排的具体要求，应当符合深交所相关规则的规定。

5. 鼓励清单

深交所支持和鼓励符合下列标准之一的成长型创新创业企业申报在创业板发行上市。

（1）最近三年研发投入复合增长率不低于15%，最近一年投入金额不低于1 000万元，且最近三年营业收入复合增长率不低于25%；

（2）最近三年累计研发投入金额不低于5 000万元，且最近三年营业收入复合增长率不低于25%；

（3）属于制造业优化升级、现代服务业或者数字经济等现代产业体系领域，且最近三年营业收入复合增长率不低于30%。

最近一年营业收入金额达3亿元的企业，或者按照《关于开展创新企业境内发行股票或存托凭证试点的若干意见》等相关规则申报创业板的已境外上市的红筹企业，不适用前款规定的营业收入复合增长率要求。

6. 负面清单

保荐人应当顺应国家经济发展战略和产业政策导向，准确把握创业板定位，切实履行勤勉尽责义务，推荐符合创业板定位的企业申报在创业板发行上市。

属于上市公司行业分类相关规定中下列行业的企业，原则上不支持其申报在创业板发行上市，但与互联网、大数据、云计算、自动化、人工智能、新能源等新技术、新产业、新业态、新模式深度融合的创新创业企业除外。

（1）农林牧渔业；

（2）采矿业；

（3）酒、饮料和精制茶制造业；

（4）纺织业；

（5）黑色金属冶炼和压延加工业；

（6）电力、热力、燃气及水生产和供应业；

（7）建筑业；

（8）交通运输、仓储和邮政业；

（9）住宿和餐饮业；

（10）金融业；

（11）房地产业；

（12）居民服务、修理和其他服务业。

禁止产能过剩行业、《产业结构调整指导目录》中的淘汰类行业，以及从事学前教育、学科类培训、类金融业务的企业在创业板发行上市。

（四）科创板上市门槛

首次公开发行股票并上市，应当符合发行条件、上市条件以及相关信息披露要求，依法经交易所发行上市审核，并报中国证监会注册。

1. 科创板定位

科创板面向世界科技前沿、面向经济主战场、面向国家重大需求。优先支持符合国家战略，拥有关键核心技术，科技创新能力突出，主要依靠核心技术开展生产经营，具有稳定的商业模式，市场认可度高，社会形象良好，具有较强成长性的企业。

2. 发行条件

发行条件同创业板。

3. 上市条件

发行人申请在上交所科创板上市，应当符合下列条件。

（1）符合中国证监会规定的发行条件；

（2）发行后股本总额不低于人民币3 000万元；

（3）公开发行的股份达到公司股份总数的25%以上；公司股本总额超过人民币4亿元的，公开发行股份的比例为10%以上；

（4）市值及财务指标符合本规则规定的标准；

（5）上交所规定的其他上市条件。

红筹企业等有特殊的要求，本书不做介绍。上交所可以根据市场情况，经中国证监会批准，对上市条件和具体标准进行调整。

4. 上市标准

（1）一般企业的上市标准。

一般企业申请在上交所科创板上市，市值及财务指标应当至少符合下列标准中的一项，具体如表6-6所示。

表6-6　　　　　　　　　　　科创板针对一般企业的上市标准

序号	指标类型	预计市值	其他要素
1	市值＋盈利	≥10亿元	最近两年净利润均为正且累计净利润不低于人民币5 000万元
			或最近一年净利润为正且营业收入不低于人民币1亿元
2	市值＋收入＋研发投入占比	≥15亿元	最近一年营业收入不低于人民币2亿元，且最近三年累计研发投入占最近三年累计营业收入的比例不低于15%
3	市值＋收入＋经营活动现金流量	≥20亿元	最近一年营业收入不低于人民币3亿元，且最近三年经营活动产生的现金流量净额累计不低于人民币1亿元

序号	指标类型	预计市值	其他要素
4	市值＋收入	≥ 30 亿元	最近一年营业收入不低于人民币 3 亿元
5	市值＋研发投入	≥ 40 亿元	主要业务或产品须经国家有关部门批准，市场空间大，目前已取得阶段性成果。医药行业企业须至少有一项核心产品获准开展二期临床试验，其他符合科创板定位的企业须具备明显的技术优势并满足相应条件

（2）有表决权差异的上市标准。

发行人具有表决权差异安排的，市值及财务指标应当至少符合下列标准中的一项，如表 6-7 所示。

表 6-7　　　　　　　　　　有表决权差异的科创板公司上市标准

序号	指标类型	预计市值	其他要素
1	市值	≥ 100 亿元	—
2	市值＋收入	≥ 50 亿元	最近一年营业收入不低于人民币 5 亿元

发行人特别表决权股份的持有人资格、公司章程关于表决权差异安排的具体规定，应当符合上交所相关规则的规定。

全面注册制下，科创板上市条件更加多元包容，契合了科技创新企业的特点和融资需求。这使得一批处于"卡脖子"技术攻关领域的"硬科技"企业以及成长型创新创业企业得以在资本市场上市融资，提升了上市公司群体的科技含量。

5. 行业定位

申报科创板发行上市的发行人，应当属于下列行业领域的高新技术产业和战略性新兴产业。

（1）新一代信息技术领域，主要包括半导体和集成电路、电子信息、下一代信息网络、人工智能、大数据、云计算、软件、互联网、物联网和智能硬件等；

（2）高端装备领域，主要包括智能制造、航空航天、先进轨道交通、海洋工程装备及相关服务等；

（3）新材料领域，主要包括先进钢铁材料、先进有色金属材料、先进石化化工新材料、先进无机非金属材料、高性能复合材料、前沿新材料及相关服务等；

（4）新能源领域，主要包括先进核电、大型风电、高效光电光热、高效储能及相关服务等；

（5）节能环保领域，主要包括高效节能产品及设备、先进环保技术装备、先进环保产品、资源循环利用、新能源汽车整车、新能源汽车关键零部件、动力电池及相关服务等；

（6）生物医药领域，主要包括生物制品、高端化学药、高端医疗设备与器械及相关服务等；

（7）符合科创板定位的其他领域。

限制金融科技、模式创新企业在科创板发行上市。禁止房地产和主要从事金融、投资类业务的企业在科创板发行上市。

（五）主板上市门槛

首次公开发行股票并上市，应当符合发行条件、上市条件以及相关信息披露要求，依法经交易所发行上市审核，并报中国证监会注册。深交所和上交所主板的上市门槛都是一致的。

1. 主板定位

主板突出"大盘蓝筹"特色，重点支持业务模式成熟、经营业绩稳定、规模较大、具有行业代表性的优质企业。

2. 发行条件

发行条件同创业板。

3. 上市条件

境内发行人申请首次公开发行股票并在深交所或上交所上市，应当符合下列条件。

（1）符合《中华人民共和国证券法》、中国证监会规定的发行条件；

（2）发行后的股本总额不低于 5 000 万元；

（3）公开发行的股份达到公司股份总数的 25% 以上；公司股本总额超过 4 亿元的，公开发行股份的比例为 10% 以上；

（4）市值及财务指标符合本规则规定的标准；

（5）深交所或上交所要求的其他条件。

红筹企业等有特殊的要求，本书不做介绍。深交所或上交所可以根据市场情况，经中国证监会批准，对上市条件和具体标准进行调整。

4. 上市标准

（1）一般企业的上市标准。

境内发行人申请在深交所或上交所上市，市值及财务指标应当至少符合下列标准中的一项，如表6-8所示。

表 6-8　　　　　　　　　　　主板针对一般企业的上市标准

序号	指标类型	预计市值	其他要素
1	盈利＋经营活动现金流量／收入	—	最近 3 年净利润均为正，且最近 3 年净利润累计不低于 2 亿元，最近一年净利润不低于 1 亿元，最近 3 年经营活动产生的现金流量净额累计不低于 2 亿元
			最近 3 年净利润均为正，且最近 3 年净利润累计不低于 2 亿元，最近一年净利润不低于 1 亿元，最近 3 年营业收入累计不低于 15 亿元
2	市值＋盈利＋经营活动现金流量	≥ 50 亿元	最近一年净利润为正，最近一年营业收入不低于 6 亿元，最近 3 年经营活动产生的现金流量净额累计不低于 2.5 亿元
3	市值＋盈利＋收入	≥ 100 亿元	最近一年净利润为正，最近一年营业收入不低于 10 亿元

（2）有表决权差异的上市标准。

发行人具有表决权差异安排的，市值及财务指标应当至少符合下列标准中的一项，如表 6-9 所示。

表 6-9　　　　　　　　　　　有表决权差异的主板公司上市标准

序号	指标类型	预计市值	其他要素
1	市值＋盈利	≥ 200 亿元	最近一年净利润为正
2	市值＋盈利＋收入	≥ 100 亿元	最近一年净利润为正，最近一年营业收入不低于 10 亿元

拥有特别表决权的股份（以下简称"特别表决权股份"）持有人资格、公司章程关于表决权差异安排的具体规定，应当符合交易所相关规则的规定。

第二节　上市前股权规范：减少犯错、事半功倍

公司上市是一个系统性的工程，需要提前规划设计、才能防范风险、事半功倍，公司上市过程中需要规范的方面很多，例如，股权、公司治理、财务税收、合法合规等诸多方面，其中股权的规范处理是重要的方面之一。

一、股权规范是公司上市必修课

股权规范是公司上市过程中必须要重视和遵循的方面，可以说是公司上市的

"必修课"。股权规范涉及公司股权结构、股东权益、股份转让等多个方面，对于确保公司治理的透明性、公正性和稳定性至关重要。

1.公司上市前需要确保股权结构的清晰和合理

公司上市前确实需要确保股权结构的清晰和合理。这是因为股权结构是影响公司治理、经营稳定性和市场形象的关键因素之一，对于公司的长期发展具有重要影响。

首先，清晰的股权结构有助于明确公司的控制权归属和决策机制。在上市前，公司需要明确各个股东的持股比例和权益，避免出现股权纠纷和不确定性。这有助于确保公司决策的迅速和有效，提高公司的治理效率。

其次，合理的股权结构可以平衡不同股东之间的利益诉求，维护公司的整体利益。在上市过程中，公司需要吸引各类投资者，包括战略投资者、机构投资者和个人投资者等。通过合理的股权分配，可以平衡不同投资者之间的利益，形成有效的制衡机制，防止单一股东对公司的过度控制或侵害其他股东的利益。

最后，清晰的股权结构还有助于提高公司的市场形象和投资者信心。投资者在评估公司时，会关注公司的股权结构、股东背景和管理层持股情况等因素。一个清晰、合理的股权结构可以增强投资者对公司的信任度和好感度，提高公司的市场声誉和融资能力。

因此，为了确保公司上市前的股权结构清晰和合理，公司需要采取一系列措施，如进行股权梳理、股权设计、优化股东结构、引入战略投资者等。同时，公司还需要与专业机构合作，进行全面的尽职调查和审计，确保股权的真实性和合规性。这些工作可以为公司的上市奠定坚实的基础，提高上市的成功率和市场表现。

2.公司需要建立健全股东权益保护机制

股权权益保护机制，包括制定完善的公司章程和股东协议，明确股东的权利和义务，保护小股东的合法权益，防止大股东滥用权力。同时，公司还需要建立有效的信息披露制度，及时向股东和投资者披露重要信息，确保股东的知情权和决策权。

建立健全的股东权益保护机制有助于维护股东的合法权益，防止公司内部人控制、大股东侵害小股东利益等问题的发生。具体来说，这一机制应包括以下几个方面。

（1）完善公司章程和相关法律法规。

公司章程应明确规定股东的权利和义务、公司的治理结构、决策程序等，以确保股东的合法权益得到充分保障。同时，公司应遵守相关法律法规，及时、准确、完整地披露重要信息，保障股东的知情权。

（2）强化股东会的作用。

股东会是公司的最高权力机构，股东应通过股东会行使自己的权利。公司应确保股东会的召开程序合法、合规，保障股东的表决权、提案权等权利的行使。

（3）建立健全的董事会和监事会制度。

董事会和监事会是公司治理结构的重要组成部分，对于保护股东权益具有重要作用。董事会应负责制定公司的战略规划和经营计划，监事会则负责监督公司的财务和董事、高级管理人员的行为。两者应相互独立、相互制衡，共同维护公司和股东的利益。

（4）建立有效的股东沟通机制。

公司应积极与股东沟通，了解他们的诉求和关切，及时回应股东的疑问和质询。这有助于增强股东对公司的信任感和归属感，提高公司的治理效率和市场形象。

（5）加大监管和执法力度。

监管机构应加大对公司的监管和执法力度，对于侵害股东权益的违法行为进行严厉打击和惩处。这有助于维护市场秩序和公平正义，保障股东的合法权益不受侵害。

（6）完善信息披露制度。

建立有效的信息披露制度是公司保护股东权益、确保股东知情权和决策权的重要手段。透明、及时和准确的信息披露能够增强投资者对公司的信任，提高公司的市场声誉，并有助于维护一个公平、有序的市场环境。

总之，公司应从多个方面入手，加强股东权益保护工作，提高公司治理水平和市场竞争力；建立健全股东权益保护机制，既是公司治理的重要组成部分，也是确保公司健康、稳定发展、保障上市成功的关键因素之一。

3. 股权变动的每一次过程都需要予以重视规范

公司在上市过程中，需要披露募集说明书，募集说明书的很重要一个章节就是历史沿革，其中历史沿革要求详细记录股权变动的每一次过程，因此股权变动的每一次过程都是至关重要的，都有可能影响上市的成败。

股权变动包括股权转让、增资、减资、股东退出等很多环节，股权变动不仅涉及公司控制权的转移和股东权益的调整，还可能对公司的经营稳定性、治理结构、市场形象以及投资者关系产生深远影响。因此股权变动的每一次过程都需要予以重视规范。

首先，规范的股权变动过程有助于维护公司的经营稳定性。通过明确股权变动的条件、程序和结果，可以减少公司内部的不确定性，避免因股权纷争而导致的管理层动荡或业务中断。这对于保持公司的持续运营和盈利能力至关重要。

其次，规范的股权变动有助于完善公司的治理结构。在股权变动过程中，需要确保所有股东的权益得到充分保护，防止大股东滥用权力或侵害小股东的利益。通过制定公平、透明的股权变动规则，可以平衡不同股东之间的利益诉求，促进公司治理的公正性和有效性。

最后，规范的股权变动过程还有助于提升公司的市场形象和投资者关系。一个规范、透明的股权变动过程可以增强投资者对公司的信任度和好感度，提升公司的市场声誉和品牌价值。这有助于吸引更多的投资者关注和支持，为公司的发展提供稳定的资金来源。

因此，每一次股权变动的过程都需要被高度重视并规范进行。公司应制订详细的股权变动计划和方案，明确各方的权益和义务，确保整个过程的合法性和公平性。同时，公司还应积极与投资者沟通，及时披露相关信息，以维护良好的投资者关系和市场形象。

4. 股东适格性的规范核查

上市前，公司应对股东进行适格性审查，确保所有股东符合相关法律法规和证券交易所的规定。例如，某些行业或领域的投资者可能受到限制或禁止成为上市公司的股东。此外，公司还应关注是否存在关联方或潜在关联方持股的情况，以避免利益冲突和违规行为。

综上所述，上市前股权的规范是公司上市过程中的重要环节，公司应提前了解并遵守相关法律法规和证券交易所的规定，确保股权结构清晰、每一次股权变动都规范、股东适格且无限制性条款等问题，这将有助于公司顺利通过上市审核并实现成功上市。因此，对于拟上市的公司来说，股权规范无疑是一门重要的"必修课"。

二、新三板挂牌股权规范的要求

新三板挂牌本质上还不属于上市公司，更为专业的术语为非上市公司，非上市公众公司也需要公开披露、需要接受公众和监管机构的监督，因此对于新三板挂牌公司在股权方面也具有相应的规范要求。新三板挂牌条件中，关于股权方面的规范，虽然只有一条简单的概述"股权明晰，股票发行和转让行为合法合规"，但在实际操作中，股权方面需要实际操作的内容却比较复杂。

（一）股权形成及变动相关事项

1. 国有股权形成与变动

申请挂牌公司涉及国有控股或国有参股情形的，应严格按照国有资产管理法律法规的规定，提供相应的国有资产监督管理机构或国务院、地方政府授权的其他部门、机构关于国有股权设置的批复文件。因客观原因确实无法提供批复文件的，在保证国有资产不流失的前提下，申请挂牌公司可按以下方式解决。

（1）以国有产权登记表（证）替代国有资产监督管理机构的国有股权设置批复文件；

（2）股东中含有政府出资设立的投资基金的，可以基金的有效投资决策文件替代国有资产监管机构或财政部门的国有股权设置批复文件；

（3）国有股权由国有资产监管机构以外的机构监管的公司以及国有资产授权经营单位的子公司，可提供相关监管机构或国有资产授权经营单位出具的批复文件或经其盖章的产权登记表（证）替代国有资产监管机构的国有股权设置批复文件；

（4）股东中存在为其提供做市服务的国有做市商的，暂不要求提供该类股东的国有股权设置批复文件。

主办券商及律师应当关注国有资产出资是否遵守有关国有资产评估的规定、相关文件作为国有资产批复替代文件的有效性、出具相关文件的机构是否具有相应管理权限，以及国有股权变动是否依法履行评估程序、是否依法通过产权市场公开进行、是否办理国有产权登记、是否存在国有资产流失。

2. 出资资产、出资程序等存在瑕疵

历史上股东出资资产、出资程序等存在瑕疵的，申请挂牌公司应当充分披露出资瑕疵事项及采取的补救措施。

主办券商及律师应当关注出资瑕疵事项的影响，公司及相关股东是否因出资瑕疵受到行政处罚，是否属于重大违法违规，是否存在纠纷，补救措施的合法性、有效性以及公司股权归属的清晰性、资本充足性。

3. 国有企业、集体企业改制

历史上由国有企业、集体企业改制而来或曾挂靠集体组织经营的，申请挂牌公司应当披露改制过程、依据的法律法规、有权机关的审批情况、职工安置及资产处置情况等。

主办券商及律师应当结合当时有效的法律法规等，关注相关改制行为是否符合法律法规规定、是否经有权机关批准、是否存在国有资产或集体资产流失的情况、职工安置是否存在纠纷、股权权属是否清晰等。

改制过程中法律依据不明确、程序存在瑕疵或与有关法律法规存在冲突的，申请挂牌公司原则上应当披露有权机关关于改制程序的合法性、是否造成国有资产或集体资产流失的意见。

4. 股东信息披露与核查

申请挂牌公司应当真实、准确、完整地披露股东信息，历史沿革中存在股权代持情形的，应当在申报前解除还原，并在相关申报文件中披露代持的形成、演变、解除过程。

主办券商及律师应当关注代持关系是否全部解除，是否存在纠纷或潜在纠纷，相关人员是否涉及规避持股限制等法律法规规定的情形。

申请挂牌公司股东入股交易价格明显异常的，主办券商及律师应当关注前述股东或其最终持有人是否与公司、中介机构及相关人员存在关联关系，前述股东的入股背景、入股价格依据，前述入股行为是否存在股权代持、不当利益输送事项。

5. 曾在区域性股权市场挂牌事项

申请挂牌公司曾在区域性股权市场及其他交易场所进行融资及股权转让的，主办券商及律师应当关注相关融资及股权转让行为是否涉及公开发行、变相公开发行、集中交易等违反《国务院关于清理整顿各类交易场所切实防范金融风险的决定》《国务院办公厅关于清理整顿各类交易场所的实施意见》等规定的情形。

（二）关于实际控制人

1. 实际控制人认定的一般要求

申请挂牌公司实际控制人的认定应当以实事求是为原则，尊重公司的实际情况，以公司自身认定为主，并由公司股东确认。公司应当披露实际控制人的认定情况、认定理由、最近两年内变动情况（如有）及对公司持续经营的影响。实际控制人应当披露至最终的国有控股主体、集体组织、自然人等。

主办券商及律师应当结合公司章程、协议或其他安排以及公司股东大会（股东出席会议情况、表决过程、审议结果、董事提名和任命等）、董事会（重大决策的提议和表决过程等）、监事会及公司经营管理的实际运作情况对公司实际控制人的认定发表明确意见。

申请挂牌公司股权较为分散但存在单一股东控制比例达到30%情形的，若无相反证据，原则上应当将该股东认定为控股股东或实际控制人。公司认定存在实际控制人，但其他股东持股比例较高且与实际控制人持股比例接近的，主办券商及律师应当进一步分析说明公司是否存在通过实际控制人认定规避挂牌条件相关要求的情形。

2. 共同实际控制人认定

申请挂牌公司股东之间存在法定或约定形成的一致行动关系并不必然导致多人共同拥有公司控制权的情况。公司认定多人共同拥有公司控制权的，应当充分说明所依据的事实和证据。共同控制权一般通过公司章程、协议或者其他安排予以明确，有关章程、协议及其他安排必须合法有效、权利义务清晰、责任明确。

申请挂牌公司股东之间存在法定或约定的一致行动关系的，应当予以披露。共同控制人签署一致行动协议的，公司应当披露一致行动的实施方式、发生意见分歧时的解决机制、协议期限等。通过一致行动协议主张共同控制，无合理理由的（如第一大股东为纯财务投资人），一般不能排除第一大股东为共同控制人；公司未将一致行动协议全体签署人认定为共同实际控制人的，主办券商及律师应当说明是否存在通过实际控制人认定规避挂牌条件相关要求的情形。

实际控制人的配偶和直系亲属，如其持有公司股份达5%以上或者虽未达到5%但是担任公司董事、高级管理人员并在公司经营决策中发挥重要作用，主办券商及律师应当说明上述主体是否为共同实际控制人。

3. 无实际控制人核查

申请挂牌公司无实际控制人的，主办券商及律师应当对以下事项进行核查并发表明确意见。

（1）认定公司无实际控制人的依据及合理性、真实性；

（2）无实际控制人对公司治理和内部控制的有效性、公司经营发展的稳定性的影响。

若申请挂牌公司第一大股东持股接近30%，其他股东比例不高且较为分散，公司认定无实际控制人的，主办券商及律师应当进一步说明公司是否存在通过实际控制人认定规避挂牌条件相关要求的情形。

（三）公司股份被质押、被冻结

1. 股份被质押、被冻结事项的披露

申请挂牌公司应当披露控股股东、实际控制人、前十名股东及持有5%以上股份股东所持股份被质押、被冻结的具体情况，包括股份被质押或被冻结的原因，涉及的股份数量及占公司总股本的比例，质押或冻结的起止期限，质权人、司法冻结申请人或其他利益相关方的名称，约定的质权实现情形，涉及债务的清偿安排或司法裁决执行情况，对公司股权稳定性、股权清晰性及经营管理可能产生的影响等。

申请挂牌公司控股股东、实际控制人持有或控制的股份被质押、被冻结的，公司应当提示相关风险。

2. 股份被质押、被冻结事项的核查

主办券商及律师应当结合相关债务人以及被质押或被冻结股份持有人的财务状况和清偿能力，核查相关股份是否存在被行权或强制处分的可能性，公司控制权是否存在重大不确定性，股权归属是否明晰，是否影响相关主体在公司的任职或履职，是否对公司经营管理产生重大不利影响，并发表明确意见。

（四）对赌等特殊投资条款

1. 对赌等特殊投资条款的规范性要求

投资方在投资申请挂牌公司时约定的对赌等特殊投资条款存在以下情形的，公司应当清理。

（1）公司为特殊投资条款的义务或责任承担主体；

（2）限制公司未来股票发行融资的价格或发行对象；

（3）强制要求公司进行权益分派，或者不能进行权益分派；

（4）公司未来再融资时，如果新投资方与公司约定了优于本次投资的特殊投资条款，则相关条款自动适用于本次投资方；

（5）相关投资方有权不经公司内部决策程序直接向公司派驻董事，或者派驻的董事对公司经营决策享有一票否决权；

（6）不符合相关法律法规规定的优先清算权、查阅权、知情权等条款；

（7）触发条件与公司市值挂钩；

（8）其他严重影响公司持续经营能力、损害公司及其他股东合法权益、违反公司章程及全国股转系统关于公司治理相关规定的情形。

2. 对赌等特殊投资条款的披露

对于尚未履行完毕的对赌等特殊投资条款，申请挂牌公司应当在公开转让说明书中充分披露特殊投资条款的具体内容、内部审议程序、相关条款的修改情况（如有）、对公司控制权及其他方面可能产生的影响，并作重大事项提示。

3. 对赌等特殊投资条款的核查

对于尚未履行完毕的对赌等特殊投资条款，主办券商及律师应当对特殊投资条款的合法有效性、是否存在应当予以清理的情形、是否已履行公司内部审议程序、相关义务主体的履约能力、挂牌后的可执行性，对公司控制权稳定性、相关义务主体任职资格以及其他公司治理、经营事项产生的影响进行核查并发表明确意见。

对于报告期内已履行完毕或终止的对赌等特殊投资条款，主办券商及律师应当对特殊投资条款的履行或解除情况、履行或解除过程中是否存在纠纷、是否存在损害公司及其他股东利益的情形、是否对公司经营产生不利影响等事项进行核查并发表明确意见。

（五）向持股平台、员工持股计划定向发行股份的具体要求

向持股平台、员工持股计划定向发行股份的具体要求根据《非上市公众公司监督管理办法》相关规定，为保障股权清晰、防范融资风险，单纯以认购股份为目的而设立的公司法人、合伙企业等持股平台，不具有实际经营业务的，不符合投资者适当性管理要求，不得参与非上市公众公司的股份发行。

全国中小企业股份转让系统挂牌公司设立员工持股计划参与定向发行的，应当符合中国证券监督管理委员会关于挂牌公司员工持股计划的相关监管要求。其中金融企业还应当符合《关于规范金融企业内部职工持股的通知》有关员工持股监管的规定。

这个是针对已经挂牌的企业定向发行股票的要求，挂牌前已经存在的持股平台等不受影响。

三、公司上市对股权的规范要求

上市公司因为需要公开发行、涉及公众投资者的利益，其经营行为和市场表现

会受到广泛关注，为了确保市场的公平、透明和有序，上市公司需要遵守更为严格的股权规范。相关的规则或者指引对股权规范提出了更高的要求，这是保护投资者利益、维护市场稳定的必然要求。

（一）历史上自然人股东人数较多的规范

对于历史沿革涉及较多自然人股东的发行人，保荐机构、发行人律师应当核查历史上自然人股东入股、退股（含工会、职工持股会清理等事项）是否按照当时有效的法律法规履行了相应程序，入股或股权转让协议、款项收付凭证、工商登记资料等法律文件是否齐备，并抽取一定比例的股东进行访谈，就相关自然人股东股权变动的真实性、所履行程序的合法性、是否存在委托持股或信托持股情形、是否存在争议或潜在纠纷发表明确意见。

对于存在争议或潜在纠纷的，保荐机构、发行人律师应对相关纠纷对发行人股权清晰稳定的影响发表明确意见。发行人以定向募集方式设立股份有限公司的，中介机构应以有权部门就发行人历史沿革的合规性、是否存在争议或潜在纠纷等事项的意见作为其发表意见的依据。

（二）申报前引入新股东的相关要求：突击入股

1. 核查要求

对 IPO 申报前 12 个月通过增资或股权转让产生的新股东，保荐机构、发行人律师应按照《监管规则适用指引—关于申请首发上市企业股东信息披露》《监管规则适用指引——发行类第 2 号》的相关要求进行核查。

发行人在招股说明书信息披露时，除满足招股说明书信息披露准则的要求外，如新股东为法人，应披露其股权结构及实际控制人；如为自然人，应披露其基本信息；如为合伙企业，应披露合伙企业的普通合伙人及其实际控制人、有限合伙人的基本信息。最近一年末资产负债表日后增资扩股引入新股东的，申报前须增加一期审计。

红筹企业（是指注册地在境外、主要经营活动在境内的企业）拆除红筹架构以境内企业为主体申请上市，如该境内企业直接股东原持有红筹企业股权、持有境内企业股权比例为根据红筹企业持股比例转换而来，且该股东自持有红筹企业股权之日至 IPO 申报时点满 12 个月，原则上不视为新股东。

发行人直接股东如以持有发行人重要子公司（置换时资产、营业收入或利润占比超过 50%）股权置换为发行人股权的，如该股东自持有子公司股权之日至 IPO 申报时点满 12 个月，原则上不视为新股东。

2. 披露及承诺

发行人提交申请前 12 个月内新增股东的，应当在招股说明书中充分披露新增股东的基本情况、入股原因、入股价格及定价依据，新股东与发行人其他股东、董事、监事、高级管理人员是否存在关联关系，新股东与本次发行的中介机构及其负责人、高级管理人员、经办人员是否存在关联关系，新增股东是否存在股份代持情形。

上述新增股东应当承诺所持新增股份自取得之日起36个月内不得转让。

（三）关于实际控制人

关于实际控制人的相关要求，同新三板挂牌的要求基本上一致。

（四）对赌协议

1. 不符合相关要求的对赌协议原则上应在申报前清理

投资机构在投资发行人时约定对赌协议等类似安排的，保荐机构及发行人律师、申报会计师应当重点就以下事项核查并发表明确核查意见：一是发行人是否为对赌协议当事人；二是对赌协议是否存在可能导致公司控制权变化的约定；三是对赌协议是否与市值挂钩；四是对赌协议是否存在严重影响发行人持续经营能力或者其他严重影响投资者权益的情形。存在上述情形的，保荐机构、发行人律师、申报会计师应当审慎论证是否符合股权清晰稳定、会计处理规范等方面的要求，不符合相关要求的对赌协议原则上应在申报前清理。

2. 进行风险提示

发行人应当在招股说明书中披露对赌协议的具体内容、对发行人可能存在的影响等，并进行风险提示。

3. 解除对赌协议的关注事项

解除对赌协议应关注以下方面。

（1）约定"自始无效"，对回售责任"自始无效"相关协议签订日在财务报告出具日之前的，可视为发行人在报告期内对该笔对赌不存在股份回购义务，发行人收到的相关投资款在报告期内可确认为权益工具；对回售责任"自始无效"相关协议签订日在财务报告出具日之后的，需补充提供协议签订后最新一期经审计的财务报告。

（2）未约定"自始无效"的，发行人收到的相关投资款在对赌安排终止前应作为金融工具核算。

（五）资产管理产品、契约型私募投资基金投资发行人的核查及披露要求（俗称"三类股东"）

银行非保本理财产品，资金信托，证券公司、证券公司子公司、基金管理公司、基金管理子公司、期货公司、期货公司子公司、保险资产管理机构、金融资产投资公司发行的资产管理产品等《关于规范金融机构资产管理业务的指导意见》规定的产品（以下统称"资产管理产品"），以及契约型私募投资基金，直接持有发行人股份的，中介机构和发行人应从以下方面核查披露相关信息。

（1）中介机构应核查确认公司控股股东、实际控制人、第一大股东不属于资产管理产品、契约型私募投资基金。

（2）资产管理产品、契约型私募投资基金为发行人股东的，中介机构应核查确认该股东依法设立并有效存续，已纳入国家金融监管部门有效监管，并已按照规定履行审批、备案或报告程序，其管理人也已依法注册登记。

（3）发行人应当按照首发信息披露准则的要求对资产管理产品、契约型私募投资基金股东进行信息披露。通过协议转让、特定事项协议转让和大宗交易方式形成的资产管理产品、契约型私募投资基金股东，中介机构应对控股股东、实际控制人、董事、监事、高级管理人员及其近亲属，本次发行的中介机构及其负责人、高级管理人员、经办人员是否直接或间接在该等资产管理产品、契约型私募投资基金中持有权益进行核查并发表明确意见。

（4）中介机构应核查确认资产管理产品、契约型私募投资基金已作出合理安排，可确保符合现行锁定期和减持规则要求。

（六）出资瑕疵

发行人的注册资本应依法足额缴纳。发起人或者股东用作出资的资产的财产权转移手续已办理完毕。保荐机构和发行人律师应关注发行人是否存在股东未全面履行出资义务、抽逃出资、出资方式等存在瑕疵，或者发行人历史上涉及国有企业、集体企业改制存在瑕疵的情形。

1. 历史上存在出资瑕疵的

历史上存在出资瑕疵的，应当在申报前依法采取补救措施。

保荐机构和发行人律师应当对出资瑕疵事项的影响及发行人或相关股东是否因出资瑕疵受到过行政处罚、是否构成重大违法行为及本次发行的法律障碍，是否存在纠纷或潜在纠纷进行核查并发表明确意见。

发行人应当充分披露存在的出资瑕疵事项、采取的补救措施，以及中介机构的核查意见。

2. 国有或集体企业改制而来的

对于发行人是国有或集体企业改制而来，或发行人主要资产来自国有或集体企业，或历史上存在挂靠集体组织经营的企业，若改制或取得资产过程中法律依据不明确、相关程序存在瑕疵或与有关法律法规存在明显冲突，原则上发行人应在招股说明书中披露有权部门关于改制或取得资产程序的合法性、是否造成国有或集体资产流失的意见。

国有企业、集体企业改制过程不存在上述情况的，保荐机构、发行人律师应结合当时有效的法律法规等，分析说明有关改制行为是否经有权机关批准、法律依据是否充分、履行的程序是否合法以及对发行人的影响等。

发行人应在招股说明书中披露相关中介机构的核查意见。

（七）股权质押、冻结或发生诉讼仲裁

对于控股股东、实际控制人支配的发行人股权出现质押、冻结或诉讼仲裁的，发行人应当按照招股说明书准则要求予以充分披露。

保荐机构、发行人律师应当充分核查发生上述情形的原因，相关股权比例，质权人、申请人或其他利益相关方的基本情况，约定的质权实现情形，控股股东、实际控制人的财务状况和清偿能力，以及是否存在股份被强制处分的可能性、是否存在影响发行人控制权稳定的情形等。

对于被冻结或诉讼纠纷的股权达到一定比例或被质押的股权达到一定比例且控股股东、实际控制人明显不具备清偿能力，导致发行人控制权存在不确定性的，保荐机构及发行人律师应充分论证，并就是否符合发行条件审慎发表意见。

对于发行人的董事、监事及高级管理人员所持股份发生被质押、冻结或发生诉讼纠纷等情形的，发行人应当按照招股说明书准则的要求予以充分披露，并向投资者揭示风险。

（八）增资或转让股份形成的股份支付

1.具体适用情形

发行人向职工（含持股平台）、顾问、客户、供应商及其他利益相关方等新增股份，以及主要股东及其关联方向职工（含持股平台）、客户、供应商及其他利益相关方等转让股份，发行人应根据重要性水平，依据实质重于形式原则，对相关协议、交易安排及实际执行情况进行综合判断，并进行相应会计处理。有充分证据支持属于同一次股权激励方案、决策程序、相关协议而实施的股份支付，原则上一并考虑适用。

（1）实际控制人/老股东增资。

解决股份代持等规范措施导致股份变动，家族内部财产分割、继承、赠与等非交易行为导致股份变动，资产重组、业务并购、转换持股方式、向老股东同比例配售新股等导致股份变动，有充分证据支持相关股份获取与发行人获得其服务无关的，不适用《企业会计准则第11号——股份支付》。

为发行人提供服务的实际控制人/老股东以低于股份公允价值的价格增资入股，且超过其原持股比例而获得的新增股份，应属于股份支付。如果增资协议约定，所有股东均有权按各自原持股比例获得新增股份，但股东之间转让新增股份受让权且

构成集团内股份支付，导致实际控制人／老股东超过其原持股比例获得的新增股份，也属于股份支付。实际控制人／老股东原持股比例，应按照相关股东直接持有与穿透控股平台后间接持有的股份比例合并计算。

（2）顾问或实际控制人／老股东亲友获取股份。

发行人的顾问或实际控制人／老股东亲友（以下简称"当事人"）以低于股份公允价值的价格取得股份，应综合考虑发行人是否获取当事人及其关联方的服务。

发行人获取当事人及其关联方服务的，应构成股份支付。

实际控制人／老股东亲友未向发行人提供服务，但通过增资取得发行人股份的，应考虑是否实际构成发行人或其他股东向实际控制人／老股东亲友让予利益，从而构成对实际控制人／老股东的股权激励。

（3）客户、供应商获取股份。

发行人客户、供应商入股的，应综合考虑购销交易公允性、入股价格公允性等因素判断。

购销交易价格与第三方交易价格、同类商品市场价等相比不存在重大差异，且发行人未从此类客户、供应商获取其他利益的，一般不构成股份支付。

购销交易价格显著低于／高于第三方交易价格、同类商品市场价等可比价格的：一是客户、供应商入股价格未显著低于同期财务投资者入股价格的，一般不构成股份支付；二是客户、供应商入股价格显著低于同期财务投资者入股价格的，需要考虑此类情形是否构成股份支付；是否显著低于同期财务投资者入股价格，应综合考虑与价格公允性相关的各项因素。

2. 确定公允价值应考虑因素

确定公允价值，应综合考虑以下因素。

（1）入股时期，业绩基础与变动预期，市场环境变化；

（2）行业特点，同行业并购重组市盈率、市净率水平；

（3）股份支付实施或发生当年市盈率、市净率等指标；

（4）熟悉情况并按公平原则自愿交易的各方最近达成的入股价格或股权转让价格，如近期合理的外部投资者入股价，但要避免采用难以证明公允性的外部投资者入股价；

（5）采用恰当的估值技术确定公允价值，但要避免采取有争议的、结果显失公平的估值技术或公允价值确定方法，如明显增长预期下按照成本法评估的净资产或账面净资产。判断价格是否公允应考虑与某次交易价格是否一致，是否处于股权公允价值的合理区间范围内。

3. 确定等待期应考虑因素

股份立即授予或转让完成且没有明确约定等待期等限制条件的，股份支付费用原则上应一次性计入发生当期，并作为偶发事项计入非经常性损益。设定等待期的股份支付，股份支付费用应采用恰当方法在等待期内分摊，并计入经常性损益。

发行人应结合股权激励方案及相关决议、入股协议、服务合同、发行人回购权的期限、回购价格等有关等待期的约定及实际执行情况，综合判断相关约定是否实质上构成隐含的可行权条件，即职工是否必须完成一段时间的服务或完成相关业绩方可真正获得股权激励对应的经济利益。

发行人在股权激励方案中没有明确约定等待期，但约定一旦职工离职或存在其他情形（如职工考核不达标等非市场业绩条件），发行人、实际控制人或其指定人员有权回购其所持股份或在职工持股平台所持有财产份额的，应考虑此类条款或实际执行情况是否构成实质性的等待期，尤其关注回购价格影响。回购价格公允，回购仅是股权归属安排的，职工在授予日已获得相关利益，原则上不认定存在等待期，股份支付费用无须分摊。回购价格不公允或尚未明确约定的，表明职工在授予日不能确定获得相关利益，只有满足特定条件后才能获得相关利益，应考虑是否构成等待期。

（1）发行人的回购权存在特定期限。

发行人对于职工离职时相关股份的回购权存在特定期限，例如，固定期限届满前、公司上市前或上市后一定期间等，无证据支持相关回购价格公允的，一般应将回购权存续期间认定为等待期。

（2）发行人的回购权没有特定期限，且回购价格不公允。

发行人的回购权没有特定期限或约定职工任意时间离职时发行人均有权回购其权益，且回购价格与公允价值存在较大差异的，例如，职工仅享有持有期间的分红权、回购价格是原始出资额或原始出资额加定期利息等，发行人应结合回购价格等分析职工实际取得的经济利益，判断该事项应适用职工薪酬准则还是股份支付准则。

（3）发行人的回购权没有特定期限，且回购价格及定价基础均未明确约定。

发行人的回购权没有特定期限，且回购价格及定价基础均未明确约定的，应考虑相关安排的商业合理性。发行人应在申报前根据股权激励的目的和商业实质对相关条款予以规范，明确回购权期限及回购价格。

4. 核查要求

保荐机构及申报会计师应对发行人的股份变动是否适用《企业会计准则第11号——股份支付》进行核查，并对以下问题发表明确意见：股份支付相关安排是否具有商业合理性；股份支付相关权益工具公允价值的计量方法及结果是否合理，与同期可比公司估值是否存在重大差异；与股权所有权或收益权等相关的限制性条件是否真实、可行，相关约定是否实质上构成隐含的可行权条件，等待期的判断是否准确，等待期各年／期确认的职工服务成本或费用是否准确；发行人股份支付相关会计处理是否符合规定。

5.信息披露

发行人应根据重要性原则，在招股说明书中披露股份支付的形成原因、具体对象、权益工具的数量及确定依据、权益工具的公允价值及确认方法、职工持有份额/股份转让的具体安排等。

（九）股份代持

发行人应当真实、准确、完整地披露股东信息，发行人历史沿革中存在股份代持等情形的，应当在提交申请前依法解除，并在招股说明书中披露形成原因、演变情况、解除过程、是否存在纠纷或潜在纠纷等。

（十）入股价格异常

1.自然人股东入股异常

发行人的自然人股东入股交易价格明显异常的，中介机构应当核查该股东基本情况、入股背景等信息，说明是否存在《监管规则适用指引——关于申请首发上市企业股东信息披露》第一、第二项的情形。发行人应当说明该自然人股东基本情况。

2.层级较多的股东入股异常

发行人股东的股权架构为两层以上且为无实际经营业务的公司或有限合伙企业的，如该股东入股交易价格明显异常，中介机构应当对该股东层层穿透核查到最终持有人，说明是否存在《监管规则适用指引——关于申请首发上市企业股东信息披露》第一、第二项的情形。最终持有人为自然人的，发行人应当说明自然人基本情况。

《监管规则适用指引——关于申请首发上市企业股东信息披露》第一项：发行人应当真实、准确、完整地披露股东信息，发行人历史沿革中存在股份代持等情形的，应当在提交申请前依法解除，并在招股说明书中披露形成原因、演变情况、解除过程、是否存在纠纷或潜在纠纷等。

第二项：发行人在提交申报材料时应当出具专项承诺，说明发行人股东是否存在以下情形，并将该承诺对外披露：（1）法律法规规定禁止持股的主体直接或间接持有发行人股份；（2）本次发行的中介机构或其负责人、高级管理人员、经办人员直接或间接持有发行人股份；（3）以发行人股权进行不当利益输送。

发行人股东存在涉嫌违规入股、入股交易价格明显异常等情形的，证监会和证券交易所可以要求相关股东报告其基本情况、入股背景等，并就反洗钱管理、反腐败要求等方面征求有关部门意见，共同加强监管。

（十一）证监会系统离职人员不当入股

对于申请首次公开发行股票、存托凭证及申请在新三板精选层挂牌的企业（以下简称"发行人"），中介机构应按照《监管规则适用指引——发行类第2号》的要求，做好证监会系统离职人员（以下简称"离职人员"）入股的核查工作。

1. 离职人员范围

离职人员，是指发行人申报时相关股东为离开证监会系统未满十年的工作人员，具体包括从证监会、派出机构、上交所、深交所、全国股转公司离职的工作人员，从证监会系统其他会管单位离职的会管干部，在发行部或公众公司部借调累计满12个月并在借调结束后三年内离职的证监会系统其他会管单位的非会管干部，从会机关、派出机构、上交所、深交所、全国股转公司调动到证监会系统其他会管单位并在调动后三年内离职的非会管干部。

入股禁止期，是指副处级（中层）及以上离职人员离职后三年内、其他离职人员离职后二年内。

2. 不当入股的情形

不当入股情形包括但不限于：

（1）利用原职务影响谋取投资机会；

（2）入股过程存在利益输送；

（3）在入股禁止期内入股；

（4）作为不适格股东入股；

（5）入股资金来源违法违规。

3. 核查及规范要求

中介机构应当关注是否涉及离职人员入股的情况，并出具专项说明。中介机构应全面核查离职人员入股情况，发行人及离职人员应当配合中介机构尽职调查。

发行人及中介机构在提交发行申请文件时，应当提交专项说明，专项说明包括以下内容。

（1）是否存在离职人员入股的情形。

（2）如果存在离职人员入股但不属于不当入股情形的，应当说明离职人员基本信息、入股原因、入股价格及定价依据、入股资金来源等；离职人员关于不存在不当入股情形的承诺。

（3）如果存在离职人员不当入股情形的，应当予以清理，并说明离职人员基本信息、入股原因、入股价格及定价依据、清理过程、是否存在相关利益安排等。

第三节　资本规划八步走：按部就班、顺理成章

公司上市之路一般来说比较漫长，但是大致都会经过八个步骤，公司注册成立、顶层架构优化、实施股权激励、引进投资机构、对外投资扩张、改制股份公司、上市审核注册以及发行上市成功；当然某些企业可能经历的步骤更多，如经过多轮融资、多轮股权激励等，有些企业可能经历的步骤更少，但基本的原则和逻辑是相通的，本书系统地总结了大多数企业都会经历的八个步骤，并设计了一个一家公司从成立到上市的完整案例，通过案例的形式提供了每一个环节股权设计的参考示范。

一、公司注册成立：开启资本规划第一步

（一）创业背景：张三、李四与王五的创业之旅

1. 梦想启航——张三的倡议

在医疗健康信息化领域，张三的名字堪称一块金字招牌。作为一位资深的高级工程师，他深耕此领域多年，不仅积累了丰厚的初始资本和技术实力，更在业内建立了广泛的人脉资源。然而，这位行业佼佼者并未满足于现状，他的目光远远超出了眼前的成就。

张三深知，医疗服务数字化、医疗健康信息等领域正迎来前所未有的市场机遇。他看到了未来医疗系统对于智能化、高效化软件的迫切需求，也感受到了传统医疗模式向数字化转型的必然趋势。因此，他决定出来创业，成立一家面向医疗系统的软件开发公司，旨在推动医疗健康信息化的新进程。

2. 携手并进——李四的加入

在张三的创业蓝图中，李四的加入无疑是一股强大的助力。作为一位从事医院信息细化系统相关产品销售的销售总监，李四同样在行业内积累了丰富的经验和客户资源。他对市场的敏锐洞察力和出色的人际交往能力，使得他在张三眼中成为了不可或缺的合作伙伴。

在李四看来，张三的创业计划不仅具有前瞻性，更与他自身的职业发展规划不谋而合。因此，在张三的倡议和劝说下，李四决定放下现有的稳定职位，跟随张三一起开启这段充满挑战与机遇的创业之旅。

3. 财务后盾——王五的助力

一个成功的创业团队，除了需要技术和市场的双重保障外，稳健的财务管理同

样至关重要。而王五，正是这样一位具备深厚财务背景和丰富实战经验的高才生。他在公司上市、融资等领域拥有出色的表现，对于企业的财务管理有着独到的见解和高效的执行力。

王五的加入，为张三和李四的创业团队注入了强大的财务支持。他的专业知识和丰富经验，使得团队在资金筹集、成本控制、风险管理等方面更加得心应手，为公司的稳健发展提供了坚实的保障。

（二）设立准备：开启新篇章、共绘新蓝图

1. 股权分配尘埃落定

张三深知，医疗服务数字化、医疗健康信息等领域正迎来前所未有的市场机遇。他坚信，只有掌握核心科技，才能引领行业变革。作为主导和主要创始人，张三将负责产品研发等核心工作，并占据公司70%的股份，以彰显其领导地位和贡献。

在张三的创业蓝图中，李四的角色同样举足轻重。他的加入，不仅为团队带来了丰富的客户资源，更注入了强大的市场活力。李四深知销售对于初创公司的重要性，他将主要负责产品销售等工作，以确保公司的产品和服务能够迅速占领市场。作为对李四贡献的认可，他将在公司中占据20%的股份，与张三共同分享创业的果实。

一个成功的创业团队，除了需要技术和市场的双重保障外，稳健的财务管理同样至关重要。作为团队的财务官，王五将主要负责公司的财务管理以及后续的融资工作。他的专业知识和丰富经验将为公司的稳健发展提供坚实的保障。作为对其贡献的认可，王五将分配到公司10%的股份，成为团队中不可或缺的一员。

这一股权分配方案充分体现了各自的专业能力和贡献价值，为公司的稳健发展奠定了坚实基础。

2. 紧锣密鼓推进公司注册

股权比例确定后，三人便马不停蹄地投入到公司注册的各项准备工作中。他们深知，选择一个合适的注册地址对于公司的未来发展至关重要。因此，他们结合公司的业务定位和市场布局，经过多次实地考察和比较分析，最终选定了一处交通便利、政策优惠、资源丰富的注册地址。

同时，他们还商定了公司的经营范围和注册资本。在经营范围方面，公司将专注于医疗健康信息化领域的软件开发、系统集成、技术服务等业务，致力于推动医疗健康行业的数字化转型和升级。在注册资本方面，他们根据公司的实际需求和未来发展规划，设定了一个既符合法律法规要求又能体现公司实力的注册资本额。

在选定法定代表人和公司名称方面，三人也进行了充分的讨论和协商。最终，他们决定由张三担任公司的法定代表人，以其丰富的行业经验和卓越的领导能力来

引领公司的发展。同时，他们共同选定了一个既符合公司定位又能体现品牌特色的公司名称，为公司的品牌形象建设奠定了良好基础。

在完成了上述准备工作后，张三、李四和王五便正式向工商部门提交了公司注册申请。经过一系列严格的审核和程序办理，他们的公司终于成功注册成立。这一重要步骤的完成标志着他们的创业计划正式进入了实施阶段，也意味着他们将共同承担起推动医疗健康信息化发展的使命和责任。

（三）公司成立：迎来历史性的时刻

1. 历史性的时刻：公司正式成立

2016年3月20日，这一天，对于张三、李四和王五来说，注定是意义非凡的。经过长时间的筹备和努力，他们共同创立的医疗健康信息化公司在这一天正式成立。这不仅是一个崭新的开始，更是他们多年友谊和共同梦想的结晶。

2. 回顾创业之路：从梦想到现实

在创业过程中，他们经历了无数次的讨论和协商，确定了各自的股权比例、注册地址、经营范围和注册资本等重要事项。张三作为主导和主要创始人，负责产品研发等核心工作；李四则凭借丰富的销售经验，负责公司的产品销售和市场拓展；王五以其深厚的财务背景，负责公司的财务管理和后续融资工作。三人各司其职，共同为公司的发展贡献力量。

3. 展望未来：携手共创辉煌

公司成立后，张三、李四和王五对公司的未来发展充满了信心和期待。他们深知，这只是创业路上的一个起点，前方还有更多的挑战和机遇等待着他们。但他们坚信，只要保持初心、携手并进、不断创新，就一定能够在医疗健康信息化领域闯出一片新天地，为人类的健康事业贡献自己的力量。

在未来的日子里，他们将带领公司团队不断研发创新的产品和服务，满足医疗系统对于智能化、高效化软件的需求。同时，他们也将积极拓展市场，与更多的医疗机构建立合作关系，共同推动医疗健康信息化的进程。

公司成立时的基本信息如表6-10所示。

表6-10 云鼎医疗成立之初的基本信息

公司名称	北京云鼎医疗信息科技有限公司
类型	有限责任公司
统一社会信用代码	91110111MA11111111
注册资本	1 000.00 万元人民币
法定代表人	张三

成立日期	2016 年 3 月 20 日
住所	北京市丰台区××街道××大厦××层××室
经营范围	一般项目：软件开发；软件销售；计算机软硬件及外围设备制造；计算机软硬件及辅助设备零售；计算机软硬件及辅助设备批发；信息系统集成服务；信息系统运行维护服务；信息技术咨询服务；第二类医疗器械销售；互联网数据服务；以自有资金从事投资活动；非居住房地产租赁；技术服务、技术开发、技术咨询、技术交流、技术转让、技术推广。（除依法须经批准的项目外，凭营业执照依法自主开展经营活动）许可项目：第二类医疗器械生产；第三类医疗器械经营。（依法须经批准的项目，经相关部门批准后方可开展经营活动，具体经营项目以相关部门批准文件或许可证件为准）

注：公司名称和统一社会信用代码如有雷同，纯属巧合，公司名称以下简称"云鼎医疗"。

张三、李四和王五在公司成立时均将注册资本全部实际缴纳，则公司成立之初，公司的所有权权益情况如表 6-11 所示。

表 6-11　　　　　云鼎医疗所有者权益简表（截至 2016 年 3 月 31 日）

项目	金额（万元）
实收资本	1 000.00
资本公积	0.00
盈余公积	0.00
未分配利润	0.00
所有者权益合计	1 000.00

（四）股权初创设计：为梦想保驾护航

张三、李四和王五在一开始成立公司的时候，就考虑到了未来股权激励、融资以及上市的整体规划，在追求公司发展的同时，张三、李四和王五始终保持着对控制权的清醒认识。他们明白，控制权是保障企业按照既定战略方向前进的关键因素。因此，在设立公司时，他们便巧妙地增加了持股平台，减少未来再行调整的成本支出。这种智慧的做法，不仅体现了他们的商业智慧，也为公司的长远发展提供了有力保障。

云鼎医疗成立之初的股权架构如图 6-5 所示。

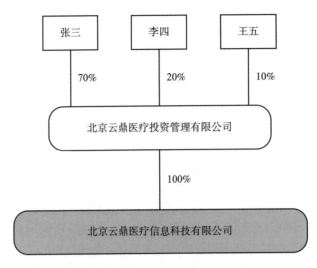

图 6–5　云鼎医疗初创期的股权结构

二、顶层架构优化：为未来上市未雨绸缪

（一）审视现有架构，识别改进空间

经过一年多的艰苦努力，张三、李四和王五共同创立的公司终于迎来了业绩的显著增长。随着经营状况的持续改善，他们对未来的资本规划充满了信心。然而，他们也深知，要想在资本市场上有所作为，必须要优化公司的顶层架构，为未来的上市之路做好充分准备。

在决定进行顶层架构优化之前，张三、李四和王五对公司的现有架构进行了全面的审视。他们发现，虽然公司在业绩上取得了不俗的成绩，但在股权结构、治理机制以及内部控制等方面仍存在一些不足之处。因此他们决定对顶层架构进行优化，同时完善公司治理、加强内部控制、提升管理水平。

（二）顶层架构再优化：为未来上市筑牢基石

2016 年底，公司决定优化顶层架构。顶层架构优化的基本路径：一是在北京云鼎医疗投资控股有限公司（简称"云鼎投资"）上增加有限合伙持股平台（以下简称"云鼎合伙"）；二是在有限合伙持股平台上增加张三的家族持股公司（以下简称"云鼎控股"）。

云鼎医疗顶层架构经过优化之后的股权架构如图 6–6 所示。

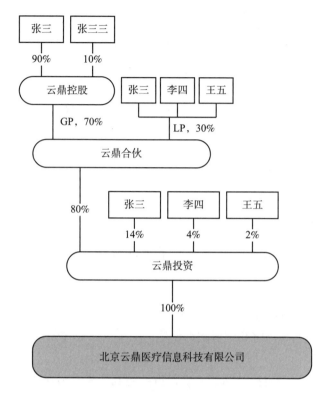

图6-6　云鼎医疗顶层优化后的股权结构

注：张三三表示张三家族其他持股人，下同。

经过一系列的顶层架构优化措施，张三、李四和王五对公司的未来上市之路充满了信心。他们相信，优化后的顶层架构将为公司带来更多的发展机遇和资本支持；同时，也将为公司的规范运作和持续发展提供有力保障。在未来的日子里，他们将继续携手并进，共同书写更加辉煌的创业篇章。

三、实施股权激励：锁定核心团队保盈利

（一）实施背景：锁定核心团队，共谋未来发展

自2016年3月20日公司成立以来，张三、李四和王五共同创立的云鼎医疗，在短短两年内取得了显著的成绩。这离不开公司全体员工的辛勤付出和共同努力。然而，随着市场的不断变化和竞争的加剧，公司管理层深知，要想继续保持高速增长并实现盈利目标，必须采取更加有效的措施来激励和留住核心员工。

为此，经过深思熟虑和充分讨论，公司管理层决定实施股权激励计划。这一计划旨在通过给予核心团队成员一定数量的公司股份，将他们的利益与公司的发展紧

密捆绑在一起，从而激发他们的工作热情和创造力，增强公司的凝聚力和竞争力。

为了更好地激励和留住核心团队，确保公司的持续盈利和长远发展，2018年4月，公司正式启动了股权激励计划。这一计划的推出，标志着公司进入了全新的发展阶段。股权激励作为一种长期激励机制，将核心团队成员的个人利益与公司的发展紧密绑定在一起，形成了更加紧密的命运共同体。这不仅是对团队成员过去贡献的认可，更是对他们未来潜力的信任和期待。

在股权激励计划的推动下，核心团队成员必将更加积极地投入到工作中，充分发挥自己的专业能力和创新精神。他们将与公司共同面对市场的挑战和机遇，共同推动公司的业务拓展和盈利能力的提升。同时，股权激励计划也将吸引更多优秀的人才加入公司，为公司的发展注入新的活力和动力。

（二）股权激励：公司发展历程的重要里程碑

股权激励计划的实施，不仅可以为核心团队成员带来丰厚的经济回报，更重要的是让他们成为公司的"合伙人"，共同参与公司的决策和发展。这种身份的转变将极大地提升他们的责任感和归属感，使他们更加投入地为公司的发展贡献力量。

总的来说，2018年4月公司正式启动的股权激励计划是公司发展历程中的重要里程碑。它将为公司锁定核心团队、确保持续盈利提供有力保障，同时也为公司未来的发展奠定了坚实的基础。

（三）激励方案：公司发展历程的重要里程碑

1.股权激励实施前的所有者权益情况

经过两年的发展，公司也实现了不少的盈利，每年的净利润预计能达1 000万元左右，截至2018年3月31日，云鼎医疗所有者权益情况如表6-12所示。

表6-12　　　　　云鼎医疗所有者权益简表（截至2018年3月31日）

项目	金额（万元）
实收资本	1 000.00
资本公积	0.00
盈余公积	168.00
未分配利润	1 512.00
所有者权益合计	2 680.00

2.股权激励方案

股权激励的主要方案要素如表6-13所示。

表 6–13   股权激励计划要素

股权激励要素（十二定）		内容
1	定目的	为了留住人才，保障公司的持续盈利
2	定对象	公司的核心员工，一共 15 名，具体信息略
3	定模式	限制性股权
4	定载体	通过有限合伙企业持股（暂定名"云鼎壹号"）
5	定数量	120 万股（占增资后的 10% 左右，本次分配 60 万股）
6	定价格	3 元 / 股（参考每股净资产 2.68 元，略有增长）
7	定时间	股权激励计划 10 年有效期
8	定来源	增资的方式，不是老股转让
9	定条件	主要是指制定股权激励计划的授予条件和行权条件
10	定调整	定调整是指股权激励计划实施过程中，在完成股份登记前或者完成行权前，公司发生资本公积转增股本、派送股票红利、股票拆细、配股、缩股等事项时，数量和价格的调整方法
11	定规则	定规则主要是指确定公司与激励对象发生异动时的处理方式，例如，公司发生控制权变更、合并、分立等情形，以及激励对象个人发生变化（如离职、死亡等）时，提前预设好相应事情发生时的处理规则，方能未雨绸缪、防患未然，以免引起麻烦
12	定考核	定考核主要是指确定公司和个人的考核指标、考核方法以及考核结果等。股权激励的主要目的是最大限度地调动激励对象的积极性，因此考核指标的设定、考核方法的有效性，都将是影响股权激励效果的重要因素，甚至对股权激励的实施具有决定性的影响

注：本书的内容重点不是股权激励计划，所以第 9~12 项内容此处不做介绍。

3. 股权激励实施后公司所有者权益情况

2018 年 4 月股权激励，一共增发 120 万股，其中本次分配激励对象 60 万股；另外 60 万股由 GP 云鼎投资认购，云鼎投资认购的 60 万股，可以预留以后给员工做二次激励等。

本次增资后，截至 2018 年 4 月 30 日，云鼎医疗所有者权益情况（暂不考虑本月盈利）如表 6–14 所示。

表 6–14   云鼎医疗所有者权益简表（截至 2018 年 4 月 30 日）

项目	金额（万元）
实收资本	1 120.00
资本公积	240.00
盈余公积	168.00

项目	金额（万元）
未分配利润	1 512.00
所有者权益合计	3 040.00

注：增发120万股，每股价格3元，其中增加注册资本120万元，溢价部分增加资本公积240万元（120×3-120）。

4. 股权激励实施后公司股权架构情况

本次股权激励实施后公司的股权架构情况如图6-7所示。

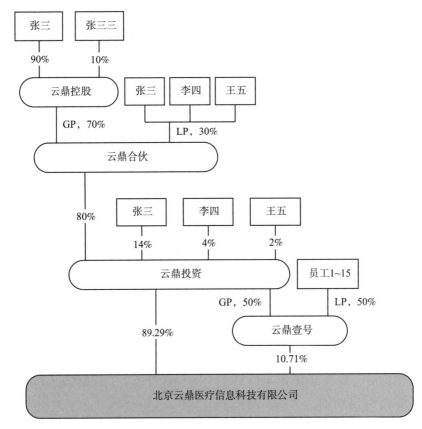

图6-7 云鼎医疗实施股权激励后的股权架构

综上所述，云鼎医疗实施的股权激励计划是一项具有战略意义的举措。它不仅有助于激励和留住核心员工、锁定核心团队，确保公司的稳定发展；还将为公司带来更多的商业机会和利润增长点，推动公司实现更高的盈利目标。公司管理层对股权激励计划的实施充满信心，他们相信，通过这一计划的实施，公司将更加稳健地前行，实现更高的盈利目标和更广阔的发展前景。同时，他们也期待与核心团队成员一起，共同书写公司未来的辉煌篇章。

四、引进投资机构：突破升级并提升估值

（一）实施背景：再突破的双重瓶颈

实施股权激励后，云鼎医疗公司在近两年的时间内取得了显著的经营业绩提升。这一策略不仅激发了内部团队的积极性，也稳固了公司在行业中的地位，每年稳定的 2 000 万元净利润成为公司稳健发展的有力证明。然而，随着市场的不断变化和竞争的加剧，云鼎医疗在追求更高层次的发展时遭遇了"瓶颈"。

随着市场的不断变化和竞争的加剧，公司现有的产品和服务逐渐失去了竞争优势，加上内部研发能力和资源有限，难以支撑公司在新领域的拓展和创新这些问题严重制约了公司的进一步发展，迫切需要寻求外部支持以突破当前面临的两大"瓶颈"：资源"瓶颈"和资金"瓶颈"。资源"瓶颈"主要体现在客户资源的紧缺以及区域布局面不够两个方面。资金"瓶颈"则是因为扩大规模、研发新产品和拓展市场需要大量资金投入，而公司现有的资金储备和盈利能力难以满足这些需求。

（二）引进投资：全面升级、突破困境

面对双重"瓶颈"，云鼎医疗的三位创始人张三、李四和王五开始寻求外部支持。2019 年底，他们决定引进外部投资机构，以期通过资本的力量突破发展障碍。这一决策不仅基于对资金的需求，更是出于对公司长远发展战略的考量。他们相信，与专业的投资机构合作，不仅能够带来资金上的支持，还能在资源整合、市场拓展和运营管理等方面提供有力帮助。

引进外部投资对于公司的发展具有重要意义。首先，外部投资可以为公司带来充足的资金支持，加速新产品研发和系统升级进程。其次，投资者往往拥有丰富的行业经验和资源，能够为公司提供有价值的战略建议和业务合作机会。最后，通过引进知名投资机构或战略投资者，还可以提升公司的品牌知名度和市场影响力，有助于吸引更多优秀人才和合作伙伴。

为了充分利用外部投资，公司制订了全面的升级计划。首先，在新产品研发方面，公司将聚焦市场需求和前沿技术趋势，打造具有核心竞争力的创新产品。其次，在系统升级方面，公司将引入先进的技术架构和解决方案，提升系统的稳定性、安全性和可扩展性。最后，公司还将加大在人才培养、市场拓展和品牌建设等方面的投入，为公司的长期发展奠定坚实基础。

(三)投资方案：突破瓶颈、提升估值

1.引进投资前的所有者权益情况

实施股权激励后，公司经历了两年的高速增长，每年的净利润大约能达到2 000万元，截至2019年12月31日，云鼎医疗所有者权益情况如表6-15所示。

表6-15　　　　　　云鼎医疗所有者权益简表（截至2019年12月31日）

项目	金额（万元）
实收资本	1 120.00
资本公积	240.00
盈余公积	548.00
未分配利润	4 932.00
所有者权益合计	6 840.00

2.投资方案

经过一段时间的筛选、谈判，最终选定了投资机构，并于2020年1月，办理完本次投资机构的入股事宜，投资方案的要点如表6-16所示。

表6-16　　　　　　　　云鼎医疗引进投资的方案要点

序号	投资方案要点	内容
1	投资机构	为了分散风险，最终选定了两家投资机构，甲投资公司和乙投资公司
2	公司估值	按照市盈率估值，以2019年的净利润2 000万元为基准，15倍市盈率，投后估值为3亿元（2 000万×15）
3	投资金额	本轮引进投资一共7 500万元，其中甲投资公司入股4 500万元，乙投资公司入股3 000万元
4	投资方式	均为增资方式，不涉及老股转让
5	投后占比	投资公司累计占比25%（7 500万/30 000万），其中甲公司占比15%，乙公司占比10%
6	其他条款	其他投资条款和约定略

本轮一共增发373.33万股，其中甲投资公司增资224万股，乙投资公司增资149.00万股，相关数据计算过程如下：

增资后股份总数 =1 120/（1-25%）=1 493.33（万股）

本轮增资股数 =1 493.33-1 120.00=373.33（万股）

甲投资公司增资股数 =373.33×（4 500/7 500）=224（万股）

甲投资公司持股比例 =224/1 493.33=15%

乙投资公司增资股数 =373.33×（3 000/7 500）=149.33（万股）

乙投资公司持股比例＝149.33/1 493.33＝10%

本轮增资价格＝7 500/373.33＝20.0893（元/股）

3. 本次投资后公司所有者权益情况

2020年1月，本轮增资实施完毕，总投资7 500万元，一共增发373.33万股，差价7 126.67万元计入资本公积。

本次增资后，截至2020年1月31日，云鼎医疗所有者权益情况（暂不考虑本月盈利）如表6-17所示。

表6-17　　　　　　云鼎医疗所有者权益简表（截至2020年1月31日）

项目	金额（万元）
实收资本	1 493.33
资本公积	7 366.67
盈余公积	548.00
未分配利润	4 932.00
所有者权益合计	14 340.00

4. 本次投资后公司的股权结构情况

本次引进投资后，公司的股权架构情况如图6-8所示。

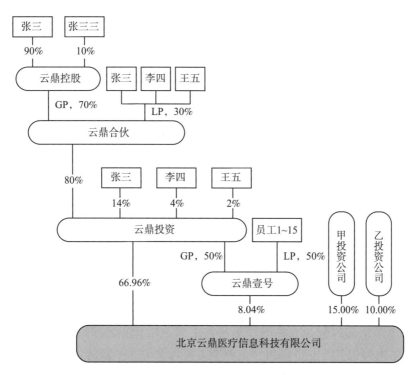

图6-8　云鼎医疗引进投资后的股权结构

本次引进投资后，公司各股东的出资情况如表 6-18 所示。

表 6-18 引进投资后云鼎医疗各股东出资情况

序号	股东名称	持股数（万股）	持股比例（%）	出资方式
1	云鼎投资	1 000.00	66.96	货币
2	云鼎壹号	120.00	8.04	货币
3	甲投资公司	224.00	15.00	货币
4	乙投资公司	149.33	10.00	货币
合计		1 493.33	100.00	—

引进外部投资机构对云鼎医疗来说具有深远意义。首先，资金的注入将直接缓解公司的资金压力，为其拓展市场和研发新产品提供必要的资金保障。其次，投资机构的专业经验和资源网络将有助于云鼎医疗在行业内建立更广泛的合作关系，提升公司的整体竞争力。最后，通过与投资机构的深入合作，云鼎医疗有望在内部管理、品牌建设和企业文化等方面实现全面升级。

虽然当前公司面临一定的挑战和困境，但管理层对未来的发展充满信心。他们相信，通过引进外部投资和全面升级，公司将成功突破发展"瓶颈"，实现更高层次的发展，云鼎医疗正蓄势待发，准备迎接新的挑战和机遇。

五、对外投资扩张：走向快速成长快车道

（一）布局多地，实现快速扩张

2020 年初，对于云鼎医疗而言，是一个具有里程碑意义的时刻。公司成功引进了外部投资，这不仅为公司带来了资金上的支持，更为其后续的快速扩张和高速增长奠定了坚实的基础。这一决策，标志着云鼎医疗正式开启了新的发展篇章。

在引进投资后，云鼎医疗迅速行动起来，开始了在广东、湖北、四川等地的布局。公司不仅在这些地区设立了全资或控股子公司和运营中心，还积极拓展市场份额，加强与当地企业和机构的合作。这一举措使得云鼎医疗的业务范围迅速扩大，品牌影响力也得到了显著提升；这种快速扩张的策略，也让云鼎医疗在短时间内成为了行业内的佼佼者。

在快速扩张的同时，云鼎医疗也实现了高速增长。公司的经营业绩在短短时间内得到了大幅提升，业务规模和盈利能力都迈上了一个新的台阶。这一成绩的取得，不仅验证了云鼎医疗引进外部投资的正确决策，也展现了公司团队的强大执行

力和市场洞察力。

（二）稳健经营，应对挑战

然而，在快速扩张和高速增长的过程中，云鼎医疗也面临着一些挑战。例如，如何保持内部管理的有效性、如何提升各子公司的协同效率、如何应对日益激烈的市场竞争等问题都需要公司认真思考和解决。

为了应对这些挑战，云鼎医疗需要进一步完善内部管理体系、加强团队建设和企业文化建设；同时，公司也积极寻求与合作伙伴的战略合作，共同应对市场变化。

（三）对外扩张后的股权架构

经过近一年的扩张和布局后，云鼎医疗的公司和业务局部趋于成熟，未来的道路以稳健发展、产品升级、产品创新为本，不断提升自身的核心竞争力和品牌影响力。经过对外扩张后，2020 年底，云鼎医疗的股权架构如图 6-9 所示。

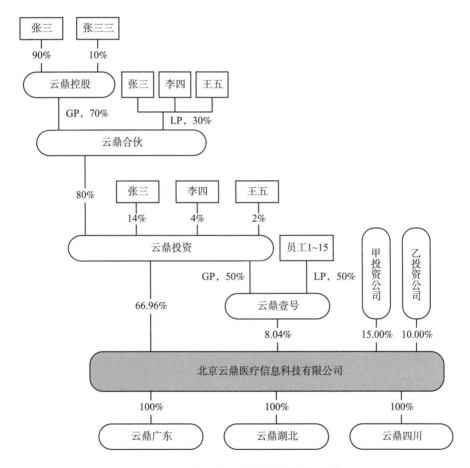

图 6-9 云鼎医疗对外扩张后的股权结构

六、改制股份公司：规范发展开启新篇章

（一）初具上市条件，决定改制

随着公司规模的不断扩大和业务范围的日益拓展，云鼎医疗已经具备了上市的基本条件。这意味着公司将迎来更加广阔的发展空间和更加丰富的资源支持。上市不仅有助于提升公司的品牌影响力和市场竞争力，还能为公司带来更多的融资渠道和优秀人才，为公司的持续发展注入新的动力。

为了更好地适应市场需求，推动公司的持续发展，云鼎医疗的管理层经过深思熟虑，决定进行改制，成立股份有限公司。这一决策是基于对公司未来发展的长远规划和对市场趋势的敏锐洞察。改制成立股份有限公司将有助于优化公司的股权结构和管理机制，提高公司的决策效率和灵活性。同时，股份有限公司的形式也将为公司吸引更多的投资者和合作伙伴，共同推动公司的快速发展。

（二）改制成立股份有限公司是上市的必要过程

改制成立股份有限公司是上市的必要条件之一。这是因为，在我国，只有股份有限公司才具备申请上市的资格。上市是企业筹集资金、扩大规模、提升品牌影响力的重要方式之一，也是企业实现规范化、现代化管理的重要途径。而改制成立股份有限公司，可以帮助企业建立完善的法人治理结构，实现所有权和经营权的分离，提高企业的决策效率和透明度。这为企业未来的上市申请奠定了坚实的组织基础和管理保障。

改制为股份有限公司，一般要求企业的发起人应符合法定人数，有符合公司章程规定的全体发起人认购的股本总额或者募集的实收股本总额，股份发行、筹办事项符合法律规定等。同时，股份公司还需要满足一定的财务条件，如连续盈利、净资产达到一定规模等，以符合证券市场对上市公司的基本要求。

改制股份有限公司的过程涉及多个环节，包括审计、资产评估、验资、公司章程修订、创立大会、注册登记等。在这个过程中，云鼎医疗需要与专业机构合作，确保改制的合规性和有效性。改制股份有限公司的工作一般由证券公司牵头组织，会计师事务所、律师事务所和资产评估机构等机构各司其职，共同协助公司完成改制工作。同时，公司还需要与股东、员工等利益相关者进行充分沟通，确保改制的顺利进行。

综上所述，改制成立股份有限公司是企业上市的必要条件之一，也是企业实现规范化、现代化管理和持续健康发展的重要途径。

（三）改制的方式与整体变更

1. 改制的方式

企业改制是指依法改变企业原有的资本结构、组织形式、经营模式或管理体制等，使其在客观上适应企业发展需要的行为和过程。改制前的企业形式可以是有限责任公司，也可是事业单位或集体企业、合伙企业、个人独资企业等；改制后的企业形式可以是有限责任公司，也可以是股份有限公司。企业改制的方式和特点如图 6-10 所示。

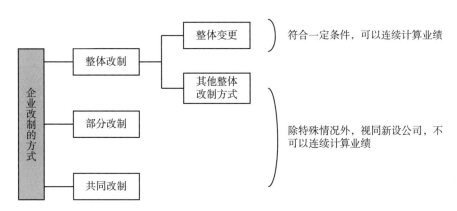

图 6-10　企业改制的主要方式

企业改制的主要方式包括整体改制和部分改制，整体变更是拟上市企业通常所采用的一种形式。

2. 整体变更

《首次公开发行股票注册管理办法》中指出，发行人是依法设立且持续经营三年以上的股份有限公司，具备健全且运行良好的组织机构，相关机构和人员能够依法履行职责。有限责任公司按原账面净资产值折股整体变更为股份有限公司的，持续经营时间可以从有限责任公司成立之日起计算。

整体变更是指以有限责任公司的现有股东作为发起人，将有限责任公司变更为股份有限公司，股份有限公司的股东和股权结构与有限责任公司完全一致，有限责任公司的债权、债务由股份有限公司整体承继。

由于有限责任公司整体变为股份有限公司时，只要以经审计的净资产折股，便可以连续计算业绩，视同股份有限公司从有限责任公司设立时就已经存在，因此这种方式也是大多数有限责任公司改制为股份有限公司选择的方式。除整体变更外，采用其他方式改制设立的股份有限公司均视同新设立的股份有限公司，不可以连续计算业绩。整体变更是最常用的方式，因此云鼎医疗也是采用整体变更的方式进行改制。

3. 整体变更的流程

由于篇幅所限，整体变更的细节不再叙述，大致流程如图 6-11 所示。

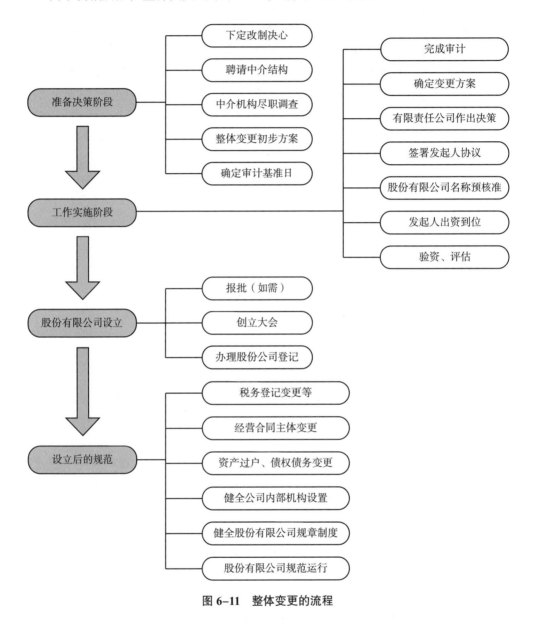

图 6-11 整体变更的流程

4. 整体变更的折股问题

根据《公司法》第一百零八条规定：有限责任公司变更为股份有限公司时，折合的实收股本总额不得高于公司净资产额。即折股比例可以小于或等于1，但是不能大于1。所以在实际的案例中，便会存在着比例小于1或等于1两种通常的方式。

根据一般的原则，有限责任公司整体变更为股份有限公司时，如果按照 1：1 折股，会计处理时比较容易，有限责任公司的净资产额全部转为股份有限公司的股本，没有差额；如果折股比例小于 1：1，则有限责任公司净资产与股份有限公司股本总额之间会产生差额，应该视同股份溢价，计入资本公积。净资产折股的对应关系如图 6–12 所示。

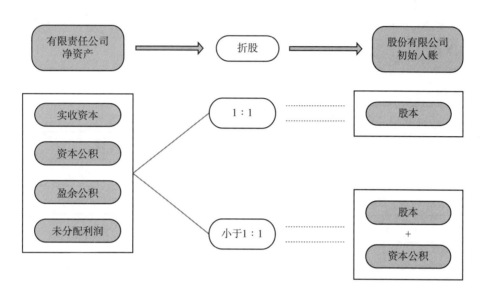

图 6–12 净资产折股对应关系

虽然根据公司上市和新三板挂牌的有关规定，有限责任公司整体变更为股份有限公司，在以经审计的净资产折股时可以连续计算业绩，视同股份有限公司自有限责任公司成立时一直存续。但是笔者认为整体变更，实际是有限责任公司原有股东以经审计的净资产出资发起设立股份有限公司的过程，当每股价格等于 1 元（即 1：1 折股）时，股份有限公司注册资本等于原有限责任公司经审计净资产。当每股价格高于 1 元（即小于 1：1 折股）时，股份有限公司注册资本小于原有限责任公司经审计净资产，相当于有限责任公司原股东以经审计的净资产溢价出资，溢价部分自然进入资本公积。这是最普遍的理解和做法，当然此处不涉及考虑税收的因素，只是讨论折股的会计处理。

虽然在实际的案例中，也有一些特殊处理，例如，（1）折股之后保留盈余公积科目；（2）折股之后保留盈余公积和未分配利润；（3）折股前后股本和净资产科目保持不变；（4）以部分资本公积金折股、其余科目保持不变等。采用这种特殊处理方式的案例虽然有，但不是特别多，可能与当地工商局的特殊要求有关，或者是与中介机构的专业能力有关，或者存在一些其他的特殊原因，但是在企业实际的操作过程中，建议审慎采取这种特殊处理方式，以免造成麻烦。

（四）云鼎医疗改制后的情况

1. 经审计的净资产情况

云鼎医疗对外扩张后，公司进入快速发展的"快车道"，2020 年实现净利润 3 000 万元，2021 年一季度便实现净利润 1 500 万元，因此公司决定以 2021 年 3 月 31 日为基准日改制为股份有限公司。

截至 2021 年 3 月 31 日，云鼎医疗经审计的所有者权益（净资产）情况如表 6-19 所示。

表 6-19　　　　云鼎医疗所有者权益简表（截至 2021 年 3 月 31 日）

项目	金额（万元）
实收资本	1 493.33
资本公积	7 366.67
盈余公积	746.67
未分配利润	9 233.33
所有者权益合计	18 840.00

2. 折股情况

经过证券公司和公司协调，并兼顾未来上市的资本规模要求等因素，最终折股比例为 1：0.5308，折股后的股本总额为 10 000 万股，差额部分 8 840.00 万元计入资本公积。折股前后所有权权益对比情况如表 6-20 所示。

表 6-20　　　　　　　云鼎医疗折股前后所有权益对比

折股前		折股后	
项目	金额（万元）	项目	金额（万元）
实收资本	1 493.33	股本	10 000.00
资本公积	7 366.67	资本公积	8 840.00
盈余公积	746.67	盈余公积	0.00
未分配利润	9 233.33	未分配利润	0.00
所有者权益合计	18 840.00	所有者权益合计	18 840.00

折股过程视同分配，有可能涉及个税等问题，由此涉及的税收由股东自行缴纳。

3. 折股后各股东的出资情况

本次改制股份有限公司后，公司各股东的出资情况如表 6-21 所示。

表 6-21　　　　　　　　　改制后云鼎医疗各股东出资情况

序号	股东名称	持股数（万股）	持股比例（%）	出资方式
1	云鼎投资	6 696.43	66.96	净资产
2	云鼎壹号	803.57	8.04	净资产
3	甲投资公司	1 500.00	15.00	净资产
4	乙投资公司	1 000.00	10.00	净资产
	合计	10 000.00	100.00	—

本次改制股份公司后，股权比例和持股结构都不发生变化、股权结构也不发生变化，主要的变化在以下几个方面。

（1）组织形式发生变化，由有限责任公司变成股份有限公司。

（2）公司名称也要随之发生变化，公司名称变为北京云鼎医疗信息科技股份有限公司。

（3）公司注册资本发生变化，增加至 10 000 万股，所有股东同比例增加。

（4）各股东的出资方式，由货币出资变成了净资产出资。

（5）公司治理结构也要随之发生变化，尤其是即将要面临上市，因此改制后的股份有限公司需要按照《公司法》和上市相关规则的要求，建立健全公司治理结构，并进行规范运行。

展望未来，改制成立股份有限公司将为公司的长远发展注入新的活力。在新的组织架构和治理机制下，公司将继续秉承创新、专业、诚信的经营理念，不断提升核心竞争力，为客户提供更优质的服务，为股东创造更大的价值。

七、上市审核注册：一只脚迈进资本市场

引进投资并改制规范之后，公司进入发展的"快车道"，云鼎医疗 2020 年、2021 年和 2022 年分别实现净利润 3 000 万元、6 000 万元、9 000 万元，具备了上市的基本门槛。因此公司决定以 2020 年、2021 年、2022 年 3 年的审计数据为基准，申报上市。上市的流程虽然很复杂，但是大致包含改制、辅导备案、交易所审核、证监会注册等几个环节，整个过程需要的中介机构包括证券公司、会计师事务所、律师事务所以及其他机构等，券商内部的审核流程等不做介绍。

根据云鼎医疗的基本情况，选定了在创业板上市，本部分以深交所创业板的流

程为主介绍上市审核及注册的相关流程，整体的上市审核注册流程如图 6-13 所示。

图 6-13　上市审核注册流程

（一）辅导备案

1. 辅导备案的概念

辅导备案主要是中介机构结合尽职调查情况，对拟上市公司进行的一系列辅导工作，以达到申报材料的要求。这些辅导工作包括但不限于：资产产权规范，人员、业务、机构、资产、财务独立、公司治理结构的完善，业务和管理的整合，同业竞争的处置，关联交易的规范，内部控制制度的建立和完善，募集资金投向的报批等方面。

辅导备案在注册地证监局，由于云鼎医疗注册地在北京市，因此需要向中国证券监督管理委员会北京监管局（以下简称"北京证监局"）申请辅导备案。

2. 辅导备案的流程

辅导备案的时间一般 3~6 个月左右即可，大致流程一般包括以下几个步骤。

（1）前期筹备。

企业进行内部沟通，明确辅导目标，并选择合适的辅导机构。

（2）签署辅导协议。

企业与辅导机构签订辅导协议，明确双方权利义务。

（3）辅导阶段。

辅导机构对企业进行全方位培训，包括公司治理、财务规范、信息披露等。

（4）整改阶段。

企业根据辅导机构的意见进行整改，完善公司各项制度。

（5）材料提交。

企业向当地证监局提交备案材料，等待验收审核。

北京证监局辅导备案材料明细如表 6-22 所示。

表 6-22　　　　　　　　　　北京证监局辅导备案登记材料目录

序号	材　料
1	辅导协议
2	辅导机构辅导立项完成情况说明
3	辅导备案报告
4	辅导机构及辅导人员的资格证明文件
5	辅导对象全体董事、监事、高级管理人员、持股百分之五以上股东和实际控制人（或其法定代表人）名单

注：红头页及签字盖章页须报送电子扫描文档。

（6）辅导验收。

辅导验收工作完成后，证监局一般会出具验收工作完成函，完成辅导验收，企业便可申请进入资本市场融资。

辅导备案的意义在于保障辅导企业的规范运营，提高拟上市公司的质量和规范程度，促进资本市场的健康发展。通过辅导备案，企业可以更好地了解资本市场的规则和要求，提高自身的治理水平和市场竞争力。各个省份都有证监局，负责当地企业的辅导备案工作，企业可以事先了解辅导工作的相关要求。

（二）交易所审核

1. 申报与受理

申报与受理的相关流程如图 6-14 所示。

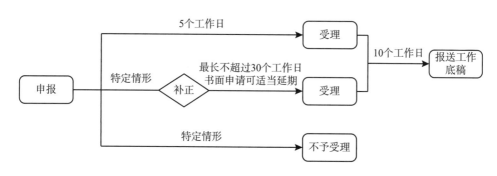

图 6-14　申报和受理流程

（1）申报。

发行人申请股票首次发行上市，应当按照规定聘请保荐人进行保荐，并委托保荐人通过深交所发行上市审核业务系统报送下列发行上市申请文件。

①中国证监会规定的招股说明书、发行保荐书、审计报告、法律意见书、公司章程、股东大会决议等注册申请文件；

②上市保荐书；

③深交所要求的其他文件。

发行上市申请文件的内容与格式应当符合中国证监会和深交所的相关规定。

（2）受理。

深交所收到发行上市申请文件后5个工作日内，对文件进行核对，作出是否受理的决定，告知发行人及其保荐人，并在深交所网站公示。

（3）补正。

发行上市申请文件与中国证监会和深交所规定的文件目录不相符、文档名称与文档内容不相符、文档格式不符合中国证监会和深交所要求、签章不完整或者不清晰、文档无法打开或者存在交易所认定的其他不齐备情形的，发行人应当予以补正，补正时限最长不超过30个工作日。

发行人在30个工作日内提交补正文件确有困难的，可以提交延期补正文件的书面申请，并说明理由；经深交所认可的，可适当延期。

发行人补正发行上市申请文件的，深交所收到发行上市申请文件的时间以发行人最终提交补正文件的时间为准。

深交所按照收到发行人发行上市申请文件的先后顺序予以受理。

（4）不予受理。

存在下列情形之一的，深交所不予受理发行人的发行上市申请文件。

①招股说明书、发行保荐书、上市保荐书等发行上市申请文件不齐备且未按要求补正；

②发行人及其控股股东、实际控制人、董事、监事、高级管理人员，保荐人、承销商、证券服务机构及其相关人员因证券违法违规被中国证监会采取认定为不适当人选、限制业务活动、证券市场禁入，被证券交易所、国务院批准的其他全国性证券交易场所采取一定期限内不接受其出具的相关文件、公开认定不适合担任发行人董事、监事、高级管理人员，或者被证券业协会采取认定不适合从事相关业务等相关措施，尚未解除；

③法律、行政法规及中国证监会规定的其他情形。

（5）报送工作底稿。

深交所受理发行上市申请文件后10个工作日内，保荐人应当以电子文档形式报送保荐工作底稿和验证版招股说明书，供监管备查。

2. 审核内容

交易所的审核内容，主要包括三个方面，发行条件、上市条件和信息披露，其中发行条件和上市条件本章第一节已经做了详细介绍，具体如图6-15所示。

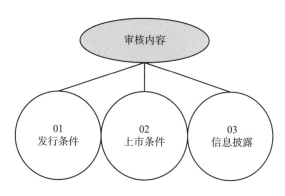

图6-15　交易所的审核内容

（1）发行条件。

深交所对发行条件的审核，重点关注下列事项。

①发行人是否符合《首次公开发行股票注册管理办法》及中国证监会规定的发行条件；

②保荐人和律师事务所等证券服务机构出具的发行保荐书、法律意见书等文件中是否就发行人符合发行条件逐项发表明确意见，且具备充分的理由和依据。

深交所对第②项规定的事项存在疑问的，发行人应当按照深交所的要求作出解释说明，保荐人及证券服务机构应当进行核查，并相应修改发行上市申请文件。

（2）上市条件。

发行人申请股票首次发行上市的，应当符合《深圳证券交易所股票上市规则》《深圳证券交易所创业板股票上市规则》等规定的上市条件和标准。

深交所对上市条件的审核，重点关注下列事项。

①发行人是否符合本规则及本所相关规则规定的上市条件；

②保荐人和律师事务所等证券服务机构出具的上市保荐书、法律意见书等文件中是否就发行人选择的上市标准以及符合上市条件发表明确意见，且具备充分的理由和依据。

深交所对第②项规定的事项存在疑问的，发行人应当按照深交所的要求作出解释说明，保荐人及证券服务机构应当进行核查，并相应修改发行上市申请文件。

（3）信息披露。

申请股票首次发行上市的，发行人及其控股股东、实际控制人、董事、监事和高级管理人员应当依法履行信息披露义务，保荐人、证券服务机构应当依法对发行人的信息披露进行核查把关。

深交所对发行上市申请文件进行审核，通过提出问题、回答问题、现场督导等多种方式，督促发行人及其保荐人、证券服务机构完善信息披露，真实、准确、完整地披露信息，提高信息披露的针对性、有效性和可读性，提升信息披露质量。

3. 审核程序

审核程序如图6-16所示。

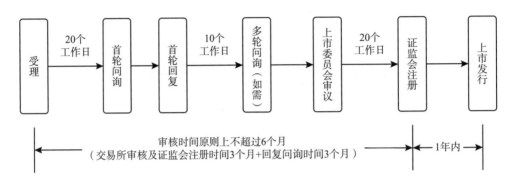

图6-16　交易所审核及证监会注册流程

（1）首轮问询。

深交所发行上市审核机构按照发行上市申请文件受理的先后顺序开始审核。

对股票首次发行上市申请，深交所发行上市审核机构自受理之日起20个工作日内，通过保荐人向发行人提出首轮审核问询。

（2）多轮问询。

首轮审核问询后，存在下列情形之一的，深交所发行上市审核机构收到发行人回复后10个工作日内可以继续提出审核问询。

①首轮审核问询后，发现新的需要问询事项；

②发行人及其保荐人、证券服务机构的回复未能有针对性地回答深交所发行上市审核机构提出的审核问询，或者本所就其回复需要继续审核问询；

③发行人的信息披露仍未满足中国证监会和深交所规定的要求；

④深交所认为需要继续审核问询的其他情形。

（3）提交上市委员会审议。

深交所发行上市审核机构收到发行人及其保荐人、证券服务机构对本所审核问询的回复后，认为不需要进一步审核问询的，将出具审核报告并提交上市委员会审议。

申请股票首次发行上市的，深交所在规定的时限内出具发行人符合发行条件、上市条件和信息披露要求的审核意见或者作出终止发行上市审核的决定，但发行人及其保荐人、证券服务机构回复本所审核问询的时间不计算在内。发行人及其保荐人、证券服务机构回复本所审核问询的时间总计不超过 3 个月。

自受理发行上市申请文件之日起，交易所审核和中国证监会注册的时间总计不超过 3 个月。

4. 上市委员会审议

上市委员会召开审议会议，对深交所发行上市审核机构出具的审核报告及发行上市申请文件进行审议。每次审议会议由五名委员参加，其中会计、法律专家至少各一名。

上市委员会进行审议时要求对发行人及其保荐人进行现场问询的，发行人代表及保荐代表人应当到会接受问询，回答委员提出的问题。

深交所结合上市委员会的审议意见，出具发行人符合发行条件、上市条件和信息披露要求的审核意见或者作出终止发行上市审核的决定。

上市委员会认为发行人符合发行条件、上市条件和信息披露要求，但要求发行人补充披露有关信息的，深交所发行上市审核机构告知保荐人组织落实；发行上市审核机构对发行人及其保荐人、证券服务机构的落实情况予以核对，通报参会委员，无须再次提请上市委员会审议。发行人对相关事项补充披露后，交易所出具发行人符合发行条件、上市条件和信息披露要求的审核意见。

5. 向证监会报送审核意见

深交所审核通过的，向中国证监会报送发行人符合发行条件、上市条件和信息披露要求的审核意见、相关审核资料和发行人的发行上市申请文件。

中国证监会发现存在影响发行条件的新增事项并要求深交所进一步问询的，深交所向发行人及保荐人、证券服务机构提出反馈问题。深交所结合反馈回复，就新增事项形成审核意见并报送中国证监会。

中国证监会认为深交所对新增事项的审核意见依据明显不充分，退回深交所补充审核的，深交所对补充审核事项重新审核。深交所审核通过的，重新向中国证监会报送审核意见及相关资料；审核不通过的，作出终止发行上市审核的决定。

（三）证监会注册

中国证监会在收到深交所注册申请文件之日起，同步关注发行人是否符合国家产业政策和板块定位。

1. 注册时间

中国证监会收到交易所审核意见及相关资料后，基于交易所审核意见，依法履行发行注册程序。在 20 个工作日内对发行人的注册申请作出予以注册或者不予注册的决定。

在规定的注册期限内，中国证监会发现存在影响发行条件的新增事项的，可以要求交易所进一步问询并就新增事项形成审核意见。发行人根据要求补充、修改注册申请文件，或者中国证监会要求交易所进一步问询，要求保荐人、证券服务机构等对有关事项进行核查，对发行人现场检查，并要求发行人补充、修改申请文件的时间不计算在内。

中国证监会认为交易所对新增事项的审核意见依据明显不充分，可以退回交易所补充审核。交易所补充审核后，认为发行人符合发行条件和信息披露要求的，重新向中国证监会报送审核意见及相关资料，注册期限重新计算。

2. 注册有效期

中国证监会的予以注册决定，自作出之日起一年内有效，发行人应当在注册决定有效期内发行股票，发行时点由发行人自主选择。

（四）云鼎医疗的上市审核注册之路

张三、李四、王五创立的公司，自创立之初，便坚定了上市的目标，从股权架构的设计等方面都按照上市的目的和要求在布局和规范，经过多年的创业和打拼，终于迎来上市的曙光。经过多年的积累，他们的公司在行业内已经具备了较强的影响力和知名度，财务状况良好，市场前景广阔，经过证券公司的辅导和规范，最终顺利通过了交易所的审核和证监会的注册，一只脚踏入资本市场、迎来了公司上市的曙光。

上市对于任何一家公司来说都是一个重要且复杂的里程碑。它不仅要求公司在财务、法务和业务等多个方面达到一定的标准，还需要经历一系列烦琐而严谨的审核程序。然而，尽管上市之路充满挑战，但所带来的回报也是巨大的。回顾云鼎医疗的上市之路，道路曲折漫长，从启动改制开始到证监会注册成功，大致经历了四五年，整个上市流程和时间节点如表 6-23 所示。

表 6-23　　　　　　　　　　云鼎医疗的上市之路

序号	工作阶段	主要内容	时间阶段
1	尽职调查	对企业进行全面的尽调、诊断，形成详细的上市方案和规划	2021 年 1 月～2021 年 3 月
2	规范整改	从上市审核的各个方面进行梳理、规范、整改。包括顶层设计、历史沿革、公司治理、财务规范、内部控制、法律合规等	2020 年 1 月～2021 年 3 月
3	股份改制	改制为股份有限公司	2021 年 4 月完成
4	持续规范	按照股份有限公司的要求，以上市公司标准进行持股运行，中间可能涉及的工作包括股权激励、引进投资以及并购等	2021 年 4 月～2022 年 12 月

序号	工作阶段	主要内容	时间阶段
5	辅导备案	地方证监局辅导备案，大致用了半年时间	2022 年 7 月～2022 年 12 月
6	券商内核申报	出具审计报告、法律意见书、券商质控内核申报	2023 年 1 月～2023 年 4 月
7	交易所审核	深交所审核（创业板）	2023 年 5 月～2023 年 8 月
8	证监会注册	证监会注册	2023 年 8 月～2023 年 9 月
9	发行上市	择机选择时间发行股票上市	2023 年 9 月～2024 年 9 月

八、发行上市成功：让资本梦想照进现实

（一）证监会注册仅仅是一只脚踏进资本市场

中国证监会作出予以注册决定后、发行人股票上市交易前，发行人应当持续符合发行条件，发现可能影响本次发行的重大事项的，中国证监会可以要求发行人暂缓发行、上市；相关重大事项导致发行人不符合发行条件的，应当撤销注册。中国证监会撤销注册后，股票尚未发行的，发行人应当停止发行；股票已经发行尚未上市的，发行人应当按照发行价并加算银行同期存款利息返还股票持有人。

案例 6-1 ▶▶▶▶▶▶▶▶▶▶▶▶▶▶▶▶▶▶▶▶▶▶▶▶▶▶▶▶▶▶▶

蚂蚁集团上市前夜被暂缓

根据上交所公告，蚂蚁科技集团股份有限公司原申请于 2020 年 11 月 5 日在上海证券交易所科创板上市。但由于发生蚂蚁集团实际控制人及董事长、总经理被有关部门联合进行监管约谈，蚂蚁集团也报告所处的金融科技监管环境发生变化等重大事项。该重大事项可能导致蚂蚁集团不符合发行上市条件或者信息披露要求。

上交所于 2020 年 11 月 3 日发布了《关于暂缓蚂蚁科技集团股份有限公司科创板上市的决定》，决议内容如下：

蚂蚁科技集团股份有限公司：

你公司原申请于 2020 年 11 月 5 日在上海证券交易所（以下简称"本所"）科创板上市。近日，发生你公司实际控制人及董事长、总经理被有关部门联合进行监管约谈，你公司也报告所处的金融科技监管环境发生变化等重大事

项可能导致你公司不符合发行上市条件或者信息披露要求。根据《科创板首次公开发行股票注册管理办法（试行）》第二十六条和《上海证券交易所科创板股票发行上市审核规则》第六十条等规定，并征询保荐机构的意见，本所决定你公司暂缓上市。你公司及保荐人应当依照规定作出公告，说明重大事项相关情况及你公司将暂缓上市。本所将与你公司及保荐人保持沟通。

上海证券交易所

二〇二〇年十一月三日

2020 年 11 月 4 日，证监会新闻发言人就蚂蚁集团暂缓上市答记者问时回答到：

蚂蚁集团暂缓科创板上市是上交所依法依规作出的决定。金融监管部门的监管约谈和近期金融科技监管环境的变化，可能对蚂蚁集团业务结构和盈利模式产生重大影响，属于上市前发生的重大事项。本着保护投资者合法权益，充分透明准确披露信息，切实维护市场公平公正的原则，上交所依据科创板注册管理办法相关规定作出了暂缓蚂蚁集团上市的决定。中国证监会支持上海证券交易所依法依规作出的决定，同时，与香港证监会和一些境外主要市场的证券监管机构保持沟通协作，共同稳妥做好后续工作。

避免蚂蚁集团在监管政策环境发生重大变化的情况下仓促上市，是对投资者和市场负责任的做法，体现了敬畏市场、敬畏法治的精神。相信这一决定将有利于资本市场长远发展，有利于增强境内外投资者的信任和信心。

资料来源：上海证券交易所网站；中国证券监督管理委员会网站。

证监会予以注册，并不必然导致上市成功，证监会注册后被叫停的案例时有发生；因此对于发行人而言，要时刻满足发行上市条件和相关的监管要求，予以注册后也不能掉以轻心。

（二）云鼎医疗发行上市成功：让资本梦想照进现实

1. 上市成功，让资本梦想照进现实

云鼎医疗在 2023 年 12 月完成上市发行，最终登录资本市场，实现了创始人创业之初的梦想。让资本梦想照进现实，这句话凝聚了公司多年来的努力和奋斗，也预示着更加美好的未来，上市不仅为公司带来了资金支持，更为其提供了更广阔的发展空间和机遇。

根据规则，公开发行的股份达到公司股份总数的 25% 以上；公司股本总额超过 4 亿元的，公开发行股份的比例为 10% 以上；由于云鼎医疗总规模不到 4 亿股，因此本次公开发行的股份达到公司股本总额的 25% 以上，云鼎医疗本次发行总股本 3 333.34 股，占发行后的总股本的 25%。

本次上市后，公司各股东的出资情况如表 6-24 所示。

表 6-24   改制后云鼎医疗各股东出资情况

序号	股东名称	持股数（万股）	持股比例（%）	出资方式
1	云鼎投资	6 696.43	50.22	净资产
2	云鼎壹号	803.57	6.03	净资产
3	甲投资公司	1 500.00	11.25	净资产
4	乙投资公司	1 000.00	7.50	净资产
5	社会公众股	3 333.34	25.00	货币
合计		13 333.34	100.00	—

本次上市后，云鼎医疗上市后的股权结构如图 6-17 所示。

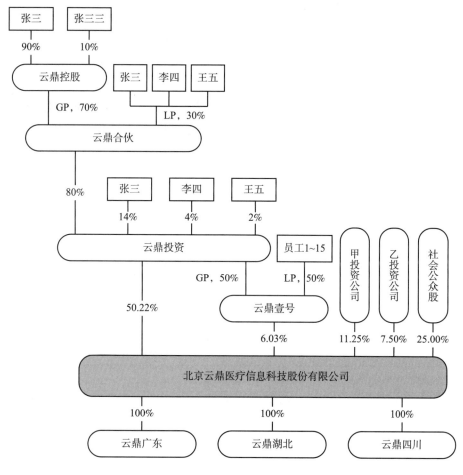

图 6-17　云鼎医疗上市后的股权结构

云鼎医疗上市后，公司创始人张三实际控制的表决权达56.25%（50.22%+6.03%），从控制权的角度看，非常安全，公司上市后一般不会出现控制权危机，这主要是得益于公司创立之初就做了股权设计，并预留了未来股权稀释的空间。

2. 上市不是终点，只是一个新的开始

然而，上市只是云鼎医疗新征程的起点。对于公司来说，更重要的是如何利用好上市带来的资本和资源，推动公司持续、稳健地发展。这需要公司不断提升自身的技术创新能力、市场开拓能力和运营管理水平，以确保在激烈的市场竞争中保持领先地位。

同时，云鼎医疗也深知，回报股东和社会是公司的责任和使命。作为一家公众公司，云鼎医疗将秉持诚信、透明、负责任的原则，积极履行对股东的承诺，为股东创造长期的价值。同时，公司也将关注社会公益事业，积极投身到医疗健康领域的公益活动中去，为社会作出积极的贡献。

总之，对于创始人张三、李四、王五来说，公司上市只是他们梦想的一个起点。他们相信，通过上市可以为公司带来更多的资金支持和市场机会，推动公司进一步地发展壮大。同时，他们也深知上市后面临的挑战和责任将更加重大。因此，他们将继续保持初心和激情，带领公司走向更加辉煌的未来，为股东和社会创造更多的价值。

接下来，将以大博医疗科技股份有限公司完整的股本及演变情况，作为一个展示案例，以解读上市公司发行上市前后股本结构的完整演变历程，为中小企业提供一些借鉴和参考。资料来源于大博医疗科技股份有限公司《首次公开发行股票招股说明书（申报稿）》。

案例 6-2 ﹥﹥﹥﹥﹥﹥﹥﹥﹥﹥﹥﹥﹥﹥﹥﹥﹥﹥﹥﹥﹥﹥﹥﹥﹥

大博医疗发行人股本及演变情况

名称、简称或术语具有的含义如下表所示。

简称	全称
发行人 / 公司 / 本公司 / 大博医疗	大博医疗科技股份有限公司
大博有限	厦门大博颖精医疗器械有限公司
大博通商	昌都市大博通商医疗投资管理有限公司 \ 厦门大博通商医疗投资管理有限公司（更名前）
大博国际	大博医疗国际投资有限公司 \ 大博国际投资有限公司（更名前）

简称	全称
大博传奇	拉萨大博传奇投资管理合伙企业（有限合伙）
合心同创	拉萨合心同创投资管理合伙企业（有限合伙）
大博精工	厦门大博精工微创科技有限公司

根据招股说明书，发行人股本及其变化情况如下。

1. 大博有限设立

公司于 2004 年 8 月 12 日设立，设立时公司名称为"厦门大博颖精医疗器械有限公司"，由林志雄及吴宏荣以现金形式出资，注册资本 200 万元，具体股权结构情况如下。

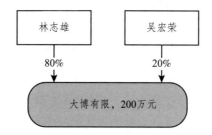

厦门东友会计师事务所有限公司于 2004 年 8 月 5 日出具了《验资报告》，经审验，截至 2004 年 8 月 3 日公司已收到股东投入的货币资金 200 万元。

公司于 2004 年 8 月 12 日办理完成工商注册登记，住所为厦门留学人员创业园昂业楼一楼 102 室，经营范围：医疗器械的研发；五金工具制造、销售。（法律法规规定必须办理审批许可才能从事的经营项目，必须在取得审批许可证明后方能营业。）

2. 第一次股权转让

2008 年 1 月 20 日，经公司股东会决议，同意林志雄将其持有的 30% 股权按注册资本作价转让予大博国际，吴宏荣将其持有的 20% 股权按注册资本作价转让予大博国际。本次股权转让完成后，公司股权结构情况如下。

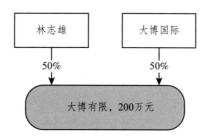

大博国际是林志雄胞弟林志军独资成立的一家香港公司，因此公司本次股权转让后性质由内资公司转为外商投资企业。2008年4月9日，厦门市外商投资局出具《厦门市外商投资局关于同意港资并购厦门大博颖精医疗器械有限公司的批复》，同意大博国际受让公司的50%股权。2008年4月10日，公司取得厦门市人民政府颁发的《中华人民共和国外商投资企业批准证书》。

3. 第一次增资至300万元

2008年8月12日，经公司董事会决议，同意林志雄以货币资金增资100万元，增资完成后公司股权结构情况如下。

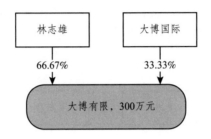

2008年8月18日，厦门市外商投资局出具《厦门市外商投资局关于同意厦门大博颖精医疗器械有限公司增资的批复》，同意林志雄增资。2008年8月19日，大博有限取得厦门市人民政府换发的《中华人民共和国外商投资企业批准证书》。

2008年8月18日，厦门市晟远会计师事务所有限公司出具了《验资报告》，经审验，截至2008年8月14日，公司收到林志雄新增的注册资本金100万元，以货币形式出资。

4. 第二次增资至400万元

2008年9月2日，经公司董事会决议，同意林志雄以货币资金增资100万元，增资完成后公司股权结构情况如下。

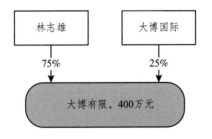

2008年9月4日，厦门市外商投资局出具《厦门市外商投资局关于同意厦门大博颖精医疗器械有限公司增资的批复》，同意林志雄增资。2008年9月7日，大博有限取得厦门市人民政府换发的《中华人民共和国外商投资企业批准证书》。

2008年9月5日，厦门市晟远会计师事务所有限公司出具了《验资报告》，经审验，截至 2008 年 9 月 4 日，公司收到林志雄新增的注册资本金 100 万元，均以货币形式出资。

5. 第三次增资至 2 800 万元

2009 年 9 月 25 日，经公司董事会决议，同意公司增资至 2 800 万元，新增注册资本由大博国际在营业执照变更前缴纳 600 万元，第二期出资 1 800 万元由林志雄于批准之日起 2 年内全部缴清，增资完成后公司股权结构情况如下。

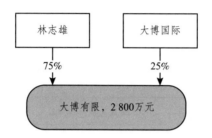

2009 年 12 月 1 日，厦门海沧台商投资区经济贸易发展局出具《厦门海沧台商投资区经济贸易发展局关于同意厦门大博颖精医疗器械有限公司增资的批复》，同意林志雄增资 1 800 万元，由批准之日起两年内缴足，大博国际出资 600 万元人民币等值港币，在注册变更登记完成前缴足。公司注册资本增至 2 800 万元。2009 年 12 月 8 日，大博有限取得厦门市人民政府换发的《中华人民共和国外商投资企业批准证书》。

2010 年 1 月 12 日，厦门市安德信会计师事务所有限公司出具了《验资报告》，经审验，截至 2010 年 1 月 6 日，公司收到大博国际新增的注册资本金 600 万元，以货币形式出资。

2010 年 3 月 31 日，厦门市安德信会计师事务所有限公司出具了《验资报告》，经审验，截至 2010 年 3 月 30 日止，公司收到林志雄新增的注册资本金 1 800 万元，以货币形式出资。

6. 第二次股权转让

2010 年 9 月 27 日，经公司董事会决议，同意林志雄将其持有的 51% 股权按注册资本作价 1 428 万元人民币转让予大博通商。本次股权转让完成后，公司股权结构情况如下。

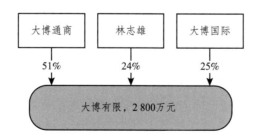

2010 年 10 月 8 日,厦门市外商投资局出具《厦门市外商投资局关于同意厦门大博颖精医疗器械有限公司股权转让的批复》,同意林志雄将其持有的 51% 股权转让给大博通商。2010 年 10 月 14 日,大博有限取得厦门市人民政府换发的《中华人民共和国外商投资企业批准证书》。

大博通商基本情况如下。

公司名称	昌都市大博通商医疗投资管理有限公司
成立时间	2006 年 12 月 8 日
注册资本	5 000 万元
实收资本	5 000 万元
注册地址	西藏昌都市昌都经济开发区 C 区民族手工业园
主要经营地	西藏昌都市昌都经济开发区 C 区民族手工业园
股东构成及持股比例	林志雄持股 99%,陈红持股 1%
主营业务	医疗投资与管理

注:大博通商实际为林志雄的持股平台,林志雄持股大博通商 99%,其妻陈红持股大博通商 1%。

7. 第四次增资至 2 950 万元

2012 年 4 月 2 日,经公司董事会决议,同意公司增资至 2 950 万元,新增注册资本由林志雄以货币形式增资 73 万元,大博通商以货币形式增资 77 万元,增资完成后公司股权结构情况如下。

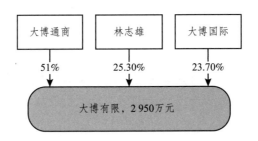

2012 年 4 月 9 日,厦门市投资促进局出具《厦门市投资促进局关于同意厦门大博颖精医疗器械有限公司增资的批复》,同意林志雄、大博通商增资,公司注册资本增加至 2 950 万元。2012 年 4 月 11 日,大博有限取得厦门市人民政府换发的《中华人民共和国外商投资企业批准证书》。

2012 年 5 月 15 日,厦门市天茂会计师事务所有限公司出具了《验资报告》,经审验,截至 2012 年 5 月 10 日止,公司已收到股东缴纳的新增注册资本 150 万元,均以货币形式出资。

8. 第三次股权转让

2013 年 8 月 12 日，经公司董事会决议，同意林志雄将其持有的 25.3% 股权按注册资本作价 745 万元人民币转让予林志军。本次股权转让完成后，公司股权结构情况如下。

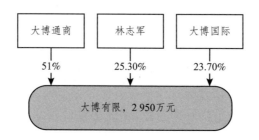

2013 年 8 月 21 日，厦门市投资促进局出具《厦门市投资促进局关于同意厦门大博颖精医疗器械有限公司股权转让的批复》，同意林志雄将其持有的 25.30% 股权转让给林志军。2013 年 8 月 21 日，大博有限取得厦门市人民政府换发的《中华人民共和国外商投资企业批准证书》。

9. 第五次增资至 5 188 万元

2014 年 12 月 12 日，经公司董事会决议，同意公司增资至 5 188 万元，新增的 2 238 万元注册资本由公司盈余公积金及未分配利润转增，增资完成后公司股权结构情况如下。

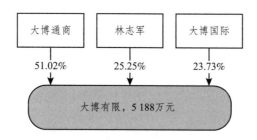

注：2014 年 3 月 25 日，公司股东大博国际投资有限公司更改公司名为大博医疗国际投资有限公司。

2014 年 12 月 19 日，厦门市商务局出具《厦门市商务局关于同意厦门大博颖精医疗器械有限公司增资的批复》，同意公司增资。2014 年 12 月 22 日，大博有限取得厦门市人民政府换发的《中华人民共和国外商投资企业批准证书》。

2015 年 6 月 25 日，厦门普和会计师事务所有限公司出具了《验资报告》，经审验，公司股东以未分配利润增加注册资本 1 341.33 万元，以盈余公积增加注册资本 896.67 万元，截至 2014 年 12 月 20 日止，累计实收资本人民币 5 188 万元。

10. 整体变更为股份有限公司

公司系由前身大博有限全体股东大博通商、大博国际、林志军作为发起人，以大博有限整体变更方式设立的股份有限公司。

2015 年 11 月 6 日，大博有限董事会作出决议，同意以大博有限全体股东共同作为发起人，以经天健审计的截至 2015 年 7 月 31 日的净资产额 34 270.47 万元折为 32 000 万股股本，其余部分计入资本公积，大博有限全部资产、负债、业务及人员均由变更后的股份公司承继。各发起人在股份公司的持股比例与整体变更前持股比例保持不变。

2015 年 11 月 13 日，厦门市商务局下发了《厦门市商务局关于同意厦门大博颖精医疗器械有限公司变更为外商投资股份有限公司的批复》，同意大博有限整体变更为外商投资股份有限公司；同日，厦门市人民政府向公司换发了《中华人民共和国外商投资企业批准证书》。

2015 年 11 月 18 日，天健出具了《验资报告》，审验确认公司注册资本已全部缴足。

公司改制设立为股份有限公司时发起人持股情况如下。

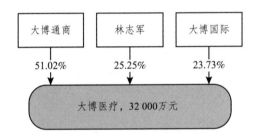

11. 第六次增资至 36 000 万元

增资的基本情况。

2015 年 12 月 10 日，经公司 2015 年第二次临时股东会决议，同意公司注册资本由 32 000 万元增加至 36 000 万元，经全体股东一致同意，增资价格按注册资本 1 元 / 股作价，新增股份 4 000 万股，其中新股东大博传奇认购 3 672 000 股、合心同创认购 3 528 000 股，其余由原股东大博通商、大博国际认购。大博传奇和合心同创为实际控制人控制的企业，本次增资时引入大博传奇和合心同创是用来实施股权激励计划的员工持股平台公司。本次认购完成后公司股权结构情况如下。

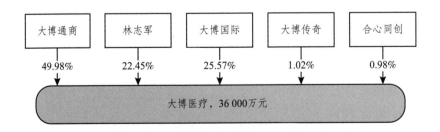

大博传奇、合心同创合伙人的变化情况不再描述。

12. 发行上市前最终的股权结构

发行人自设立以来发生多次重大资产重组及收购，具体情况不再描述。截至招股说明书签署之日，公司的股权结构如下图所示。

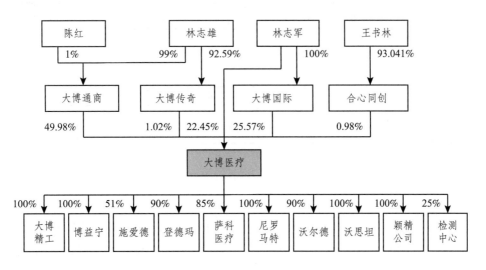

注：图中大博医疗子公司均为简称，下同。

13. 本次发行上市后的股权结构

本次发行情况如下。

股票类型	人民币普通股（A股）
每股面值	人民币1.00元
发行股数	4 000万股，占本次发行后总股本的10%；本次发行不进行原股东公开发行
发行方式	采用网下向询价对象配售发行与网上资金申购定价发行相结合的方式，或证监会认可的其他发行方式
拟上市证券交易所	深圳证券交易所

则本次发行后的股权结构如下。

公司发行上市前，林志雄通过大博通商间接控制发行人49.98%的股份，通过大博传奇间接控制发行人1.02%的股份；林志军直接持有发行人22.45%的股份，通过大博国际间接控制发行人25.57%的股份，通过合心同创间接控制发行人0.98%的股份。林志雄、林志军合计控制发行人100%的股份，为发行人的实际控制人。本次上市发行后，公司实际控制人控制公司的股份将下降为90%，仍对公司形成绝对控制。

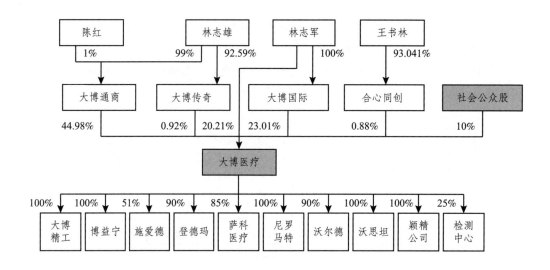

资料来源：东方财富网。

这是一个上市公司的极端案例，几乎没有上市公司上市前后，实际控制人持股比例能够达到如此之高。案例 6-2 中的公司大博医疗，虽然进行了股权激励，但是股权激励对象持股比例极低，而且实际控制人通过有限合伙直接控制了表决权，该公司没有引进外部投资，全部由实际控制人自己进行投资。从理论上讲，该公司的股权结构并不是非常理想，实际控制人持股比例过高，本次发行上市后仍然控制90% 的表决权，对其他小股东而言，话语权得不到保障，股东会对其他小股东而言没有任何的表决意义。

第四节 公司上市不是梦：看见未来、才有未来

一、公司上市不是梦：认知、规划与信念的重要性

在本章的案例中，张三、李四、王五三人携手创立了一家公司，自公司创立之初，他们便怀揣着一个共同的梦想——将公司推向上市。这个梦想像一盏明灯，照亮了他们前行的道路，也成为了他们不懈努力的动力源泉，最终经过七八年的努力，实现最初的上市梦想。为了实现上市的目标，张三、李四、王五在公司的股权架构设计上下了大功夫，他们从一开始就按照上市的标准来布局和规范公司的股权架构。

在商业世界中，每一个企业都怀揣着一个共同的梦想——那就是上市。上市不

仅意味着企业能够获得更多的资金支持，实现快速扩张，还代表着企业已经迈入了规范化、现代化管理的轨道，得到了市场和投资者的认可。但是很多企业却徘徊在资本市场大门之外，笔者认为是基于以下几个原因。

1. 认知的缺失：资本市场并非遥不可及

许多企业对于资本市场存在着一定的误解和陌生感，认为上市是一个高不可攀的目标。这种认知上的缺失，往往导致企业在筹备上市过程中缺乏明确的方向和策略。实际上，资本市场是一个多元化、层次丰富的融资平台，不同类型、不同阶段的企业都能找到适合自己的上市路径。因此，加强对资本市场的认知，了解上市的基本条件和流程，是企业走向资本市场的第一步。

2. 规划的不足：上市公司都是设计出来的

上市是一项复杂而系统的工程，涉及财务、法律、市场等多个领域。然而，企业在筹备上市时，需要进行系统的规划和全面的设计；从商业模式、公司战略、顶层设计到公司治理、财务税收、合法合规等方面都需要进行全面的设计，上市公司都是设计出来的，上市公司是可以定制和设计的。因此，企业在筹备上市时，应该进行全面的系统性设计，包括顶层设计、财务规划、法律合规、市场营销、公司治理等多个方面，确保各项工作协调推进，为成功上市奠定坚实基础。

3. 信念的动摇：坚定上市信念至关重要

在追求上市的道路上，企业所面临的挑战和困难层出不穷，这无疑是对企业信念和决心的严峻考验。一些企业在面对重重阻碍时，信念开始动摇，甚至放弃上市的梦想，信念的动摇往往源于对未知的恐惧和对困难的低估。然而，上市之路虽然艰难，但并非不可实现。坚定的上市信念是企业克服困难、走向成功的关键。企业应该充分认识到上市的重要性和意义，明确自己的目标和方向。在筹备上市的过程中，企业需要保持冷静和理性，不被一时的困难所吓倒，而是积极寻求解决问题的方法和途径。同时，企业还需要加强内部沟通和协作，形成共同的上市理念和目标，凝聚全员的力量和智慧，共同为上市梦想而努力。

二、看见未来、才有未来：上市之路虽艰，但行则将至

"看见未来、才有未来"这句话，对于企业上市来说有着深刻的含义。

首先，企业需要有远见卓识，能够洞察市场的发展趋势和未来的机遇。只有看见了未来的可能性，企业才能够制定出科学合理的战略规划，为上市做好充分的准备。

其次，企业需要有坚定的信念和决心。上市之路充满了挑战和困难，企业需要有足够的勇气和毅力去面对这些挑战，克服这些困难。只有那些敢于追梦、勇于探索的企业，才能够在上市的道路上走得更远。

最后，企业需要付诸实践，将梦想变为现实。上市不是一句空话，它需要企

业付出实实在在的努力和行动。企业需要按照上市的要求和标准，不断完善自身的各项条件，积极寻求与投资者和合作伙伴的沟通和合作。只有通过不断地努力和积累，企业才能够最终实现上市的梦想。

总之，"公司上市不是梦：看见未来、才有未来"这句话激励着无数企业勇往直前、追求卓越。上市之路虽然充满挑战和困难，但并非不可实现、行则将至。只要企业能够提升对资本市场的认知、进行全面的系统性设计并坚定上市信念，就一定能够成功跨越障碍，实现上市的梦想。在这个过程中，企业需要不断学习和成长，积累经验和智慧，为未来的发展奠定坚实基础。上市不仅是一个目标，更是一个新的开始，它将引领企业走向更加广阔的市场和更加美好的未来。

参 考 文 献

1. 中国注册会计师协会 . 经济法［M］. 北京：中国财政经济出版社，2011.

2. 万立全 . 股权结构的公司治理效应研究［M］. 北京：经济科学出版社，2016.

3. 宋桂明 . 股权设计战略与股权激励实务指引［M］. 杭州：浙江工商大学出版社，2017.

4. 郑指梁 . 合伙人制度——中小企业股权设计与资本规划［M］. 北京：清华大学出版社，2022.

5. 李善星，武元政，周敬芳 . 股权激励密码［M］. 北京：清华大学出版社，2022.